中国管理咨询优秀案例（2023）

中国企业联合会咨询与培训中心　编

企业管理出版社
ENTERPRISE MANAGEMENT PUBLISHING HOUSE

图书在版编目（CIP）数据

中国管理咨询优秀案例.2023/中国企业联合会咨询与培训中心编. -- 北京：企业管理出版社，2024.10.
ISBN 978-7-5164-3121-4
Ⅰ.F279.23
中国国家版本馆 CIP 数据核字第 202440200R 号

书　　名：中国管理咨询优秀案例（2023）	
书　　号：ISBN 978-7-5164-3121-4	
作　　者：中国企业联合会咨询与培训中心	
责任编辑：徐金凤　李雪松　张艾佳	
出版发行：企业管理出版社	
经　　销：新华书店	
地　　址：北京市海淀区紫竹院南路 17 号	邮　　编：100048
网　　址：http://www.emph.cn	电子信箱：emph001@163.com
电　　话：编辑部（010）68701638	发行部（010）68417763　68414644
印　　刷：河北宝昌佳彩印刷有限公司	
版　　次：2024 年 10 月第 1 版	
印　　次：2024 年 10 月第 1 次印刷	
开　　本：710mm×1000mm　1/16	
印　　张：23.5	
字　　数：460 千字	
定　　价：100.00 元	

版权所有　翻印必究　·　印装有误　负责调换

目 录
CONTENTS

常德市城市发展集团有限公司发展战略及"十四五"规划项目
　　湖南远卓管理顾问有限公司 …………………………………………001

抖音流量瓶颈下回味一梦的战略重塑
　　深圳智佑企业管理有限公司 …………………………………………016

青岛市城阳区储能产业发展规划及落地项目
　　深圳华夏基石产业服务集团有限公司 ………………………………028

西藏高驰集团"十四五"战略规划及2035年远景规划咨询
　　北京市长城企业战略研究所 …………………………………………042

新型城镇化战略背景下城市更新企业发展战略咨询
　　重庆重大同浩管理咨询有限公司 ……………………………………054

药品集采政策背景下海露滴眼液的战略转型
　　深圳智佑企业管理有限公司 …………………………………………069

顾家家居支撑战略落地的组织能力提升项目
　　北京华夏基石企业管理咨询有限公司 ………………………………083

福州无比欢基于战略落地的组织能力建设咨询项目
　　厦门南天竺管理咨询有限公司 ………………………………………097

基于战略导向构建PDCA循环的绩效和流程管理体系建设咨询项目
　　北京国研趋势管理咨询中心 …………………………………………110

A 公司使能管理驱动组织持续蜕变案例
厦门市希尔企业管理咨询有限公司 ·················124

山东高速 HRDL 公司 ESG 管理体系建设咨询
北京泛略思晟咨询有限公司 ·····················138

国能北电胜利能源有限公司安全文化建设项目
北京捷盟管理咨询有限公司 ·····················153

北京华夏建龙矿业科技有限公司"人人都是经营者"班组建设咨询
北京八九点管理咨询有限公司 ···················167

广州一博环保科技有限公司职业生涯管理咨询项目
北京家和业咨询有限公司 ·······················183

嘉兴市索贝进出口有限公司组织职业生涯管理提升项目
天津市明理企业管理咨询有限公司 ···············198

企业人力资源优化咨询项目
武汉锦秀梦华科技有限公司 ·····················214

职业经理人制度与中长期激励方案设计咨询项目
重庆重大同浩管理咨询有限公司 ·················228

基于国资监管视角下新兴业务子公司内控体系优化提升项目
北京英大长安风险管理咨询有限公司 ·············242

基于风险管理视角的电网发展投入项目综合评价
北京英大长安风险管理咨询有限公司 ·············255

湖南西部区域肿瘤防治中心信息化咨询项目
湖南宝泓科技有限公司 ·························271

怀化市第二人民医院 DIP 综合管理平台咨询
湖南宝泓科技有限公司 ·························286

基于政策大模型数据挖掘的区域"能—碳"场景设计与应用
绎达咨询(成都)股份有限公司 ·················303

企业数字化推动生产全要素管理咨询案例
　　北京国研趋势管理咨询中心 ………………………………………316

中国移动吉林公司数智化能力评估与提升项目
　　中移数智科技有限公司 ……………………………………………332

云南方圆公司第三期精益 TQM 咨询项目
　　厦门南天竺管理咨询有限公司 ……………………………………344

中小银行商户客群智能营销与服务解决方案
　　上海华益企业管理咨询有限公司 …………………………………359

常德市城市发展集团有限公司
发展战略及"十四五"规划项目

湖南远卓管理顾问有限公司

　　湖南远卓管理顾问有限公司（以下简称湖南远卓）由曾供职麦肯锡、罗兰贝格、凯捷咨询公司的资深顾问于1998年创立，创始人中包括罗兰贝格中国区首任首席代表、麦肯锡全球第一位华人顾问等业内翘楚，是中国负有盛名的管理咨询公司之一，被誉为"中国管理咨询业的黄埔军校"，是包括50余家世界500强集团总部在内的2000多家大型企业的管理顾问。

本案例项目组成员

　　项目总监：贺晓宏先生师从麦肯锡、罗兰贝格、凯捷等跨国咨询公司高层，并在世界第二大跨国咨询公司——凯捷咨询公司担任过高级经理职务，拥有25年管理咨询经验。他现任湖南远卓董事长，是新加坡国立大学MBA，拥有丰富的企业管理经验，是5家世界500强企业及众多国有大型企业集团和民营集团的常年顾问。

　　项目经理：程功先生现任湖南远卓董事、总经理，拥有18年管理咨询经验，是英国诺森比亚大学（Northumbria University）管理学硕士，拥有丰富的企业管理经验，为多家中央企业，以及大型省属、市属国资集团提供咨询顾问服务。

　　其他成员：钱玺、曾振梁、周美姣、韩明星等，他们均具有10年以上管理咨询经验。

导读

常德市城市发展集团有限公司作为常德最大的国有资本投资运营平台，肩负着常德区域产业转型升级，促进城市整体高质量发展的重任，需加快自我转型，将自身战略与产业战略、城市战略、区域战略和国家战略全面对接，通过综合分析内外部环境，结合其自身发展基础和优势，湖南远卓为常德市城市发展集团有限公司在"十四五"期间的发展制定了"一体两翼，双轮驱动，独立闭环"的总体思路，通过善用"各类资源"、做活"资产经营"、巧用"资本杠杆"构建全新的商业逻辑，支撑集团在"十四五"期间取得更大、更快的发展。

常德市城市发展集团有限公司发展战略及"十四五"规划项目

湖南远卓管理顾问有限公司 程功

一、案例背景介绍

（一）行业背景

城市建设投资公司（以下简称城投公司）是指由地方政府及其部门和机构等通过财政拨款或注入土地、股权等资产设立，承担政府投资项目融资功能，并拥有独立法人资格的经济实体。城投公司可追溯到1986年最早成立的投融资平台公司：上海久事公司。

回顾改革开放四十余年，城投公司紧密地嵌入在地方经济波澜壮阔的发展浪潮里，为中国经济持续高速增长和金融业的突飞猛进做出了重大贡献。"大基建"带来城市面貌焕然一新，经济溢出效应更加明显。2008年、2012年、2015年，每当中国经济形势面临严峻挑战时，城投公司都被推向历史的前台承担起稳增长的重任，正是在这样的危机中城投公司一次又一次地发展壮大。

城投公司的业务按业务性质可分为公益性业务、准公益性业务和经营性业务。其中，公益性业务占比较高。公益性业务收入大多来自地方政府，具有回款周期长、资金占用大等问题，城投公司需要通过大量融资维持公益性业务的开展。另外，随着城市建设的不断推进和城市化率的不断提高，城市基础设施建设业务空间的不断缩小，城投公司的公益性业务量也呈现减少趋势。为更加健康和持续地发展，城投公司有发展市场化业务以获取现金流和丰富自身业务结构的内在动力。

新时代我国经济转向高质量发展阶段，城投公司市场化转型已是大势所趋，其需要加快摆脱对传统土地财政的依赖，调整体制机制，投身培育新经济、新生态和新城市的大潮中去。

(二）客户背景

常德市城市发展集团有限公司（以下简称城发集团），注册资本达100亿元，是常德市属大型国有独资企业，具有典型的城投公司背景。从历史沿革来看，其前身是1998年成立的常德市城市建设投资有限公司，后改制为常德投资建设集团，并经多次整合重组，于2019年挂牌成立常德市城发集团。2020年，根据常德市政府市级平台及市属国有企业整合转型方案要求，为进一步优化国有企业改革和资源配置，提升市场竞争力，城发集团在原有基础上持续整合并入资产资源，实现了进一步的优化和重组。

经历重组后，城发集团所属公司达28家，资产规模和业务范围得到进一步拓展和充实。通过对下属公司进行整合重组，实现了板块划分和专业化分工，形成城市、交通、文旅、建工、开发、服贸六大产业板块，构建起"内部循环"生产闭环和"阳光集采"供应闭环。

在新的历史节点上，城发集团作为常德最大的国有资本投资运营平台，肩负着常德区域产业转型升级，实现产城融合，推动城市整体高质量发展的重任，需加快自我转型，将自身战略与产业战略、城市战略、区域战略和国家战略全面对接，形成城发集团引领产业与城市协同发展的良好态势。因此，亟须通过具有前瞻性、指导性、科学性的战略规划助力集团上下统一思想，锚定方向，在"十四五"期间实现高质量跨越发展。

二、案例诊断分析

（一）外部环境分析

国际方面，国际形势错综复杂，新冠疫情对世界产生深远影响，全球产业链、供应链的脆弱性凸显，波及全球经济的运行与发展，主要经济体的量化宽松政策加剧了国际金融市场和大宗商品价格的波动，地缘政治、贸易保护主义等非经济扰动因素更趋恶化。国际政治经济的不稳定直接影响中国经济增速和金融市场稳定，也将对城投行业带来诸多挑战，城发集团要以更高站位，以全球化视野审视自身发展环境，积极应对国际环境不确定性带来的挑战。

国内方面，"十四五"期间，我国将紧紧围绕"双循环"战略部署，推动高质量发展，未来一段时间内，我国经济将长期向好，市场空间广阔，社会大局稳定。但是中国发展不平衡不充分的问题依然突出，表现为创新能力尚不能满足高质量发展的要求，民生保障方面仍存在短板等。城发集团在"十四五"期间应紧跟中央及地方政策，准确识变，科学应变，主动求变，抓住政策机遇期，积极应对挑战。

城投行业仍然面临化债压力大，融资难度高，盈利能力弱等现实问题，随着政策的不断加码,将迫使城投企业转型升级,城投企业应顺势而为,积极把握消费内循环、产业内循环、科技内循环、生产要素市场化等市场机遇,利用区域和产业集群优势,整合资源,打造完整产业链,实现业务转型,构建企业差异化竞争优势。

另外,我国资本市场将进行全面深化改革和监管创新,构建健全的资本市场体系,城投企业应积极抓住改革红利,实现企业资源优化配置,通过资本市场扩大或兑现投资收益。同时,科技进步将成为提高企业竞争力的强有力支撑,通过实施智能化业务系统、科技金融系统、风控系统等项目建设,助力业务高质量发展,紧抓科技创新带来的投资机会。

(二)客户诊断分析

1. 历史包袱加重,还债难度加大

城发集团整合文旅投、交建投等集团并表后,资产规模进一步扩大,但总负债额也由400亿元增加至600亿元,且大部分为有息负债,债务压力仍不容忽视。集团整合后面临资产和收入结构不合理、资产流动性较差、现金流量较弱等实际问题,导致债务化解在较大程度上仍依赖"借新还旧",加大了集团债务化解的难度。城发集团资产负债情况如图1所示。

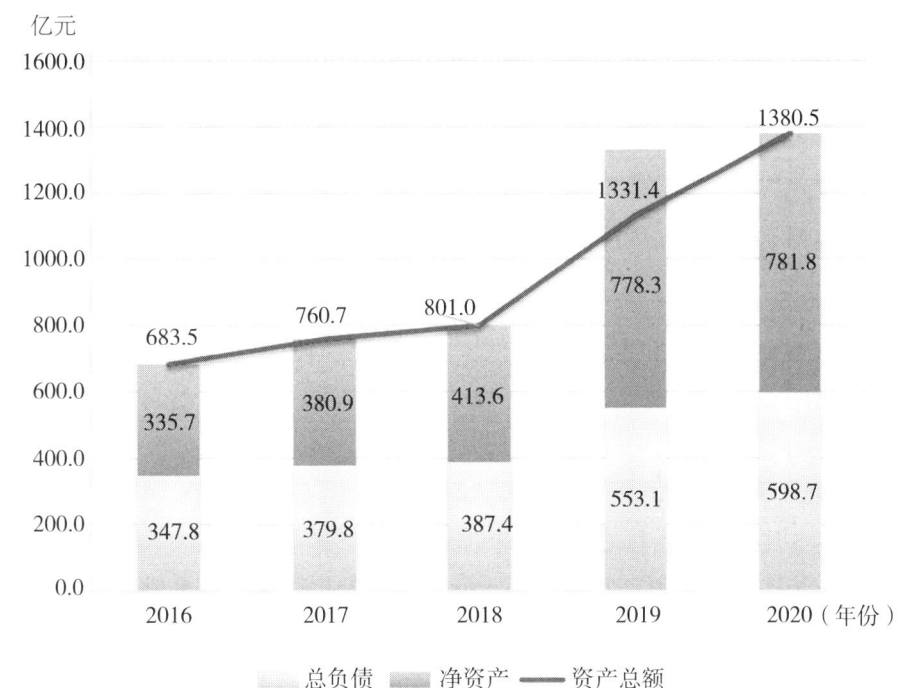

年份	总负债	净资产	资产总额
2016	347.8	335.7	683.5
2017	379.8	380.9	760.7
2018	387.4	413.6	801.0
2019	553.1	778.3	1331.4
2020	598.7	781.8	1380.5

图1 城发集团资产负债情况

2. 拥有资源有限，资产质量较差

城发集团掌握的城市资源资产主要是长期资产，以地方政府注入的土地及公益资产为主，包括公园、管廊、场馆、停车场、广告牌等，具有公益性强，营利性弱的特点，导致大部分业务处于亏损状态。因此，在规划期内城发集团应围绕城市运营范畴大力拓展如能源、矿产、环保、物流、文旅、大健康、大数据等具有相对较高营利性、区域特许经营属性，并可获得可观政府补贴及能够深度挖掘的城市资源。

3. 经营能力弱，盈利能力低

城发集团营业利润率为9.09%，净资产收益率为1.24%，与国内一流城投企业（接近15%的营业利润率和接近5%的净资产收益率）相比，仍有较大差距。资产负债率虽只有40.50%，但低负债率的优势并没有转化为更多的收益，相反，城发集团的营收和利润水平都比较低。城发集团与其他城投公司经营数据对比如表1所示。

表1　城发集团与其他城投公司经营数据对比

公司简称	资产总额/亿元	净资产/亿元	资产负债率/%	营收总额/亿元	利润总额/亿元	营业利润率/%
常德城发	1215.4	723	40.50	34.7	3.5	10.20
株洲城发	1176.2	482.1	59.00	48.7	4.6	14.10
武汉城投	3254.3	1067.7	67.20	190.4	16.6	18.50
珠海华发	3618.4	1070.7	70.40	792.7	73.7	14.40
合肥建投	4422.9	1874.8	57.60	235.7	62.1	12.00
天津城投	8314.5	2760	66.80	158.9	24.8	19.40
云南城投	2838.5	571.4	79.90	380.4	24.6	25.70

4. 业务结构单一，核心竞争力弱

城发集团主要参与棚户区改造、安置房、公租房及城市基础设施建设等市政和政府指定性项目，市场化程度与竞争力不足，业务结构较单一。2020年，城发集团在城市开发、建筑工程及房地产业务方面营收占比接近90%，在传统基础设施建设放缓及房地产宏观调控政策影响下，其盈利能力存在不确定性。此外，城市服务业务的附加值及盈利能力较低，文旅业务处于持续亏损状态，供应链业务刚刚起步，集团整体盈利能力偏弱，亟须创造新的盈利增长点。

5. 城发集团整合初步完成，管理体系有待完善

城发集团整合后，初步搭建了管控体系，但在管理上仍存在决策链条长、管理效率低、管理交叉、职能重叠等问题，缺乏科学、完善的管控制度保障战略的实施。新整合公司业务领域与传统城投业务有所差异，按照整合方案，集团对应六大业务领域组建六大集团，重组后的集团要实现对这些公司的管理和管控面临一定的难度。另外，由于缺乏市场化经营经验，集团在资质储备及人才培养方面存在严重不足，人才问题成为掣肘集团业务结构调整及战略突破的最大因素。城发集团组织结构如图2所示。

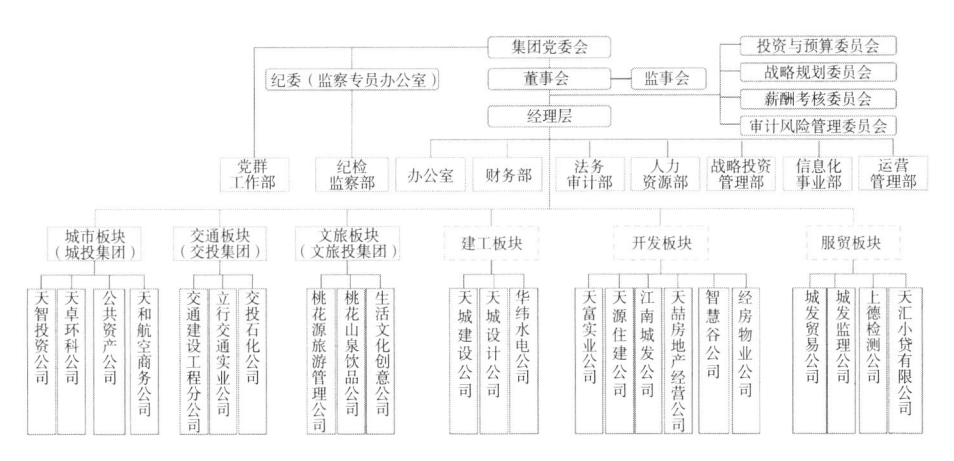

图2 城发集团组织结构

（三）企业SWOT分析

SWOT分别代表：Strengths（优势）、Weaknesses（劣势）、Opportunities（机会）、Threats（威胁）。通过对国家宏观政策与行业进行全面、系统、准确的研究分析，充分评估城发集团自身资源和能力，对集团现有各业务领域进行SWOT分析。

1. 优势

截至2020年年底，城发集团总资产达1380亿元，净资产为900亿元，信用等级为AA+，全年实现营业收入为72.3亿元，净利润为9.65亿元，负债为602亿元，资产负债率为43.43%。已经形成城市、交通、文旅、建工、开发和服贸六大产业板块，初步建立了现代企业制度体系，并积极调整品种结构，扩充融资渠道，降低边际成本，围绕政策、市场、主业和未来进行投资，加大数字与资源性经济投入，持续推行设计施工总承包、产业链内部交易、供

应链平台建设，围绕集团产业链、生产链和供应链全面推进经营市场化。

2. 劣势

城发集团债务压力仍然较大，资产以公益性资产及政府注入的融资性土地为主，经营性资产不足，企业盈利能力弱，利润水平较低，缺乏有效经营收入导致化债难。管控体系仍处于磨合阶段，各层级权责边界尚不清晰，各部门、子集团和子公司治理结构及授权管理等方面仍需持续优化。市场化薪酬机制与内部激励淘汰制度虽初步建立，但与现代产业结构相匹配的经营管理人才、专业技术人才和一线高技能员工等专业领域人才比较匮乏。

3. 机会

"十四五"时期对于城投行业转型、发展、升级具有重要意义。一方面，5G、特高压、新能源、大数据中心、人工智能、工业互联网和区块链等新型基础设施建设的逐步普及，将带动城市发展业态升级，为城投企业的新一轮发展提供重要机遇。另一方面，面向新发展阶段，国有企业将进一步深化改革，以改革创新引领国有企业高质量发展，构建新发展格局，为城投企业加快建立、健全市场化经营机制，实现从管企业向管资本的转变提供了重要的政策窗口期。

4. 威胁

"十四五"是地方产业升级、新旧动能转换的关键五年，城投行业需要改变以往偏好于追求规模的扩张路径，重视国有资本运作的节奏，守住不发生系统性风险和保持国有资产保值、增值两条底线，避免盲目跟风、高杠杆、高风险操作。《中华人民共和国国民经济和社会发展第十四个五年规划和2035年远景目标纲要》将"稳妥化解地方政府隐性债务"列为重点工作，城投企业需要以市场化的模式疏解债务压力，优化债务结构，降低综合债务成本。因此城投企业的政府色彩将逐渐淡化，对城投企业的转型发展提出挑战。

三、解决方案描述

（一）解决方案思路

综合分析内外部发展环境，结合城发集团自身发展基础及优势，我们认为城发集团在"十四五"期间应立足自身禀赋，依托强大政府支持，面向广阔市场，以价值链为方向、以产业链为抓手、以主业为核心、聚焦效率、守正创新，采取"一体两翼，双轮驱动，独立闭环"为总体思路。即形成以城市为"一体"，以产业经营与资本运作为"两翼"，以政府与市场配置资源方式为"双轮"，以政府债务与自营业务现金流独立运行为"闭环"的发展模式。综合考虑产业属性进行科学合理配置，创新经营理念，以善用"各类资源"、做活

"资产经营"、巧用"资本杠杆",以全新的商业逻辑支撑集团在"十四五"期间取得更大、更快的发展。

1. 充分发挥城发集团内生动力

通过构建城发集团开发、建设、运营、服务一体化产业链内循环,实现集团内部企业间的相互协调,盘活现金流,带动产业成长,促进信用提升,实现价值创造。通过盘活存量资源,以产业链内循环控制经营成本,提高资产运作能力,真正转型为独立自主经营的市场主体;通过改革创新,不断优化内部结构和管控体系,提升企业运营效率,为集团发展提供强劲内生动力。

2. 充分利用区域资源禀赋

城发集团依托与地方政府的密切关系,争取获得地方政府的大力支持。在区域资源禀赋方面,可通过与地方政府合作,获取稀缺城市资源,做大集团资产规模,拓展业务范围。同时,进一步拓展城市产业运营服务内容,提升服务质量,通过发展大数据应用、商业地产开发等业务获得可观收益。

3. 充分激发科技创新活力

通过创新引领城发集团发展,将创新作为集团高质量发展的有力抓手,充分认识和抓住新一代信息技术的发展机遇,深度挖掘大数据、人工智能等技术的应用场景,将集团发展和城市建设相融合,打造智慧城市。不断创新业务模式,开拓业务领域,以自身建筑材料需求为基础,延伸发展供应链业务,并结合区域发展方向和优势产业,不断拓展业务品类,形式涵盖建筑材料、有色金属、矿产资源、农产品等多品类的供应链服务链条。同时,探索跨境贸易,带动集团和区域外向型经济发展,不断扩充集团业务范围和营收规模。

4. 充分运用资本运作手段

基于业务战略发展、产业投资布局、同类业务整合、资产质量提升、融资渠道拓宽等多方面动机,通过直接、间接控股上市公司,实现与上市公司的目标匹配和优势互补,拓宽融资渠道,向资源整合、独立市场化运作的目标迈进。结合财政资金、自有资金,通过设立产业基金的方式整合资金,撬动社会资本。积极布局区域内战略性新兴产业和重点发展产业,增强企业造血能力。通过发挥资金的引导作用,一方面,助力区域内产业发展;另一方面,通过布局高新技术产业,为业务多元化扩张奠定基础,提前布局新的利润增长点。

(二)方案解决框架

我们认为城发集团应把握国家"十四五"时期"新阶段、新理念、新格局"带来的发展新机遇,全面落实"三高四新"(新材料、新能源、新装备、新医药)战略定位和使命任务,聚焦常德市"十四五"规划目标,深入推进开放强市产业立市,在建设现代化新湖南、新常德过程中彰显集团担当,做出更大贡献。

1. 企业理念

在新时期，城发集团秉承"数智赋城，大道勃发"的发展理念，通过科技创新引领集团和地区发展，逐步摆脱原有的发展模式。

"数智"，即将数字化、智能化作为城发集团未来的发力方向。"赋城"，既表达数智为城市赋能，又表达数智为集团赋能。"大道"，即立足本土文化，立足公司实际，海纳百川，兼容并蓄。"勃发"，即只要立足大道，就一定能蓬勃发展。

2. 企业使命

企业使命：方便百姓生活，践行大同梦想。

3. 企业愿景

企业愿景：城市美好生活的传承者、守望者和引领者。我们认为城发集团的所有业务都是为了城市环境更宜居，市民生活更美好。因此将不断实现人民对美好生活的向往作为集团的奋斗目标。具体体现为城市美好生活的传承者，即对传统文化、城市记忆的传承。

城市美好生活的守望者，即城发集团既要把握当下，又要憧憬未来；在深耕传统优势产业的同时，又要布局新兴产业。

城市美好生活的引领者，即在城市发展过程中要引进先进理念，引进科学技术，引领现代生活方式。

4. 战略定位

战略定位：全面落实湖南省"三高四新"战略定位和使命任务，围绕开发建设、城市运营、服务贸易、产业投资等领域，推动城发集团高质量发展，助力建设社会主义现代化新常德。

5. 整体战略

整体战略：围绕"一中心"，推进"两转型"，提升"三能力"，强化"四驱动"，构建"五大支撑体系"，发展四大业务板块。具体如下。

一中心：打造国内一流国有资本投资公司，即管理和运营一流，核心能力一流，产品和服务一流。

两转型：向"城市资源＋市场资源"双向发展模式转型；向"产业运营＋资本运营"双轮驱动转型。

三能力：提升资本运营能力、资源整合能力、经营管理能力。

四驱动：改革驱动、管理驱动、创新驱动、资本驱动。

五大支撑：加强党的领导，完善企业文化建设，推动组织管控升级，加强人力资源管理，强化风险管理能力。

四大业务板块：城市运营板块、产业投资板块、开发建设板块、服务贸易板块。城发集团战略框架如图3所示。

一中心	国内一流国有资本投资公司——管理和运营一流，核心能力一流，产品和服务一流				
两转型	城市资源+市场资源			产业运营+资本运营	
三能力	资本运营能力		资源整合能力	经营管理能力	
四驱动	改革驱动	管理驱动		创新驱动	资本驱动
五大支撑	加强党的领导	完善企业文化建设	推动组织管控升级	优化人力资源管理	强化风险管理能力
四大业务板块	城市运营板块 ·城市资产经营 ·文化旅游 ·交通投资、 ·物业服务 建设运营 ·水务	开发建设板块 ·房建施工 ·地产开发 ·水利施工 ·片区开发 ·市政施工 ·商业运营 ·道路桥梁 ·地产综合 施工 服务		服务贸易板块 ·供应链服务 ·全过程综 ·国际贸易 合咨询	产业投资板块 ·产业投资 ·产业运营 ·股权投资 ·产业导入与 ·私募管理 培育
发展目标	实现资本与利润双倍增长，总资产达3000亿元，营业收入达300亿元，净利润达30亿元，实现AAA的信用评级，培育并购和投资控股多家上市公司。跻身国内城投类企业前二十名				

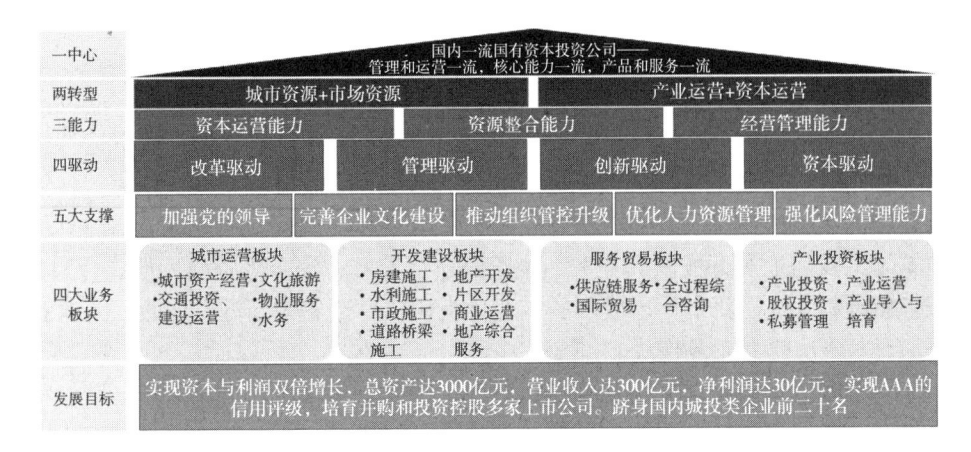

图3 城发集团战略框架

6. 发展目标及阶段

"十四五"期间，城发集团应重点优化升级产业体系，通过"整合成型期、能力提升期、跨越发展期"，逐步构建核心竞争力，进而形成板块集群优势，最终实现提质升级、整体领先、区域扩展的目标。

规划目标：实现资本与利润的双倍增长，促进城发集团的转型升级，到2025年，城发集团资产总额达2000亿元，营业收入达175亿元，净利润达20亿元。获得AAA的信用评级，控股和并购多家上市公司。

奋斗目标：努力争取实现资产3000亿元、营业收入300亿元、净利润30亿元的经营目标，跻身国内城投类企业前二十名。

（1）整合成型期（2021—2022年）：明确方向、整合发展。

①梳理集团产业发展形势，明确重点发展方向。

②整合业务结构，完善并形成业务体系，形成产业合力。

③依托自身优势整合区域优质稀缺资源。

④提升相关行业资质，构建行业专业能力，打造核心竞争力。

（2）能力提升期（2023—2024年）：能力升级、创新发展。

①以集团主营业务为基础，大力拓展和布局现有产业链上下业务。

②加快提升集团经营管理能力，形成强大内生动力。

③加大产业投资和科研投入，为集团注入发展动能。

（3）跨越发展期（2025年及以后）：整体领先、跨越发展。

①集团负债情况得到极大改善，业务形成稳定的盈利模式和现金流。

②下属业务板块中实现两三家企业上市。

③集团外部业务比例逐步增加，外部业务规模占比达到50%~60%。

④资产规模和盈利水平得到长足发展，处于国内同行业领先水平。

7. 子业务战略

在城发集团已经形成的六大业务板块基础上，按照"一体两翼"的发展思路，结合各业务的行业属性和发展特点，进一步整合划分为：城市运营板块（整合原有交通、文旅及部分城市板块业务）、产业投资板块（作为"一体两翼"的重要组成部分，重点发展）、开发建设板块（整合原有基础设施建设、建筑施工及房地产开发相关业务，统筹资质、人员、资金等资源，形成合力）、服务贸易板块（创新发展形成新的专业化板块，打造集团新的营业收入来源和利润增长点）四大业务板块。

（1）城市运营板块：定位为城市资源运营商。深耕城市公用资产运营、特许经营、交通投资、交通出行、交通能源、文旅产业、物业管理等领域，为城市产业更新和产业生态成长服务。

以城市资产运营为主线，通过优化资产结构，构建生态城投、生态城市，逐步建立起成熟的运营体系，实现运营模式和服务输出，加强产业布局能力的建设，根据当地资源禀赋和自身优势，在能源资源、公共服务、物业服务等重要领域实现多元化发展。

创新组建大数据公司，积累数据资产，建设数字经济平台，加快对政府特许经营业务及城市资源的整合和拓展，实现统一开发和管理。加强科技创新应用，赋能城市服务，推进服务标准化、品牌化建设。

（2）产业投资板块：定位为国有资本投资运营商。围绕常德市产业投资发展战略方向，开展投资融资、产业培育、资本整合，推动产业聚集和转型升级，优化国有资本布局结构，逐步构建以集团总部、子集团、子公司、基金管理公司为不同投资主体的多层投资链条。将与主业相关双赋能作为产业投资的重点，加大对大数据、环保、矿产、特许经营权、城市贸易、交通等领域的投资力度，培育发展新业务。加快集团上市进程，培育文旅、建筑新材料和环保科技等产业上市，提速上市公司的收购及资产注入，实现产融结合快速发展。通过招商投资，引入符合常德发展方向的产业，参与投资"三高四新"或常德市主导产业和重点发展产业项目在常德落地。

（3）开发建设板块：定位为一流开发建设集团，通过整合房产、城建、设计、建工类企业，提升综合资质，对标一流企业管理，打造市场化建设集团。

开发业务要立足本土，以城市基础设施开发、一二级开发联动为核心，深耕生态房产、策划营销、城市旧改、房产运营等房地产全产业链领域，整合房地产开发、商业开发与运营业务，形成统一管理平台，打造标准化、系列化、流程化产品，实现专业化发展。结合常德"十四五"规划重点发展的六大新兴板块，以"产城融合、人居和谐"为核心思想，通过整体规划、设计、开发、招商和运营，实现资产价值最大化，努力成为湖南省一流的房地产开发运营集团。

建工业务要巩固现有工程业务，拓展市政、交通业务，探索智慧园区、智慧景区及民生短板等业务领域，以坚守"国有企业品质"、坚持"厚德笃信"为理念，以房屋建筑、市政建设、道路桥梁施工和水利建设为核心，提升施工专业资质，实现工程总承包。加强产学研结合，加大人才引进及与科研院校合作的力度，持续提升业务能力，打造核心竞争力，力争综合实力达到省内一流水平。

（4）服务贸易板块：定位为开发建设行业综合服务商，进一步发挥"两种资源、两个市场"优势，到2025年发展成为省内领先、国内知名的建筑行业供应链综合服务平台。

供应链业务以"两上（收入至上、现金流至上），两心（收入中心、贸易中心）"作为现阶段的核心思想，以打通产业链上下游为主线，着力打造内循环（集团内部）、链内链外双循环（连通集团内外部）、链外大循环（集团外部供应链服务，国际贸易）三种业务模式，以产业内循环为依托，通过整合产业链、供应链，形成产业优势、价格优势，在区域市场内形成一定的专营优势，发挥为集团提供充足现金流，改善集团公司财务报表的作用。

综合咨询业务致力于建筑行业全过程咨询服务，其中设计业务在现有房屋设计基础上，通过收购、合作等方式补齐公司在市政设计上的资质和人才短板，并与天城建设公司合作拓展园林景观设计业务。监理、检测业务要加快提升行业资质，争取在"十四五"期间打造业务综合甲级资质，逐步向工程咨询企业转变，提供包括设计、造价、检测（资质升级）等全方位服务。加强产学研融合，依托常德当地高校资源，探索设计规划学院合作办学模式或成立研发中心，加强人才培养输送，提升技术研发能力，培育形成差异化的竞争优势。

8.重点任务

（1）完善中国特色现代企业制度。把党的领导融入国有企业治理的各个环节中，加快建立各司其职、各负其责、协调运转、有效制衡的公司治理机制（党委会、董事会、经理层）。完善"三会一层"（股东会、董事会、监事会和高级管理层组成的议事管理规则）的功能，引入独立董事，建立专业委员会；保证法人治理结构运行顺畅和高效。制定混改可行性方案，推动条件成熟的企业进行混改，确定"三高"潜在战略合作者，鼓励企业吸纳优秀国有企业、民营企业取长补短，相互促进，共同发展。

（2）持续加大创新力度。将创新作为新形势下集团公司高质量发展的重中之重。城发集团要结合城建重点工程建设、民生保供服务、城市运营等工作，开展科研探索与合作，努力完成科技创新成果，有力促进企业管理增效、服务提升和安全生产，为集团公司转型发展奠定良好基础。要统一思想，提高认识，充分把握创新对公司改革发展的重大意义。要坚持需求导向和问题导向，全面提升集团公司创新工作的水平。要加大创新投入，加快创新力量的培育和创新人才的培养。要推进交流合作，积极引进高水平外部力量，汇聚创新攻坚合力。

（3）努力提升投融资能力。通过多渠道、多平台融资，提升资本市场直接债务融资的占比，进一步降低融资成本，确保总体融资规模与城发集团业务发展匹配。重视战略性投资项目和企业战略整合，突出战略协同和精益管理，加大对投资项目的管控力度，引导投资项目高质量发展。创新多元化基金管理模式，充分利用市场资源，着力做好政府引导类基金，通过多元化基金管理运作模式，完善基金产品组合，规范基金管理运作。加大产业招商，实施产业培育，推动产业在常德落地发展。有效发挥上市公司平台功能，一是将集团优质资产进行整合重组、提质改造后注入上市公司，实现资产证券化；二是孵化培育优质资产，直接首发上市（IPO）或注入上市公司。

（4）完善企业文化建设。充分提炼企业优秀文化基因，从城发集团经营管理实践中挖掘有价值的经营管理思想，结合自身发展战略和环境要求，将文化理念融入企业经营管理过程之中，根据理念体系和行为体系编制具有城发集团特色的核心理念、企业文化手册、员工行为规范等。制定企业文化实施纲要及城发集团企业文化建设总体规划，确定企业文化落地实施的方法举措。充分利用城发集团网站、微信公众号等宣传媒介，对集团企业文化进行多形式、全方位的传播推广。

（5）推动组织管控升级。遵循城发集团统一战略部署，实现业务、资产和人员整合的平稳过渡。强化总部的战略管控和目标管理职能，实现"集团—板块平台公司—业务公司"的三级管控模式。一是分层管理，纵向压缩层级，取消四级，压减三级，分层压减，推行扁平化管理。二是分类发展，横向整合业务，重组城市运营、开发建设、产业投资和服务贸易四个业务模块，分类做强，实现集群发展。三是分权经营，立体划清权责，加大对子（分）公司、业务经营、项目推进等规范授权，实行高效经营。

（6）加强人力资源管理。坚持人力资源管理与企业战略、业务发展同步谋划，充分发挥市场作用，围绕人力资源的获取、配置、利用、保留和开发等核心环节持续探索创新，提高人力资源对企业战略目标的支撑作用。着力推行经理层任期制和契约化管理机制，积极探索职业经理人制度，加速建立并实施市场化用工制度。优化现有薪酬激励机制，加大薪酬与绩效的挂钩力度，有效提升员工激励。加强人才培养和梯队建设，以创新型、专业化高层次人才为重点，因才施策，持续优化人才成长路径和队伍结构，全面提升人才队伍素质并建立集团战略性人才资源库。

（7）强化风险管理能力。牢固树立"红线"意识和"底线"思维，形成理念先进、体系严密、重点突出、管控有力的风险管控体系，及时识别和有效管理集团内部各类风险。形成风险清单及全面指引文件，建立全过程风险控制机制，持续提升集团风险管控能力。编制内控手册，完善内控机制，重点管控债务风险，实施精准化债工程，明确债务管控要求和目标，按计划精准化债，有效降低负债率，确保不发生重大风险事件。

四、案例项目评估

项目完成后，城发集团按照规划相关内容持续推进改革转型，加强经营治理，主业稳步推进，"两翼"蓬勃发展，营业收入实现历史性跨越。截至2022年，集团总资产规模达1600亿元，经营收入超120亿元，利润超10亿元，纳税近7亿元，负债率稳定，现金流充盈，生存力提升，发展好于预期，具体表现为"五个突出"。一是突出重点，加快战略扩张。围绕业务生态，扩充建工、运营、服贸、产投四大领域。二是突出难点，加大安全经营。围绕持续发展，构筑流动性、经营、投资、发展四道屏障。三是突出痛点，加强质效管理。围绕降本增效，加强要点管理、重点调度、经营考核、数业一体四个管理。四是突出焦点，加速改革转型。围绕主责主业，聚力公司整合、治理基础、产业布局、服务提升四项改革。五是突出弱点，加强思想铸魂。围绕基层基础，发力清廉城发、纪律作风、基层赋能、队伍建设四个推进。

抖音流量瓶颈下回味一梦的战略重塑

深圳智佑企业管理有限公司

深圳智佑企业管理有限公司（以下简称核桃战略），是一家致力于协助中国企业在商战中赢得竞争的实战型战略定位咨询公司，由资深战略定位专家赵秀丽女士于 2018 年创立而成，总部位于中国深圳。

核桃战略深耕中国市场，结合中国商业市场环境、消费者特色，以及中国传统国学智慧，融合西方品牌管理科学理论，形成了一套独具系统性、全面性、可执行性的品牌打造方法论，帮助企业厘清竞争形势，识别战略机会，界定正确方向，系统构建战略配称，辅助落地执行并长期战略护航，助力合作企业在竞争中快速突围制胜，成为行业领先品牌。

五年来，核桃战略成功助力海露滴眼液、幸福西饼自烤面包、五谷磨房黑之养、顺丰同城、皇派门窗、小仙炖鲜炖燕窝、安复方氨基酸胶囊、黑鹿户外、卡姿兰彩妆、广誉远定坤丹、佳味螺螺蛳粉、鲜檬摄影、铂兹新一代镜片、麦富迪宠物粮、英得尔车载冰箱、韩妃医疗美容医院、艾尚燕高含量燕窝、赢家时尚（正宫）、布克油烟机、摩尔农庄核桃乳、飞鹤乳业、雅迪电动车、简一大理石瓷砖、飞贷金融、布鲁可等数十家企业实现有效增长，其中 16 家企业已成为行业龙头。

目前，核桃战略已是中国粤港澳大湾区领先的战略定位咨询公司。

本案例项目组成员

赵秀丽，核桃战略创始人、董事长，新华网高级顾问，《CCTV 国家品牌计划》策划人，曾任特劳特、君智咨询集团高级分析师，北大定位课程导师。15 年专注企业战略研究及项目落地辅导，助力百家企业实现业绩快速增长。服务企业（部分）：小仙炖鲜炖燕窝、顺丰同城、五谷磨坊、新华网、皇派门窗、幸福西饼、飞鹤奶粉、东阿阿胶、广誉远定坤丹、卡姿兰彩妆、海露滴眼液、韩妃医美、艾尚燕高含量燕窝、麦富迪宠物粮、老乡鸡、雅迪电动车、飞贷金融、布克厨电、分众传媒等。

其他成员：邱永康、葛林毅、缪政、文智鹏、于慧露、张翔、温萌萌。

导读

　　成都回味一梦商贸有限公司，自 2020 年以来在卤肉零食界独树一帜。他们以匠心独运的手法，创新性地推出了风干鸭脖，迅速在市场上崭露头角。这款整根风干鸭脖，凭借其独特口感和让人回味无穷的魅力，在短短三年内销量激增至 5000 万根，更在 2022 年稳居抖音鸭肉类零食排行榜首位。这一惊人的成就并非偶然，而是成都回味一梦商贸有限公司卓越创新实力的体现。

　　然而，市场竞争始终激烈，线下卤味品牌也在快速复苏。面对这样的挑战，成都回味一梦商贸有限公司并未满足于眼前的成功，而是寻求更大的突破。他们明白，要想持续引领风干鸭脖市场，并扩大在整个卤肉零食领域的影响力与知名度，需要找到新的增长点和市场突破口。

　　因此，他们与核桃战略进行了深度合作。核桃战略团队凭借其深厚的行业洞察力和独到的策略思维，为成都回味一梦商贸有限公司量身定制了一套全方位的战略规划。核桃战略建议其加强电商渠道的优势，积极拓展线下市场，通过多元化销售策略吸引更广泛的消费群体。同时，他们也强调了产品创新的重要性，建议继续优化产品配方与包装，以进一步提升产品的市场竞争力和吸引力。

　　通过这些精心策划和高效执行的战略，成都回味一梦商贸有限公司在市场中的地位得到了显著提升。展望未来，他们预计收入将突破 7 亿元大关（增长 75%），抖音品类内份额占比达 85%。这不仅意味着其在风干鸭脖市场中领先地位的巩固，也将为公司在更广阔的卤肉零食市场中的长远发展奠定坚实的基础。

抖音流量瓶颈下回味一梦的战略重塑

深圳智佑企业管理有限公司　赵秀丽

一、项目背景

（一）卤味行业发展背景

卤，作为我国古老的烹饪方式，拥有2000多年历史，是民间常见的美食。据记载，卤味起源于四川，可追溯到公元前200多年前。蜀郡太守李冰"广都凿井"，在打井取水的基础上开凿大口浅井，凿出井盐之后，又以花椒调入，开启了卤味制作，用以佐酒下饭。卤味广泛兴起早在唐代，文人入蜀，吟诗会友之际，就常用卤味下酒。及至元明时期，随着《饮膳正要》和《本草纲目》的问世，朝野人士更加重视食疗。有些既能防病、治病，又能产生香味、达到调味目的的药材也被用作了卤菜调料。随着时间的推移，卤味逐渐有了地域特色，如川卤、粤卤、湘卤、鲁卤、徽卤等，各具风味。

20世纪80年代初，我国的休闲卤制食品工业逐渐起步，江浙地区率先出现具有一定规模的卤味生产企业，但产品种类单一，风味较清淡，技术水平较低。进入90年代，卤味行业的企业数量急剧增长，打破了江浙企业领先的局面，技术水平有所提升。2000—2010年，卤味行业的市场规模进一步扩大，其生产方式也从传统手工制作过渡到工业化生产，行业龙头企业出现。2010年以来，随着消费者消费需求的不断升级，以及对产品品牌和品质的关注，行业内企业展开了激烈的品牌竞争。

近年来，卤制品行业市场规模整体呈增长趋势，2018—2022年，其复合增长率（CAGR）约为11.9%，2023年，行业市场规模已突破4000亿元，如图1所示。

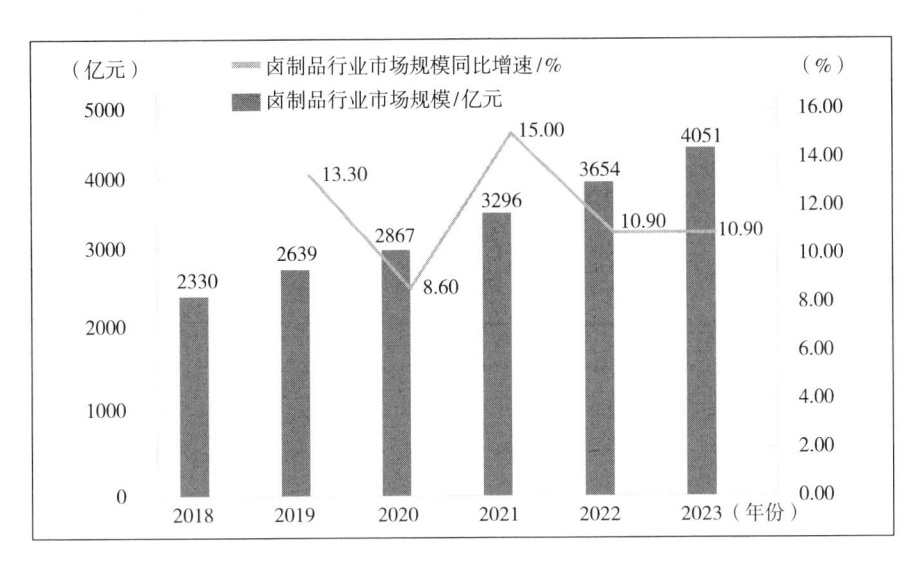

资料来源：艾媒咨询，Frost&Sullivan。

图 1　中国卤制品行业市场规模及同比增速

目前，卤味行业格局分散，自 2012 年以来，诞生了三大卤味鸭脖上市企业——煌上煌、周黑鸭和绝味鸭脖，还有佐餐卤味上市企业——紫燕百味鸡。这些卤味品牌均以线下连锁店的形式抢占区域市场，同时全国各区域也有各自的"霸主"。例如，长三角地区的紫燕百味鸡、卤人甲、久久丫、留夫鸭；福建的卤鸡爪"头牌"洪濑鸡爪；川渝地区的廖记棒棒鸡、降龙爪爪；东北地区的辣小鸭；等等。卤味行业在 2021 年行业前四名份额集中度指标（CR4）市场占比约为 19.0%，行业排名第一的绝味鸭脖市场占有率仅为 8.6%，这表明卤味行业绝对的王者还未出现。2021 年休闲卤制品行业格局见图 2。

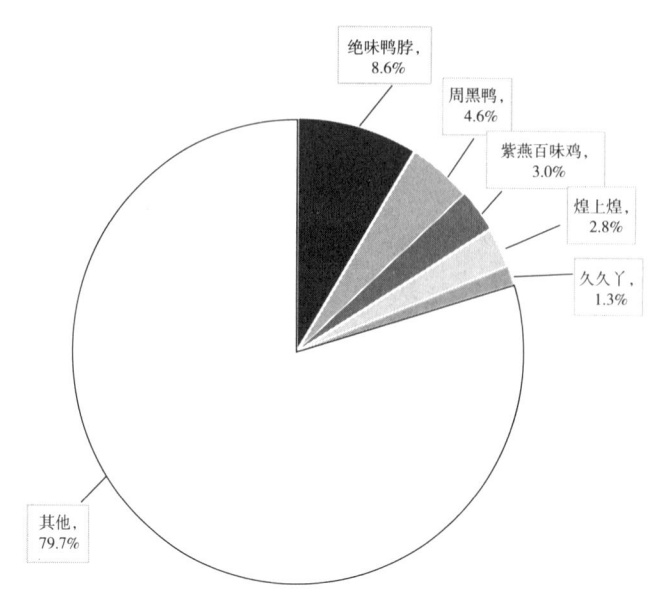

资料来源：华创证券，Frost&Sullivan。

图2　2021年休闲卤制品行业格局

从卤味行业的细分市场来看，卤味行业主要包括佐餐卤制品和休闲卤制品。佐餐卤制品主要作为正餐时的配菜，具备饱腹属性，多为计划性购买。休闲卤制品则零食属性更强，通过口味刺激引发冲动性消费，多用于社交聚会、出游、办公等场景（见表1）。

表1　佐餐卤制品和休闲卤制品的特点

项目	佐餐卤制品	休闲卤制品
产品定位 & 消费目的	作为正餐时的配菜，以饱腹为主	活动零食，社交，满足零食的需求
消费场景	家庭，餐厅等正餐	正餐之间，社交及活动零食
消费高峰时段	10:30—12:00；13:30—18:00	下午及晚上
主要产品	卤鸡、猪蹄、凉菜等	鸭脖、鸭翅、凤爪等
选址特征	社区、农贸市场	交通枢纽、社区、商场
购买人群	到店以中老年人为主，外卖以年轻人为主	以年轻人为主
典型品牌	紫燕百味鸡、廖记棒棒鸡	周黑鸭、绝味鸭脖、煌上煌

资料来源：勤策消费研究，《2023卤制品行业趋势分析报告》。

目前，佐餐卤制品占据较大的市场规模，而休闲卤制品是高增长赛道。2023年，佐餐卤制品占据了卤味市场54%的份额，整体发展处于初期阶段，

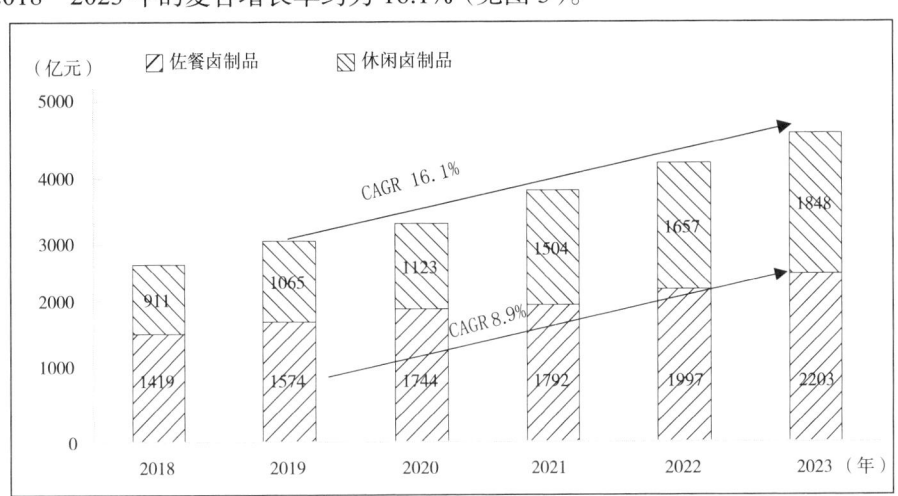

2018—2023年的复合增长率约为8.9%。休闲卤制品则整体处于快速增长期，2018—2023年的复合增长率约为16.1%（见图3）。

图表数据：
年份	佐餐卤制品	休闲卤制品
2018	1419	911
2019	1574	1065
2020	1744	1123
2021	1792	1504
2022	1997	1657
2023	2203	1848

资料来源：艾媒咨询、Frost&Sullivan、美团《2022卤味品类发展报告》、智研咨询。

图3 休闲卤制品和佐餐卤制品市场规模及增速

2019—2022年，受新冠疫情影响，卤味行业面临了诸多挑战。一方面，城市商圈人流量减少，线下消费需求降低，线下卤味店经营受到了冲击。同时，鸭货类原材料价格的持续上涨，行业内部的竞争格局加速重构，卤味行业的品牌门店面临严峻的生存挑战。但另一方面，疫情期间，以线上电商和新零售经营为主的新锐卤味品牌获得了较大的发展空间。

（二）企业发展背景

成都回味一梦商贸有限公司（以下简称回味一梦），总部位于四川成都，是一家集研发、生产、销售为一体的肉类休闲零食企业。2020年，回味一梦以一款风干鸭脖零食通过抖音平台切入市场。与市面上主流的鲜卤连锁品牌的短节鸭脖不同，回味一梦风干鸭脖采用瘦肉型樱桃谷鸭的整根鸭脖，单根长度超过23厘米，口味上使用36味辛香料，两次卤制，两次风干，使得鸭脖香味浓郁，口感嚼劲十足。在包装方面，回味一梦鸭脖采用氮气锁鲜技术保持鸭肉的风味，与鲜卤卤味相比，保质期更长。

风干鸭脖是卤味鸭脖的新品类，与传统鸭脖卤味相比，在细分市场上属于休闲卤制品，有保质期长、携带方便的优势，食用场景更广阔；在渠道上，不受线下渠道约束，消费者可以随时随地在线下单，有一定囤货属性。

回味一梦自2020年在抖音上线风干鸭脖，三年时间，全网销售超过5000万根。2022年1月至12月连续12个月登顶抖音鸭肉类零食第一，年成交额突破 4 亿元。

二、战略课题界定

在高速发展三年后，面对线下卤味品牌连锁门店恢复经营，回味一梦品牌发展开始承受压力。

其一，很多消费者不知道或者没有购买过风干鸭脖这种新品类卤味。受多年卤味店的消费观念影响，消费者购买卤味或者鸭脖的主要渠道是线下门店，以短保鲜卤味为主。回味一梦作为鸭脖卤味新品类的开拓者和销量引领者，面临着如何引领风干鸭脖品类发展壮大的重要课题。

其二，回味一梦是从抖音开始发展的快消品品牌，面临着消费者对回味一梦没有品牌认知，在卤味品类内品牌认知较低的问题。

面对这两大重要课题，回味一梦决定与核桃战略合作，寻找解决两大课题之道。核桃战略研究后发现，与品牌连锁店的传统鲜卤卤味相比，回味一梦风干鸭脖产品有一定的优势，但是仍需要基于消费者对卤味鸭脖品牌的既有认知，从卤味鸭脖食用和购买习惯出发，制定战略解决之道。

三、市场调研

（一）市场调研情况

调研方法：线下消费者定性调研、线下卤味品牌实地走访。

调研数据：市场调研样本包括北京、上海、深圳、广州、南京、杭州、成都、重庆、天津、长沙、郑州、武汉、厦门、泉州、东莞、佛山、苏州、徐州 18 个城市；调研普通消费者 720 名，电话调研回味一梦消费者 300 名。

（二）用户消费卤味鸭脖习惯

1. 鸭脖市场渗透率高，消费以卤味门店渠道为主

吃过鸭脖的消费者比例达到 95.9%，明确表示没有吃过与基本不吃的消费者合计仅 4.1%。从数据上看，鸭脖已经是市场渗透率很高的成熟产品。

卤味门店购买比例为 82%，包括绝味、周黑鸭和其他卤味店；外卖与即时配送渠道比例为 15.2%；超市、便利店、零食店合计比例为 12%；线上比例仅为 8.2%。考虑到外卖与即时配送也是以门店产品为主，两者相加超过 97%，说明鸭脖消费以卤味门店渠道为主。

2. 卤味连锁品牌是鸭脖主要消费品牌

绝味鸭脖、周黑鸭品牌购买率均超过 50%，领先优势明显。第三名到第五名是煌上煌、久久丫、栖头鸭，皆为以线下门店为主的连锁卤味品牌。回味一梦的市场占有率仅为 1.6%，同品类竞争对手周小贱更是低至 0.5%，与连锁

品牌差距很大。目前卤味连锁品牌是鸭脖主要消费品牌。

3. 鸭脖消费动机属于冲动型购买，以非正餐的休闲场景为主

消费者购买鸭脖的首要原因是"想吃"，占比为47.5%；第二是"佐餐、下酒菜、作为饭菜"，占比为10.5%；"味道好、好吃、喜欢吃"排名第三，占比为8.8%；第四是"嘴馋、解馋、上瘾"，占比为7.8%。说明鸭脖消费动机以临时性、非计划性和非目的性为主，属于冲动型购买。

92.6%的消费者选择当天就食用鸭脖；4%的消费者选择购买后1至2天内食用鸭脖；2.5%的消费者选择购买一周或更久的时间段内再食用。说明鸭脖的食用习惯以当天即食性为主。追剧、看电视、玩手机等是鸭脖第一食用场景，比例为41.3%；其次是和家人一起吃、在家里，比例为24.6%；宵夜比例为13.1%；聚会比例为11.7%；而"佐餐、下酒菜、作为饭菜"的比例只有14.6%。总体而言，鸭脖食用场景以非正餐的休闲场景为主流。

4. 贵、性价比低是短保质期鸭脖卤味的缺点

在消费者提及的卤味鸭脖产品缺点中，主要为贵、性价比低和辣、上火，占比分别为34.7%和15.0%。考虑到消费者主要购买的是卤味门店产品，因此，可认为贵、性价比低是短保质期鸭脖卤味的缺点。

5. 消费者对一整根鸭脖接受的价格偏低，主要集中在10元以内

84.4%的消费者购买鸭脖类产品会关注产品的味道，而33.5%的消费者会关注产品价格。排名第三到第五的关注因素分别是新鲜、卫生与健康、方便，比例分别为10.8%、10%、4.8%。高达57.7%的受访者可接受一整根鸭脖的价格不超过10元；可接受15元内的占比为28%；20元内的占比为10.2%。可见消费者对一整根鸭脖接受的价格偏低，主要集中在10元以内。

(三) 鸭脖品类购买习惯探测

1. 从包装形式来看，消费者购买的鸭脖类型主要为短节、散装

从包装形式来看，消费者购买的鸭脖类型主要为短节、散装，比例为78.8%；盒装比例为23.2%，以周黑鸭为主；真空的购买比例为10.5%；氮气包装为4.1%。从保质期角度来看，短保质期鸭脖的购买比例为96.9%，长保质期鸭脖的购买比例仅为14.5%。短保质期鸭脖的优点为味道好和好吃、吃起来方便、新鲜，占比分别为68%、23.1%、14.4%。另外，还有6.8%的消费者认为门店较多购买方便。肉多、味道香和价格实惠的占比分别仅为4.2%、2.4%。消费者认为长保质期鸭脖的优点主要为口味好、方便携带，占比分别为67.3%、23.1%。便宜划算、干净卫生、风干产品的占比分别为5.8%、5.8%、3.8%。保存时间久、食用场景多、手撕、吃起来过瘾等合计占比为9.6%。

消费者认为风干鸭脖与其他鸭脖的差异包括：肉质不一样，干一些，水分少，硬一点儿的消费者占比为33.7%位列第一；认为口感、口味不一样的消费者占比为11.9%；耐嚼、有嚼劲占比为7.9%；不了解、不清楚的消费者占比为29.2%。

2.消费者选择整根鸭脖的兴趣点主要为肉多、整根较长或较大

消费者选择整根鸭脖的兴趣点主要为肉多、整根较长或较大，占比分别为29.2%、25.0%；看起来好吃、耐嚼、没见过想尝试一下的消费者占比分别为16.7%、12.5%、9.7%。说明整根鸭脖吸引消费者的兴趣点主要为肉多、整根较长或较大。会复购的消费者占比为57.9%；不会复购的消费者占比为22.8%；可能、不确定、不排斥的消费者占比为19.3%。复购原因中，好吃占比为54.5%，位列第一；肉多占比为42.4%，位列第二。

四、战略解题逻辑

基于深入的消费者调研和行业分析，我们可以看到，卤味鸭脖作为一个大品类，一直以来都以线下卤味店为主要销售渠道。这些线下店面的广泛分布，不仅方便了消费者的购买，也在消费者心中树立了深刻的品牌印象。然而，尽管市场上存在短节真空包装的零食鸭脖，但由于其竞争力不足，未能对传统卤味店构成实质性的威胁。

在这样的市场环境中，整根风干鸭脖作为一个新兴品类，虽然初始的市场认知度和渗透率较低，但通过回味一梦的经营实践，这一品类已展现出了巨大的市场潜力。整根风干鸭脖以其独特的口感、便利的携带性和创新的产品形态，赢得了消费者的青睐，并保持较高的复购率。这表明，尽管目前整根风干鸭脖在市场上的体量与传统卤味鸭脖品类相比还较小，但它所拥有的市场吸引力和潜在的发展空间，足以对现有的卤味鸭脖巨头构成威胁。

（一）解题关键一：推出新品类名称"风干大鸭脖"

对于回味一梦来说，其成功的关键在于能够将整根风干鸭脖作为一个新品类推向市场，并在这个品类中取得领先地位。一个好的名称对于新品类的推广至关重要，核桃战略为回味一梦提炼的新品类名称为"风干大鸭脖"，其中，"风干鸭脖"为产品本质，而"大"则形象地突出了产品的特点。这种品类引领的策略，不仅有助于回味一梦迅速获得市场的认可，而且为长远的品牌发展奠定了坚实的基础。随着品类的成熟和发展，回味一梦将有望享受由此而来的巨大市场红利，从而在竞争激烈的卤味市场中脱颖而出。

（二）解题关键二：线上、线下差异化策略

鉴于线上、线下消费人群的认知上的差异，核桃战略针对回味一梦开创

新品类的关键目标,给出了不同的应对策略。针对已有一定认知基础的线上消费者,回味一梦线上渠道的任务在于赢得品类内竞争,抢占品类领先地位,主诉求为"风干大鸭脖销量领先"。线下消费者对于风干大鸭脖认知度低,回味一梦线下渠道的任务在于以线下门店为竞争对手,通过强调"一根抵一盒"的性价比优势,力争迅速抢占市场,吸引实体店顾客。

五、制定战略发展节奏

(一)战略发展节奏

第一阶段:卤味鸭脖品类内竞争,成为风干鸭脖领导品牌,渠道深度分销,年销售额达 30 亿元。

第二阶段:鸭肉零食大品类竞争,成为鸭肉休闲零食排头兵,抢占消费者心智,品牌建设和品牌认知构建,年销售额达 50 亿元。

第三阶段:跨品类竞争,产品和供应深度保障,扎实供应链,成为新一代肉类零食领导品牌,年销售额达 100 亿元。

(二)战略落地关键动作

核桃战略在规划回味一梦战略发展路径的同时,也从样板市场打造、产品、品牌建设和渠道建设四个方面梳理出战略落地的关键动作。

1. 样板市场打造

为实现品牌和产品的深入市场渗透,回味一梦采取了多元化的市场打造策略。选择其运营总部所在地成都作为样板市场,该城市具有较强的代表性和影响力,为试点项目提供了理想的测试环境。在这一阶段,公司重点跑通了线下渠道,完成了在成都的核心网点布局。通过地推、试吃、促销活动等手段,验证了动销动作的有效性;同时通过广告、线下活动和公关传播等方式,验证了品牌推广策略的成效。这一过程不仅实现了线下市场投入与产出的正向循环,而且成功打造出一套适合回味一梦、可复制的营销模式。

2. 产品方面

在产品方面,以整根风干鸭脖为回味一梦品牌的核心大单品,以"整根"和"风干"为产品特性,传递产品和品类的价值。在品牌定位上,突出回味一梦品牌在风干鸭脖品类中的领先地位,将回味一梦定位为整根风干鸭脖的领导品牌。在产品信任状梳理方面,以热销信任状为回味一梦背书,奠定回味一梦品牌在风干鸭脖品类的领先地位。

3. 品牌建设

在品牌建设方面,回味一梦对其品牌视觉识别系统进行了全面升级,融入中国风元素和色彩,使品牌和产品在视觉上更加年轻、时尚和高级。在品牌传播策略上，回味一梦以消费者认知为核心，通过新媒体平台和电梯媒体广告，在成都市场中赢得了消费者的心智。此外，公司还通过线下渠道的有效陈列、商超渠道的试吃及促销活动，实现了产品销量的提升。

4. 渠道建设

在渠道建设方面，回味一梦自2023年起开始策略性铺设线下渠道。重点覆盖全国一、二线城市的三类渠道：全国性高端标杆性渠道；区域性中高端连锁渠道，即城市地标内的优质门店；全国排名前60（TOP60）的购物中心（年销售额达40亿元以上）商圈内部的超市系统、便利店系统。

目前，回味一梦已成功入驻沃尔玛、家乐福、永辉、大润发、全家、711、便利蜂等各大知名连锁商超，并布局了社区团购等渠道。在全国一、二线城市，公司已覆盖超过10万家线下终端网点。这为公司的进一步发展奠定了坚实的基础。

六、项目价值

（一）商业价值——品牌战略转型，业绩实现飞跃

2023年，面对卤味鸭脖行业内的激烈竞争和原材料成本不断上涨的双重压力，回味一梦风干鸭脖品牌积极寻找转机。为了突破现状，回味一梦选择与行业知名的核桃战略合作，力求在市场上获得新的生机。核桃战略凭借其在消费行业深耕多年的丰富经验和前瞻性的市场及消费者洞察力，为回味一梦量身定制了一系列切实可行的战略规划。

核桃战略首先深入剖析了回味一梦的产品线，针对市场需求和消费者偏好，提出了优化产品结构、升级产品配方和改进包装设计的建议。这不仅使产品更具市场竞争力，还提升了消费者体验。为了提高品牌的市场认知度，核桃战略还建议回味一梦通过线上、线下相结合的多渠道营销策略，加强与消费者的互动交流，提升消费者的品牌忠诚度。

此外，核桃战略在分析了电商渠道的发展趋势后，建议回味一梦加大在电商平台，特别是在抖音、微信等社交媒体平台上的投入。通过大数据分析和消费者行为研究，实现精准营销，有效提高客户转化率。

在核桃战略的指导下，回味一梦在关键市场区域实施了一系列样板市场建设项目。通过地方特色营销和社区互动活动，成功地提升了品牌的地区影响力。这些成功案例不仅提升了品牌形象，也为后续市场扩张提供了可复制的成功模式。

回味一梦通过一系列战略调整和营销创新，成功地克服了市场和成本上

的挑战,实现了显著的业绩飞跃。其年营业收入预计超过7亿元(增长75%),在抖音平台上的品类内份额占比达85%,不仅巩固了其在风干鸭脖市场的领先地位,也为品牌在更广阔的卤味市场的未来发展奠定了坚实的基础。回味一梦与核桃战略的合作成果,成为行业内备受瞩目的成功典范,充分展现了专业咨询与企业内部资源整合的巨大潜力和实效。

(二)行业价值——引领市场升级,解决需求错配

卤味行业,尤其是卤味鸭脖行业,在经历了多年的工业化发展后,正面临着重大的转型契机。长期以来,消费者习惯于在传统的线下店面购买新鲜制作的卤味产品。这种消费模式的持续存在,反映出行业内在商业模式、渠道建设和产品研发方面的创新不足。传统卤味鸭脖在食用便捷性和保存条件上的局限,成为阻碍行业进一步发展的关键因素。

回味一梦的风干鸭脖产品的问世,彻底改变了这一局面。该品牌不仅在产品口感上进行了创新,更重要的是,在保存和携带方面实现了革命性的突破。这种风干鸭脖的便携性和长久保存性,极大地拓宽了消费场景,从而改变了消费者对于卤味产品的传统认知。这种创新不仅满足了消费者对方便、快捷食品的需求,也契合了现代人快节奏的生活方式。

随着回味一梦风干鸭脖在市场上的成功,其创新理念和营销策略开始被行业内其他企业模仿和借鉴。越来越多的企业开始致力于产品的创新和多样化,不断推出新口味、新包装的卤味产品。这些创新不仅为消费者带来了更多元的选择,也促进了整个卤味行业的竞争和发展。行业内的这种良性竞争和互相促进,为卤味行业带来了前所未有的活力。

卤味行业的不仅局限于产品本身,随着数字化和电商平台的兴起,更多的卤味品牌开始探索线上销售渠道。通过社交媒体营销,以及线上、线下结合的销售策略,卤味行业正逐步从传统的销售模式向更现代化、数字化的方向发展。这些变化不仅为消费者提供了更便利的购买方式,也为卤味行业的未来发展开辟了新的广阔天地。

青岛市城阳区储能产业发展规划及落地项目

深圳华夏基石产业服务集团有限公司

深圳华夏基石产业服务集团有限公司（以下简称华夏基石）致力于成为产业生态新格局的推动者与贡献者，通过产融结合、管投结合、产研结合，促进企业、资本、政府及各价值创造相关方的紧密合作，实现共赢，提高产业经营的质量与效率，加速产业生态的进化。华夏基石依托其在企业、人才、政府、资本、金融、产业、IT等方面的资源优势，结合其管理咨询的强势专业能力，为企业提供内延式和外延式增长的综合性解决方案，形成可持续的产业规模和高质量的产业升级，为政府创造国内生产总值（GDP）和税收。

本案例项目组成员

张建功，华夏基石副总裁、产业经济首席专家。曾任四川省发展改革委外资项目办副主任，四川发展（控股）集团董事会秘书兼战略部和企管部总经理、四川蜀兴国有资本运营研究院院长。主导研究四川省参与泛珠三角区域合作；参与国家汶川地震灾后重建规划编制及政策研究；组织完成四川省国有资本布局结构调整等课题；参与西南财经大学《民生经济学论》专著的研究和编写。牵头完成的青岛市储能产业发展及产业园规划已落地建设；主编发布《储能的中场赛事：进化与创新——中国新型储能产业发展白皮书（2023）》；在北极星储能网开辟《华夏储说》专栏。

其他成员：张文锋、雷文龙。

导读

近两年我国储能产业高速发展，大项目、头部企业不断涌现，市场空间巨大，前景广阔，地方政府应如何抓住这一机会结合本地优势设计可持续的经济发展模式，并进行有效的产业规划和落地，在激烈的政府招商竞争中脱颖而出，是本项目的目标。

华夏基石立足于产业发展和区域经济发展基本规律，基于对储能产业的深入理解，结合城阳区（特别是河套街道）的特点，将该地区的产业发展规划与储能产业的落地发展进行了有效的结合，首次提出并实现了"在一个产业园区载体上，设立一支产业基金，引入一批上市公司，形成一个产业集群，提供一个产业孵化体系"的"五个一"模式，具备创新性。项目通过明确总体指导思想、发展原则、产业定位、发展目标，形成了统一的产业发展工作的方针和目标，通过设计空间布局、产业布局、发展路径、重点工程建设和组织保障措施，形成了产业的具体落地方案，具备可借鉴性。

"五个一"模式是产业规划得以有效落地的成功关键。在该产业规划的基础上，华夏基石已经帮助城阳区（河套街道）引入了上市公司鹏辉能源，并为该地区带来了约130亿元的投资建设项目及其他收益，助力地方区域经济发展，具备效益性。

青岛市城阳区储能产业发展规划及落地项目

深圳华夏基石产业服务集团有限公司　张建功

一、申报案例背景描述

（一）客户基本情况介绍

1. 青岛市城阳区河套街道的基本情况

青岛市位于胶东半岛，向东与日本、韩国隔海相望，向西背靠黄河流域广阔腹地，是全国经济发展最活跃、创新能力最强、开放程度最高的区域之一，2022年全国GDP排第十三位。围绕"活力海洋之都、精彩宜人之城"的城市愿景，着力打造现代产业先行城市、引领型现代海洋城市、国际化创新型城市、国际门户枢纽城市、宜居宜业宜游高品质湾区城市和现代化治理样板城市。

城阳区作为青岛主城区北拓的重要区域，GDP增速、人口增速等均处在全市较高水平，2022年GDP为1348.3亿元。按照城阳区第七次党代会的精神，聚焦推动形成大青岛北部经济隆起带，奋力打造湾区都市活力城阳。河套，犹如镶嵌在胶州湾海岸线中央的一颗明珠，桃源河和大沽河从中穿流而过，环胶州湾高速和正阳路横贯东西，胶州国际机场和青岛港近在咫尺。在当前城市更新和城市建设攻坚行动中，河套街道优越的地理位置为其发展插上了腾飞的翅膀。

2. 我国储能产业基本情况

为应对全球气候变化，世界各国加速发展新能源产业，大力开发太阳能光伏发电、风电等可再生能源。为了实施能源转型，实现碳达峰、碳中和，迫切需要储能技术和产业的重要支撑。在国家政策的大力驱动下，我国储能市场空间巨大，前景广阔，吸引众多企业进入储能赛道各个环节；电力等大型储能连年成倍增长，用户侧工商业储能应用市场也逐步打开，引爆资本市场的高景气状态。我国储能全产业链的生产能力快速增长，已经使我国成为全球最大的电池生产国和电池原材料供应国，也是全球最大的储能产品提供国家。

(二) 咨询项目需求和目标

1. 客户面临的机会和挑战

（1）宏观政治经济形势发展规律及产业发展趋势要求我们必须用新思维、新模式来发展区域经济，依靠传统土地财政模式和政府发债发展经济的模式，已经不能支撑当地的经济发展。

地方政府和地方平台企业应该清楚地认识到，必须坚持高质量发展，才不会被市场和金融资本淘汰，才能更好地支持地方发展。

（2）城市低效片区更新改造时机紧迫，责任重大。区域经济的发展需要更清晰、更科学、更符合实际的产业规划。如何统筹解决好拆迁、土地、资金等要素保障，引入更具有发展潜力和市场空间的新兴产业实现区域产业结构的转型升级，实现腾笼换鸟而不是人去楼空，是核心关键。

（3）新型储能产业的确定性发展前景，成为许多地方产业发展的新热点。从中央到地方，纷纷出台相应的支持和激励政策，为储能产业的创新发展创造良好的环境。多数地方或组建产业投资基金，或由地方平台公司牵头组建储能产业集团，加大产业链头部企业和科技研发机构招引力度，对高成长企业进行投资支持，对创新研发进行转化应用和孵化培育，围绕储能电池、储能系统集成等产业链关键环节进行产业布局，打造产业集群，成为本地区域产业和经济发展的重要增长点，推动产业结构转型升级。本次规划需要协助青岛市城阳区在储能领域里寻找到自己的定位，实现错位发展，价值成长。

2. 咨询需求和目标

华夏基石受邀向青岛市城阳区提供储能产业园区规划服务，来回答地方政府应如何抓住这一储能产业发展机会实现本地产业的转型升级与高质量发展。同时结合本地实际为其进行储能产业的布局和发展规划，以及储能产业园区建设的顶层设计，着力帮助地方政府实现"规划即落地"的目标。这有助于城防区在激烈的政府招商竞争中脱颖而出，为当地设计出可持续的经济发展模式。

二、诊断分析

(一) 调研分析的内容和思路

1. 带着假设去调研

华夏基石认为，区域经济的发展有且只有以下三种路径。

路径一：以现有的产业基础逐步升级。

路径二：以引入一个核心企业带动片区整体发展。

路径三：以地区资源禀赋发展一个核心产业链。

带着对区域经济发展的三种路径假设，华夏基石项目团队对城阳区河套街道进行了深入的走访和调研。

2. 带着问题去调研

资源和要素禀赋，始终是一个地区发展产业和经济的决定性因素。华夏基石认为，企业实施产业布局的基本规律，是"三个靠近"，即靠近市场、靠近原材料，靠近低成本。对此，城阳区发展储能产业，需要回答好以下三个问题。

问题一：有没有市场（包括本地市场应用、海外及区域市场的辐射）。

问题二：资源和要素支撑够不够（包括上游供应链资源、产业配套资源、科技人才及人力资源、土地电力等基础资源等）。

问题三：有没有优于其他地区的特殊资源。

（二）调研过程和方法

华夏基石项目组通过实地走访、目标企业调研、研究规划图纸、查阅信息数据、对标分析、关键核心人员访谈的方式开展工作。

通过对国内10余家储能头部电池企业、系统集成企业的走访和调研，加深对储能产业发展和储能头部企业布局产能规律和需求的了解；通过对城阳区及河套街道，乃至青岛市现有产业发展基础、相关产业和技术，以及土地、电力、人才等要素资源配套情况的全面深入调研，并研究规划图纸等，深化对发展储能产业链的认知，形成对城阳区发展储能产业的系统规划思想。另外，走访联系储能头部企业，也为后面规划招引产业链头部企业成功落地，打下了坚实的基础。

（三）调研的结论

1. 以现有的产业基础逐步升级难以带动区域产业快速发展

园区规划所在地河套街道地处胶州湾腹地，面积约为83平方千米，位于高新区、轨道交通产业示范区、临空经济区、胶州经济技术开发区、上合示范区之间，境内有青岛胶州湾综合保税区。街道现有产业规模小，产业结构相对分散（涉及机械制造、针织、食品、医药等领域），产业附加值低（亩均税收不足6万元），缺少知名行业领军企业，与未来地区重要资源条件结合弱。

综上所述，以现有的产业基础条件，采取逐步升级的方式难以支撑街道产业快速发展，也无法满足城市更新和低效片区改造的需求，更难以推动当地产业转型升级和高质量发展。因此，不推荐河套街道采用"以现有的产业基础逐步升级"（路径一），建议"以引入一个核心企业带动片区整体发展"（路径二）结合"以地区资源禀赋发展一个核心产业链"（路径三），作为河套街道产业发展的核心策略。

2. 依托本地资源和要素禀赋及产业发展基础等条件，引入核心产业带动河套街道整体产业转型升级、高质量发展

参考国内其他区域成功经验，河套街道未来的产业机会和发展逻辑是：依托本地资源和要素禀赋，通过引入增长潜力大的核心产业和核心企业，带动区域整体发展。例如，四川宜宾市引入宁德时代，打造"动力电池之都"；安徽合肥市引入京东方等龙头企业，打造新型显示产业。

3. 根据储能产业链构成，招引和布局产业链关键环节龙头企业，吸引相关配套企业集聚，形成产业成链配套、集群化发展

储能产业链大致包括上游电池系统制造商（包括电池及电池模组制造、在上游的正负极等主材料生产等），中游系统集成及配套[包括电池管理系统（BMS）、能量管理系统、储能变流器（PCS）等重要元器件和系统集成产品]，下游终端市场应用（包括电源侧和电网侧、工商产或家庭等用户侧储能产品应用与运行维护）三个基本环节。华夏基石认为，城阳区应"招大引强、成链配套"，围绕储能产业链关键环节，重点引进储能电池、储能系统集成及储能变流器龙头企业，形成储能产业链核心骨干支撑，并吸引其他相关配套企业向园区集聚，实现产业成链配套、集群化发展。储能产业链全景如图1所示。

4. 城阳区发展储能产业的基础优势与存在的问题

（1）城阳区储能产业发展的基础优势包括：产业规模逐步壮大；科技创新基础雄厚；示范应用不断拓展；产业配套支撑强劲；政策体系不断完善。

（2）城阳区储能产业发展存在的问题包括：产业起步晚；产业规模小；要素成本高；市场基础弱等。

5. 对标分析其他成功的储能产业园区的经验

为分析国内相同产业已成型园区发展的经验和优势，华夏基石项目组选取四川宜宾市三江新区东部产业园和江西宜春市锂电新能源产业园两家省外新能源产业园，以及山东淄博高新区齐鲁储能谷一家省内储能产业园区，进行了跨区域和区域内同产业类型的对标研究分析，为城阳区储能产业规划发展提供有益的经验借鉴。

（1）优化产业配套环境是引进龙头企业形成产业链的重要条件。

（2）以龙头企业为牵引，是从无到有打造储能新产业高地的重要路径。

（3）完善产业链一体化规划设计才能够促进产业有序发展。

（4）强化政策顶层设计和产业示范应用是发展储能产业的重要驱动。

（5）促进资本招商和专业招商是增强招商精准度的重要方法。

（6）改善营商环境是企业落地和产业发展的重要保障。

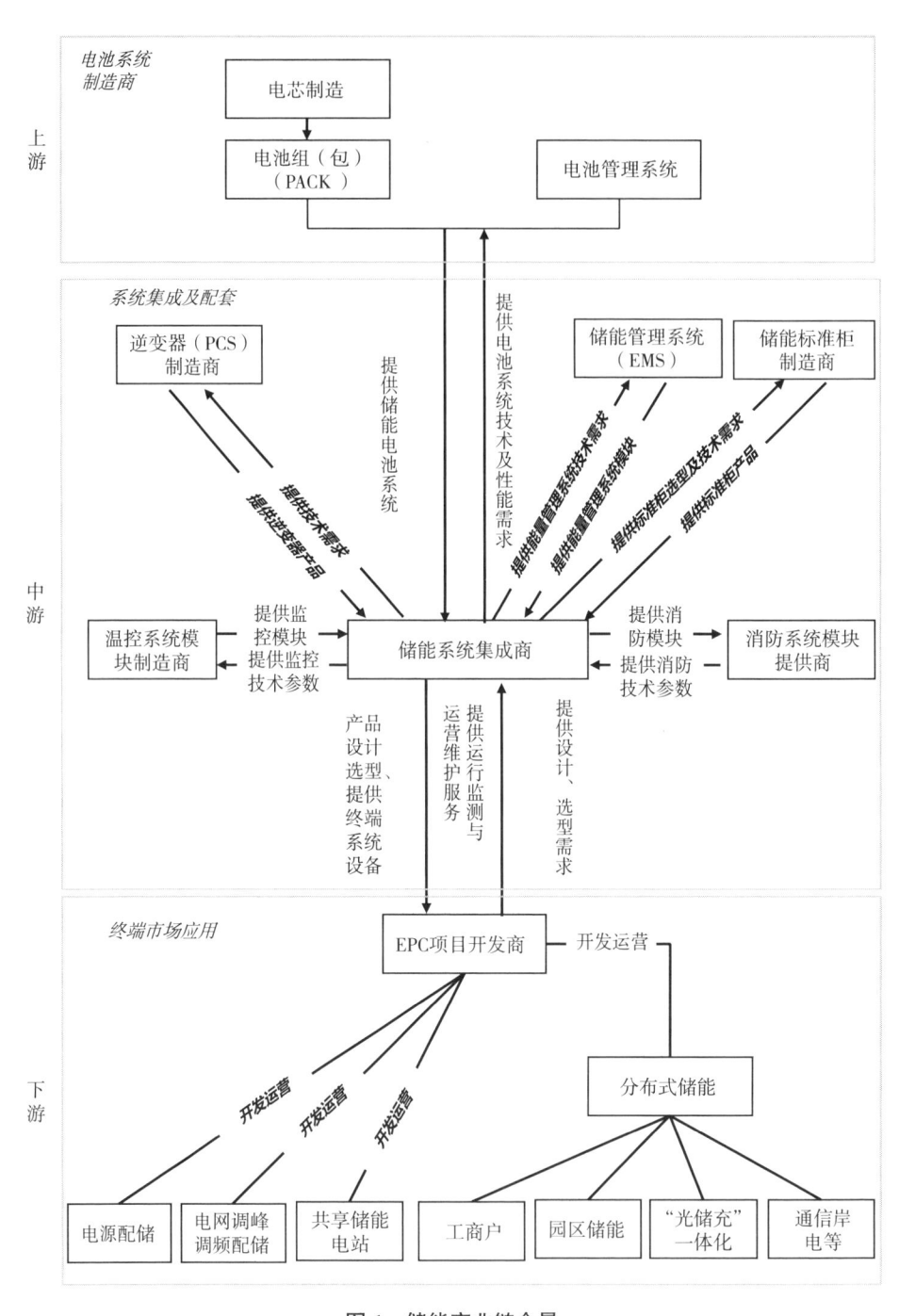

图 1 储能产业链全景

三、解决方案的设计框架

（一）项目设计思路

1. 项目设计底层逻辑必须符合产业发展逻辑规律

华夏基石项目组将本项目内容划分为三个阶段六大模块，阶段一为项目调研与评估阶段，包含现状调研与分析、产业发展机会判断、标杆研究三个模块；阶段二为定位与规划阶段，包括产业定位与体系构建、招商实施建议模块；阶段三为配套与保障阶段，包括实施计划与保障、空间布局设计原则、经济测算模块。其中阶段二最为关键，是整个项目的核心。

如何对产业和园区进行定位，设计顶层架构，给出园区建设和产业布局及项目招商建议，一方面要对储能产业链上、中、下游的整体情况和城阳区（河套街道）的财政、土地、市场、配套等综合情况进行全面了解掌握；另一方面也要对产业发展的关键因素进行系统分析，重点在于如何更有效地配置资源保障规划的落地落实。

基于上述方法和原则，华夏基石项目组依据其独创的产业发展"五个一"方法论，对河套街道整体区域进行了发展规划布局，为城阳区编制了《青岛（城阳）储能产业园发展规划》，推进实施一个产业园区、一支产业基金、一个产业集群、一批上市公司、一个产业孵化体系的储能产业规划布局，并取得积极的成效。华夏基石"五个一"方法论如图2所示。

图2 华夏基石"五个一"方法论

2. 总体指导思想和发展原则

积极抢抓我国储能产业发展的窗口机遇期，立足城阳区区位优势、现有产业配套和科技资源条件，坚持高点定位，合理规划产业布局，以龙头企业为牵引做强产业链，做大产业规模，完善产业生态，推进产业集聚，将园区打造成具有区域和全国竞争优势及影响力的新型储能产业发展高地。

（1）统筹布局，协同推进。加强顶层设计，实施统筹布局，建立跨部门的协同推进机制，引导政、产、学、研、用各方力量，协同推进城阳区储能产业发展，营造良好的产业发展政策环境。

（2）创新驱动，应用引领。突出企业创新主体地位，实施产研联动、产融结合，大力推进企业与科技研发机构之间的协同创新和产业化发展，支持企业和机构新技术、新产品的本地应用推广，增强产业创新力，打造区域产业发展高地。

（3）龙头企业带动，链式集聚。坚持引进与培育相结合，以龙头企业为牵引，强化产业配套与协作，支持龙头企业做强、做大，增强竞争力，形成产业吸聚效应，吸引产业链上、下游相关企业成链配套集聚发展，不断完善产业链布局，构建良好的产业发展生态。

（4）开放发展，合作共赢。发挥城阳区在中日、中韩合作，以及国家《区域全面经济伙伴关系协定》（RCEP）、"一带一路"、上合组织等"双循环"开放合作战略节点中的区位优势条件，积极利用国际、国内"两个市场""两种资源"，共同助力城阳区储能产业发展。

（二）解决方案

1.明确园区顶层设计，基于产业生态理论，规划各方共赢的产业发展系统方案

土地招商、资本招商、税收招商、业务招商是常用的招商方式，但在当前产业和行业竞争激烈的形势下，单靠一种方式牺牲短期利益进行招商，既不符合长期价值主义，也不符合企业成长的客观规律。

产业围绕头部企业聚集，帮助头部企业"找人、找钱、找业务"是核心。因此，华夏基石项目组在规划产业发展的过程中，就必须研究头部企业的核心诉求，即研究其布局和发展的痛点和难点。在《城阳区储能产业发展规划》和《青岛（城阳）储能产业园发展规划》上，通过在一个产业园区载体上，设立一支产业基金，引入一批上市公司，形成一个产业集群，建设一个产业孵化体系，是产业规划得以有效落地的成功关键。本次规划是华夏基石产业布局和发展"五个一"方法论的一次有效践行和实际验证。

第一个"一"，是建设一个产业园区。以专业化、规模化的园区载体，吸引产业链相关企业及有关要素在园区集聚，支持和支撑产业发展。

第二个"一"，是设立一支产业基金。通过基金股权投资，发挥资本的杠杆作用，支持和推动产业创新，以创新驱动引领产业发展。

第三个"一",是引入一批上市公司。发挥上市公司在资本和金融市场大规模灵活高效的筹融资功能,支持产业发展。

第四个"一",是形成一个产业集群。发挥龙头上市公司在产业链核心和关键环节的引领作用,推动产业集聚、集群化发展,打造产业集群。

第五个"一",是建设一个产业孵化体系。实施"产业+科创"联动发展,前瞻布局推动科技研发和新技术、新产业孵化培育,持续推进产业技术进步和创新发展。

华夏基石"五个一"方法论,核心是运用"事业合伙人"理论,从封闭式的自我经营转变为去中心化思想、利他主义、长板效应的开放式的产业生态经营。通过关注整个产业链发展的方向,构建良好的产业生态,形成具有"产业压制理论"优势的生态化战略:构建"产业—园区—资本"战略循环,建立资源资产化、资产资本化、资本证券化的战略路径。产业生态的具体形式,是要从短期交易关系转变为长期资本价值共享的事业合伙关系。从政府的角度来看,就是要从简单的政策支持转变为基于产业发展与区域经济发展逻辑的合作共赢。华夏基石产业生态模式顶层设计如图3所示。

政府:从简单的政策支持转变为基于产业发展与区域经济发展逻辑的合作共赢。

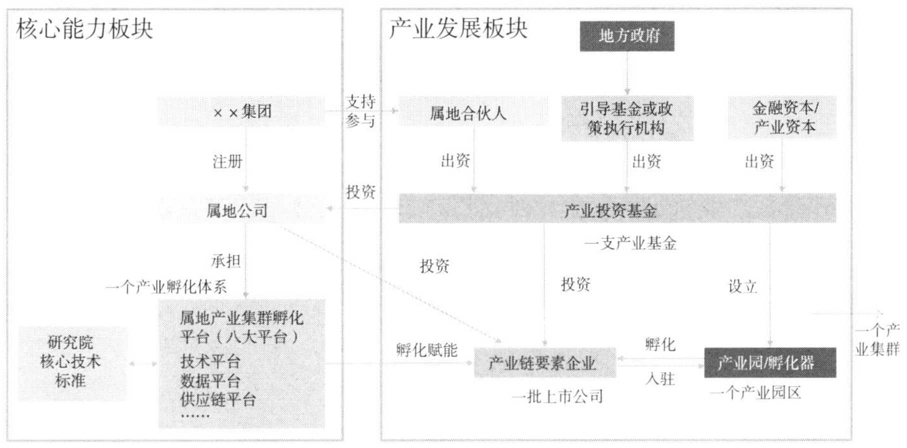

图3 华夏基石产业生态模式顶层设计

未来通过该储能产业生态,既发挥总部效应,又发挥产业协同优势,使得各利益相关方保持创新的活力和优势。

政府的收益包括:税收增加,GDP增加,引入新的产业集群推动产业结构转型升级,增量资本注入本地,中高端人才落户,当地就业增加,未来土地升值。

产业龙头企业的收益包括：产业整合价值，资本价值放大，企业经营效益提升。

投资机构收益包括：资本收益、投资企业稳定的业绩保障。

产业链生态企业收益包括：土地或产业空间支持、产业链条业务订单保障、龙头企业平台赋能、资本注入、属地优惠政策等。

2. 产业定位

城阳区储能产业园以锂离子电化学储能电池、储能系统集成及关键核心部件研发制造为重点，持续强链、延链、补链，实现"成链配套、集群化发展"。紧密围绕提升储能产业整体技术水平和下游终端市场应用产品质量，坚持"高起点定位、专业化发展"方向，突出"产业＋科创"协同发展，加强"产研联动"，前瞻发展推进产业技术创新和新技术、新产品孵化培育。努力将园区打造成为在全国具有影响力的"新型储能高端装备制造产业发展高地"和"储能新技术科技创新高地"，争创"国家储能高新技术产业化基地"。

3. 发展目标

（1）总体目标。

坚持科技创新驱动，强化政策引领支持和示范应用带动作用，实施引链、强链、补链和延链策略，按照总体布局××GWh储能系统终端集成产品产能，总投资××百亿元左右，总产值××××千亿元以上规模，招引一批产业链关键环节头部集聚效应明显、龙头带动作用强的骨干企业，在电源侧大型储能、工商户及家庭户储能等领域高性能储能电池、储能终端系统集成产品，以及储能变流器等单项产品领域，打造一批高技术含量、强品牌优势的拳头产品，初步形成产业链上、下游相对完整，产业配套体系相对完善，科技创新能力强的储能产业发展集群。

（2）年度目标。

2023年：产业集聚。

2024年：生态发展。

2025年：抢占高地。

4. 工作思路和具体路径

依托本地及区域集中式大型电力储能和分布式工商储能等项目的市场应用，青岛联通海内外区位及航运优势条件，发挥本地中车现代轨道交通产业与储能产业相关"同源性"技术配套、有关电力电子元器件和机械加工制造等产业协同资源及成熟产业人力资源，中国科学院青岛能源所、山东科技大学、青岛大学等高校科研机构在储能及新能源领域科技研发的技术协同资源、储能科技人才培养等方面的资源条件，通过"市场牵引、龙头带动、配套支撑"等方式，吸引储能电池、储能系统集成领域头部企业落地布局，带动产业链相关环节企业集聚，持续强链、补链和延链，形成储能产业的集聚、集群化发展。

（1）以市场应用为牵引吸引头部企业落地。积极推动城阳区本地集中式和分布式储能项目示范应用，协调推动青岛本地风光新能源配储的市场应用，吸引储能电池生产制造和储能系统集成产品研发制造头部企业落地布局，实现储能产业"引链"发展。

（2）积极主动营造优良产业发展环境，实现储能产业"强链"发展。重点帮助落地企业协调组织相关产业配套资源、技术协同资源、科技研发资源、人才及人力资源等资源和要素的保障供应，支持龙头企业健康发展。

（3）抓牢"主链""链主"优先发展。重点抓住储能产业链价值含量最大的储能电池和连接储能终端市场应用的系统集成两个"主链"环节，以及头部性"链主"企业的快速落地和建设投产，以此带动整个产业链的延链、补链，形成储能产业的集群发展效应。

（4）抓好当前，布局长远。根据磷酸铁锂储能产品较长时期主流市场应用和下一阶段钠离子电池更优综合成本与安全应用的特点，推动以快速扩大产能来占据铁锂电池更大储能市场份额，前瞻布局未来固态半固态锂电、钠离子电池、液流储能等其他新型储能技术等主导产业，强化科技创新驱动，持续提升园区储能产业竞争力。

重点工程包括："龙头引进"构建产业集群工程，"产业＋科创"协同联动发展工程，产融结合助推创新发展工程，储能示范应用工程，等等。

5. 空间布局

根据城阳区现有产业空间布局规划实际，建设"城阳区储能产业园"，按照"全产业链发展"和"产业＋科创"的总体定位，以及"整体规划、分步实施"的总体思路，以"一园多区"的布局模式，重点布局河套街道1690亩的核心发展区和580亩的拓展区；同时，在上马、棘洪滩两个街道规划产业地块作为储能产业园的预留发展区，根据产业园落地企业生产经营情况，实施延链、补链和强链策略，积聚产业链其他环节和配套产业相关企业，打造产业集群。

6. 保障措施

保障措施是确保规划落地的必要条件，以往的产业规划将更多的精力和重点都放在规划本身上，往往造成规划难以落地的窘境。本次规划的核心，除了关注规划本身，更加强化保障措施在问题解决上、营商环境营造上的精准度和项目推进过程中的执行力度。

（1）强化统筹协调，凝聚发展动力。

统筹相关资源和工作力量，高点定位，精准发力，协调解决企业和产业发展中的重大问题，引导产业集聚发展。加强专家指导，确保重点工作有序推进，集中有效资源，快速推进园区规划落地实施和高水平建设发展。

（2）拓展应用示范，深化市场牵引。

研究出台推进城阳区储能产业发展的相关指导意见，加大区域分布式光伏及"风光储"一体化推广应用，倡导和鼓励工商用户侧"光储充"产品的应用与示范，打开本地区域市场应用的通道，以产品和技术的市场应用与示范，吸引产业链相关龙头企业落地布局和集聚发展，打造产业集群。

（3）突出政策支持，加大资金保障。

综合运用财政、金融、土地、要素资源等政策手段，"一企一策"支持入园企业发展。设立"储能产业发展基金"，积极争取国家、省和市重点产业发展资金或基金支持，并设立园区建设专项资金计划，探索厂房等设施"代建"模式，积极为入园企业生产经营创造良好的条件。

（4）创新招商模式，深化开放合作。

实施"政府招商+专业招商"相结合的模式，开放合作引进专业智库机构，组建市场化的专业招商团队，提高产业招商精准化程度和招商引资的实效性。建立储能产业行业交流机制，推动储能产业技术、人才、资金等资源交流与互动，提升产业资源聚合能力，广泛吸引国内外优质资源集聚。

（5）优化营商环境，打造发展高地。

设立储能产业"绿色通道"，完善"一站式"营商服务，"企业点菜""送服上门""一企一团队"协助入园企业办理手续，以优质的政务服务和优秀的营商环境，为入园企业创造良好的发展环境。

四、案例项目评估和绩效说明

（一）项目总结

在当前形势下，管理咨询业务也要与时俱进地满足客户的实际增长需求。华夏基石一直认为，如果不能直接给客户带来有价值的咨询，就不能称为成功的咨询。管理咨询如果仅仅停留在规划、方案等报告层面，而未能助力客户规划落地，则难以体现其真正价值。因此本项目从项目立项到设计再到落地，无不在考虑理想状态与现实制约之间的最佳模式。既要看到产业发展的机会，也要理解现实落地的困难；既要灌输长期价值主义生态化发展的理念，又要明确当前见利见效的目标和业绩。另外，还要平衡把握头部企业的诉求和地方能提供的资源之间的博弈。本项目的成功，一半原因在于规划的顶层设计能够平衡各方诉求，实现共赢状态；另一半原因在于项目宣传贯彻、上下同欲达成共识后的高效落地执行和组织保障。

通过近一年的实地调研、产业规划、资源对接、落地辅导等工作的推动，城阳区储能产业园规划项目经过专家评审，已经圆满完成，并且获得了客户（城阳区政府）、上级政府（青岛市政府）、产业头部企业、合作资本方、研究院所和业内专家等多方面的认可，项目从规划落到了实处，真正实现了多方共赢。

（二）项目效果

（1）"五个一"模式作为产业规划得以有效落地的成功关键，不仅为日后客户在发展和培育其他产业时提供了可借鉴的模板，也使得生态化思维和运营模式深入人心。

（2）在该产业规划的基础上，华夏基石成功帮助城阳区（河套街道）争取到青岛市给予"青岛市储能产业园"专业园区的授牌，上升到市级重点产业园区建设布局；并帮助其引入了上市公司鹏辉能源科技有限公司进入园区规划布局36GWh储能电池研发制造基地（为该公司目前在国内最大的电池生产制造基地），成为青岛市城阳区储能产业链的核心关键环节。该项目一期工程已开工建设，将为该地区带来约130亿元的投资注入，并将形成近200亿元的年产值规模。

（3）城阳区与其资本合作伙伴一道，成立了120亿元的储能产业基金，为储能赛道的投资布局打下坚实基础。

（4）城阳区储能产业已从城阳区产业发展层面上升到青岛市重点支持发展的骨干支柱产业，推动青岛市将储能产业发展纳入未来重点打造的市级支柱产业规划布局之中。2023年10月，青岛市发布《青岛市新型储能发展规划（2023—2030年）（征求意见稿）》，明确"以城阳区为核心培育产业引领增长极"，并明确一段时间的"作战图"和任务书，从全市范围加大支持产业聚集要素保障。

华夏基石相信，我们处在一个百年未有之大变局的时代，国际形势的巨大变化引发的四个重构，即国家与国家之间关系和地位的重构、全球产业链重构、城市竞争力重构、企业竞争力和企业在产业链中的核心地位重构，和每个企业、每个地区的生存与发展息息相关，并使机遇与挑战同时存在。只有坚持生态化思维，通过开放、合作、利他、共赢的模式设计，配以高效贯彻、力出一孔的强大落地保障，才能使企业、地方、区域在当前激烈的竞争中立于不败之地。

西藏高驰集团"十四五"战略规划及 2035 年远景规划咨询

北京市长城企业战略研究所

北京市长城企业战略研究所（以下简称长城战略）成立于1993年，是国内较早的民营咨询机构和社会智库之一，面向国内外政府（科技园区）和企业，提供新经济咨询服务。总部位于北京，在宁波、武汉、广州、天津、成都、济南、杭州、合肥、沈阳等24个城市设有分支机构，拥有500余名专职咨询人员，4000多名外部专家，服务企业客户1000余家，高新区客户150余家，业务覆盖全国近200个城市和高新区。

北京市长城企业战略研究所立足于对中国市场的专业研究，在长期咨询实践的基础上，形成了"企业—产业—区域""三观结合"的业务轴心和创新创业咨询、数字经济、国际化、平台化四个特色业务。基于多年积累的新经济理论、新经济企业数据基础等，持续跟踪中国高成长企业发展，开展系列研究工作。

本案例项目组成员

杨乾，近十年咨询工作经验，合伙人，企业咨询部负责人，指导国有企业改革与发展业务，长期为各级政府尤其是高新区政府投融资平台公司提供战略咨询、组织运营咨询、人力资源咨询等服务，在园区管理体制机制改革、国有企业改革、政府平台公司转型发展、产业地产规划等领域具有丰富的理论和实战经验。

其他成员：付杰、赖正琛、张煊。

导读

迈入"十四五"新的发展阶段,信息技术的发展和数字中国的建设,将越来越突出其基础性、战略性、根本性的重大意义。国家提出要将发展信息产业、数字经济和推进区域协调发展作为"十四五"期间的重要目标。西藏自治区人民政府高度重视信息产业发展,陆续出台了系列产业政策,纵深推进"数字西藏"建设,明确了自治区信息化发展的方向和目标。

西藏高驰科技信息产业集团有限责任公司(以下简称高驰集团)作为区管一级商业二类国有独资公司,承担着政府使命和功能,在信息化项目建设、系统运维、数据治理融通中发挥着重要的平台作用。自治区对高驰集团迅速成长的要求与集团自身的综合能力和核心竞争力仍然有较大差距,需要高驰集团高位谋划,对公司长远发展作出系统思考和部署,明确公司发展思路,制定能力提升举措,实现公司转型升级。

北京市长城企业战略研究所为高驰集团量身打造了"十四五"战略规划方案,主要实现三大目标:一是明确集团未来的战略定位,在政府和市场之间找到平衡点;二是构建层次清晰的业务体系和业务规划,设计合规、高效的业务运作和协同模式;三是制定能力提升措施和战略管理体系。此次的战略规划得到了自治区相关政府部门的高度评价,并成为集团对外宣传介绍的指南。

西藏高驰集团"十四五"战略规划及 2035 年远景规划咨询

北京市长城企业战略研究所　杨乾

一、案例背景介绍

西藏高驰科技信息产业集团有限责任公司成立于 2017 年 12 月，是由西藏自治区政府为推动西藏信息化建设和促进信息产业大发展，批准成立的区管一级商业二类国有独资企业，是承接全区信息化项目的投资主体和信息化建设的融资平台。

高驰集团下属西藏高驰信息技术服务有限责任公司（以下简称技术公司）、西藏高驰信息安全技术有限责任公司（以下简称安全公司）、西藏高驰信息发展有限责任公司（以下简称发展公司）3 个全资子公司，分别承担非涉密信息化项目建设与运营维护和技术产品研发创新工作、网络信息安全及涉密信息化项目建设运营维护、数字和信息化领域投融资工作。

二、客户需求及目标

高驰集团自成立以来，在信息化项目建设、系统运维、数据治理融通中有效发挥了平台作用，基本完成了政府功能性任务。迈入"十四五"新的发展阶段，西藏自治区信息化发展迎来了战略机遇期和机遇窗口期，这也是高驰集团快速成长和加速扩张的关键期。然而，自治区对高驰集团迅速成长的要求与集团自身的综合能力和核心竞争力仍然有较大差距，需要高驰集团高位谋划，对公司长远发展做出系统思考和部署，实现公司快速发展。

因此，本次咨询重点实现三大目标：一是明确集团的战略定位，在政府和市场之间找到平衡点；二是构建清晰的业务体系，设计合规、高效的业务运作和协同模式；三是制订能力提升计划和战略管理体系，推动公司快速发展。

三、高驰集团发展基础分析

（一）核心优势

1. 受自治区党委、政府高度重视，天然位势高，发展后劲足

作为区管一级商业二类国有独资公司，高驰集团不仅是全区信息化项目的投融资平台，还承担着政府使命和功能，致力于推进全区信息化统规、统建、统维，受到自治区党委、政府高度重视，天然位势高，发展后劲足。

2. 高驰集团作为平台公司，具有链接资源与配置资源的平台优势

高驰集团作为自治区投融资平台公司，能够发挥区内外资源链接与综合配置作用。对内，整合区内的政府资源、企业资源、市场资源，与各级政府部门建立紧密联系。对外，依托自身平台优势，能够链接区外成熟的技术、产品及专业化人才资源，与行业先进企业建立合作关系。

3. 积极卡位布局了一批项目和产品，掌握了部分核心环节和关键资源

高驰集团通过把控信息化产品的需求源头和研发资源，承接多个领域的信息系统运营维护服务而积累了丰富的数据资源，以及依靠自主研发的终端产品占据应用市场，为实现数据治理和价值提炼打下了坚实的基础。

4. 凭借快速积累的经验和能力，在区内形成了一定的比较优势

相较于本土信息化企业，高驰集团在资金实力、人才团队、业务能力、业务资源上更具优势。与区外信息化企业相比，尽管在专业化经验和能力上有所欠缺，但高驰集团在政府政策争取、市场需求理解、客户关系维护、综合运营成本控制等方面，凭借本土优势展现出了独特的竞争力。

5. 吸引了一批高素质的人才，为高驰集团快速发展奠定了坚实的人才基础

高驰集团积极响应"人才兴藏"战略，引进了一批来自行业领先企业的中高层干部，凭借其较高的专业素养和管理能力，迅速融入高驰集团，成为公司发展的中坚力量。同时，积极履行本地国有企业的职责担当，大力招录了一批西藏籍高校毕业生，并引进了一批外地生源的高校毕业生，既为自治区集聚、保留了专业化人才，也为公司未来发展储备了坚实的人才后备力量。

（二）存在的不足

高驰集团目前面临的主要矛盾是，新形势下自治区对集团迅速成长的要求与集团自身的综合能力和核心竞争力不足之间的矛盾，主要表现在以下方面。

1. 对公司功能使命认识不足，对公司发展战略理解不充分

高驰集团内部对公司功能使命和发展战略的理解不充分，认识不统一，这在一定程度上限制了政府使命的履行及公司的长远发展。高驰集团作为承担

特殊功能使命的平台公司，员工应充分认识到公司与一般性国有企业的不同，应强化政治担当意识、责任使命意识，以及荣誉感、紧迫感。

2. 创新和研发能力不足，核心能力及品牌效应尚未形成

高驰集团前期通过抓机会的方式，承担了一批政府项目的建设和运营维护，业务分布分散，业务板块相互分离，尚未形成联动的业务体系，不利于项目能力和经验的积累沉淀。同时，前期业务开展多为代建、委托运营维护的方式，技术含量不高，业务偏低端化，创新和研发能力不足，缺乏自有的核心技术和核心产品，核心竞争力不强。

3. 企业经营质量不高，不利于长期可持续发展

高驰集团业务中，政府性代建项目占比过大，承接政府性代建项目占据了公司大量的业务资源，导致在非政府性的市场化项目拓展上精力与资源不足。另外，代建类业务、委托运营维护类业务自身利润率低，盈利能力差，也不利于培养自身的技术研发人员，提升项目能力。

4. 人才梯队尚不健全，对公司快速发展的支撑度不够

高驰集团成立时间较短，人才积累不足。近年来，公司大力引进应届毕业生，使得公司人才队伍相对年轻。年轻员工为公司注入活力的同时，也存在能力尚未形成、工作经验不足等问题。短期内公司面临着巨大的新人培养压力，"传帮带"机制难以形成，也面临着年轻员工较高的离职率风险。

5. 激励约束机制运行有偏差，激励约束功能发挥不足

高驰集团现有部分员工来自不同单位，对集团薪酬体系认知程度存在差异，执行过程存在一定偏差，导致薪酬体系的激励效果未得到有效发挥，对员工的自主性和能动性激励不足。同时，绩效管理办法执行存在偏差，部分工作执行力不足，容易出现内部公平性缺失，人才招引困难，人员流动率高，人员的自主性和能动性得不到发挥等风险。

6. 相关资质不全，含金量不高，制约了业务进一步拓展

尽管高驰集团目前已获批国家级高新技术企业认证、涉密乙级资质及52项资质证书。但核心业务资质尚不完备，导致项目承接方式仍以代建为主，制约了业务的进一步拓展。

四、总体战略定位

（一）战略概览

以"三项原则"为基石，以"137"发展思路为内核，以新时期战略定位和"五个一流"目标为引领，以"1+4+N"业务体系构建和十项能力体系建设为支柱，以五项保障体系建设为支撑，构筑起高驰集团"十四五"时期发展

战略体系。

战略定位：智慧地球第三极数字赋能者。

三项原则：以政治建设为首要任务，以经营管理为中心工作，以廉洁从业为底线、严守红线、不越高压线。

"137"发展思路：一个中心、三个重点、七个平台。

"五个一流"目标：企业管理一流、经营效益一流、专业力量一流、人才队伍一流、党的建设一流。

"1+4+N"业务体系：数据治理与价值提炼、信息化项目建设、信息化系统运营维护、网络与信息安全服务、产品与技术的研发推广、产业赋能。

十项能力体系：组织管理能力、集团管控能力、风险防控能力、激励约束能力、科技创新能力、人才引育能力、资本运作能力、生态圈建设能力、企业文化力、品牌力。

五项保障体系：政治保障、政策保障、战略管理保障、体制机制保障、经营保障。

（二）战略定位

高驰集团作为自治区党委、政府在数字和信息化领域发展的一系列改革创新举措重要的有机组成部分，作为在高新技术领域，尤其是数字和信息化领域，主动布局国有资本、国有企业的重大创新举措，以及作为打造数字和信息化平台公司、统筹推进信息化建设和数字经济发展的重大创新举措，要在履行好自治区党委、政府赋予的"承接全区信息化项目的投资主体和信息化建设的融资平台"的功能定位基础上，更进一步明确，集团未来通过数字化方式赋能地球第三极的智慧化建设，以此战略定位统领公司长远发展。

（三）发展思路

"十四五"时期，是高驰集团发展的战略机遇期和机遇窗口期，是公司快速扩张和加速成长的关键期。高驰集团将继续坚持"一个中心、三个重点、七个平台"的"137"总体发展思路，即以数据治理和价值提炼为工作中心，以信息化项目建设、信息化系统运营维护、产品与技术的研发推广为工作重点，加快打造数据治理融通和网络信息安全、信息化项目统筹建设、信息化系统集中运营维护、数字和信息化投融资、数字和信息化对外合作交流、数字和信息化专业人才集聚和培养、数字和信息化产业生态建设七大平台。

数据治理融通和网络信息安全平台：实现企业价值的核心平台，是公司开展所有业务的功能集成和目标指向。

信息化项目统筹建设平台、信息化系统集中运营维护平台：公司发展的两大基础平台，是统筹业务资源、实现数据治理的重要保障。

数字和信息化投融资平台：贯彻政府使命、履行国有企业职责的功能性平台，是自治区发展信息化的主要抓手，发挥政府与社会之间的桥梁纽带作用。

数字和信息化对外合作交流平台、数字和信息化专业人才集聚和培养平台、数字和信息化产业生态建设平台：公司做大做强、实现爆发式成长的支撑性平台，是公司开放式合作、生态化发展的依托，支撑公司快速形成核心能力，拓展高质量发展空间。

五、业务体系构建

（一）业务发展布局

1. 业务板块

围绕西藏自治区守土固边、生态环保、民生保障、产业发展的目标，高驰集团逐步构建并形成了成熟的"1+4+N"业务体系。其中，"1"指数据治理与价值提炼业务板块；"4"指信息化项目建设、信息化系统运营维护、网络与信息安全服务、产品与技术的研发推广四个业务板块；"N"指产业赋能业务板块。

（1）数据治理与价值提炼。推动自治区数据标准化，实现全区政务数据全面上云、社会与经济产业重点数据上云，数据有效流通。面向政府、社会、企业和公众客户，对数据价值进行提炼和可控的商业开发，有效应用于政务服务、社会治理、城市管理、经济发展中。

（2）信息化项目建设。包括新网络建设（如1.4G无线专网、新型政务外网及网络安全设施、工业互联网、卫星互联网等）、新设施建设（如大数据中心、防灾应用创新中心等）、新平台建设（如统一基础云平台、大数据共享交换平台、大数据统一开发平台、公共服务平台等）。

（3）信息化系统运营维护。提供多样化、全周期的信息化系统运营维护服务，包括应用运营维护、系统运营维护、平台运营维护、数据库运营维护、安全维护等领域。

（4）网络与信息安全服务。紧跟"互联网+"、信息技术应用创新、国产商用密码等行业发展趋势，对内保障数据平台的安全性与保密性、实现内部管控的电子化与流程化，对外主要面向政府客户、企业客户提供多元的网络信息安全服务。

（5）产品与技术的研发推广。以市场为导向，聚焦集成创新、应用创新和结合青藏高原实际的特色创新，在数据治理、藏文的数字化和信息技术应用创新等领域，进行产品及技术的研发与推广。

（6）产业赋能。重点探索产业园区建设与运营、产业投资、合作伙伴生态圈建设与运营、企业孵化培育、信息化人才培养及信息化咨询服务等新业态。

2. 业务结构

针对"1+4+N"业务板块的发展基础及未来发展需要，构建差异化的业务发展层次，以指导高驰集团未来的资源配置。

核心业务（"1"）：数据治理与价值提炼业务板块，是公司实现价值最大化的重要力量，是公司现在和未来发展的资源配置重点，为公司未来提供稳定的现金流。

基础业务（"4"）：包括信息化项目建设、信息化系统运营维护、网络与信息安全服务、产品与技术的研发推广四个业务板块，是公司履行自治区国有平台公司职责使命的重要力量，是公司现阶段资源配置的重点领域，为公司现阶段发展提供稳定现金流。

培育业务（"N"）：产业赋能业务板块，是公司构建产业生态、全面推动自治区信息化发展的重要力量，是公司未来发展的资源配置重点，为公司未来提供丰富、稳定的现金流。

3. 业务市场布局

在市场布局上，按照分步推进、分类布局的思路，形成重点发展、全域覆盖的第一市场区域，稳步拓展的第二市场区域，及择机进入的第三市场区域。其中，第一市场区域以自治区政府和拉萨市为重点，基本覆盖日喀则等各地市，各类业务全面开展。第二市场区域为向北京等17个援藏省市拓展布局，以信息化产品与技术的推广应用业务开展为主。第三市场区域为面向全国内地各省份，择机进入共建"一带一路"国家和南亚部分城市，开展各类业务。

（二）业务发展模式

高驰集团需遵循"以我为主、把事办好、互惠互利、长期合作、形成生态"的原则，构建"内涵式发展、外延式拓展"相结合的发展模式。通过卡位关键环节、集聚业务资源、构建核心竞争力，形成内涵式发展；同时，要加强与多领域的企业、科研院校等伙伴合作，通过战略合作、产业投资、资本运作等方式，实现外延式拓展，不断发展壮大产业生态圈，确保集团在生态圈的核心地位。

（三）业务实施主体

未来，高驰集团总部将作为项目对接平台，负责重点客户对接谈判，统一调度项目资源。项目运作主要由三大子公司承接：技术公司面向非涉密领域的信息化项目，安全公司面向安全及敏感领域的信息化项目，发展公司负责开展实业运营与资本运作。

1. 技术公司

发展定位：力争成为数字和信息化领域的优质服务商。

发展思路：在"137"发展思路的指导下，以科创板上市为核心目标，完善公司治理体系，实现主业、目标和业绩的突出；构建智能化监控运营维护系统，建设全区一流的数字化运营维护和管控平台；以市场为导向，推动"政产学研用"深度融合，在数据治理等领域进行产品及技术的研发与推广；目标是在三年内实现技术公司的上市。

业务布局：在数据融通治理、产品研发、非涉密信息化项目建设、信息系统运营维护等方面充分发挥平台作用。

2. 安全公司

发展定位：力争成为安全及敏感领域行业领先、区内一流的系统集成及运营服务商。

发展思路：围绕"137"发展思路，以"一个中心、两个提升、七条技术路线"为发展重点（一个中心：以网络与信息安全、数据安全为工作中心。两个提升：自主核心能力和核心竞争力的提升，差异化能力和优势的提升；七条技术路线：数据安全和区块链技术及其应用、涉密和军事秘密领域技术及其应用、信息技术应用创新及其应用、密码技术及其应用、统一身份认证技术及其应用、安全培训和测评技术及其应用、传统安全和安防技术及其应用），计划在3至5年内，逐步将安全公司打造成为行业领先、区内一流的系统集成及运营服务商。

业务布局：在政务信息化领域，以承建项目为主、购买服务为辅，拓展非涉密信息化项目；在涉密及军事秘密信息化领域，以承建项目为主、政府购买服务为辅，拓展全区涉密信息化项目；在其他业务领域，围绕密码等领域进行平台搭建等。

3. 发展公司

发展定位：发挥信息化、数字科技化投融资平台功能和对外合作交流平台作用。

发展思路：未来将承接合作开发新型科技、信息化及数字产业方面的业务，聚焦科技、信息及数字化赋能相关业务。

业务布局：布局智慧物业、商贸物流、数据产品、产业基金等细分业务。

（四）业务发展规划

1. 数据治理与价值提炼

数据治理与价值提炼业务板块作为集团的核心业务，将通过推动数据上云，牵头建立统一的数据标准体系，创新商业模式，加快数据价值变现，搭建行业信息集成服务平台，释放数据价值。力争到"十四五"末，实现全区政务数据全部上云、融通共享，基本完成数据标准化工作。

2. 信息化项目建设

信息化项目建设业务板块是集团的基础业务，将通过瞄准中央及自治区财政性投资项目，兼顾非财政投资的社会性项目，开展信息产业链的"补链"工作。同时，加快业务转型从代建模式向"自主投资建设为主、代建管理为辅"转变，并通过总集成等方式，提升市场竞争力和项目实施交付能力。

3. 信息化系统运营维护

信息化系统运营维护业务板块是集团的基础业务，将通过打造自有运营维护团队，承担自治区层面的运营维护项目，打造自治区统一运营维护平台。同时，将加速全区各级政府数据统一上云，并加强与项目建设的协同合作。力争用两年时间实现全区各区直单位的信息化系统交由高驰集团集中运营维护；逐步实现全区信息系统的集中统一运营维护。

4. 网络与信息安全服务

网络与信息安全服务业务板块是集团的基础业务，以"一个中心、两个提升、七条技术路线"为发展重点，开发一系列应用产品和服务。通过自主研发适合高原环境的安全产品和平台，加强网络信息安全领域的核心资质及知识产权积累，整合上、下游资源打造"生态圈"，布局新型网络安全，加快业务布局拓展。目标是在2至3年内，将安全公司打造成为安全及敏感领域行业领先、区内一流的系统集成及运营服务商。

5. 产品与技术的研发推广

产品与技术的研发推广业务板块是集团的基础业务，核心是强化数据治理等领域的技术研发创新，重点聚焦产品研发方向，提升研发能力和效率，加快研发中心建设，建立业务协同机制及平台系统，打造具有高驰集团特色的产品体系。同时，积极拓展外地研发中心，打造"云—网—平台—端"的信息化技术平台体系。力争在"十四五"期间，开发出使用范围广的本土特色化产品，掌握核心技术。

6. 产业赋能

产业赋能业务板块是高驰集团的培育业务，将通过引进行业优秀企业及技术产品在本地落地，同时赋能外地研发中心及子公司，向全区各地市及区外进行模式、品牌输出。力争"十四五"末，推动西藏自治区初步建成良好的信息产业生态，为自治区信息化发展及集团培养一批人才，为集团形成业务增长点培育一批信息化领域的本土企业。

六、能力体系建设

一是优化组织职能。不断完善组织管理体系，归并交叉职能、补齐缺失职能、强化关键职能，修订编制配套的组织管理制度，形成更有操作性的制度体系。同时，以"管理型总部+业务群子集团+业务实施主体"为思路，持续优化组织架构。

二是提升集团管控能力。强化集团化管控，完善"三会一层"架构，明确各层级管理责任与决策权限。集团总部发挥资源统筹、职能支撑、监管协调的作用；子公司及办事处是集团业务承接主体，具有自主经营与市场化运作使命。

三是加强内控体系建设。强化内控制度及机制建设，从优化内控体系入手，聚焦关键业务、改革重点领域、国有资本运营重要环节及国有资产监管，梳理各环节的风控点，建立涉及资金等各个领域的风控管理清单，强化资本运营领域的风控控制。其中，对于风险投资等业务，建立类金融企业管控模式。

四是完善激励约束机制。建立市场化薪酬管理体系，强化薪酬与绩效管理的联动机制，完善考核指标体系，在重大事项激励上，采取"军令状"制度，并建立配套的容错纠错体系。

五是提升科技创新能力。加强科技创新，将自主研发与合作研发结合，提升技术实力，吸引内地高端技术研发人才、外部成熟的科研团队加入集团并与头部企业展开技术合作。同时，强化奖励与宣传机制，营造企业内部科技创新"比学赶"的氛围。

六是实施多层次人才引育。实施多层次人才引育措施，建立内部岗位轮换机制，实施常态化、多样化的人才培训机制，构建多渠道创新人才引进机制。

七是提升资本运营能力。提升资本运营能力，拓展融资渠道，探索资产证券化，建立统一的融资管理与资金调配机制。同时，加强资本市场直接对接，推动公司上市。

八是加强生态圈建设。加强生态圈建设，建立三级合作伙伴机制（三级合作伙伴为互信合作伙伴、行业合作伙伴与战略合作伙伴），构建生态圈合作伙伴评价考核体系与管理机制。

九是凝聚企业文化。提升组织向心力，挖掘企业内在精神基础，有序推进企业文化体系建设。组建企业文化领导小组，让员工知道并理解集团企业文化，在企业内部形成共同价值观。

十是加快实施品牌建设。率先启动品牌建设专项行动，开展企业品牌调研，明确集团品牌定位，设计企业品牌建设的具体实施方案，在有较强行业属性或垂直用户群属性的线上渠道进行品牌曝光，重视品牌的长效管理，建立对内对外的信息传递长效机制。

七、项目实施成效与客户反馈

在本项目中，长城战略咨询项目组深入客户内部，认真调研，准确把握客户需求，为高驰集团"十四五"战略规划及2035年发展远景目标的制定收集了大量素材，听取了各方意见。在咨询过程中，项目组始终坚持"与客户共同工作"，客户既是项目的需求方，也是方案成果的建议方，更是方案落地的实施方，因此长城战略咨询团队和高驰集团组成联合项目组共同开展工作，双方的项目负责人始终保持充分、及时的互动。整个咨询项目在双方共同的努力下进展顺利，相互建立起充分的信任和默契，战略规划得到自治区相关政府部门的高度评价，并作为集团对外宣传介绍的指南。方案制定完成后，长城战略咨询项目组持续跟踪方案落地实施情况，项目负责人多次亲临现场，提供落地实施指导。

新型城镇化战略背景下城市更新企业发展战略咨询

重庆重大同浩管理咨询有限公司

重庆重大同浩管理咨询有限公司（以下简称重大同浩）是重庆国际投资咨询集团有限公司所属的子公司，2001年诞生于学术造诣深邃和文化底蕴厚重的学林沃土——重庆大学。以此为发端，齐聚四面贤达，汇集八方英才，成为中国中西部较早进入管理咨询领域的公司之一。

重大同浩专注于企业管理咨询，在20多年的管理咨询实践中，为重庆市相关政府部门、中央企业、国有企业、民营企业等数千家企业提供了管理咨询服务，内容广泛，涉及战略规划、集团管控、组织结构、人力资源管理、制度流程、企业文化、国有企业改革等模块。

重大同浩是重庆本土最具规模与实力的专业咨询机构，其首创的"咨询式培训，培训式咨询"模式在业界广受赞誉，赢得各行各业近千家企事业单位和组织的高度认同，成为推动重大同浩持续前行的不竭动力。

本案例项目组成员

吴爽，重大同浩管理咨询有限公司咨询部经理，国际注册管理咨询师，商学双硕士。在管理咨询领域已有超过10年的工作经验，一直专注于为各级政府部门、大型国有企业及上市公司提供决策支撑、产业规划、企业规划、市场营销、品牌导入、项目策划等咨询服务。

其他成员：蒋镇国、冯弟强、贺卫、刘正付。

导读

我国城市更新起源于20世纪70年代，经历了萌芽期、起步期、探索期和提速期四个发展阶段。2013年国务院印发的《关于加快棚户区改造工作的意见》提出重点推进棚户区改造和城中村改造；而后中央多次提到实施老旧小区改造，我国城市更新之路逐步从棚改的大拆大建向老旧小区改造的综合整治转型；2020年国务院印发《关于全面推进城镇老旧小区改造工作的指导意见》；2021年"城市更新行动"列入国家"十四五"规划纲要，上升为国家战略；2022年10月党的二十大报告中再次强调"实施城市更新行动，加强城市基础设施建设，打造宜居、韧性、智慧城市"。"人民城市人民建，人民城市为人民"，城市更新在我国新型城镇化战略中的重要战略地位进一步得到确立和强化，也成为国内众多企业特别是城投企业、房地产企业争相布局的热点领域。

在此背景下，如何帮助企业更好地开展和参与城市更新项目，其路径选择和模式设计就显得尤为重要。重大同浩作为长期关注宏观环境变化、研究企业商业模式变革的专业管理咨询机构，在城市更新领域积累了众多成功案例，本案例分享旨在介绍重大同浩在城市更新类企业发展模式设计中逐步形成的诊断方法和设计思路。

新型城镇化战略背景下城市更新企业发展战略咨询

重庆重大同浩管理咨询有限公司　吴爽

一、案例背景综述

（一）行业基本概况

城市是我国经济、政治、文化、社会等方面活动的中心，城市发展带动了整个经济社会发展，城市更新也贯穿城市发展的全生命周期。党的十八大以来，我国深入推进新型城镇化战略，1.3亿农业转移人口在城镇落户，城镇化空间布局持续优化。截至2021年年末，全国常住人口城镇化率达到64.27%、户籍人口城镇化率提高到46.7%，城镇化水平和质量显著提升，为全面建成小康社会、全面建设社会主义现代化国家提供了强大动力和坚实支撑。

城市更新作为新时期城市发展的必然战略选择，自2021年被正式写入《政府工作报告》以来，全国已有近40个省份出台了百余条城市更新相关政策，规划、土地、资金等方面的支持力度不断加大，防止大拆大建、实施老旧小区改造、开展生态修复和功能修补等举措成为地方城市更新的主旋律，也成为新时期新型城镇化战略的发展要求和具体落实。

党的二十大报告指出，坚持人民城市人民建、人民城市为人民，提高城市规划、建设、治理水平，加快转变超大特大城市发展方式，实施城市更新行动，加强城市基础设施建设，打造宜居、韧性、智慧城市。这是新时代人民城市建设的重要指南，城市更新成为未来城市发展的必选模式，也会迎来巨大的市场机遇。

（二）客户基本情况

A公司成立于2019年，是重庆主城区内一家规模较大的区级政府开发平台公司，主要负责该区域内国有土地上的棚户区、危旧房等拆迁改造和建设工作，具体包括：城市更新改造规划设计、危旧房拆迁改造建设、棚户区改造建设、资金筹集、招商引资、土地出让、项目开发建设等相关事宜。

自A公司成立起，区政府就将该区范围内的棚户区、危旧房改造项目的征地拆迁、土地整治工作划转至A公司，并将A公司作为该区实施城市更新的主体，对其未来发展寄予厚望。

（三）咨询需求及目标

当时，从国内城市更新的发展历程来看，A公司成立于我国城市更新发展前期的探索阶段，相关宏观政策和企业发展模式尚不明确，有待于进行先期探索；从A公司的组织能力来看，A公司正处于成立初期的磨合阶段，全体员工都对工作抱有很大热情，也对企业未来充满期待，但由于从未开展过城市更新相关业务，对这一课题的认识有待于进行深入思考；从A公司的业务基础来看，A公司所在区域内国有土地上棚户区、危旧房体量有限，无法保障企业的持续健康发展，必须及时进行业务创新，拓宽业务范围，不断培育并增强企业在城市更新领域的核心竞争能力，以此实现企业效益的提升和国有资产的保值增值。

在此背景下，A公司基于内外部环境的现实基础，基于自身功能定位的更好实现，亟须厘清下一步的发展方向、路径、策略和措施，并以此为导向把握机遇，开创佳绩，实现企业高质量发展。

重大同浩作为长期关注和研究宏观环境与企业发展实践的专业管理咨询机构，成立20多年来已累计为国内数百家企业、机构提供了定制的管理咨询服务。面对此次A公司组建后亟待确立发展模式的咨询需求，由于国内城市更新的重点仍聚焦在"三年棚改攻坚计划"上，而涉及老旧小区改造（2020年提出）、生态修复和功能修补（2021年提出）等系统性指导文件尚未发布，国内对城市更新企业的发展模式仍处于探索研究阶段，重大同浩倍感压力和责任重大，因此组建了由内外部专家、精英组成的项目组，以期为该项咨询工作达成以下目标。

短期目标——全面评估A公司发展基础及面临的新形势、新机遇和新挑战，通过研究国内相关旧城改造和城市更新的现状及趋势，准确分析城市更新类企业的新定位、新功能和新内涵，深度解读城市更新行业的特点、规律及趋势；同时结合区政府对A公司的发展要求，明晰A公司未来发展方向，明确其未来5年的战略定位和发展目标，确定其业务体系发展方向和经营策略。

长期目标——建立与A公司长期发展相适应的可持续发展战略和管理体系，构建符合自身发展实际的商业模式，建立健全科学高效的管理制度，提炼塑造优秀的企业文化，提高经营效益，努力成为探索城市更新企业先行先试、创新发展的实践范例。

二、项目诊断分析

（一）项目总体思路

根据 A 公司的发展战略框架（见图 1），重大同浩项目组按照诊断分析、目标形成、路径形成、实施保障 4 个阶段来分步骤推进项目相关工作。

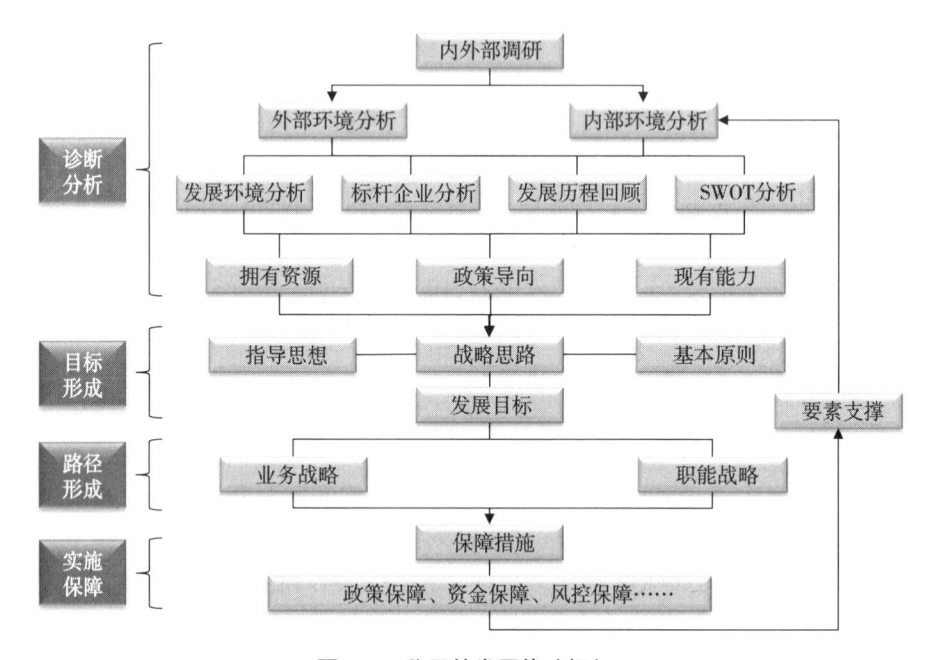

图 1　A 公司的发展战略框架

（二）诊断方法介绍

项目诊断分析阶段启动后，重大同浩项目组历时一个半月，通过资料收集与分析、内外部人员访谈、外出考察调研、内部分析讨论等多种方式，对 A 公司所处的内外部环境进行了系统分析研判，并编制、形成了调研诊断报告，向 A 公司中高层管理人员进行了正式汇报。

1. 资料收集与分析

企业资料收集与分析——项目组编制针对该咨询项目所需的资料清单，向 A 公司收集并逐层分析 A 公司的企业基本信息、业务组合和开展情况、所持资源资产情况、重点项目建设及储备情况、相关管理制度及流程建设情况、政策配置与争取情况，以及区政府对 A 公司发展的相关要求等资料内容。同时，对 A 公司重点推进项目进行了实地走访。

行业资料收集与分析——项目组重点针对 A 公司所属的城市更新行业现

状及趋势，以及对未来发展影响较大的政策环境、经济环境、社会文化环境、技术环境等因素进行分析。

典型案例研究与分析——项目组对国内外城市更新领域相关企业，尤其是标杆企业及其典型案例进行研究，分析其成功经验中哪些关键因素值得借鉴。

2. 内外部人员访谈

内部人员访谈——项目组针对 A 公司高层领导、部门中层干部群体分别进行了分层、分类的一对一单独访谈，同时邀请部分员工及项目经理代表进行了分组式座谈，内容涉及被访谈对象对于 A 公司的组建背景、区域地位、宏观环境、行业趋势、资源与能力、优势与短板、机遇和挑战等方面的看法和意见，以及被访谈对象在 A 公司战略定位、发展目标、业务体系、组织结构、企业管控、项目管理、经验借鉴等方面的思考和建议，逐步厘清 A 公司各层级员工对企业未来发展的思路与共识。

外部人员访谈——项目组针对 A 公司相关主管部门有关领导，以及对 A 公司发展产生重要影响的关键人物、行业意见领袖进行了深入访谈，听取被访谈对象关于行业发展趋势、区域发展规划、企业功能定位、项目推进要求等方面的思考与判断，逐渐明晰上级领导、行业意见领袖等对 A 公司发展的指导意见。

3. 外出考察调研

针对 A 公司当前所从事的旧城改造和未来将要从事的城市更新工作的特点，项目组在国内筛选了北京、雄安新区、上海、苏州、成都、贵阳等城市的旧城改造和城市更新典型案例，进行了综合研究分析和分组实地调研。

4. 内部分析讨论

诊断分析过程中，项目组随时召开专项讨论会议，与内外部专家共同对 A 公司管理现状及调研中发现的问题进行讨论、分析和研究，最终综合项目组的集体智慧，形成科学的诊断结论。

（三）诊断内容构成

项目组在诊断分析阶段编制形成了该咨询项目的第 1 个交付成果，即《A 公司 5 年发展战略的内外部环境分析报告》，其主要由 7 个层面、16 个维度的内容构成（见图 2）。

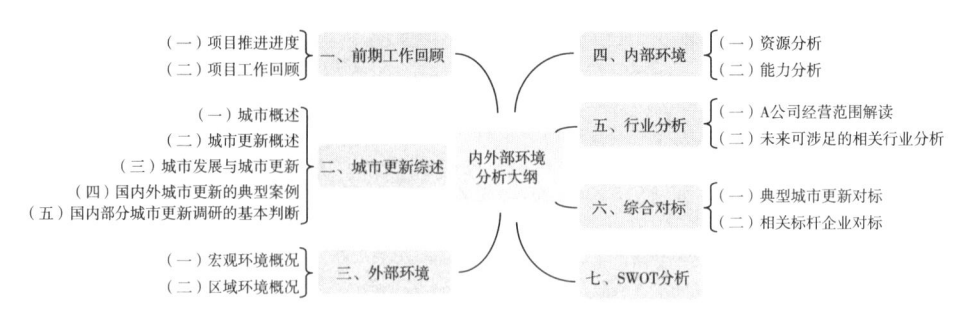

图 2　诊断分析阶段成果内容构成示意

其中，项目组在诊断分析阶段形成的若干重点内容如下。

1. 城市更新综述部分

城市更新综述部分主要形成了对国内部分城市更新调研的基本判断，具体内容如下。

一是旧城日趋衰败与新城拔地而起在各座城市中普遍存在。

二是政策导向下国内各座城市中的城市更新已进入风口期。

三是城市更新大潮初涌莫不依托一流专业团队的规划设计。

四是城市更新必须传承能够实现与未来"对话"的历史文脉。

五是城市更新的"产、城、景"必须有新的产业动能撬动。

六是城市更新应基于系统思维下建设智慧城市的科技驱动。

七是城市更新必须积极推进绿地行动，擦亮城市的生态底色。

八是城市更新必须坚持以人为本，把握消费升级的发展趋势。

2. 外部环境部分

外部环境部分分别从宏观环境概况、区域环境概况两个维度展开分析，具体内容如下。

宏观环境概况——重点对城乡融合发展的新格局加快形成、改造更新成为城市功能提升新风口、棚改货币化安置政策将渐次离场、绿色建筑成为城市建设的新亮点、人才红利成为未来城市发展新动能、新一代信息技术助力智慧城市发展等因素展开分析。

区域环境概况——重点对区域规划、产业结构、交通网络、人口结构、生态环境、历史文化、区属企业等要素展开分析。

3. 内部环境部分

内部环境部分分别从资源分析、能力分析两个维度展开分析，具体内容如下。

资源分析——分别从政策资源、资金资源、人才资源、地理资源、项目资源等方面对 A 公司拥有的资源进行评价。

能力分析——分别从资源获取能力、组织协调能力、产业协同能力等方面对 A 公司拥有的能力进行评价。

4. 行业分析部分

行业分析部分从 A 公司经营范围解读、未来可涉足的相关行业分析两个维度展开分析，具体内容如下。

经营范围解读——从区政府设立 A 公司的文件内容、A 公司的职能职责、A 公司的现有经营范围等角度进行解读。

未来可涉足的相关行业分析——对 A 公司未来可涉足的城市规划、棚户区改造、老旧小区改造、房地产开发、市政工程、物业管理、房屋租赁等多个行业领域进行分析。

5. 综合对标部分

综合对标部分包括典型城市更新对标、相关标杆企业对标两个维度，具体内容如下。

典型城市更新对标——分别对上海、广州、深圳 3 座城市的城市更新发展情况、政策体系、工作成效、经验借鉴进行分析。

相关标杆企业对标——分别对深圳、浙江等地标杆企业的发展历程、战略规划、组织结构、业务发展、员工构成等要素进行分析，并形成对标启示，具体内容如下。

（1）以城市规划引领区域城市更新。

城市规划是城市更新的重要组成部分，通过城市规划能够更全面地统筹思考区域城市更新的发展方向，为其他相关业务的开展提供依据和指导。同时，城市规划应围绕区域的智慧城市建设，高标准、高起点进行规划设计。

（2）以精品项目树立城市更新的典范。

城市建设是现阶段区域城市更新的核心内容，针对目前推进的众多项目，A 公司应采用"由点到线再到面"的发展思路，在充分结合区域城市发展需要的基础上，精心策划并打造精品示范项目，为后续城市更新项目树立标准。同时，基础设施作为城市建设的重要内容，A 公司应坚定不移地拓展该项业务。

（3）以创新型物业服务切入城市管理。

城市更新是城市管理的重要组成部分，A 公司在起步阶段就应充分思考如何通过城市规划、城市建设类项目介入城市管理，而物业服务作为连接人与城市的重要纽带，A 公司应及早布局，加快激活区域的社区活力，推动城市管理创新。

（4）围绕城市更新精耕区域市场。

几家对标企业的成立时间均超过 20 年，在其长期的发展历程中，均围绕核心业务积极打造区域核心竞争力，在形成自身可推广模式后才逐步拓展至全国市场。因此，A 公司在起步阶段应专注于区域城市更新市场，精耕细作，不断积淀自身的核心竞争优势，为将来的发展积蓄力量。

6.SWOT 分析部分

通过对内、外部环境的综合分析诊断，项目组对 A 公司当时所具备的优势（Strengths，S）、劣势（Weaknesses，W）和面临的机会（Opportunities，O）、威胁（Threats，T）归纳如下。

（1）优势。

一是所在区域已出台专项政策并配置了优质发展资源。

二是高管团队拥有丰富的政务人脉资源。

三是人才团队素质较高，且熟悉政府相关工作流程。

四是所在区域地理资源较好，现有项目能带来较好收益。

五是国内外已有丰富的城市更新经验可以借鉴。

（2）劣势。

一是作为新成立的公司，缺乏相关项目的运作经验。

二是现有项目前期投入较高，资金压力较大。

三是尚未构建能够实现持续现金流的业务模式。

四是团队中城市规划、地产开发等专业人才匮乏。

（3）机会。

一是为满足城市功能提升需要，城市更新迎来发展风口期。

二是国家和重庆均出台了支持城市更新的政策。

三是所在区域及全国范围内的城市更新均处于起步阶段，发展前景可期。

四是围绕城市更新，各产业间将形成较好的协同效应。

（4）威胁。

一是随着存量房时代的到来，城市更新成为各大房地产企业竞相进入的领域。

二是所在区域各区属国有企业的业务相似度较高，A 公司将与区域内其他区属国有企业争夺有限的资源。

三是 A 公司在构建业务体系的过程中，可能受到各个细分行业的冲击和影响。

三、项目方案设计

项目方案设计阶段（包括目标形成、路径形成、实施保障3个子阶段），重大同浩项目组依据客户咨询需求，结合诊断分析阶段的关键发现和诊断内容，编制形成了该咨询项目的第2个交付成果，即《A公司5年发展战略》，其主要由6章内容，以及前言、结语、附表等部分构成（见图3）。

前言：新时代城市更新必备的时代语境

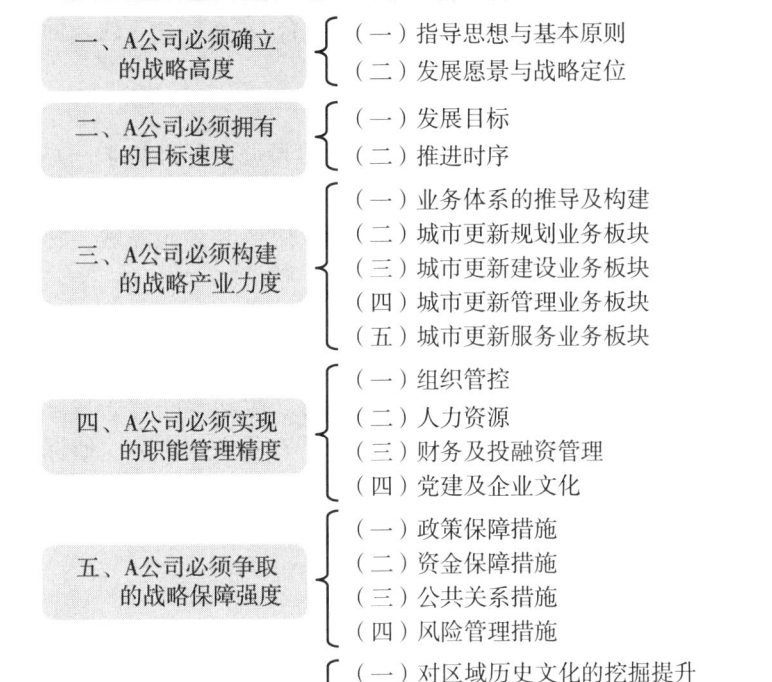

一、A公司必须确立的战略高度
- （一）指导思想与基本原则
- （二）发展愿景与战略定位

二、A公司必须拥有的目标速度
- （一）发展目标
- （二）推进时序

三、A公司必须构建的战略产业力度
- （一）业务体系的推导及构建
- （二）城市更新规划业务板块
- （三）城市更新建设业务板块
- （四）城市更新管理业务板块
- （五）城市更新服务业务板块

四、A公司必须实现的职能管理精度
- （一）组织管控
- （二）人力资源
- （三）财务及投融资管理
- （四）党建及企业文化

五、A公司必须争取的战略保障强度
- （一）政策保障措施
- （二）资金保障措施
- （三）公共关系措施
- （四）风险管理措施

六、A公司必须厚植的区域人文温度
- （一）对区域历史文化的挖掘提升
- （二）对区域几大人群的吸引对接
- （三）对区域现代产业的形象提升
- （四）对区域城市地标的重新设计
- （五）对江河山水林草湖田的规划利用

结语：A公司必须扬名区域的多元声度

附表：重点发展项目汇总

图3 方案设计阶段成果内容构成示意

(一)发展愿景与战略定位的内容要点

1. 发展愿景

规划 5 年期内，A 公司的发展愿景为：为区域城市更新"点睛"。

内涵：几十年来，中国城市以惊人的速度崛起，然而在拆旧建新的过程中，城市个性的缺失成为普遍问题。

A 公司所在行政辖区内城乡规划已基本成型，旧城新城基于种种因素带有时代的局限性与缺陷。A 公司将在当前城市转型的关键时期，勇于担当，主动作为，科学运用多元有机更新方式，积极争取并全力满足区域内持续涌现的城市更新需求，推动"产、城、景、文"有机融合、"点、片、线、面"协同发展，成为城市更新的点睛之笔。

2. 战略定位

规划 5 年期内，A 公司的战略定位为：为区域城市更新立身、立魂、立名。

立身之道——A 公司将全面参与区域国际大都市建设，有序推进区域城市提升，着力布局城市更新规划、建设、管理、服务等多元领域，塑造都市地标，为全区城市更新立身。

立魂之道——通过生态修复、城市修补、有机更新等措施，助推城市经济增长，延续历史发展脉络，助推特色产业升级，为全区城市更新立魂。

立名之道——加快构建生产空间集约高效、生活空间宜居适度、生态空间山清水秀的山水之城、美丽之地，以区域特有的产业之名、地标之名、美食之名、购物之名，以"产业都市""山水田园"之名，实现区域城市的更新、更美、更好，实现城市建设的近者悦、远者来，为全区城市更新立名。

(二)发展目标与推进时序的内容要点

1. 发展目标

（1）定性目标。

规划 5 年期内，A 公司将逐步完成管理体制的优化改革，增强战略规划和管理能力，建立完善的组织结构和管理制度流程，构建科学高效的薪酬和绩效管理体系，实现人力资源的良性循环、资源配置的高效合理、考核激励的科学有效，以及企业文化的蓬勃发展。

（2）定量目标。

重点设定对 A 公司在 5 年规划期内的资产总额、营业收入、实现利润 3 项具体量化指标。

2. 推进时序

根据企业总体发展目标，重大同浩项目组为 A 公司制定了分阶段的发展策略，分为"夯基聚力"和"稳健冲刺"两个阶段，并从业务管理和职能管理两个方面对这两阶段的主要工作任务进行了细分和明确。

(三) 业务体系与业务板块的内容要点

1. 业务体系的推导及构建

(1) 要素体系推导。

"城市发展工作是一个系统工程"。由于国内对城市发展和城市更新领域的相关概念界定及内容细分尚未形成明确的共识，重大同浩项目组创新性地将新时代城市系统发展运行的要素体系划分为十大核心系统，共包含30项关键要素 (见图4)。

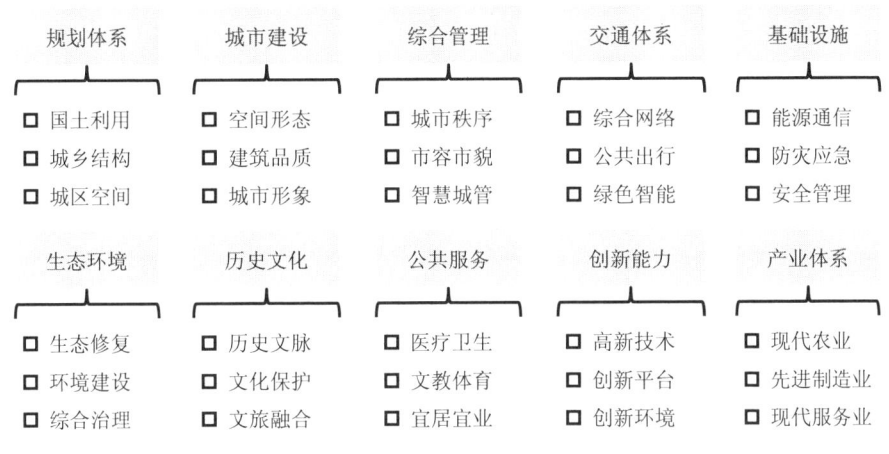

规划体系	城市建设	综合管理	交通体系	基础设施
□ 国土利用	□ 空间形态	□ 城市秩序	□ 综合网络	□ 能源通信
□ 城乡结构	□ 建筑品质	□ 市容市貌	□ 公共出行	□ 防灾应急
□ 城区空间	□ 城市形象	□ 智慧城管	□ 绿色智能	□ 安全管理

生态环境	历史文化	公共服务	创新能力	产业体系
□ 生态修复	□ 历史文脉	□ 医疗卫生	□ 高新技术	□ 现代农业
□ 环境建设	□ 文化保护	□ 文教体育	□ 创新平台	□ 先进制造业
□ 综合治理	□ 文旅融合	□ 宜居宜业	□ 创新环境	□ 现代服务业

图4 新时代城市系统发展运行的要素体系示意

(2) 重点领域推导。

围绕城市更新与城市发展之间紧密且复杂的相互关系，重大同浩项目组将新时代城市更新的发展内涵明确为12个重点领域，并进一步提炼为城市更新产业链条上的四大核心业务，即城市更新规划、城市更新建设、城市更新管理、城市更新服务。

(3) 业务体系确立。

立足A公司现有的棚户区和危旧房拆迁改造建设职责，以此为坚实基础，顺时、顺势、借资、借力，A公司将逐步拓展业务范围，由点及片、由片到线、由线至面，延伸至城市规划调整、更新规划咨询、基础设施完善、生态环境修复、城市景观美化、智慧设施应用、城市品牌管理、公共服务提升、棚户旧城改造、区域有机更新等关键环节领域，形成A公司规划期内"4+10+N"的业务体系架构 (见图5)。

其中，A公司将重点构建城市更新规划、城市更新建设、城市更新管理、城市更新服务四大业务板块，对应发展10个业务领域，通过对区域更新规划、交通配套设施、环境修复工程、景观提升工程、公共标识管理、文旅资源开发、区域城市"双修"等N类业态方向的精心运作，持续产生经营收入、现金流，不断增强A公司的城市更新综合服务运营能力，实现可持续健康发展，以此形成独特而富有活力的商业模式。

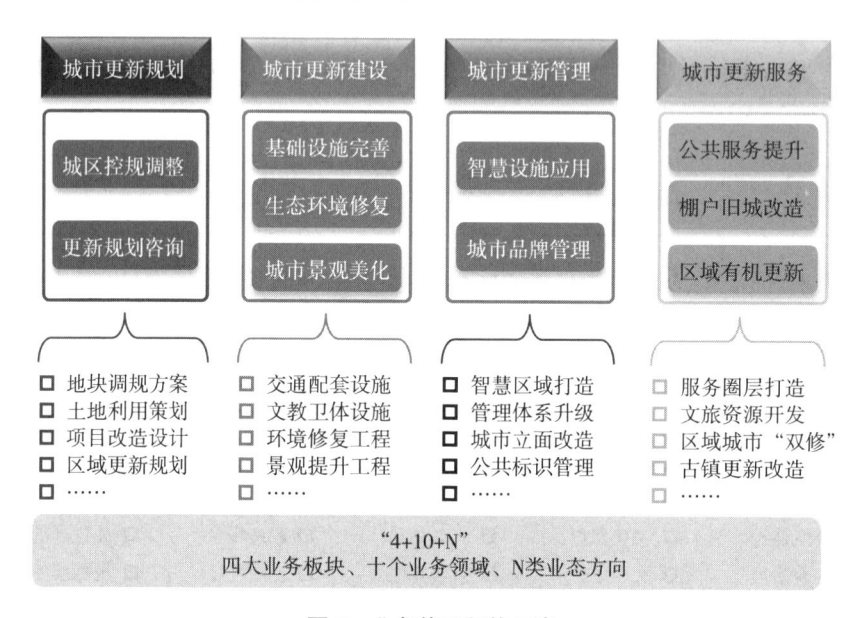

图5 业务体系架构示意

2. 城市更新规划业务板块

"规划科学是最大的效益"。A公司涉足城区控规调整业务，并以此拓展至更新规划咨询业务，不仅有利于科学指引后续建设、管理与服务环节工作，还将显著提升自身在城市更新领域的话语权和影响力。

重大同浩项目组在该业务板块为A公司制定了清晰的战略思路，策划了重点项目，并制定了以下战术安排：构筑城市更新规划平台；高起点亮相；以资本撬动混改，构建全流程城市更新咨询能力；以管理创新，打造高绩效规划团队。

3. 城市更新建设业务板块

"城市是人民的，城市建设要坚持以人民为中心的发展理念，让群众过得更幸福"。A公司立足城市更新建设重任，重点开展基础设施完善、生态环境修复、城市景观美化等工作，不断夯实城市更新区域的硬件基础，完善提升城市功能；持续优化城市发展建设的软件环境，全面展示城市形象；同时挥动城市更新之魔法棒，立体展现生态美、形态美、人文美的产业都市，凸显战略城市魅力。

重大同浩项目组在该板块为 A 公司制定了清晰的战略思路，策划了重点项目，并制定了以下战术安排：多领域凸显基础设施提档升级，全面加速环境修复与景观提升；全力推进混改，构建战略合作联盟；培育区域新的网红打卡点。

4. 城市更新管理业务板块

"一流城市要有一流治理。提高城市管理水平，要在科学化、精细化、智能化上下功夫"。A 公司培育发展城市更新管理业务，是坚决落实"大城智管、大城细管、大城众管"工作部署要求的国有企业担当。通过智慧设施应用与城市品牌管理的两端发力，实现城市更新管理的高效能、大智慧，为城市管理赋能，为都市形象增彩。

重大同浩项目组在该业务板块为 A 公司制定了清晰的战略思路，策划了重点项目，并制定了以下战术安排：全新技术赋能智慧城区打造，展示精致、精美的城市更新形象，智慧体系助推城市更新发展。

5. 城市更新服务业务板块

"抓城市工作，一定要抓住城市管理和服务这个重点，不断完善城市管理和服务……让人民群众在城市生活得更方便、更舒心、更美好"。A 公司立足棚户旧城改造项目，进一步推动公共服务提升与区域有机更新业务完善，从群众立场出发，想人民之所想、急人民之所急，提升城市发展的水平和温度。

重大同浩项目组在该板块为 A 公司制定了清晰的战略思路，策划了重点项目，并制定了以下战术安排：系统构建城市更新的精明增长模式；分类推动多策保障城市微更新实施；不断丰富社区多样化增值服务内涵；持续满足人民多样化美好生活需要。

（四）职能管理与保障措施的内容要点

1. 职能管理

重大同浩项目组在职能管理部分，从组织管控、人力资源、财务及投融资管理、党建及企业文化 4 个维度展开阐述。

组织管控，主要包括建议企业更名、完善组织结构、明确总部定位、优化企业管控机制、加强制度流程体系建设、稳妥推进混合所有制经济发展等具体举措。

人力资源，主要包括探索市场化用人机制、优化薪酬管理与绩效考核体系、加强人力资源开发等具体举措。

财务及投融资管理，主要包括完善财务管理制度、加强全面预算管理、强化下属机构财务管理、分类施策强化融资管理、加强投资及资本运作等具体措施。

党建及企业文化，主要包括加强党的领导、强化党风廉政建设、推进依法治企进程、持续丰富企业文化内涵等具体措施。

2. 保障措施

为确保 A 公司发展战略的顺利有效实施，制定了必要的政策保障、资金保障、公共关系、风险管理等保障措施。

四、案例效果评估

此次咨询成果作为 A 公司组建成立后首份系统的企业战略规划，不仅顺利通过了 A 公司组织召开的数次评审会议，而且成为 A 公司内部员工培训的重要材料。另外，重大同浩项目组还受邀就该成果内容对骨干员工进行了讲授宣贯，获得了企业员工的高度评价。

同时，该案例顺利结题后，城市更新行动被列入国家"十四五"规划纲要，上升为国家战略层面，城市更新领域成为政策"宠儿"，各地政府纷纷出台政策扶持鼓励，吸引了包括国有企业、民营企业在内的众多企业，尤其是房地产企业纷纷扎堆入局城市更新领域。凭借在 A 公司发展战略案例中先行先试的咨询实践，重大同浩不断改良、创新和自我突破，在城市更新领域的咨询理论和咨询模式上取得了显著进展。重大同浩广泛实践、融会贯通，后续又为多家企业成功提供了城市更新领域的专业咨询服务。

药品集采政策背景下海露滴眼液的战略转型

深圳智佑企业管理有限公司

深圳智佑企业管理有限公司（以下简称核桃战略），是一家致力于协助中国企业在商战中赢得竞争的实战型战略定位咨询公司，由资深战略定位专家赵秀丽女士于2018年创立而成，总部位于中国深圳。

核桃战略深耕中国市场，结合中国商业市场环境、消费者特色，以及中国传统国学智慧、商业竞争理论，融合西方品牌管理科学理论，形成了一套独具系统性、全面性、可执行性的品牌打造方法论，帮助企业厘清竞争形势，识别战略机会，界定正确方向，系统构建战略配称，辅助落地执行并长期战略护航，助力合作企业在竞争中快速突围制胜，成为行业领先品牌。

五年来，核桃战略成功助力海露滴眼液、幸福西饼自烤面包、五谷磨房黑之养、顺丰同城、皇派门窗、小仙炖鲜炖燕窝、和安复方氨基酸胶囊、黑鹿户外、卡姿兰彩妆、广誉远定坤丹、佳味螺螺蛳粉、鲜檬摄影、铂兹新一代镜片、麦富迪宠物粮、英得尔车载冰箱、韩妃医疗美容医院、艾尚燕高含量燕窝、赢家时尚（正宫）、布克油烟机、摩尔农庄核桃乳、飞鹤乳业、雅迪电动车、简一大理石瓷砖、飞贷金融、布鲁可等数十家企业实现有效增长，其中16家企业已成为行业龙头。

目前，核桃战略已是中国粤港澳大湾区领先的战略定位咨询公司。

本案例项目组成员

赵秀丽，核桃战略创始人、董事长，新华网高级顾问，《CCTV国家品牌计划》策划人，曾任特劳特、君智咨询集团高级分析师，北大定位课程导师。15年专注企业战略研究及项目落地辅导，助力百家企业实现业绩快速增长。服务企业（部分）：小仙炖鲜炖燕窝、顺丰同城、五谷磨坊、新华网、皇派门窗、幸福西饼、飞鹤奶粉、东阿阿胶、广誉远定坤丹、卡姿兰彩妆、海露滴眼液、韩妃医美、艾尚燕高含量燕窝、麦富迪宠物粮、老乡鸡、雅迪电动车、飞贷金融、布克厨电、分众传媒等。

其他成员：邱永康、于慧露、文智鹏。

导读

海露滴眼液，由深圳市瑞霖医药有限公司（以下简称瑞霖医药）于2009年引进中国，是一种德国原装的高端处方药。因其独特的包装和无防腐剂的天然人工泪液特性，海露滴眼液深受眼干燥症和眼部手术患者的喜爱，2015年更是超越了日本参天制药的爱丽滴眼液，成为中国抗干眼人工泪液处方药市场的领军品牌。

然而，自2019年中国实施国家药品集采政策以来，海露滴眼液面临着巨大挑战。该政策旨在降低药品价格，减轻患者负担，但它给海露滴眼液带来了集采限价和谈判降价的双重压力。这导致其采购成本低于产品成本，使企业经营面临困境，未来发展方向也遭遇重大挑战。

为应对这一困局，瑞霖医药与核桃战略合作，共同探索解决方案。核桃战略通过多轮行业研究分析、深入消费者洞察、竞争格局剖析及战略路径可行性评估等系统工作，清晰界定了海露滴眼液在消费者心目中的地位、其商业价值及未来的商业方向，最终，双方决定将海露滴眼液从企业对企业（B2B）市场转向个人对个人（C2C）市场，直接面向消费者。

海露滴眼液的成功转型，不仅成为医药市场和战略咨询的双重案例典范，还引发了药企争相效仿，成为医药论坛上热议的话题。在这一过程中，核桃战略帮助海露滴眼液应对其困局，通过重新定位、商业设计、战略调整、策略组合和协助执行等服务模型和基础方法论，展示了其在复杂市场环境中的有效性。这一案例不仅为海露滴眼液提供了突破和增长的路径，也为其他企业转型提供了宝贵的参考与借鉴，揭示了如何通过策略性转型实现发展目标的可能性与可行性。

药品集采政策背景下海露滴眼液的战略转型

深圳智佑企业管理有限公司　赵秀丽

一、项目背景

（一）行业背景

滴眼液是眼科用药的一个重要品类。滴眼液分为两大类：一类是保健类型滴眼液，这类滴眼液主要是为了缓解视疲劳，对眼睛具有保健功能；另一类是治疗型滴眼液，涵盖治疗白内障、青光眼、眼干燥症，以及具有消炎功能等类别的滴眼液。眼科用药主要有两大销售终端：医院和零售药店。零售药店的眼科用药消费者主要以减轻视疲劳、眼干燥症、轻度炎症等症状为诉求，销售的产品主要以眼科保健产品为主。医院的患者通常是由于所患的眼疾程度严重，需要求助专业医疗机构。

但近年来，我国滴眼液消费市场发展缓慢且不足，随着互联网的发展，现代人用眼生活习惯发生巨大变化，加之长期在空调房，眼干、眼涩高发，然而滴眼液的知识普及、产品推广都不足以满足消费者的用眼健康需求。消费者普遍对长期用眼存在担忧，但是消费者普遍将滴眼液视为"药"，受"是药三分毒"的传统观念影响，在没有明显症状的情况下不会使用滴眼液。产生这一现象的原因包括以下几点。一是滴眼液品牌和产品分散，行业集中度低。二是没有滴眼液品牌进行护眼科普和宣传。三是早期滴眼液市场多以消炎止痒为主，缺少真正的保健型滴眼液产品可以对接消费者的护眼需求。

随着互联网的发展，现代人生活习惯发生巨大变化。2023年3月，中国互联网络信息中心发布了第51次《中国互联网络发展状况统计报告》，报告数据显示，截至2022年12月，我国网民规模为10.67亿，互联网普及率达75.6%，我国网民人均每周上网时长为26.7小时（见图1）。这是一个全民过度用眼的时代，消费者普遍对护眼、缓解视疲劳存在需求。

随着我国广告的迅速发展，2015年9月1日，《中华人民共和国广告法》（以下简称《广告法》）正式施行。自《广告法》实施以来，对硬性广告的管理日益严格，导致软性广告的植入越来越普及。法律对电视台直接播放的药品广告做出了严格的规定，但对于影视剧中，药品广告植入及综艺节目中口播广告并没有明文规定。不论是影视剧还是综艺节目，仅宣传药品名称的广告不需要审批。因此，我国滴眼液市场主要受早期的滴眼液广告宣传影响，早期众多不适合消费者长期使用的、不能缓解视疲劳的治疗型滴眼液，被冠以"缓解"大行其道。

需要注意的是，含药用成分的滴眼液产品不应被频繁、长期使用。滴眼液里通常含有薄荷、冰片成分，使用后会让眼睛暂时感觉清凉、舒适。因此不少人把滴眼液当作一种"润眼剂"。但是，频繁、长期使用滴眼液，可能会加重眼睛干涩，破坏泪液正常分泌，导致眼干燥症，甚至诱发角膜炎等其他眼部疾病。

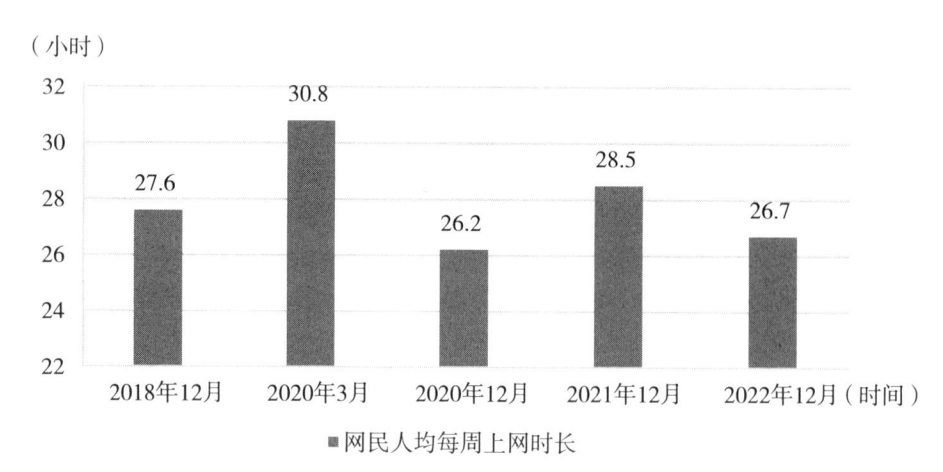

（小时）

时间	网民人均每周上网时长
2018年12月	27.6
2020年3月	30.8
2020年12月	26.2
2021年12月	28.5
2022年12月	26.7

资料来源：中国互联网络信息中心发布的《中国互联网络发展状况统计报告》。

图1　网民人均每周上网时长

在全民过度用眼时代，目前我国眼科有全球最大的眼干燥症患者群体，眼干燥症已成为现代社会常见眼病。眼干燥症是指由多种因素导致的、以眼睛干涩为主要症状的泪液分泌障碍性眼病。据统计，2018年的眼干燥症患者已超过2.2亿人，并且还在以2%的年复合增速增长，预计到2030年，将有超过2.6亿人患眼干燥症。2015—2018年中国眼干燥症患者人数如图2所示。

（百万）

图表数据：
- 2015年：轻度117，中度78
- 2016年：轻度120，中度80
- 2017年：轻度123，中度82
- 2018年：轻度125，中度84

■轻度眼干燥症患者人数　■中度眼干燥症患者人数

资料来源：根据兆科眼科、东方证券研究所、灼识咨询发布的资料整理。

图2　2015—2018年中国眼干燥症患者人数

根据《中国干眼专家共识：治疗（2020年）》，人工泪液的主要功能是润滑眼表，为治疗干眼的一线用药，其作为对症治疗方法适用于各种类型的眼干燥症。人工泪液应根据干眼的类型程度及患者使用的舒适度等因素进行个性化选择。轻度眼干燥宜选择黏稠度较低的人工泪液，如0.1%玻璃酸钠滴眼液、聚乙二醇滴眼液、0.5%羧甲基纤维素滴眼液等，使用频率为每天4次。对于中、重度眼干燥，宜选择黏稠度较高的人工泪液，如0.3%玻璃酸钠滴眼液、1%羧甲基纤维素滴眼液、聚丙烯酸滴眼液等，使用频率根据病情和症状适当增加或按需使用；同时可以选择不同种类人工泪液组合使用，如高黏稠度和低黏稠度人工泪液混合使用。对于睑板腺功能障碍（Meibomian Gland Dysfunction，MGD）等脂质层异常的眼干燥，应优先选用含脂质成分的人工泪液。对于需长期及高频率（如每天6次以上）使用人工泪液者，应优先选择不含防腐剂的人工泪液。

人工泪液是模仿人体泪液的成分做出的一种替代品。它是一种滴眼液，可以起到滋润眼睛的作用。玻璃酸钠滴眼液就是人工泪液的一种。《2023易凯资本中国健康产业白皮书》数据显示，2021年玻璃酸钠滴眼液、氧氟沙星滴眼液、盐酸莫西沙星滴眼液是眼科用药中国审评受理类型前三位。玻璃酸钠滴眼液是目前眼科滴眼液第一大品种。2021年医院端及零售市场端玻璃酸钠滴眼液类目总销售额为10.49亿元，其中医院端达6.58亿元，零售端达3.91亿元。在医院端，玻璃酸钠滴眼液销售额第一品牌是德国悟兹法姆（URSAPHARM）药业集团（以下简称德国URSAPHARM）生产的海露滴眼液，紧随其后的是日本参天制药的爱丽滴眼液。

玻璃酸钠滴眼液具有不含防腐剂的优点，但是在我国的发展缓慢，可能与其使用期限短、使用不方便、价格相对较高有关。其余市面上大部分的滴眼液产品含防腐剂，不适合长期使用。目前，滴眼液品类的线下销售依赖药店渠道，顾客的购买决策依赖导购推荐。滴眼液品类尚无强势品牌代表，缺失品牌拉力，使品牌附加值难以体现。整体滴眼液品类销售模式尚显初级。

(二) 企业背景

德国 URSAPHARM 创立于 1974 年，总部位于德国南部工业重镇萨尔布吕肯，比邻西门子、博世等高精尖技术公司。1994 年，德国 URSAPHARM 与两家合作公司共同发明了专利 COMOD 系统，并借助当地优良的工业基础成功实现了产品化，让滴眼液、滴鼻剂等药液摆脱了防腐剂，为世界人民带来福音。如今，德国 URSAPHARM 拥有众多专利和创新药物，产品线以眼科为核心，相关类别为补充，涵盖药品、医疗器械、保健食品，在法国、比利时、荷兰、卢森堡、奥地利、波兰、捷克、斯洛伐克、葡萄牙、俄罗斯和印度拥有自己的子公司，并与全球 74 个国家的销售合作伙伴达成了合作协议，成长为欧洲第一、全球第六的眼科产品公司。

海露滴眼液（原研药，非仿制药）是德国 URSAPHARM 在 1999 年上市的一款采用专利 COMOD 系统实现大包装且不添加防腐剂的人工泪液（玻璃酸钠滴眼液），德国品牌是 HYLO EYE CARE 系列（对应的产品是 HYLO COMOD），中国品牌是海露（由瑞霖医药持有中国中文商标，并已在港澳台注册）。目前德国 HYLO 系列中有七个产品名列欧洲抗干眼人工泪液前十。

海露滴眼液中国大事记：2007 年，德国 URSAPHARM 与瑞霖医药签约；2009 年，海露滴眼液在中国获批上市，用不含防腐剂概念迅速切入市场。

二、战略课题界定

面对国家集采政策的变动，瑞霖医药面临一个重大决策：是保留原有经营医院的处方药团队并更换眼科产品继续经营（选择一），还是保留原产品但更换经营方式（选择二）。经过核桃战略的深入研究，发现海露滴眼液具有强大的产品竞争力。其独特的 COMOD 瓶身设计，作为市场上唯一一款大包装且无防腐剂的玻璃酸钠滴眼液，显示了其独特优势。

鉴于此，对于瑞霖医药而言，面对国家集采政策，保留海露滴眼液产品并退出国家集采，转变经营方式成为更佳选择。海露滴眼液在新的经营方式下，拥有更灵活的产品定价和更系统的高维竞争策略，有望在新市场中取得更好的经营成果，甚至有可能成为非处方药（OTC）类别中的高端品牌。

然而，在海露滴眼液从处方药向OTC用药转变的过程中，面临的挑战也很严峻。销售渠道也需从医院渠道转变为零售药店渠道。为了在OTC市场从零快速起量，维持并承接海露滴眼液的市场份额和地位，海露滴眼液需要以消费者为中心，解决以下三个重要课题。

（1）如何应对品类内竞争，与其他滴眼液形成差异。

在众多滴眼液品牌中，海露如何找到属于它的竞争差异点，让顾客选择它而不选择其他滴眼液品牌，是海露需要解决的品类内竞争的第一大课题。

（2）如何引导消费者形成长期使用滴眼液的习惯。

在这个普遍过度用眼的时代，消费者对日常护眼的需求日益迫切，而目前对症的滴眼液品类却没有满足这一需求，如何抢占这个未来最大的战略机会点，让消费者日常长期使用，是海露需要解决的品类外的第二大课题。

（3）如何提升滴眼液品类在消费者心中的价值感。

价值通常与价格挂钩，滴眼液品类发展多年，整体价格变动仍然滞后，如何引领品类价值提升是海露需要解决品类外的第三大课题。

此外，在企业内部，海露滴眼液需要在产品、品牌、渠道和运营四个方面进行战略部署。

三、市场调研

（一）市场调研情况

调研方法：线下消费者定性调研和线下药店实地走访。

调研时间：2021年5月。

调研数据：调研共访谈顾客635人。线下调研覆盖全国一、二线的11个城市，包括北京、上海、广州、深圳、苏州、杭州、长沙、成都、西安、青岛、郑州；共访谈13名企业高管，走访101家药店。

（二）线下消费者定性调研部分

主要探寻：消费者常见眼部问题或症状；消费者的滴眼液使用习惯；消费者对滴眼液品类的看法；消费者对滴眼液品牌选择和品牌认知；消费者对海露滴眼液的品牌认知。

（三）消费者定性调研结论

（1）消费者常见眼部问题或症状和滴眼液使用习惯：消费者普遍对长期用眼存在担忧，常感"眼睛轻微不舒服"的情况，一般是通过睡眠或眨眼来进行自我疗愈，没有使用可以直接缓解症状的滴眼液，但长期持续用眼又是必然的，长期护眼需求存在且未被有效满足。另外，多位受访者表示滴眼液基本不是用完的，而是用了三四天眼部不舒服得到缓解后，就不知道滴眼液放在哪里

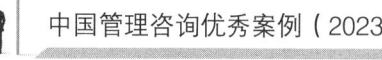

了，等下次有需求再去找时，往往发现滴眼液已经过期了。

（2）消费者对滴眼液品类的看法：无论是"滴眼液"还是"眼药水"，消费者对其的认知都是治疗型的产品，使用起来有药用负担，导致其不愿意日常使用。消费者对于保健型滴眼液的存在缺少认知，同时认为眼睛是比较脆弱的器官，强化了对滴眼液"是药三分毒"的负面认知，导致缺乏安全感。即使有需求，也不愿意去尝试使用。

（3）消费者对滴眼液品牌选择和品牌认知：38%的受访消费者对滴眼液没有品牌意识。另外，由于广告投放的原因，珍视明、乐敦的品牌知名度相对较高，顾客多为主动慕名购买。两大品牌对于渠道投入并不凸显，因此销量主要来自品牌拉力。仅3%的受访消费者听说过海露滴眼液（见图3）。

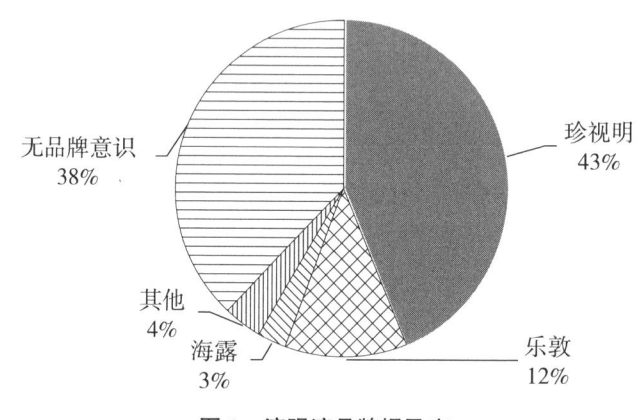

图3 滴眼液品牌提及度

（四）线下药店实地走访调研部分

（1）2021年，海露滴眼液进入OTC市场，在渠道上，相对竞争产品而言，其整体铺货率不高，绝大部分地区仍以处方药形式售卖，顾客以医院处方、朋友推荐为主。终端陈列处在劣势，导购对海露产品不了解，推荐意愿较低，整体渠道推力有待加强。

（2）线下药店在售的主流品牌，主销价格长期为10～30元，与社会整体消费水平的提高相比，行业价格变动滞后且普遍偏低。在售产品普遍具有刺激性，如冰片、硼砂、硼酸、苯氧乙醇等。据顾客反馈，使用起来"清凉"，能快速缓解症状，但普遍担心长期使用对眼睛不好。

（3）在售的主流品牌，如珍视明、乐敦、润洁等，均针对眼睛不同症状（如视疲劳、眼干眼涩、红血丝、眼睛痒）推出不同功效的产品，来满足顾客的不同需求。以润洁、瑞珠为首的一类品牌注重终端的投入（陈列、物料、导购激励），渠道更愿意作为主推产品（尤其是润洁），大部分顾客会认为"权威"导购推荐的产品更能"对症"。这类品牌的销售主要依靠渠道的推动。

（4）在零售终端，顾客在不点名购买、无较严重症状情况下，导购推荐、顾客选择均在OTC货架前完成，购买处方药的顾客多为医生处方、朋友推荐而点名购买。与OTC药相比，处方药一般以专柜形式陈列，顾客难以直接接触，购买流程相对复杂。顾客选择滴眼液受到品牌知名度、渠道推动、医保三重因素的共同影响，不同的品牌分别侧重其中某个因素，目前并无品牌能够兼顾所有因素。

（5）当模仿消费者进店问店长或店员："请问，你们店里有什么滴眼液？"对方回答的第一句都是："请问你有什么症状？"这表示在店长或店员的认知中滴眼液都是治病的，无病无症不用买。店长或店员的认知多数来自品牌方的培训，他们又承担着与消费者沟通、引导、助推的作用，从而加重了消费者对滴眼液治疗属性的认知。

四、战略解题逻辑

（一）剖析顾客需求

核桃战略的研究指出，海露滴眼液在转型为OTC药品后，面临的主要挑战是如何在激烈的外部竞争环境中获得消费者的优先选择。这要求企业转变思维，从"我们的产品有何优点"转变为"如何让消费者认识到我们产品的优点"。市场调研显示，消费者普遍将滴眼液视为药品，在全民过度用眼的时代，虽然大多数人有护眼需求，但消费者对于长期使用药品类的滴眼液或眼药水存在安全顾虑。因此，普通消费者很少将滴眼液作为日常护眼的解决方案。这主要是因为消费者认为市场上的滴眼液多被视为治疗型产品，并且"是药三分毒"的观念根深蒂固。除非有特殊需要（如眼部疾病、眼部手术或长期佩戴隐形眼镜等情况），消费者一般不会长期使用滴眼液。

基于消费者认知，想要打消消费者使用滴眼液的不安全感，则需在消费者心中建立滴眼液"非药"的认知，消除消费者对滴眼液"是药三分毒"的观念，才能对接用眼过度，需长期护眼的需求。

（二）重新定义品类

市场调研发现，在药店渠道和消费者心智中，治疗型滴眼液占据销售优势和认知高地。因此海露滴眼液想要开拓终端消费市场，需要重新定义滴眼液品类（见图4）。

与市面上的治疗型滴眼液不同，海露滴眼液的主要成分是人体天然物质，不含防腐剂，可长期使用。特殊人群，如孕妇及哺乳期妇女，以及佩戴隐形眼镜人群可直接使用。海露滴眼液对于普通消费者而言，是可以用于长期护眼的、"非药"的护眼保健型滴眼液。

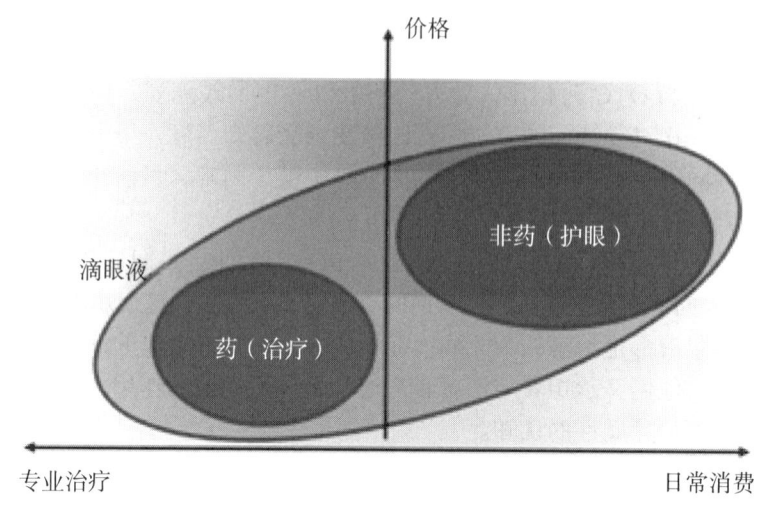

图 4　在消费者心中重新划分滴眼液品类

把海露滴眼液从药（治疗）属性，转变为非药（护眼）属性，从而在消费者心中开创护眼品类的新认知。

（三）锁定品牌定位

从滴眼液行业现状来看，玻璃酸钠滴眼液产品在我国发展缓慢，其不含防腐剂，使用不方便，价格高。含防腐剂的产品不适合长期使用。整个滴眼液品类缺乏强势品牌引领，缺失品牌拉力，使品牌附加值难以体现。现有滴眼液品牌没有进行爱眼、护眼，以及正确地使用滴眼液的用户教育，导致整体行业发展滞后，亟须一个滴眼液领导品牌去引领行业发展。

从滴眼液品类和品类竞争环境来看，在零售药店销售的滴眼液主要以治疗型滴眼液为主，这些品牌的滴眼液大部分含有防腐剂，而且对眼睛有一定的刺激性，不适合消费者长期使用。

从消费者认知来看，消费者普遍用眼过度，有日常护眼的需求，但需要打消消费者对滴眼液的不安全感，才能对接消费者长期护眼的需求。

从海露滴眼液产品本身来看，海露滴眼液是德国原装进口产品，在欧洲销量领先。其主要成分是人体天然物质，不含防腐剂，可长期使用。特殊人群，如孕妇及哺乳期妇女，以及佩戴隐形眼镜人群可直接使用。与市面上同样不含防腐剂的玻璃酸钠滴眼液相比，海露滴眼液以其专利 COMOD 系统设计实现大包装玻璃酸钠滴眼液，保质期长达三年，而且均次使用成本低。

综合行业发展、品类和种类、竞争环境、消费者认知、产品本身等多方面因素，核桃战略给海露滴眼液的品牌战略定位为：海露，温和护眼的滴眼液。

(四) 创建认知差异

之所以将品牌战略定位为"海露，温和护眼的滴眼液"，有以下两方面原因。一是，以"温和护眼"的产品特性创建海露滴眼液的品牌认知，"温和"与消费者日常使用滴眼液冰凉刺激的不舒适感形成对比，对滴眼液是"药"和"是药三分毒"的惯性思考和顾虑形成冲击，从而使消费者记住品牌的核心差异。二是，海露滴眼液通过"主信任状——主要成分是人体天然物质，不含防腐剂，可长期使用"对"温和护眼"加以强化和支撑。

(五) 强势代言品类

"海露，温和护眼的滴眼液"的品牌战略定位，使其在治疗型滴眼液占据市场销售主流的情况下，以护眼保健型滴眼液对症治疗型滴眼液，并且作为市场最先喊出"护眼"口号的滴眼液产品，全面代言"护眼保健型"滴眼液品类。

(六) 抢占顾客心智

"温和护眼"滴眼液是一个消费者容易理解的品类名称。海露滴眼液通过率先代言"温和护眼"这一特性，在消费者心智中建立了一个强大的品牌形象。这种策略遵循了"先入为主，后入无门"的心智规律：作为首个进入消费者心智的品牌，海露容易被认定为"正品"滴眼液。一旦这种认知形成，后续竞争者往往会被视为"仿品"。随着更多模仿者的出现，海露的市场地位将进一步加强，同时还会利用心智虹吸效应，进一步巩固其在该品类的领导地位，收割仿品的市场份额。总的来说，海露通过成为"温和护眼"滴眼液品类的先驱，为自己构建了一道坚固的"护城河"。

(七) 引领扩大品类

与治疗型滴眼液相比，护眼保健型滴眼液品类仍旧较少，作为"护眼保健型滴眼液"的引领品牌，海露滴眼液未来需要带领行业向前发展，将护眼保健型滴眼液品类做大，在市场份额增大的同时，占据更大的消费者心智份额。

五、制定战略发展节奏

(一) 战略发展路径

结合海露滴眼液的品牌战略定位——海露，温和护眼的滴眼液，以及战略解题逻辑，核桃战略为海露滴眼液规划了以下战略发展路径。

(1) 第一阶段：在顾客认知中建立海露滴眼液"温和"的特性，并与其他具有刺激性的滴眼液区分开。树立海露滴眼液"非药"的认知，塑造海露安全、高端、潮流的品牌调性，使其成为滴眼液的首选。需同步提升顾客认知份额与物理市场份额,相互加强,以有利于海露代言保健型滴眼液(护眼)品类。

(2)第二阶段:以"温和护眼"为核心概念,占领消费者可使用海露滴眼液日常护眼的认知,扩大产品使用人群,使海露滴眼液的消费者从隐形眼镜佩戴者、重度用眼、眼干燥症人群,扩散到广大过度用眼人群。通过品牌传播和渠道铺设,进一步扩大海露滴眼液的品牌影响力和使用人群。

(3)第三阶段:海露滴眼液全面代言"护眼保健型"滴眼液品类,提升品类价值感,引领全民护眼风潮,成为滴眼液市场的第一领导品牌。

(4)第四阶段:将"护眼保健"的需求市场做大,依托海露品牌进行产品延伸,通过护眼、润眼、洗眼三部曲,提升海露品牌的商业价值。

(二)战略落地关键动作

核桃战略在规划海露滴眼液战略发展路径的同时,也从产品力、品牌力、渠道力和团队运营创新等方面,梳理出了战略落地的关键动作。

1. 产品力

传统滴眼液行业定价以渠道定价为主,倒推产品零售价,导致整体主流滴眼液价格偏低,为10~30元。但经核桃战略研究发现,海露滴眼液定价需破除行规,以品牌力拉升产品的零售价格。在产品价格方面,海露滴眼液产品由处方药转为OTC用药后,价格为78.9元,线上和线下零售价格统一和保持稳定。与其他主流价格为10~30元的滴眼液拉开差距,坚决不落入行业的价格战厮杀中,全面提升海露滴眼液的品牌势能和玻璃酸钠滴眼液的品类价值。

重新梳理产品核心信任状,在海露滴眼液未梳理战略定位前,主要信任状为:德国原装进口,专业护眼22年。这个信任状没有很强的排他性,并且很容易被同行超越。另外,在消费者认知中,滴眼液品牌都是专业的,而且在滴眼液行业中"22年"并不是有力背书。例如,乐敦滴眼液的信任状为日本百年护眼品牌,始于1909年,很轻松超越海露滴眼液的"专业护眼22年"。于是,核桃战略重新梳理海露滴眼液的核心信任状。契合海露滴眼液的战略定位——海露,温和护眼的滴眼液,其主信任状为:主要成分是人体天然物质,不含防腐剂,可长期使用。

2. 品牌力

海露滴眼液的品牌建设以"消费者的认知"为中心,率先在消费者心智中打赢认知战,使海露具备品牌拉力,占领物理市场份额即能事半功倍。海露滴眼液要通过立体式传播对消费者实现心智包围,在消费者心智中加大品牌声量,提升品牌势能,沉淀为海露的品牌资产,在消费者认知中完成心智预售,即能转化更多物理市场份额,使其成为消费者在OTC药店渠道指定时购买品。

在核桃战略帮助海露滴眼液梳理完成战略定位和战略落地关键动作后,

2021年6月至2023年，海露深挖品牌价值，通过新媒体平台，如小红书、微博、微信等平台，进行眼干燥症科普推广和品牌投放，提升广大消费者对海露滴眼液品牌的认知。同时，在深圳、广州投放电梯媒体广告；在深圳、广州、无锡、苏州、杭州、重庆、成都、长沙投放地铁媒体广告。此外，在热播电视剧和综艺节目中进行广告插入。

3. 渠道力

渠道建设以消费者消费习惯为中心。一方面，在线下，零售药店仍旧是消费者购买滴眼液的主要消费场所。另一方面，越来越多的消费者在线上通过品牌搜索去购买滴眼液。

在线下零售药店渠道，2021年，百洋医药全面提升全国连锁药店铺设率。根据青岛百洋医药2021年年报：公司新增运营眼干燥症治疗产品海露系列（玻璃酸钠滴眼液），实现营业收入2.98亿元。百洋医药在全国药店开展店员产品教育，推进渠道深度覆盖。经过两年的零售推广，海露已经超越竞品，成为零售滴眼液的领导品牌。2022年海露系列实现营业收入4.27亿元，同比增长43.29%。百洋医药聚焦眼干燥症人群，积极推动海露零售市场品牌打造。百洋医药借助全数据平台系统精准选择重点运营门店，通过人员拜访、提升陈列质量、强化店员教育等一系列措施，促进单店销量稳步增长。另外，借助百洋品牌商业化平台规模优势，有效实现渠道管理，积极推进渠道深度覆盖，保持了海露在零售滴眼液市场的领导者地位。

在线上，2021年双十一，海露滴眼液在天猫平台整体成交量增速高达338%，稳居天猫OTC眼科类目成交量第一名。海露滴眼液在京东平台同比增长250%，稳居京东五官OTC用药第二名。

4. 团队运营创新（搭建外部执行团队，由内部统筹数据指挥+考核）

核桃战略研究发现，有效的品牌运营并不是团队越多越好。因此，在核桃战略的指导下，海露滴眼液的品牌运营团队进行了内部管理创新。这包括重新构建企业内部人才架构，将其转化为由企业内部核心管理层和外部品牌运营团队（包括线上、线下渠道和公关团队等）组成的新模式。这一改革有效地提高了企业内部的决策效率，并降低了团队的运营成本。

2021年，海露滴眼液品牌在产品、品牌、渠道、团队运营四方面均做好了充分准备，根据重大销售节点，多城作战，进行品牌、渠道、团队投放，实现了快速响应与高效回报，提升单城销量。

六、项目价值

（一）品牌商业价值——海露战略转型，占据领军地位

2021年，海露滴眼液由处方药市场转向OTC市场，在全国渠道覆盖接近空白的情况下，凭借"海露，温和护眼的滴眼液"的品牌战略定位，海露重新切入普通消费者市场。配合战略落地关键动作，力出一孔，海露滴眼液实现了营业收入的全面提升，历经两年多，已经成为零售滴眼液市场的领导者。

（二）行业价值——引领行业发展，做大品类空间

玻璃酸钠滴眼液近年来在眼科领域销额排名第三。2021年，医院端及零售市场端玻璃酸钠滴眼液总销售额为10.49亿元。其中，医院端达6.58亿元，零售端达3.91亿元。不过，国内玻璃酸钠滴眼液市场仍以国外企业为主，且市场份额高度集中，大部分的市场份额由德国URSAPHARM和日本参天制药占据。进口产品德国海露滴眼液的成功，让国内更多的滴眼液厂商关注和研制玻璃酸钠滴眼液，推动行业不断向前发展。此外，海露的转型不仅扩大了品类和需求，还向所有OTC医药品牌商展示了医药品牌也能像消费品品牌那样，依靠品牌吸引力实现消费者主动寻求和指定购买，从而减少对渠道推广的依赖。

（三）社会价值——加大公益宣传，增强护眼意识

近年来，海露滴眼液通过持续的品牌传播和爱眼公益宣传，提升了社会对眼干燥症的关注度和人们日常爱眼护眼的意识。

在信息时代，手机、电脑的普及使得现代人用眼强度大幅增加。此外，长时间暴露在空调环境下及年龄增长等因素，都会加大眼干燥症的患病概率。但是成年人眼干燥症问题仍被忽视，社会认知和日常护眼产品服务均远远不足，如何改善这种情况，提高公众对眼睛保健的认识，是一个巨大的未被完全认知的市场，需要通过长期的教育。瑞霖医药倡导人们像每天要刷牙一样护理眼睛，并通过海露滴眼液这样优秀的产品和持续的品牌传播、爱眼公益宣传提升全社会的爱眼、护眼意识。

顾家家居支撑战略落地的组织能力提升项目

北京华夏基石企业管理咨询有限公司

北京华夏基石企业管理咨询有限公司（以下简称华夏基石）由我国管理咨询业开拓者、著名管理咨询专家、《华为基本法》起草人之一的彭剑锋教授领衔创办，汇聚400多位理论功底扎实、实践经验丰富的资深顾问，是中国当前本土规模较大的专业咨询机构，也是中国企业联合会管理咨询工作委员会副主任委员单位。

华夏基石致力于总结、研究中国企业管理实践，提出一系列对中国企业具有实际意义、原创性的管理方法与工具，并在对国内外先进管理智力成果进行研究的基础上创新，开发具有独立知识产权的专业化、差异化产品和服务，将"为客户创造价值，与客户共同成长"的理念落于实处，产品与服务成果得到业内高度认可，连续数年入选"中国管理咨询机构50大"。

本案例项目组成员

张小峰，中国人民大学硕士、博士，华夏基石管理咨询集团副总裁、高级合伙人，组织与人力资源首席专家，组织与人才发展研究中心总经理，"HR赋能工坊"平台主办人，多家上市公司常年顾问，工业和信息化部、国务院国资委、人力资源社会保障部专家组成员，《国有企业市场化薪酬内部分配操作指引》政策文件主笔人，近20年人力资源管理和咨询经验，出版《绩效管理十大方法》《全面认可激励：数字时代的员工激励新模式》《干部管理》《解码OD：组织成长的底层逻辑与创新实践》等多本专著，为国家电网、中国石油、中国移动、中国银行、中国人民银行、民生银行、中国信科、中国化工、招商局集团、今日头条、百度、海尔、顾家、西贝、凯众集团、桂川集团、泰康之家、宝石花、诚和敬等近百家客户提供战略、组织、文化及人力资源方面咨询。

其他成员：刘祈伶、江美君、吴婷婷。

导读

　　组织能力到底是什么？这是刚进顾家家居，总裁李东来就抛给项目组的第一个命题。他同时要求我们站在企业视角而非研究者视角，来剖析组织能力是什么，应当如何构建组织能力，应关注哪些维度。

　　我们从顾家家居的"351"战略规则出发，即挑战300亿元，布局规划500亿元，展望1000亿元的战略目标，结合顾家家居的历史经验、现状认知和未来发展需求，深度调研各业务价值链中的核心场景，挖掘业务发展背后的组织能力影响因素，构建组织能力评估模型。

　　通过选取不同类型的三家单位进行试点评估，我们根据评估结果识别出各单位组织能力的优势与不足，给出优化建议。同时，通过与各单位沟通研讨，我们验证了评估结果的准确性与评估模型的有效性。随后，组织能力评估模型在顾家家居全范围内得到了应用推广，促进了各单位的对标找差，坚持并传播优秀做法，分析不足之处并进行了改进，系统性地推动了组织能力管理的闭环。

　　组织能力是在企业经营过程中逐渐成长起来的，它通过不断演化与调试，固化在组织系统中。组织能力的发育是一个长期的过程，虽然战略容易被模仿，但组织能力却难以在短期内被复制。因此，组织能力的建设虽艰难，却是企业取得成功的至关重要的大事。

顾家家居支撑战略落地的组织能力提升项目

北京华夏基石企业管理咨询有限公司　张小峰

一、案例背景

顾家家居诞生于1982年,公司创办人为顾玉华,公司原名为"海龙家私",2002年更名为"顾家家居",2016年在上海A股上市。2012年,顾家家居引进了以李东来为首的职业管理团队,自此走上了高速增长的快车道。顾家家居历年经营业绩如图1所示。

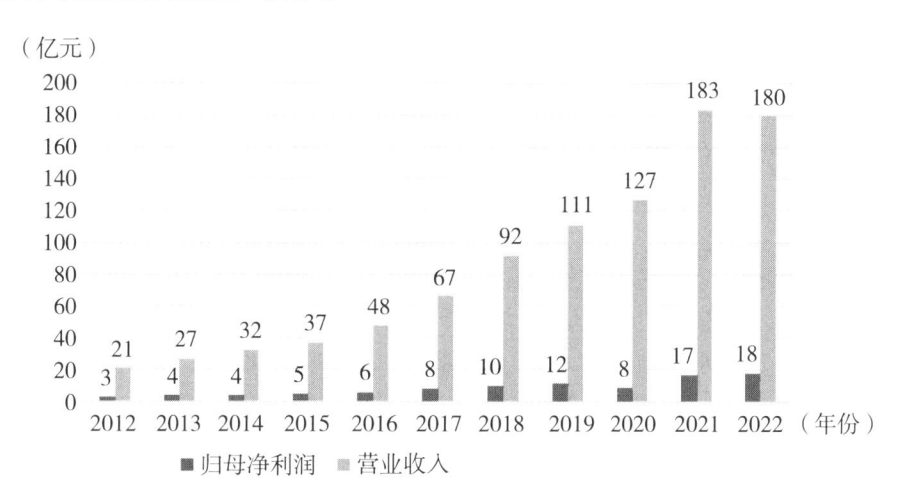

图1　顾家家居历年经营业绩

企业的战略成长是一条连续不断的河流。顾家家居这条河从源头流淌至今,又面临着重大的流向选择。这既是企业生命演进的内在要求,也是外部环境变化所导致的必然结果。2023年,顾家家居在讨论战略规划时,提出了全新的战略框架。其中,组织能力是支撑战略的五大能力之一,为有效承接新战略,顾家家居亟须系统性地推动组织能力建设。但目前顾家家居在组织能力定义上缺乏统一共识,缺乏有效的组织能力评估工具,且缺乏系统的组织能力建设机制,导致组织能力建设工作一直未能取得有效突破。

2022年,顾家家居组织能力建设项目邀请华夏基石参与,共同探究对于顾家家居而言组织能力到底是什么?同时,华夏基石将以企业视角而非研究者视角,剖析顾家家居组织能力应关注的维度,如何评估组织能力,以及如何构建组织能力的建设的闭环机制。

二、诊断分析

(一)组织能力的概念与建设意义

组织发展贯穿着商业社会的更迭,可以说,是先有组织,后有商业社会。从个体手工业到家庭作坊、工场手工业,再到大规模生产工厂和矩阵式组织的演变,这一过程既是一部商业发展史,也是一部技术变迁史。例如,喷气式飞机技术的出现,促进了跨国企业的兴起。有了跨国型企业后,信息传递有延误,为提升经营单元的活力,事业部制应运而生。因此,技术的变革和商业的变迁与组织的发展紧密结合。

很多研究组织认为物理学是管理学的底层逻辑,倘若将组织能力纳入物理学范畴中,是什么逻辑呢?像热力学第二定律一样,我们找到了广义动量定理,即 $F\alpha t=MV$。也就是说,成果 MV 是力量 F 在正确的方向 α 上作用于合适的作用点,经过时间 t 的积累而综合产生的效应。其中,力量 F 是核心竞争力,方向 α 是战略方向,时间 t 是时间积累,作用点是商业模式和增长策略,成果是 MV。

简单来讲,当核心竞争力在正确的战略方向上、结合适宜的商业模式和增长策略,并经过时间的沉淀,必然能推动整个经营成果的提升。

从以上原理不难看出,当行业同质化、战略趋同以后,企业应主要关注以下两点:一是核心竞争力的建设,二是长期价值主义的坚持。

1990年,哈默尔指出,核心竞争力来自隐含在产品中的知识与技能;彭罗斯也强调,组织能力也是企业中的知识、技能和经验。既然企业的核心竞争力来自知识和技能,组织能力也来自知识和技能,是不是可以认为组织能力就是企业的核心竞争力?企业核心竞争力,直接推动着组织绩效的提升。

杨国安提出,组织能力不是指个人能力,而是一个团队所发挥的整体战斗力,是一个团队或组织竞争力的基因(DNA),是一个团队在某些方面能够明显超越竞争对手、为客户创造价值的能力。尤里奇认为,组织能力代表了一个企业因何而为人所知,它擅长做什么,以及它如何构建行为模式以提供价值。

在企业经营过程中,不少中国企业家也对组织能力有自己的看法,主要包括以下四种观点。

组织能力是企业人力资源的能力，表现为组织能力会体现在组织中的人力资源上，通过成员的能力，去获得资源的效率与结果的最大化。

组织能力是企业组织系统和流程的能力，表现为组织通过系统和流程去整合资源或者配置资源、转化资源以获得结果。

组织能力是企业家自己的能力，表现为在创业阶段，组织还未能搭建起来，企业家个人及其能力代表着组织能力。

组织能力是核心团队的能力，表现为核心团队因其具有根本的组织责任，同时拥有权力，其能力水平决定着组织的效率和结果。

管理学界认为，企业的成功是战略与组织能力的乘积（战略 × 组织能力）。战略解决的是"去哪里打"的问题，关注企业的目标和方向；组织能力关注"如何打赢"，它涵盖了成功的经验、成功的关键因素等。

在当下的市场竞争环境中，机会变得越来越少，需求逐步萎缩，竞争持续加剧，战略方向趋于同质化。过去在谈战略时，主要是讲企业经验与战略。但是现在知识与信息是透明的，可能某个企业刚刚制定的战略，在两三周后就会被竞争对手了解到。

在战略越来越同质化的情况下，如何确保战略目标实现，是市场竞争过程中需要格外关注的重点。建设组织能力，本质上是为了满足经营的发展需求，提升战略目标实现的可能性。

简单来说，打胜仗，打硬仗，要靠组织能力。

（二）顾家家居组织能力现状分析与建设思路

近年来，家居企业所处的经营环境已经发生以及正在发生重大变化。这些变化对家居行业内的所有企业都构成了严重挑战。

从国内需求角度来看，在可预见的未来相当长时间内，需求增量将不复存在，市场容量或有萎缩，但存在结构性机会。同时，消费升级将持续发生，用户话语权也会增加，用户价值时代真正到来。

从国际需求角度来看，全球经济衰退将延续较长时间。在总需求下降的背景下，全球各区域市场呈现冷暖不一的非均衡特征。

从国内供给角度来看，存量市场必然导致产业整合以及集中度提高。同时，新的技术周期中的数字技术、人工智能技术将引发、推动家居企业商业模式、运营模式及管理模式的结构性甚至颠覆性变化，并助力新进入者和替代者。

从国际供给角度来看，家居产品供应链全球范围内重组，使其制造及供给能力从中国转移至东南亚、北美地区的部分国家，全球家居产品产能布局出现贴近市场的分散化趋势。

概要地说，总需求下降和全球供应链重组，是影响我国家居企业发展的主要不利因素。

目前国内家居行业中位于第一阵营的有欧派家居、顾家家居、敏华、全友家居等企业。经过漫长、艰难的整合期，哪些企业能够成为优胜者，现在尚难准确预言。但是，从市场和行业演变趋势，以及相关行业整合实践来看，行业整合的领先者必然具有以下特征。

商业模式及运营模式贴近、融入用户，符合消费者需求，业务具有设计和服务含量，为用户提供一站式家居解决方案或者在某品类具有较强的消费心智。

坚持长期主义，追求战略导向型成长（具有战略意图、战略路径，进行战略反馈，符合战略逻辑和演进规律的成长），适应环境变化，持续进行战略和文化选择、创新。

当市场红利消失后，能够较顺利地实现从机会成长到系统成长的转型，将持续成长建立在组织能力（人力资本＋组织资本）提升的基础之上。

面对外部市场和产业整合，能有效避免掉入"规模不经济"和"范围不经济"双重陷阱，通过"标准化"提升效率，建立"护城河"优势。面对内部组织，能有效防范和解决熵增、内卷、活力衰退问题。

为什么顾家家居要做组织能力的理论研究？就在于李东来希望其核心的高管、中层和骨干员工，能够了解到组织能力建设的重要性，使其明白组织能力是未来突破规模陷阱的核心抓手。当大家意识到组织能力的重要性、大家的目标是一致的时候，此时凝心聚力的价值就产生了。这就是组织能力研究背后的逻辑。

在新的不断变化的经营环境中，要实现战略意图，顾家家居在组织能力方面面临以下诸多挑战。

在市场竞争加剧、行业整合加快、市场需求有可能持续萎缩的情形下，顾家家居是否具有适应环境变化、突围求存和发展的能力，是否具有成为行业整合成功者的潜力，是否具有长期、持续为顾客创造价值的能力。

随着国际化第二季的到来，顾家家居是否具有在全球多个地区及国家布局的价值链体系，是否具有融合多国文化、吸纳多国人才、管理全球机构网络、扎根当地市场的跨国企业运营能力。

随着经营范围扩大（品类增加）、产业垂直整合延伸，在全场景、全渠道运营的背景下，组织能力能否支撑起内部并延伸到外部的复杂、网络状的价值创造体系；能否与复杂的业务结构、模式相匹配；能否支撑起纵横交错的矩阵式结构；能否支撑为顾客提供解决方案的战略定位，都是组织能力必须面对的问题。同时，组织能力还需使企业避免陷入"规模不经济"和"范围不经济"双重陷阱——这恰恰是家居企业普遍面临的战略难题。

当业务分蘖成长、多角化扩张时，随着分层管理、授权分权管理体制的设立，组织中是否拥有一批能独当一面的经营领军人才（二级企业家），管理团队和专业团队是否具备与战略相匹配的多维能力，人才密度、总体素质能否满足企业未来发展的要求。进而言之，企业是否具有使人才脱颖而出、生生不息的土壤，企业是否具备发育、开发能力（人力资源）的能力。

在企业从机会成长向系统成长、战略成长和能力成长转型的漫长过程中，如何将能力建立在组织上，凝聚在体系中；如何形成坚实并可递进、升级的能力平台；如何顺利实现企业治理的体系化、法治化转型。

面对这些挑战，经过项目组与以李东来为首的顾家家居高管团队多轮调研、研讨、沟通，对组织能力建设达成了以下系统、共识化的认识。

第一，对于顾家家居来说，组织能力是人与机制相耦合产物，它通过机制释放人的潜能，形成持续的竞争优势，最终达到"1+1>2"的效果。"人"与"机制"不可偏废，两者在业务场景中相互作用、相互激发、同频共振，产生化学反应和系统效应。

第二，组织能力是企业成长的关键因素。它是将企业经营要素有效组织在一起的整体力量；虽然组织能力由多个要素组成，但更重要的是要素之间的融合、连接以及协同。

第三，组织能力只有在竞争中才能识别和体现。它是赢得市场、赢得竞争、超越行业和竞争者，以及超越自身的能力；概言之，它是取得胜利，并从胜利走向胜利的能力，是带来价值增值和市场优势的能力。

第四，从短期来看，组织能力与经营业绩未必相关；但从长期来看，组织能力是企业基业长青的基石，必然促进企业可持续成长。组织能力建设是一个长期工程，其成效需要一定的周期才能显现。组织能力是企业成长的必要条件，不是充分条件，要格外关注其输入端而非输出端。

第五，组织能力是可控和可管理的。它可以通过管理循环和一系列的管理行为来建设和提升。组织能力是可复制的，它并不依赖特定的个体能力，其本质在于使平凡的人做出不平凡的事；组织能力建设的目标和任务在于实现动态均质、个体不弱、整体更强、内部均衡、持续可靠和结构稳定。

第六，组织能力必须构建在组织之上。这意味着以共享职能、资源和要素集成化、平台化为前提，不断开拓组织资本（主要是流程体系），构建支撑前台取得市场优势和业务发展的赋能基础。

三、方案设计

（一）组织能力评估模型搭建

参照行业中的组织能力模型，从顾家家居的实际业务场景出发，在顾家家居发展历程中找出其独特的竞争优势和做得不到位的地方，并基于当下和未来发展需求，找出业务背后的组织能力影响因素。顾家组织能力设计思路如图2所示。

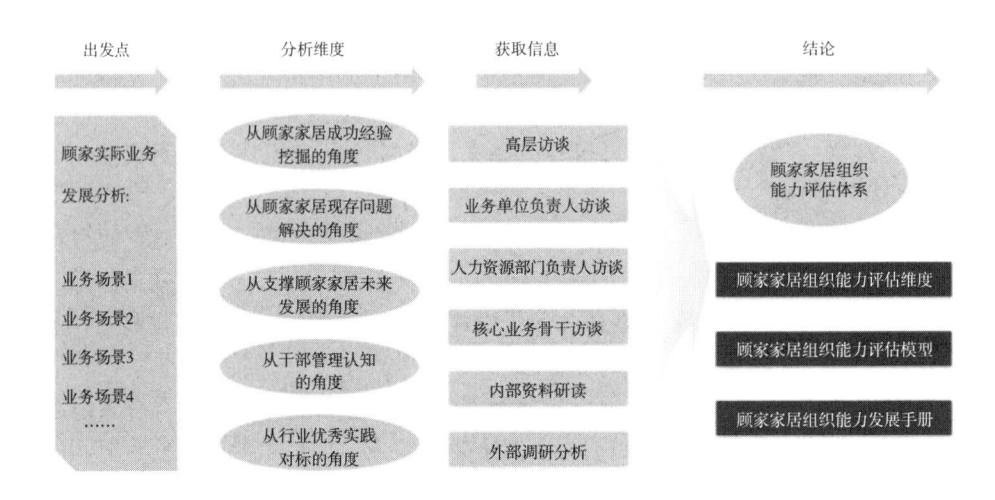

图2 顾家组织能力设计思路

第一，深入挖掘顾家家居的成功经验。通过研究分析顾家家居过去十年的整体业绩，观察在每一年业绩变化中的突破点。例如，2017年左右，某一品类突然增长了100%，基于该场景，观测业绩增长背后的关键举措。是换人后带来了业绩的大幅增长，还是构建了一体化的渠道体系促进了业绩增长，在顾家家居的成功经验里，基于其关键的价值链、关键成功因素和业绩成长的关键突变点，观察在特定的节点上，顾家家居做了什么事情，将这些成功因子总结出来。

第二，对顾家家居现存的问题进行复盘。例如，是否对专家人才的重视度不够，外部引进人才的融入度是否充足。虽然内部培养了很多人才，但只局限于内部的自发性成长是不够的，还需要引进外部的人才"拧麻花、掺沙子"，使进一步优化内部结构。

第三，顾家家居提出了未来成为千亿级企业的目标，那么成为千亿级企业，还需要哪些支撑？关于组织能力方面需要做好哪些事情？

第四，通过多轮访谈调研，从核心干部群体的认知中来研究顾家家居组织能力的优缺点。

第五，分析行业中的成熟模型与优秀实践，例如，分析华为、美的等标杆企业的组织能力是如何建设的，有哪些是顾家家居可以借鉴的。

在业务调研分析中，如何从业务场景中提出组织能力的影响因素是一个关键问题。举例来说，以顾家家居内贸业务中的价值链为例，逐个环节进行分析，包括品牌规划、研发设计、原材料采购、渠道管理、产品销售等。其中，在渠道管理方面，首先找到渠道管理关注的几个维度，如渠道的数量、结构和质量。其次，关注各个维度中的内容。例如，在渠道的数量中，2018—2021年顾家家居新开门店的数量发生了哪些变化，背后的原因是什么？然后，针对性地开展访谈和案例研究后发现，丰富的激励手段，包括即时激励、专项激励和超额激励，激发了员工的工作动能。最后，提炼出精准化的激励方式是顾家家居组织能力的影响因素之一。

根据上述方法，将提炼的组织能力影响因素进行归类总结，由此构建出顾家家居组织能力评估模型——顾力模型，其具体内容如图3所示。

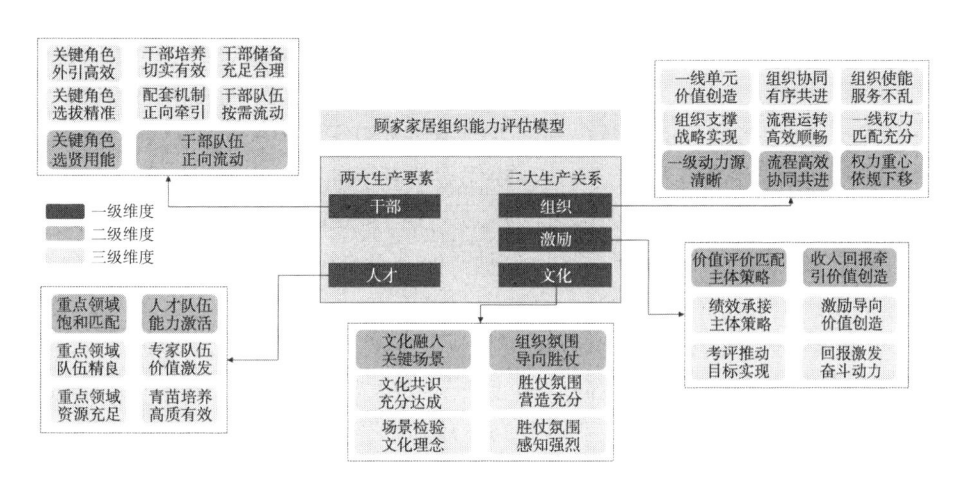

图3 顾家家居组织能力评估模型——顾力模型

顾家家居组织能力评估模型中包含干部、人才两大生产要素与组织、激励和文化三大生产关系。

第一，干部是业务发展与组织建设的火车头，也是组织能力落地的重要抓手。

干部队伍是企业发展的引路人，他们担负着发展业务、构建组织、激发团队、传播文化的使命，是企业组织能力发展不竭的动力源泉。打造符合公司文化价值观、高使命感、高责任感的干部队伍，能有效聚集组织力量，达到力出一孔、利出一孔，形成组织强大的战略牵引力与组织凝聚力。干部是组织能力建设的魂，抓好干部管理，是推动组织能力建设的重中之重。

第二，组织中的价值是由人才创造的，合理有序的人才梯队是组织最核心的资源。

人力资本是公司最重要的资源，是价值创造的主导要素，公司要给予优秀员工充足的机会平台、发展空间和资源支持，由上而下地释放权力，激发活力，让更多人才得以展示各自才能，确保员工"想干事、能干事、干成事"。但同时公司发展不能依赖特定的人，要构建起合理有序的人才梯队，让合适的人在合适的时机出现在合适的位置上，敢于打破平衡，防止熵增，建立竞争淘汰机制，通过危机感、内外竞争压力保持组织鲜活度。

第三，组织是个人能力的放大器，组织资源激活是组织能力建设的关键命题。

组织结构决定着组织资源的组合方式与组织方式，主导着资源的能量释放程度与质量，从而影响了组织能力释放的强度和力度。流程协同决定着组织资源的分配合理性，确保做事有标准、有规范、有流程，做好来自产业价值链与业务单元的战略协同、基于客户需求实现的跨职能协同，通过协同形成组织集成力量，产生倍加价值。授权分权管理决定着组织资源的使用效率，以客户价值为导向，权力重心下移，提升一线作战单元调动资源、集群资源、资源运用、响应需求的综合作战能力。

第四，组织能力的提升离不开激励机制，通过激励机制牵引竞争，实现增长。

坚持科学健全的目标管理机制和客观公正的价值评价机制，价值回报导向增量分享，从"分蛋糕"走向"赚蛋糕"，激发拼搏者活力，持续创造价值，打造始终充满效率、活力和战斗力的高绩效组织。同时，利用好即时激励、专项激励、中长期激励等激励手段，持续提升激励的内部公平性和外部竞争力，践行多劳多得、优劳优得的分配理念，"共创、共享、共建、共赢"，形成"高绩效—高压力—高回报"的正向循环。

第五，文化是组织能力建设的起点，组织到哪里，文化建设就必须到哪里。

企业文化是公司在经营管理过程中做事的导向和原则，是组织一切经营管理行为背后所体现出的观念，是组织能力爆发的助燃剂。好的文化和价值观，是一种信念，让人才始终充满激情，让全员目标追求一致，形成整个公司的发展合力。文化是组织能力建设的起点，也是组织能力的根，既是最高纲领，也是最低要求。

基于以上五个一级维度，提出了顾家家居组织能力11条。

（1）关键角色选贤用能：坚持从实践中选拔高绩效人才担任主要管理岗位，打造富有高度使命感和责任感，具有高超团队领导和变革能力，能够带领团队打胜仗的干部队伍。

（2）干部队伍正向流动：坚持在实战中发展干部队伍，保持干部队伍的自身活力，做好干部储蓄，促进干部按需流动，实现干部能上能下、能左能右、能进能出，有序引导优秀干部再赴新机会，做出新贡献。

（3）重点领域饱和匹配：业务重点领域坚持饱和配置，开放吸纳、灵活运用行业顶尖和优秀人才，形成专业人才的竞争优势，以专业管理促进专业能力提升。

（4）人才队伍能力激活：坚持打造敏捷的人才供应链，如内生培养的青苗计划等，持续迭代人才管理和发展体系，促使人才辈出和人才快出，通过提供工作挑战机会与平台激励，促使平凡的人干出不平凡的事。

（5）一级动力源清晰：坚持战略决定组织，组织响应战略，基于业务发展需求明确经营承重墙，责任明确，适配战略意图与主体策略，一线作战单元灵活敏捷，运营优质高效。

（6）流程高效协同共进：坚持流程化组织运作导向，评判标准清晰，用信息化手段固化可复制的标准与流程，提升基本流程的运作效率，大力牵引相关组织协同共进。

（7）权力重心依规下移：坚持平台化赋能与权力重心下移，采用"能力到位、资源到位、信息到位、监管到位"来使能，促使一线作战单元责权到位，大力牵引相关组织协同共进。

（8）价值评价匹配主体策略：坚持以绩效责任结果为评价导向，价值评价匹配主体策略，绩效评价体系公平合理，形成考核有效、过程公平、导向清晰的价值评价体系。

（9）收入回报牵引价值创造：坚持多劳多得的分配理念，拉开收入差距，优化收入回报与责任结果相匹配的分配机制，实现效益产出更强、总体成本更优、人均收入更高的良性循环。

（10）文化融入关键场景：坚持推动公司主流文化和核心价值观的共识，坚持在关键场景和重要人群中落实与检验文化，用公司愿景和使命感激发员工个人工作动力。

（11）组织氛围导向胜仗：坚持做好团队建设和员工关怀，塑造集体荣誉感与个人荣誉感，营造开放进取、求真务实、持续奋斗的组织氛围，确保团队具备高凝聚力和战斗力。

（二）组织能力评估体系设计

基于顾力模型，将顾家家居组织能力 11 条下的三级维度中的关键衡量要点进行细化拆分，按导向、做法及效果三个层面进行指标设计，共计形成 43 个组织能力评估指标，由 24 个定量衡量因子与 89 个定性衡量因子构成，形成了相对科学的、可衡量的顾家家居组织能力评估体系，实现了对组织能力的可衡量。

定量衡量因子是指可以利用实际数值或数据，进行准确定义、精确衡量，能反映评价对象特征的指标。定量衡量因子满分为 5 分，根据收集的数据进行客观量化计分，通过与目标比、与同类单位比、与历史比等方式计算得分情况。例如，人均营业收入、人才流失率、人才储备完成率等。定量衡量因子评价如图 4 所示。

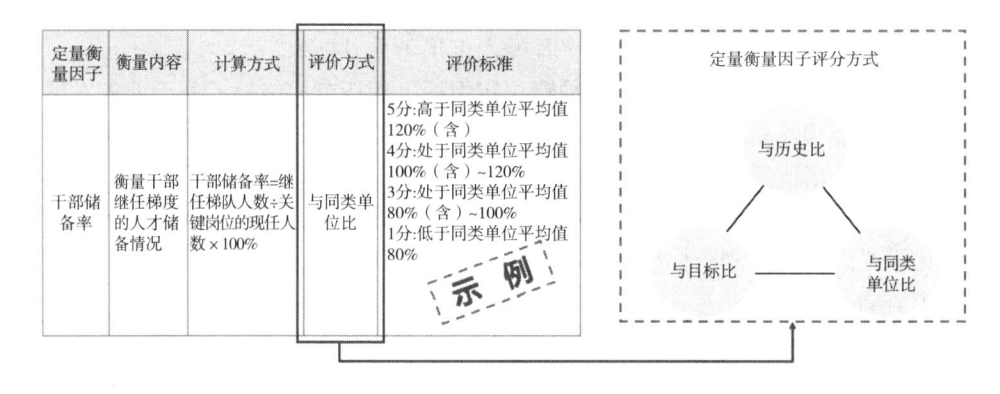

定量衡量因子	衡量内容	计算方式	评价方式	评价标准
干部储备率	衡量干部继任梯度的人才储备情况	干部储备率=继任梯队人数÷关键岗位的现任人数×100%	与同类单位比	5分:高于同类单位平均值120%（含） 4分:处于同类单位平均值100%（含）~120% 3分:处于同类单位平均值80%（含）~100% 1分:低于同类单位平均值80%

图 4 定量衡量因子评价

定性衡量因子是指无法直接通过数据计算分析评价内容，需要对评价对象进行客观描述与分析来反映评价结果的指标。定性衡量因子满分为 5 分，以问卷调研为主，根据调研结果汇总统计分值。

通过每个评估指标下定量衡量因子和定性衡量因子的得分加权平均后得到各自评估指标的得分，将每个三级维度下所有评估指标的得分加权平均后得到对应三级维度的得分，二级维度、一级维度及单位总得分的计算方式同上。

组织能力评估每年一次，其中新成立单位、新兴业务单位在成立一年后均需开展组织能力评估。通过明确各单位及顾家家居组织能力平均分情况，掌握各单位管理质量画像，明确各单位组织能力优劣势，并进行各单位组织能力的迭代升级，持续提升。

组织能力评估结果应用方向的核心落脚点在于促进组织能力提升，聚焦关键的"事"与"人"两方面，主要是纳入组织绩效进行闭环管理、纳入部分干部价值产出评价中、建立过程管理机制三个方面，通过年度目标确定、过程管理、结果复盘的有序管理及持续提升，强化企业竞争力。

第一，组织能力评估结果纳入各单位组织绩效平衡计分卡（BSC）中。各单位结合竞争的需要及当前组织能力优劣势，确定当年组织能力建设的目标，形成具体方案，同时做好结果复盘，推动经营实现的同时稳步提升组织能力，持续增强竞争力。

第二，单位负责人是组织能力建设的第一责任人，人力资源负责人是组织能力建设的主要落地人，将组织能力评估结果作为单位负责人、人力资源负责人的价值产出评价之一，并运用到其干部晋升中。

第三，组织能力评估结果不是唯一的、绝对的定论，要结合单位过程经营情况，不定期进行深度调研及分析，做出及时的调整。对于一些组织能力评估结果较好，但经营过程中出现异常的单位，顾家家居需协同业务部门进行专项的组织能力调研，并根据调研结果形成具体的改进策略及实施应用。

四、项目评估和绩效说明

顾家家居组织能力建设项目历时近一年的时间，终于在双方满意并达成共识后圆满落幕。本次项目也荣获了2023年（第13届）中国人力资源管理学院奖的最佳实践奖。

在项目开展过程中，项目组合计访谈110人次，与顾家家居相关部门及单位的沟通研讨近20次，切实地深入顾家家居的业务场景中挖掘组织能力的作用逻辑、影响因素。顾家家居组织能力评估模型可能不具有通用性，但绝对是从其土壤中生长出来的，最有"顾家味"的模型。

同时，项目组就三家试点单位的评估结果与对应单位进行了深度沟通与研讨，组织能力评估中发现的各单位的优势与不足，大部分结论确实符合试点单位的实际情况，甚至帮助部分单位发掘了潜在问题，揭示业务发展背后的影响因素，对试点单位的经营管理起到了一定的指导意义。

顾家家居对于项目成果非常满意，为华夏基石张小峰团队专程制作了锦旗以表感谢。项目结束后，其也根据顾家家居组织能力评估模型全面开展了全公司范围内剩余33家单位的评估推广，通过所有单位组织能力评估结果，系统性地分析顾家整体的组织能力现状，找出组织能力的短板，针对性地开展改进提升，推动业务增长，顾家家居2023年前三季度的净利润同比增长了

6.98%。

未来，顾家家居已制订了为期五年的组织能力提升计划，让公司的组织能力上到一个新台阶，以应对行业同质化的竞争，真正做到脱颖而出。顾家家居组织能力提升五年计划如图5所示。

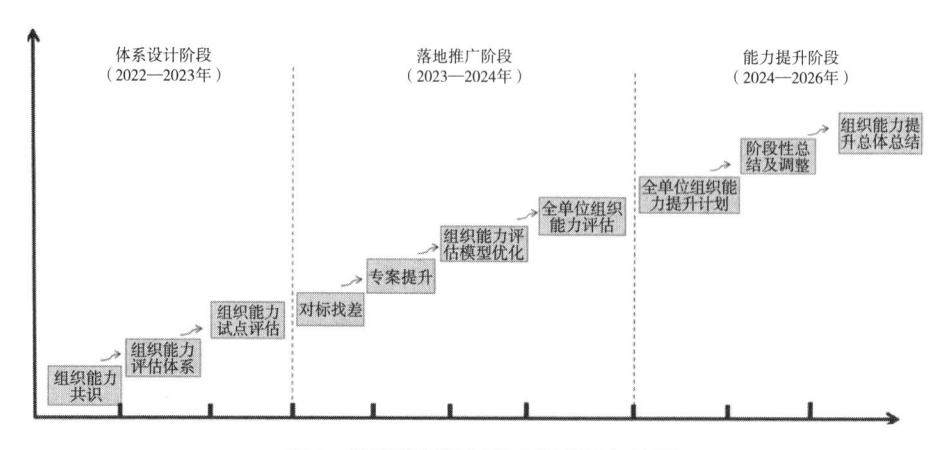

图5　顾家家居组织能力提升五年计划

福州无比欢基于战略落地的
组织能力建设咨询项目

厦门南天竺管理咨询有限公司

厦门南天竺管理咨询有限公司（以下简称南天竺）由王于蓝女士于2001年创立，是一家以"数据化管理咨询"为特色的专业管理咨询机构。作为企业经营管理的服务商，南天竺服务风格注重专业化、标准化、流程化和数据化，以"国际化视野，本土化操作"为服务理念，深刻了解本土企业的现状，在梳理客户需求的基础上，以服务客户的战略实现与业务发展为诉求，结合多年来丰富的案例经验，为企业提供多元的经营管理咨询和培训服务。

本案例项目组成员

郭世权，拥有10年以上的企业流程管理及内部控制管理经验，3年以上管理咨询工作经验；曾服务过远腾贸易、中联传媒、莆恬宝妈贸易、中达闽电力、奇林房产、云南方圆、无比欢信息科技等企业；专注于战略规划、组织变革、岗位体系梳理、流程管理体系建设、企业内部控制搭建等管理专业模块的优化和设计。

其他成员：王于蓝、王鸿鹏、林参荣、肖云。

导 读

福州无比欢信息科技有限公司（以下简称无比欢信息科技）成立于2018年，是一家专注于为公共资源管理中心提供专业的电子保函服务的公司，也是"全国首个全流程电子保函系统"研发单位。之后其又开发建设"全国首个电子保函城市信用优惠"等全国性电子保函创新成果，首创"基本户缴费自动识别系统"，是行业内最专业的电子保函科技服务企业。

南天竺项目组从2022年开始服务无比欢信息科技，在对组织进行全面调研诊断后，先后开展了战略梳理、组织架构建设、岗位体系建设、流程管理框架搭建、薪酬体系建设、绩效体系建设等咨询专案。完成了战略梳理、组织战略规划制订及分解，建立了组织架构与岗位体系，完成了基于战略的组织变革，完善了流程管理框架、薪酬与绩效体系、为战略的执行提供了保障。

经过10个月的合作，无比欢信息科技对南天竺项目组的专业服务和工作成果十分认可。在双方的共同努力下，无比欢信息科技厘清了公司战略，提升了组织执行力，实现了企业战略的落地。

福州无比欢基于战略落地的组织能力建设咨询项目

厦门南天竺管理咨询有限公司　郭世权

一、企业背景

无比欢信息科技成立于2018年，是一家专注于为公共资源管理中心提供专业的电子保函服务的金融科技服务商。公司自成立之初，便积极响应国家号召，致力于优化营商环境、推动金融机构保函替代现金缴纳涉企保证金、创新公共资源交易监管体制、加快公共资源交易领域信用体系建设、扩大金融服务供给、降低民营企业综合融资成本，是"全国首个全流程电子保函系统"研发单位。之后公司又开发建设"全国首个电子保函城市信用优惠"等全国性电子保函创新成果，首创"基本户缴费自动识别系统"，确立了自身在电子保函科技服务领域的领先地位。

全国首个电子保函系统于2018年11月在福建省福州市马尾区公共资源交易服务中心正式运营，该项目被福建省政府列为可复制创新成果，并要求在全省推广，通过创新成果复制推广。

公司旗下全流程电子保函系统、福州市"茉莉分"信用优惠应用案例、全国首个电子保函辅助监管系统"投标天眼"等应用，以及为优化营商环境，降低企业成本，助力城市信用建设所创造的实际社会价值，被中央2台、中央人民政府网、福建日报、人民网、改革网等媒体多次报道。

公司在一个全新的业务领域通过3年多的高速发展，在已确认的战略发展方向下，企业高层领导发现核心管理层对战略规划的清晰度仍有待提升，且自身企业经营规划及内部运营能力尚不足以支撑战略落地，这些问题必然对企业战略实现与健康的持续发展构成阻碍。因此，企业高层领导主动与南天竺接洽，期望借助专业力量，提升内部运营能力，实现企业愿景。在此背景下，南天竺项目组为无比欢信息科技设计了从战略规划梳理，到组织运营基础搭建、薪酬和绩效体系建设闭环的改善模块，以此为方向开展管理咨询工作，从而解决企业目前遇到的经营管理困扰。

二、调研诊断分析

南天竺项目组按与无比欢信息科技高层达成共识的三大改善模块方向，制订了相应的驻场调研工作计划并开展工作。项目组首先组织召开项目启动会议，由项目组成员与公司中高层领导及核心骨干成员共同参与。通过启动会议让参与的全体成员了解此次管理咨询项目的工作内容与预期达成的目标，形成信息及思想的一致。启动会议结束，项目组直接进入调研诊断工作阶段。

南天竺项目组通过调研前期收集的企业内部资料，组织项目组成员研读资料以便尽快了解企业目前经营管理现状。调研过程中一共收集了190多份企业内部资料（涉及企业基本信息、管理制度、人员信息及财务数据报表等）。通过前期资料的研读，项目组在对企业有一定的认知和了解的基础上，开展了高效的企业内部员工访谈，以面对面的形式对企业中高层领导及基层员工进行了3天访谈，形成了16份访谈记录。

访谈开展过程中，南天竺项目组共发放2份心理问卷（EPQ与MBTI）、1套管理问卷（涉及综合管理、组织发展、组织运营管理、人力资源、企业文化等方面），共收回226份有效问卷，以此作为组织内部人员人格特征及经营评价的分析依据。

除了人员访谈及问卷调查外，南天竺项目组采取了现场审核、信息收集以及观察法等调研诊断方法进行了现场调研，充分了解企业内部经营管理情况，评审企业现有制度或要求的符合性与有效性；有针对性地收集行业和政策信息作为分析支撑材料。项目组历时1个月完成现场调研工作，并随后用1个月的时间整理及分析收集到的各类材料，依托管理工具及模型分析并形成改善方案，最终编制完成《福州无比欢信息科技有限公司调研诊断报告》。报告中呈现的无比欢信息科技存在的主要问题如下。

（一）战略澄清及解码困扰

无比欢信息科技的电子保函金融科技服务领域属于在全国开创先河的领域，企业不断摸索未来的业务发展方向，公司高层领导制定了金融场景科技和相关行业互联网这两条核心业务线构成公司的总体战略定位，而在落地过程中由于对战略澄清及解码的不完善，以及上下层级信息差异，直接影响战略规划设计及具体经营策略执行。

（二）组织架构与发展不匹配

基于业务需求与无比欢信息科技新业务线形成，业务规模快速扩大，业务活动复杂度增加，而面对"井喷式"的发展，组织架构的调整却严重滞后，影响了组织内部运作及协同效率。

(三) 缺失系统化的管理搭建

无比欢信息科技随着业务活动复杂化，逐步从团队制胜运营转向组织规范化运营，各部门依据职责开展管理制度建设，但缺失公司层面的系统化组织，以及基础的文件控制管理，影响了管理搭建效果。

(四) 绩效管理处于起步阶段

绩效管理是战略执行指导及评估的工具，而无比欢信息科技的绩效管理并未在全岗位应用，实际运用尚未完全与战略分解形成关联。

诊断报告以麦肯锡7S模型对企业组织内部进行调研，分别从结构（Structure）、制度（System）、风格（Style）、员工（Staff）、技能（Skill）、战略（Strategy）、共同价值观（Shared Value）这7个要素展开有针对性的分析。

南天竺项目组通过运用专业的调研诊断方法及工具，全面评估了无比欢信息科技的总体状况，更深入挖掘、了解和分析隐藏在表象背后的经营管理因素，结合对内因的进一步归纳总结、分析、提炼，得出制约企业最根本的问题所在，并以调研诊断汇报与研讨的形式，与无比欢信息科技管理层对发现的问题，以及认识问题背后的根源达成了共识。

在对问题达成共识的基础上，最终拟定了以"战略梳理—塑环境—强引导"为解决企业内部经营提升的整体改善思路，细化了咨询工作计划。根据管理体系各模块内在的逻辑关系，按一定次序将整个咨询实施阶段分为以上几个模块分步设计与实施。

三、解决方案的设计与实施

（一）方案设计

1. 战略梳理

南天竺项目组调研发现，无比欢信息科技战略规划打破了单一的金融科技服务业务的局限性，依托现有业务优势，在金融科技服务产业链上发展多元业务板块。公司高层已明确企业成长方向，战略愿景也不断升级，而中高层领导难以用统一的语言完整诠释公司战略规划及实现路径。项目组遵循企业经营管理逻辑，提出了解决战略层面的共识是战略落地的首要工作。

南天竺项目组依据项目需求及调研诊断报告，基于无比欢信息科技金融场景科技和相关行业互联网的总体战略定位不变，导入战略澄清及战略解码工具来梳理企业战略规划，进而形成具体的团队行为与目标，以确保企业战略目标真正落地提升战略执行力。

南天竺项目组依托RIDER模型〔包括调研分析（Research）、战略澄清（Identification）、战略解码（Decoding）、执行跟踪（Execution）和评估更新

（Review）]，重点选取了"战略澄清"与"战略解码"两个核心步骤，为企业解决战略梳理问题。战略澄清使企业能以清晰明确的语言阐述、厘清战略内容，并达成团队共识，杜绝"同一个语句、不同种解释"，最终形成团队"同一个愿景、同一个声音"；战略解码使企业能将战略与行动相联结，明确关键任务（"硬仗"）并将其分解至计划与绩效中，最终形成团队可执行的具体目标与计划，如图1所示。

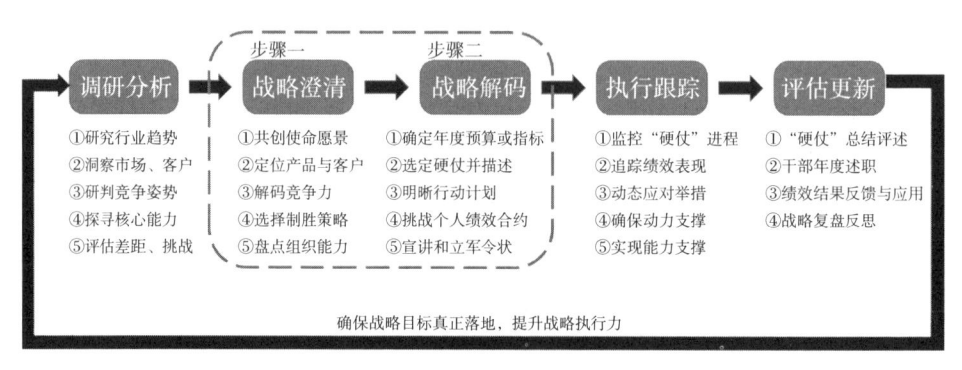

图1 无比欢信息科技战略梳理工具：RIDER模型

2. 塑环境

南天竺项目组从企业内部经营管理能力与战略规划发展需求相匹配的角度出发，对组织架构、岗位体系及流程管理框架等方面进行了设计，以完善企业经营的基础环境。

（1）组织架构。

南天竺项目组先分析了企业业务的商业模式，确定了无比欢信息科技在业务实现及业务变现功能模块；分析企业自身的业务和经营特点，以及管控需求确定管理支持功能模块；充分考量企业所处的发展阶段，设计出企业可执行并兼顾经济效益的组织形式；最终用企业自己的语言定义业务模块及管理支持模块功能价值，将重新设计完成的组织单元匹配到业务管理流程中验证其可行性，以此完成了战略规划下的组织架构框架。

（2）岗位体系。

在新组织架构框架得到无比欢信息科技中高层领导认可后，南天竺项目组将各组织单元的职责分解到相应的岗位上，对各岗位从岗位定位、职责要求、任职条件及晋升通道等要素进行设计，并匹配相应职等职级及岗位序列标准，为后续的薪酬、绩效管理体系推进奠定基础。

（3）流程管理框架。

管理流程是串联岗位实现价值的脉络，南天竺项目组依据优化后的组织架构及岗位体系优化重组的结果，建立了企业流程管理框架，明确了相应审批权限。随着企业流程管理框架的建立，企业全员更深入地理解了部门职责、岗位职责与企业业务活动之间的关系，快速实现了组织架构落地及流程机制建设的管理工作开展。最终达成的企业经营活动过程，引导着企业内部的各项管理活动以总体经营目标实现为方向，以此规避及降低运营风险，大幅提升了流程运营的时效性。

3. 强引导

战略落地及流程活动的执行离不开团队的协作。团队除了依靠企业内组织及机制引导，有效的分配机制也同样重要。因此，南天竺项目组在内部经营环境基础建设完成后，从企业内部因素和外部市场环境出发设计适当的薪酬、绩效管理标准，引导组织与个人均以目标为导向，促进企业目标的达成和可持续发展。项目组依据不同岗位序列特征，重组薪酬结构、优化薪酬方案设计、导入绩效管理，以此作为切入点开展工作。

（二）方案实施

依据每个管理模块的先后逻辑，南天竺项目组针对无比欢信息科技员工的51%是本科以上学历，且大多来自金融或科技型企业，有着较高的企业管理认知水平。因此项目组采取最适合企业的形式开展方案实施落地工作，主要通过讲授、集体研讨、培训互动等多种方式，帮助企业理解和运用项目组交付的管理改善方案。

1. 战略澄清

南天竺项目组组织了战略澄清的实施工作，以及根据不同阶段的议程和输出结果，组织不同类型的会议来推动方案落地。

南天竺项目组首先以报告形式提交了重新梳理后的企业战略方案，组织公司高层管理人员及专家团队以方案为蓝本研讨了企业中短期的愿景及目标，明确并诠释了无比欢信息科技"是谁"及"未来想达成什么目标"，形成了共同的价值追求，明确了1至3年的战略目标。

南天竺项目组依托"商业画布"工具，从客户细分、价值定位、渠道通路、客户关系、核心资源、关键业务、重要合作、成本架构及收入来源这九大要素展开对企业业务的分析，组织参会人员与项目组共同完成了无比欢信息科技各业务板块的商业模式及盈利模式的构建，明确了企业如何通过产品或服务创造价值、传递价值、获取价值的基本原理。

为明确无比欢信息科技战略实现策略，南天竺项目组基于对企业调研结果的分析，结合收集到的外部行业和政策信息材料，运用"波特五力模型"，从供应商和购买者的讨价还价能力、潜在进入者的威胁、替代品的威胁、来自同业间的竞争态势这5个要素分析企业现有竞争形势及未来的取胜优势，进而提出了企业采取"聚焦策略"集中发展优势和关键业务的经营策略建议，并通过会议研讨的形式达成全员共识。

基于战略澄清的共识，项目组随后开展了组织架构框架的设计工作，为打造企业组织能力以实现战略目标奠定了基础。

2. 战略解码

在完成新组织架构下的人岗匹配后，南天竺项目组迅速组织无比欢信息科技新任命的中高层领导及核心骨干成员，开展了战略承接工作。

在南天竺项目组的组织下，经过一周时间，利用"战略地图"工具将公司明年的经营目标及重点工作清单具体化为书面文件，并在公司上下达成共识。随后，经过一个月的努力，各部门负责人将目标和重点工作分解到各部门的年度行动计划，明确责任人及衡量标准。最终，匹配到薪酬及绩效体系中，落实到每个岗位的绩效考核中。

无比欢信息科技战略梳理实施步骤如图2所示。

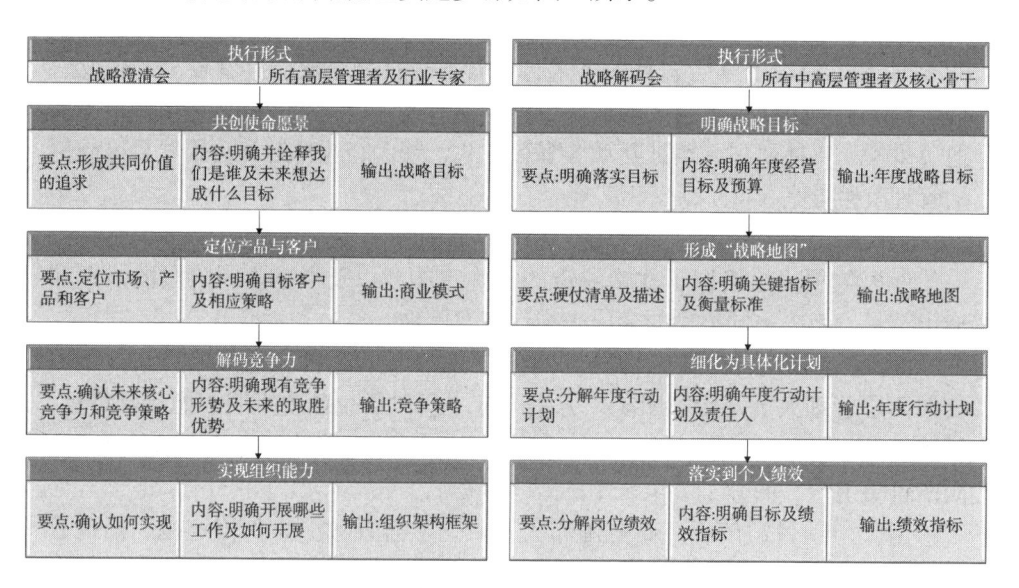

执行形式			执行形式		
战略澄清会	所有高层管理者及行业专家		战略解码会	所有中高层管理者及核心骨干	
共创使命愿景			明确战略目标		
要点:形成共同价值的追求	内容:明确并诠释我们是谁及未来想达成什么目标	输出:战略目标	要点:明确落实目标	内容:明确年度经营目标及预算	输出:年度战略目标
定位产品与客户			形成"战略地图"		
要点:定位市场、产品和客户	内容:明确目标客户及相应策略	输出:商业模式	要点:硬仗清单及描述	内容:明确关键指标及衡量标准	输出:战略地图
解码竞争力			细化为具体化计划		
要点:确认未来核心竞争力和竞争策略	内容:明确现有竞争形势及未来的取胜优势	输出:竞争策略	要点:分解年度行动计划	内容:明确年度行动计划及责任人	输出:年度行动计划
实现组织能力			落实到个人绩效		
要点:确认如何实现	内容:明确开展哪些工作及如何开展	输出:组织架构框架	要点:分解岗位绩效	内容:明确目标及绩效指标	输出:绩效指标

图2　无比欢信息科技战略梳理实施步骤

3. 组织能力打造

无比欢信息科技的战略实现依赖于新的组织架构建设，以支撑战略的落地。因此，南天竺项目组从企业的商业模式及功能价值定位出发设计组织单元，与公司中高层领导共同研讨，选择了适合的组织架构框架，最终确定了以产品、业务线划分的事业部制组织形式。

南天竺项目组充分评估了无比欢信息科技的组织及团队现状，在深入了解公司现有组织架构的基础上，重新设计了一级组织架构及部门职责，明确了管理人员配置，并与公司高层达成了共识。在确定一级组织架构与管理人员后，项目组与各部门管理人员共同完成所属组织单元设计及责权配置，进一步完善各岗位体系，编制了第一版的岗位说明书。

4. 流程管理框架搭建

南天竺项目组从无比欢信息科技的业务价值链出发，结合新组织架构下的各组织单元功能。以流程框架为引导，搭建了公司经营管理所需的管理框架，为建立完善经营管理流程及机制奠定了基础。

南天竺项目组先将无比欢信息科技整体的业务活动进行收集汇总，如项目管理、采购管理、薪酬福利管理等；再按照业务相关性，将业务活动进行分类归集，形成业务主体的总体流程框架的初步轮廓，如将薪酬福利管理与绩效激励管理归入人力资源管理；最后按照业务活动的直接逻辑关系，进行流程分级化梳理，提炼出一级流程及其下属的各级子流程，并以无比欢信息科技的自身管理定义将每个业务活动的目的与具体内容进行说明，提炼出业务活动的价值。

管理流程梳理完毕后，项目组将各业务活动转化为业务管理流程，明确相应的流程责任人。最终，将公司整体的管理框架清单化，形成公司的流程管理模型，为进一步制度化和流程建设提供基础，如图3所示。

业务域（一级流程）	对应的管理流程（流程树）			流程简介			流程责任人
	二级流程	三级流程	四级流程	流程触发起点	流程内容概要	流程终点输出表单/模板/结果	

设计/优化流程树 → （二级流程、三级流程、四级流程）

明确流程目的和价值 明确流程责任人 → （流程简介）

图3 无比欢信息科技流程框架清单模板

5. 薪酬及绩效搭建

南天竺项目组在项目完成战略、组织及业务流程阶段后，通过薪酬及绩效体系和搭建，引导无比欢信息科技团队人员的工作行为。

一是薪酬体系建设。南天竺项目组从前期岗位体系梳理入手，以岗位职责体系的成果分析岗位价值，利用丰富的薪酬数据资源，为企业提供相似或近似行业的市场薪酬福利数据，采用结构化的评估手段，从薪酬战略、薪酬结构、薪酬水平和薪酬动态管理、员工满意度管理等五个方面进行评估，并进行深入的分析；对不同人员同工不同酬、多元化激励、员工多通道发展等问题，形成薪酬方案并与企业高层领导确认。

二是绩效体系建设。南天竺项目组在充分调研、访谈分析企业绩效考核实施条件后，结合企业经营目标与计划导入各部门员工的绩效考核指标，完成员工的绩效考核指标体系设计，其中对于企业中高层领导和业务部门导入目标管理绩效，使企业目标与各部门、各岗位的目标联系起来，企业经营计划与各岗位工作计划联系起来，以绩效管理将员工行为向企业战略方向拉动。最终形成绩效方案，并与企业高层领导确认。

（三）实施辅导

随着不同阶段和模块的实施方案成果获得确认，南天竺项目组同步开展实施辅导工作。实施辅导工作是咨询阶段方案的落地推行与优化完善阶段，咨询项目的成效与问题，都将在这个阶段逐渐显现。

南天竺项目组在与无比欢信息科技各层级人员就实施方案充分沟通和研讨的基础上，明确各个模块的实施目标，共同制订了本阶段工作计划，将设计方案转化落地。

1. 战略梳理

战略梳理通过战略澄清及战略解码开展方案后，南天竺项目组积极主导实施辅导工作，组织并召开各阶段培训及研讨会议，输出了《福州无比欢战略规划梳理报告》，为企业短期战略方向提供了指引。同时，项目组还引进了多种辅导管理工具，并转化为实际成果，指导企业的经营活动。

南天竺项目组运用"战略地图"工具，围绕财务、用户与客户、内部流程和学习与成长这4个维度，梳理了年度目标及重点工作指标。组织公司中高层领导提炼出了16项年度关键战略任务，匹配相应的任务的达成，细化为35项任务关键指标，并明确对应的衡量标准和任务责任人，完成了公司年度战略地图一级指标的设定工作（见图4）。随后，各年度关键战略任务责任人将组织目标及工作计划分解到各部门及具体岗位。经过项目组与公司高层领导的评审，战略目标被成功转化为具体、可衡量及可执行的目标值与执行要求，即完成了从战略到落地执行的第一步。

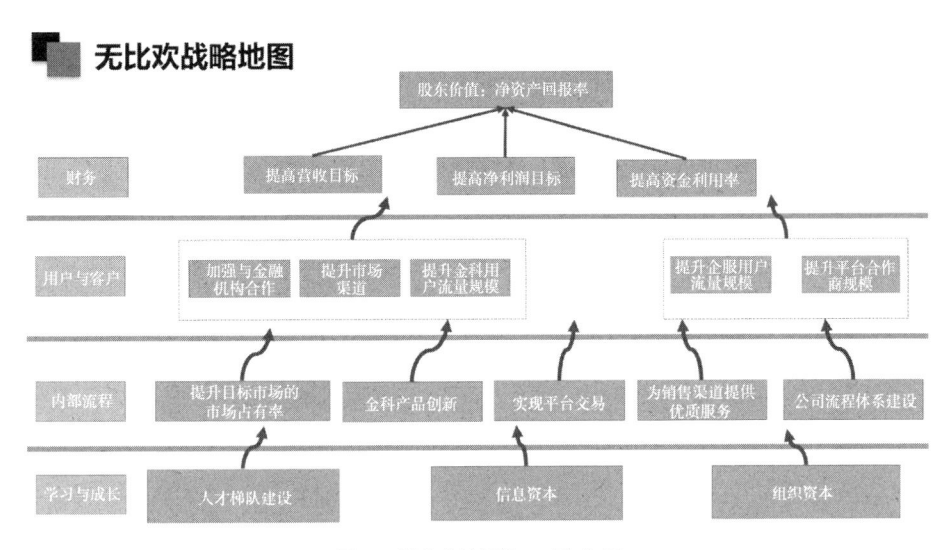

图 4 "战略地图"工具应用

2. 组织落地

南天竺项目组考虑到企业对组织架构和岗位认知的差异，采取培训与宣导相结合的方式，通过"角色认知"的课程，使企业全员的个人岗位认知与组织岗位定位形成同频，员工更深入理解企业赋予的部门及岗位职责。最终，项目组输出了《福州无比欢信息科技有限公司组织架构及部门职责》，并协助完成了公司管理层人员的任命工作。

随着中高层管理人员的到位，南天竺项目组分别组织各管理层人员，细化所属部门的岗位构成和岗位定位，随即开展各岗位的岗位说明书梳理工作。为降低企业管理成本，项目组基于前期向公司原有各岗位收集的岗位分析材料，结合新的组织架构要求，先行拟定了岗位构成与岗位说明书的初稿。待岗位说明书初稿完成，项目组以分部门、分批的形式发送给各部门管理者审阅并征求反馈意见。然后，项目组联合人力资源部门相关人员与部门管理者召开会议进行论证，最后由人力资源部门整理汇总后组织审批会签，以此完成岗位体系落地的辅导工作。通过这种前期专业设计、后期共同论证的辅导落地方式，人力资源管理部门与部门管理者均参与到岗位体系建设和落地工作中，学习了岗位体系的流程及方法，为企业未来的自主管理奠定了基础。

岗位体系辅导落地阶段，完成了107个岗位的岗位说明书设计、论证、调整、再确认工作，为人岗匹配和组织架构的切实落地打下了坚实的基础。

组织真正落地体现为在企业经营管理中的实质性应用。南天竺项目组从企业业务价值链出发，发挥自身管理专业能力，设计完成了无比欢信息科技的三层式流程管理框架，即战略层、业务层及支撑层，并将各层梳理的管理流程提报公司中高层领导进行论证讨论。

南天竺项目组将确认的流程框架建设方案通过培训和讨论的形式，组织无比欢信息科技管理层及核心员工最终梳理出 22 个一级管理流程、62 个二级管理流程，汇编为《福州无比欢信息科技有限公司流程框架》，并形成流程清单和文件优化计划，以指导内部经营管理流程及制度建设。

此外，为解决文件控制管理存在的问题，南天竺项目组组织了管理制度基础知识和编写实操培训。在实施辅导过程中，项目组不仅在企业管理建设方面实施落地辅导，还会匹配管理所需的员工基础技能进行培训，以提升员工的能力，进而增强组织执行能力。

3. 薪酬及绩效落地

薪酬及绩效关乎员工利益且会随着企业经营调整发生变化，南天竺项目组认识到仅提供薪酬及绩效方案解决当下的问题是不够的。因此，项目组在薪酬及绩效方案设计的过程中，特别邀请了无比欢信息科技人力资源相关岗位人员参与和讨论，让薪酬及绩效管理责任人员了解方案的设计过程及在企业环境发生变化时如何对方案进行调整和优化。在此实施辅导的原则下，项目组一边设计方案一边带领相关人员理解并运用薪酬及绩效管理。

薪酬及绩效方案落地，南天竺项目组同样采取培训与宣导相结合，通过"目标管理"的课程，让企业员工理解绩效考核与绩效管理的差异性，以及目标管理的绩效工具如何引导员工在企业战略落地过程中执行一致且不发生偏差。

在整体薪酬和绩效方案正式应用后，南天竺项目组设定了 3 个月的试运行期以验证薪酬和绩效方案是否按预期设计执行且达成预期。过程中，项目组持续跟进且不断组织人力资源部门人员与相关部门人员复盘员工薪酬收入情况与薪酬方案测算之间的差距，以及绩效考评指标获取的可行性和是否达到引导员工执行的预期。项目组通过不断优化与调整，逐步使薪酬和绩效方案适用企业，最终，在双方的共同努力下完成了《无比欢绩效管理制度》与《无比欢薪酬管理制度》，以及各岗位绩效指标库、绩效考评表等相关配套表单工具，也让企业管理者对薪酬和绩效管理有了更深层次的认知，并能有效应用。

四、案例项目评估和绩效说明

无比欢信息科技管理咨询项目总历时 10 个月，南天竺项目组按照项目方案规划，组建了专业的现场管理咨询顾问与后台技术支持专家成员组成的项目组团队。其中，现场管理咨询顾问由项目总监带队把控整体项目质量，项目经理负责整体项目工作规划与组织安排,以及配置了各专业管理模块的咨询顾问,包含战略、人力资源、财务及内控标准化管理等,以此保障项目设计与落地成果能达到预期。

项目方案设计阶段历时6个月,南天竺项目组完成从对组织内部的调研诊断,到完善战略梳理、组织架构及岗位体系建设、流程管理框架搭建,薪酬和绩效体系优化等管理咨询模块工作。为了使无比欢信息科技明确战略方向和提升组织能力,项目组积极组织和引导工作开展,完成了从设计方案到最终全员的理解并达成共识的工作。项目组还在每个落地阶段向企业提供了4个月的驻场式辅导落地的服务,不仅实现了方案成果到落地成果的转化,而且通过管理咨询项目的开展,企业内部人员的管理及技能水平得到显著提升,管理者对管理逻辑及认知有了更为深刻的理解。

整体管理项目开展全过程,南天竺项目组与无比欢信息科技通过组织研讨交流、方案论证与公司各层级人员深入沟通、共同推进。以PDCA[包括计划(Plan)、执行(Do)、检查(Check)和处理(Act)]循环辅导落地与优化,真正做到设计方案强执行、实施过程必复盘、调整优化再执行。企业能在明确的战略实现路径下,以变革后的组织架构,开展经营活动;以全新梳理后的流程框架,开展流程及制度建设;以重新优化的薪酬和绩效体系,应用员工的定薪和绩效管理。一系列管理成果的落地均保障了企业既定战略规划的有效执行。

经过双方的努力,咨询项目已顺利完成并验收,无比欢信息科技通过南天竺项目组的咨询工作,达成了企业"确保战略目标真正落地,提升战略执行力"的期望。

南天竺将肩负"整合资源,拓宽组织成长空间"的企业使命,秉承"南天竺与您距离最近,目标共远"的服务理念,服务更多有经营管理提升需求的中小企业。

基于战略导向构建 PDCA 循环的绩效和流程管理体系建设咨询项目

北京国研趋势管理咨询中心

北京国研趋势管理咨询中心（以下简称国研趋势）成立于2002年，是中国综合性企业管理咨询公司，也是中国企业联合会管理咨询委员会副理事长单位、中国认证认可协会理事单位，连续多年获得"中国管理咨询机构50大"称号，曾获得"值得信赖的中国管理咨询机构"称号。

国研趋势作为国内领先的管理咨询与数字化转型服务提供商，其核心业务涵盖战略运营管控、数字化流程、供应链管理、业务与财务融合、品牌文化、组织绩效、智能工厂建设、数字化转型规划、精益运营与变革转型咨询、产业研究、产业规划等多个领域。其超过20年的专业服务积累了一批长期合作的优质客户，主要包括国内外500强企业、中央直属企业、政府与公用事业单位等。

本案例项目组成员

李富军，国研趋势专职高级咨询师，主要从事质量、环境、职业健康安全管理体系咨询，以及目标和绩效管理、流程管理、创新管理、卓越绩效模式、两化融合等的咨询服务。从事烟草行业工商企业各类咨询16年时间，已服务烟草行业工商企业客户100多家，咨询成果丰硕，客户满意度较高，且从未发生过客户投诉。

其他成员：王春虹。

基于战略导向构建 PDCA 循环的绩效和流程管理体系建设咨询项目

导读

　　2022 年，大理卷烟厂（以下简称工厂）全面推行了"全市场化"运作，深化"效率典范工厂"建设咨询服务项目。该项目的目标是形成一套卷烟工厂市场化要素突出的"全市场化运作"管理运行体系，将上级和卷烟工厂的组织目标与部门、个人绩效目标有机结合，上下贯通，有力推动卷烟工厂管理效能从很好做到更好，从更好做到卓越。主要内容如下：一是着重在组织优化、流程制度建设、绩效管理等方面提供专业的管理咨询服务，为工厂打造一套卷烟工厂市场化要素突出的管理运行体系，有效解决其内生动力不足、内部交易成本偏高、组织效率不佳等问题；二是基于工厂现行绩效管理体系，结合国内外先进绩效管理理论和实践，优化调整工厂绩效管理策略和方法，将"战略—目标—绩效"有机结合、上下贯通，凸显以客户为中心，聚焦内外部客户的关键需求。国研趋势采取调研、诊断、解决方案设计和评估等方法步骤，开展了项目咨询服务，从理念、工具、方法等方面采取创新思维，为客户提供了良好的咨询服务，效果显著，得到了客户的较高认可。

基于战略导向构建 PDCA 循环的绩效和流程管理体系建设咨询项目

北京国研趋势管理咨询中心　李富军

一、课题背景

(一) 客户基本情况

大理卷烟厂始建于 1950 年，1995 年 7 月加入红塔集团，隶属于红塔集团（以下简称集团）、云南中烟（以下简称中烟）和国家烟草专卖局。该厂年卷烟生产能力为 50 万箱，年烟叶复烤加工能力为 60 万担。

(二) 项目总体目标

在国研趋势为大理卷烟厂提供高质量的专业管理咨询服务的基础上，结合工厂生产经营管理的实际情况和需求，本项目旨在构建一套卷烟工厂市场化要素突出的"全市场化运作"管理运行体系。该体系将上级和卷烟工厂的组织目标与部门、个人绩效目标有机结合，上下贯通，显著提升卷烟工厂的管理效能，实现从"很好"做到"更好"，从"更好"做到"卓越"。

(三) 项目主要内容

（1）国研趋势根据行业、云南中烟及红塔集团高质量发展要求，结合工厂生产经营管理实际，围绕"三个更好"（比客户期望的做得更好、比竞争对手做得更好、比昨天的自己做得更好），着重在组织优化、流程制度建设、绩效管理等方面提供专业的管理咨询服务，为大理卷烟厂打造一套卷烟工厂市场化要素突出的管理运行体系，有效解决其内生动力不足、内部交易成本偏高、组织效率不佳等问题。

（2）国研趋势基于工厂现行绩效管理体系，结合国内外先进绩效管理理论和实践，优化调整工厂绩效管理策略和方法，将"战略—目标—绩效"有机结合、上下贯通，以客户为中心，聚焦于满足内外部客户的关键需求。

二、诊断分析

（一）建立诊断策略模型

红塔集团和工厂提出的"效率工厂"建设和"全市场化"运作，其目的是提升企业管理水平，为企业战略目标实现保驾护航，助推企业高质量发展。"效率工厂"建设和"全市场化"运作的要求，需要通过管理的各项要素来实现，因此，诊断工作重点聚焦于企业管理的五个核心要素层次：战略目标、流程、组织、绩效、技术，如图1所示。

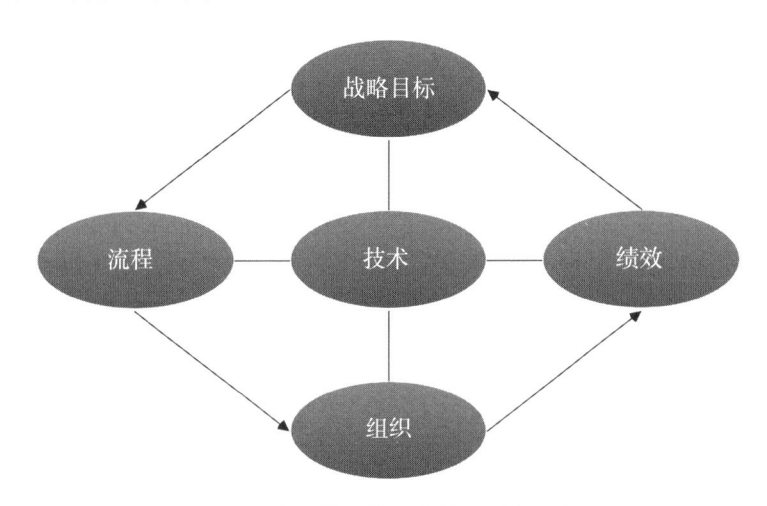

图1 企业管理的五个核心要素层次

（二）诊断方法和过程

1. 面谈和现场观察

国研趋势围绕工厂"全市场化"运作和"效率工厂"建设目标，本着兼顾效率原则，选取密切关联的部门开展了面谈交流诊断。

国研趋势选取了制丝车间、卷包车间、生产科、工艺质量科、经济运行科、设备技术科等部门开展面谈，同时，检查了制丝车间和卷包车间的生产现场。面谈交流的主要内容包括：各部门对"全市场化"运作和"效率工厂"建设的了解程度，本部门具体实施的措施、存在的问题；组织结构和职责划分是否得到优化或存在问题；业务流程方面是否经过优化或存在问题；目标绩效体系与工厂战略的承接如何或存在问题；等等。

交流访谈的具体内容如下。

（1）围绕"全市场化"运作和"效率工厂"建设，对各部门的认知情况开展调研。内容包括以下方面。①对"全市场化"运作和"效率工厂"建设的了解，本部门的措施和问题。②部门职责、岗位职责方面还有哪些不清晰、缺失或不合理等情况。③部门流程有哪些接口不清晰、过程冗长、效率不高等现象。④部门目标绩效方面，与工厂战略承接如何、措施有哪些、目标的实现情况（"三个更好"如何体现），对现有目标绩效管理模式（包括考核）的感受。

（2）针对部门具体管理过程，围绕部门目标绩效考核的开展情况，以及相关考核细则的制定、修订及实施等具体情况开展调研。主要内容包括以下方面。①大理卷烟厂流程管理体系建设情况，质量管理相关流程，产品实现过程的相关流程的建立情况，流程接口的识别管理等；流程的表现方式，流程要素及流程目标设置，流程接口是否清晰，上下游是否明确等，从而为建立流程评价机制及"全市场化"管理机制提供基础资料。②针对目标绩效管理方面，目标的上下承接，目标措施的制定、测量分析和改进；目标与考核的承接。③绩效管理领域的辨识划分、绩效管理领域的权重设计、管理要素相关性系数确定以及绩效指标的优化等方面。④各专项考核实施情况，考核项目设置及奖惩情况，是否适宜，是否有利于目标的实现和改进。

2. 查阅资料

在企业管理的五个核心要素层次框架内，收集相关资料进行查阅、分析和研究。

首先，查阅了工厂《2022年目标绩效责任书（分解表）》，对表中各项指标、重点工作等的设计对照工厂战略进行诊断，认真思考目标绩效责任书和工厂战略是否能有效承接，是否将工厂战略有效通过目标责任书完成部署。

其次，查阅了《大理卷烟厂"效率工厂"建设》课题成果材料。对大理卷烟厂"效率工厂"建设的背景、创建过程、创建方法、创建成效、持续创建的方向，以及成果案例等有了较为深入的学习领会和认知。

再次，查阅了大理卷烟厂2022年流程制度梳理专项工作材料，对云南中烟"企业管理再提升年"工作任务部署和红塔集团2022年流程制度梳理专项工作的要求，以及大理卷烟厂开展此项工作的方法和步骤、内容等有了较为详细的了解。同时查阅了大理卷烟厂2022年度流程改进计划，企业标准制订修订计划、问题清单及组织推进实施的成套材料，进一步加深了对大理卷烟厂在流程制度的优化改进等方面的认识和熟悉程度。

最后，查阅了工厂2022年主要绩效管理制度，以及8月绩效考核结果材料、第二季度部门绩效考评结果、2022年突出贡献奖评价的材料。通过多次查阅，梳理思路，对照制度和考核材料进行核对，对工厂绩效管理的思路、方法等逐步认知清晰，为审视工厂目标绩效管理工作打下了良好的基础。

(三)诊断结果

1. 优势

(1)大理卷烟厂管理定位清晰。

大理卷烟厂明确界定"效率工厂"内涵,以高质量发展为统领,立足"生产制造、成本管理、质量控制"三中心职能定位,坚持"最优制造、无忧质量、最佳成本、快速响应"工作主线,并推进"5+1"产品力系统提升工程。同时,结合工厂实际积极探索"全市场化"运作管理模式,按照"质量更好、成本更优、安全高效、指标领先"的目标定位,持续深化"效率工厂"创建,质量保障水平、制造保障能力、基础管理效能、成本控制能力显著提升,企业文化建设和安全管理工作扎实开展,成效明显。

(2)基础管理水平较高。

大理卷烟厂全面推行"全市场化"运作管理,通过"六个持续提升"(持续提升质量保障水平、持续提升制造保障能力、持续提升基础管理效能、持续提升成本控制能力、持续提升安全保障能力、持续提升文化软实力),以"三个更好"进行管理牵引及管理检验,生产经营管理成效显著。各项经济技术指标持续提升,多项指标处于行业和云南中烟领先水平。作为集团省内首家卷烟工厂荣获"2020年度云南省工业企业能效'领跑者'(卷烟)"及"云南省节水型企业"称号。

(3)全员认识到位并达成共识。

大理卷烟厂的战略目标、集团和工厂领导提出的"效率工厂"建设、"全市场化"运作、"三个更好"要求,在工厂范围内达到高度一致,从领导层、中层到基层员工均对此有高度的共识,为企业开展管理变革和管理提升打下了良好的基础,并营造了良好的文化氛围。工厂建立了相对完善的绩效管理制度体系,有基本的绩效管理模型和方法。绩效考核作为"全市场化"运作的重要工具,发挥了较好的作用。

2. 问题

(1)目标绩效系统性设计不足,不能有效激发企业内生动力。

①现有管理模式不足以支撑企业战略和高质量发展需求。工厂当前绩效管理的重点放在绩效考核,而绩效策划、绩效措施推进和绩效考核评价及改进等环节相对薄弱。在绩效策划方面,依照公司战略分解和动态调整绩效目标指标的机制不明确,一级组织绩效目标对各部门的分解不够系统,各部门对绩效策划的关注度不够,指标设计不能充分发挥战略导向和目标引领作用。工厂对质量管控、成本管控、生产制造等核心过程绩效指标设定了不同的考核权重,但权重设计主要凭借主观经验,没有以科学、系统的方法论为依据,多年沿用

一套权重指标设计，考核权重不能与当前中烟和集团战略目标及工厂现实需求紧密结合，价值导向不突出，战略敏感性不足。在绩效措施推进方面，工厂没有明确的推进要求，绩效管理缺失推进机制。在绩效考核评价及改进方面，过于关注结果分配而非绩效改进本身，对核心绩效目标指标实现情况的评价不充分，不能根据评价结果有效实施重点目标的改进。

②价值贡献与收入分配挂钩力度不够，制约了企业内生动力。各部门价值贡献度（绩效空间）的计算方法不够科学，主要是以经验法为主，价值贡献和收入分配无法有效充分挂钩。这引发一些部门对绩效分配不理解、有意见和情绪化反应等现象，不仅影响客观开展绩效分配，也不利于激发企业内生动力，甚至可能对中烟和集团战略目标的实现造成影响。

（2）流程管理不够科学、系统，导致制度性交易成本高，协同效率低。

①流程管理的系统性不够。一是流程分级不科学。工厂应重点关注跨职能协同的一级流程，二级、三级流程是部门内部关注的职能范畴。但流程框架清单中大多数一级流程均是虚流程，没有实际意义，后续流程分析和制度设计也忽略了这些流程，将关注的重心放在了职能比较好划分的二级、三级末端流程上。二是端到端的接口关系不明确。流程框架清单中流程的需求、输入和输出不明确，流程间接口关系不清晰，影响了流程的协同性，尤其是流程与IT系统的接口不清晰，在实际流程运行中有些IT系统的适用性也差。三是流程价值没有明确体现。工厂未能实现用绩效来管理流程，从流程架构和制度文件中均难以看出对流程目标的设计和思考，存在职能业务目标与流程目标不一致的风险。

②流程制度顶层设计不够。制度是流程固化的成果，但制度顶层设计不足。一是没有统筹规划工厂和部门层面分别应编制哪些文件，厂级和部门制度文件碎片化、不系统。二是工厂制度文件大多是基于部门角度而非流程角度编制的，导致制度文件间的规定不一致，无法有效实现业务的高效协同。三是制度文件编写与5W1H［包括对象（What）、原因（Why）、地点（Where）、时间（When）、人员（Who）和方法（How）］的要求有一定差距，部分制度未能明确流程活动所需的相关信息，不便于执行，导致协同效率不高。

③流程优化评价机制不科学。工厂采用"两表一图"（流程概述表、流程分析表、流程图）作为流程优化工具，但其适用性已不能满足现实需求。虽然工厂通过突出贡献奖评价流程，但评价导向存在问题，没有从流程目标绩效的角度进行科学合理的评价。

三、解决方案的设计框架

(一) 方案设计思路

1. 理念上坚持创新思维

一是效能平衡,构建卓越绩效。借鉴"过程+结果"的卓越绩效模式理论,由关注绩效考核(结果)向绩效管理(过程+结果)转变,实现效和能,即结果和过程的平衡管理。

二是坚持守正创新,做实PDCA,即计划(Plan)、执行(Do)、检查(Check)和处理(Act)。PDCA循环管理原则是当今各类组织各项管理通用的传统管理理念,经过多年发展和应用形成了较为系统的管理方法。大理卷烟厂在传统PDCA基础原理上,基于现实强化创新意识,做实和深化PDCA原则,立足中烟和集团战略目标,按PDCA理念设计工厂绩效管理和流程管理框架,从策划到改进,实现绩效管理的系统化,确保实现企业战略目标。

2. 方法上坚持实用好用

一是立足战略目标,优化框架,打造机制。基于中烟和集团战略目标,优化形成包含绩效策划、措施推进、考评和改进PDCA循环的全链路工厂绩效管理框架。将中烟和集团战略目标作为绩效策划的出发点和立足点,建立随战略而动的绩效策划和动态调整机制,确保绩效为战略服务。在PDCA绩效管理的各个过程中融入领导力、执行力、协同力、洞察力,强化通过过程实现结果的理念,建立以能促效、以效测能、以能强效的效能平衡运行机制。

二是从纵向、横向两个维度构建绩效指标体系。将中烟和集团战略目标逐层分解到工厂、部门层级,实现纵向维度的支撑;在部间、指标间进行关联设计,实现横向维度的协同。

三是价值导向设计绩效权重和空间,激发内生动力。本着价值导向,采用SVPI法[战略目标相关性(Strategy, S)、客户价值相关性(Value, V)、现状和提升空间相关性(Present, P)、重要和重视程度(Importance, I)]。同时,采用四维度矩阵法确定部门绩效空间,引导努力方向,打造绩效文化,实现战略目标。

四是构建端到端的流程框架体系。在美国生产力与质量中心(APQC)流程分类框架基础上,按照端到端的流程管理理论优化工厂流程框架清单,从源头上解决工厂流程管理不系统的问题。

五是开发全要素的流程管理工具。优化"两表一图",针对流程全要素进行优化,解决流程优化工具不适用导致的流程要素不清晰、接口不明确、部门间协同壁垒和运行不畅等问题。

（二）方案评估与筛选

在项目开展过程中，国研趋势和大理卷烟厂进行了多次的研讨和交流，针对工厂的需求和诊断出的问题，以及对解决方案进行讨论评估，最终确定了以下做法。

1. 构建基于战略导向和 PDCA 循环的工厂绩效管理框架

系统规划，科学谋划，建立健全绩效管理框架。绩效管理最终目的是实现企业的战略目标，按照"战略—目标—流程—绩效"这一现代企业管理理论模型，构建基于战略目标的工厂组织绩效管理框架。框架遵循 PDCA 循环原则，实现了由绩效考核向绩效管理为战略目标服务的意识和行动转变，形成了基于中烟、集团战略目标为导向的工厂绩效策划—绩效措施推进—绩效核评价—绩效改进的螺旋递进式绩效管理模式。这是对中烟和集团关于"战略—目标—绩效"全链路目标管理体系的落地实践。

2. 优化绩效指标设计

一是基于战略导向开展绩效策划。绩效策划体现了工厂的战略执行力和部门协同力，把中烟、集团战略目标作为工厂绩效策划的根本遵循。绩效策划程序包括以下两点。①设计指标。基于战略导向，主要依据集团一级组织绩效、工厂发展需求、行业高质量发展指标、核心竞争力指标、对标指标等要求，结合工厂实际，采取关键绩效指标（KPI）+目标和关键成果（OKR）模式，对 KPI 和 OKR 进行策划。同时为更好地发挥领导力、部门执行力和协同力，KPI 部分按照"责任共担"要求，根据不同的指标和任务，分别指定工厂绩效指标的分管领导、主责部门和共担部门。OKR 部分则明确工厂重点工作任务，分解到分管领导和责任部门，制定重点工作任务达成的目标、关键措施路径和形成的输出等，体现了指标纵向对战略的支撑，横向部门和指标间的协同。②确定指标值。根据"效率工厂"建设总体要求，按照中烟提出的"基础值—目标值—卓越值"渐进设计思路，将 KPI 指标分为三个递进层次（考核值、努力值、挑战值），以实现追求管理的卓越，达到不同层次指标绩效的，按考核要求进行激励，体现以能促效、以效测能、以能强效的管理理念。

二是基于效能平衡原则分解 KPI 指标。KPI 指标的实现离不开领导力、执行力、协同力的共同作用。过程绩效指标（PI）的设计为这些能力的发挥提供了渠道。工厂 KPI 指标策划完成后，根据部门 KPI 指标和职能职责进行分解，形成部门过程指标。过程绩效指标由职能部门制定，形成相应考评办法，为后续实施和考评提供依据。

3. 价值导向设计指标权重

一是识别权重评价维度。绩效指标的贡献度不同，指标间制衡关系不同，如何设计权重？本着价值导向，兼顾质量、成本、效率等核心要素的平衡关系，以坚持系统观念，促进整体提升为原则，工厂识别了4个维度，即S（战略目标相关性）、V（客户价值相关性）、P（现状和提升空间相关性）、I（重要和重视程度）。

二是确定维度取值。按百分制设定分值，结合维度识别的原则，分别设定S、V、P、I各维度的权重，分别为：30%、30%、20%、20%。

三是确定评分方法。本着简单易操作、结果可靠原则，采用重要性排序法，即SVPI法测算权重分值，不同指标的每个维度强制分布，得出部门绩效指标的权重比例。大理卷烟厂过程绩效权重评分（示例）如表1所示。

表1 大理卷烟厂过程绩效权重评分（示例）

卷包车间								
	部门级过程	权重	得分	战略目标相关性（S）	客户价值相关性（V）	现状和提升空间相关性（P）	重要和重视程度（I）
步骤	厂级过程			得分≥80，权重≥50% 得分≥60，权重≥20% 得分≥40，权重≥10%	相关度 高：A档——积30分 中：B档——积20分 低：C档——积10分	相关度 高：A档——积30分 中：B档——积20分 低：C档——积10分	工厂优势但很难保持： A档——积20分 依现状可以持续提升： B档——积10分 工厂优势但不耗损： G档——积5分	上级设KPI： A档——积20分 工厂或部门设KPI： B档——积10分 无KPI： C档——积5分
				小计				
步骤1	质量控制	50%	90	30	30	10	20
	成本管理	30%	60	10	20	20	10
	生产制造	20%	40	20	10	5	5

4.客观原则设定绩效空间

一是识别绩效空间的影响因素。绩效空间反映了部门间价值贡献的区分和量化。根据客观原则确定了四个维度的影响因素，包括市场价值、工作和管理难易程度、工作强度、工作时间。

二是设定各影响因素的比例数值。绩效空间是各部门基于对工厂战略和目标的贡献度可获得的最高绩效价值体现，不同影响因素的比例设定应能体现工厂价值导向、工作质量导向。因此，在客观原则基础上，结合工厂实际进行量化设计绩效空间各因素的比例。

三是确定绩效空间计算方法。利用矩阵法，对部门间的四个评价维度进行比较，计算出各部门的空间得分，然后与提前设定的基准空间进行比较折算，得出该部门的绩效空间，以百分比形式体现。按照"效益共享、责任共担、尊重价值贡献"原则，先评价出生产部门（车间）的绩效空间，再以此为参照确定其他职能部门价值创造过程绩效空间的数值。大理卷烟厂绩效空间策划（示例）如表2所示。

表2 大理卷烟厂绩效空间策划表（示例）

评价维度	权重	评分范围	评价对象			
			卷包车间	制丝车间	复烤车间（烤季）	动力车间
市场价值 提供的产品、服务对市场、外部客户的价值体现		相对高：35~40分 较高：26~34分 一般：20~25分	36	34	34	28
工作和管理难易程度 生产产品、提供服务的技术要求、岗位技能水平与管理难度考虑比较		相对难：27~30分 较难：23~26分 一般：19~22分	27	25	25	20
工作强度 管理活动、生产活动需投入的精力、员工体力		相对大：19~20分 较大：17~18分 一般：15~16分	19	18	20	15
工作时间 满足生产需求总体投入的工作时间		相对多：9~10分 较多：7~8分 一般：5~6分	9	8	10	9
评价建议	部门价值贡献度得分		91	85	89	72
	价值创造过程	空间基数	230%	按1系教6440元/月=2800元(转效基数)×230%		
	关键支持过程	建议空间	209%	196%	207%	166%
			20%	20%	20%	20%
	建议总空间		229%	216%	227%	186%
	原参考空间（2022年）		253%	215%	243%	189%

5. 基于APQC流程分类框架理论，优化升级工厂流程框架清单

一是审视工厂流程框架清单。部分流程责任主体划分不明确，遇到问题难以根据流程找到责任主体，导致跨部门的流程协调性差，这一问题在工厂流程框架清单中反映得加直观。以原料保供框架清单为例，工厂流程框架核心内容包括系统、一级、二级、三级流程，但流程分级存在较大误区。一级流程大多有名无实。工厂关注的流程应是跨部门的一级或二级流程（即核心流程），但清单中一级、二级流程的相关要求并不明确。例如，原料保供管理作为一级流程是虚流程，清单中只显示了该流程名称，而构成流程的核心要素如输入、输出和责任者等均是缺失或不明确的。二级流程如打叶复烤管理流程也是虚流程，构成流程的相关要素同样缺失或不明确。一级、二级等核心流程是虚流程，导致流程端到端的输入和输出要求不明确，工厂在流程分析时对这些虚流程也没有进行分析，有些甚至未制定对应的流程制度文件，因此这些核心的一级、二级流程从架构和制度设计上存在缺失，导致跨部门的流程在职能转移时出现职能缺失和协同性不够的问题。此外，末端流程职能清晰但接口不明。三级流程是按职能划分来设计的，流程的责任者比较清晰，但三级流程和同级流

基于战略导向构建 PDCA 循环的绩效和流程管理体系建设咨询项目

程及其上级——二级流程的接口关系也很难直观展示。

二是打破惯性，创新思维，优化工厂流程框架清单。根据对 APQC 流程分类框架的深入研究，以及对工厂现有流程框架清单的审视，采用创新的思维，将 APQC 先进适用的理论经过优化，应用到工厂流程框架的设计中，形成了工厂优化后的流程框架清单（见表3）。

表3　大理卷烟厂流程框架清单（优化后示例）

系统	流程组	流程	流程目标	流程输入	流程输出	策划推动者	归口管理部门
原料生产供应	烟叶基地建设	1. 烟叶基地建设规划					烟叶生产质检科
		2. 烟叶基地管理					烟叶生产质检科
		3. 烟叶生产管理					烟叶生产质检科
	烟叶采购	4. 初烤烟采购管理	交接及时、无差错；交接工作满意度高	年度采购计划（中烟）	具备工业分级条件的烟叶及库存信息	分管烟叶生产质检科领导	烟叶生产质检科
		4.1 烤烟采购计划管理					烟叶生产质检科
		4.2 初烤烟购销合同签订					仓储管理科
		4.3 初烤烟入库保管					仓储管理科
		4.4 结算					仓储管理科
	烟叶加工	5. 工业分级管理	生产计划完成率、分级一次合格率	具备工业分级条件的烟叶及库存信息复烤加工方案	分级后具备复烤条件的烟叶及库存信息	分管复烤车间领导	复烤车间
		5.1 工业分级样品烟制作					烟叶生产质检科
		5.2 工业分级组织实施					复烤车间
		5.3 工业分级烟叶入库保管					仓储管理科
		6. 打叶复烤管理	生产计划完成率、质量合格率	分级后具备复烤条件的烟叶及库存信息	质量合格的复烤产品及信息	分管复烤车间领导	复烤车间
		6.1 配打计划和工艺标准管理					工艺质量科
		6.2 打叶复烤生产组织实施					复烤车间
		6.3 复烤产品入库保管					仓储管理科

6. 全要素完善流程管理工具，重新设计"两表一图"

对现有"两表一图"进行审视。"两表一图"工具是在流程管理方面，尤其是在单个流程分析、策划和优化方面较为成熟和实用的管理工具，在大理卷烟厂实践中取得了一定效果。但从卓越角度以工作协同、效率提升、价值增值的视角及行业高质量发展的要求考虑，在对现有流程梳理分析、查找问题及优化点方面还不够系统全面和快速。具体而言，原"两表一图"中的流程概述表是当前现有流程的写实，其目的是识别出曾经出现的问题和潜在的风险，提出优化需求，但表单没有针对流程全要素进行分析梳理，已不适合当前高质量发展的要求，无法有效针对流程的具体节点展开全面梳理分析以找到问题和优化点。流程图的设计比较清晰，可以继续沿用。流程分析表的目的是依据流程图对优化后的流程进行描述，为制定标准制度和"工作岗位绩效计划书"提供优化依据，但也存在一定问题，需按流程全要素理念进行优化设计。

结合对原"两表一图"适用性的分析，着重对"两表"进行了重新设计。

（1）设计流程制度现状梳理表，指导问题查找。对要优化的流程来说，必须先梳理分析现状，查找识别问题，才能以问题为导向开展优化工作。工厂在原流程概述表的基础上重新设计了流程制度现状梳理表。主要设计思路包括两方面。一是对流程全要素分析。流程是由一组活动构成的，包括了输入、输出、活动步骤、资源、活动准则、责任者等基本要素，结合数字化转型和信息化要求，补充了流程活动所应用的IT系统信息。每个要素存在问题都会影响到流程的协同性、效率和效果，表格设计时纳入全要素写实信息。二是对流程全要素评估。根据全要素写实信息，识别存在的问题和优化需求，全面查找流程管理中存在的整体和局部优化点。

（2）制作流程优化图表模板，开展流程优化。流程现状梳理分析后，根据问题和优化点进行优化设计，先制作优化后的流程图，沿用原有模板，将流程从输入开始到输出结果之间相关联的活动步骤、责任者及活动形成的输出记录等进行明确，确保流程具备可执行性。再根据流程图制作流程活动任务清单，将优化后流程的全要素通过流程活动任务清单的形式体现，优化后的"一图（流程图）一表（流程活动任务清单）"作为工厂制定标准制度以及流程运行的依据。

四、案例项目评估和绩效说明

（一）定性评估

1. 成果成效

按照基于战略和PDCA循环的工厂绩效管理框架，绩效管理实现了从重视绩效考核向更加注重基于战略的绩效目标指标策划与绩效评价等更加系统、科学的理念和方法转变；由注重结果向注重过程和结果转变；明确了绩效权重和绩效空间的设计方法，使绩效管理更加聚焦于企业战略目标，更加系统、科学，更能激发企业内生动力。

基于APQC流程框架思路，通过对生产环节的流程进行梳理优化，制定了打叶复烤生产和云烟（中支小重九）卷烟生产环节端到端的流程框架；利用

"两表一图"开展了相关流程的优化工作；通过全要素流程梳理优化，检验了流程优化工具的适用性。这一系列措施能有效解决了流程效率不高、协同不畅、执行不到位等问题。

2. 推广价值

一是具有理论和实操先进性。基于"战略—目标—绩效"全链路管理模式，形成了基于战略的绩效管理机制和操作模式，丰富了《卓越绩效评价准则》（GB/T 19580）相关管理理念在卷烟工厂的创新实践成果，还成功探索和实践了高效能治理的方法模式。

二是推广的必要性。如何践行行业"三新一高"战略部署、提升企业核心竞争力是行业内各企业的必答题。大理卷烟厂率先构建的基于战略目标、效能平衡管理的运行机制，在科学性、系统性、适用性方面都是对行业要求的成功探索实践和首创成果，是践行高质量发展，实现高效能治理和卓越绩效的重要手段，也为行业内其他企业的全面推广提供了宝贵的借鉴。

三是推广的可及性。大理卷烟厂通过理论研究、探模式、建机制、工具方法优化等，形成了一套完善可行的绩效和流程管理成果。这些成果原理简单，适用性强，操作方便，推广应用的成本不高，可有效在行业内外企业推广应用。

（二）定量评估

1. 部分关键绩效指标明显提升

项目成果推广半年后，部分关键绩效指标明显提升。例如，产品包装与卷制质量满分率，从2022年的20.69%提升至2023年第一季度的36.84%，提高了16.15个百分点；产品精品率由2022年的61.4%提升至68.42%，提高了7.02个百分点；市场有效投诉率继续保持为0；综合能耗由2022年的2.03公斤标准煤/万支下降至1.6公斤标准煤/万支，下降了21.2%。

2. 试点流程得到优化和升级

按照咨询成果，采用了相应的优化工具对卷烟生产流程进行了梳理和优化，找出流程优化点共12个，并对现有流程进行了优化，进一步提升了流程运行的效率和效果。

A公司使能管理驱动组织持续蜕变案例

厦门市希尔企业管理咨询有限公司

厦门市希尔企业管理咨询有限公司（以下简称希尔咨询）成立于1999年，是通信行业领先的专业管理咨询及培训机构，为通信行业提供完整覆盖战略、人力、营销、服务四大领域的课题研究、咨询培训和企业教练等专业服务。

二十多年来，希尔咨询的服务范围涵盖了中国移动集团及各地子公司、中国电信、中国联通全国各省市公司；还扩展至金融、高科技、鞋服、医疗、文创等多个行业，累计服务了3000余家大中型组织，拥有30余项自主知识产权课程及项目。目前，希尔咨询是中国移动集团公司、省公司的历年供应商，2022年集采入围10个标包，致力于成为中国通信行业最具影响力的管理咨询机构。

本案例项目组成员

叶小松，希尔咨询董事长兼首席教练，厦门经济管理咨询协会连续两届会长、中欧国际工商学院高级管理人员工商管理硕士（EMBA），中国移动通信集团管理学院特聘讲师，中国烟草国家总局特聘专家，吉林大学、云南大学、广西大学等EMBA客座授课嘉宾。拥有21年以上培训经验、16年以上中高层管理者授课经验，超2000场中高层管理者培训经验；首创"使能管理"理念，独创的使能管理系列课程深受企业高管欢迎，使能管理实践案例多次荣获哈佛《商业评论》管理行动大奖。

其他成员：张馨月、崔启国、卢小凯。

A公司使能管理驱动组织持续蜕变案例

导读

从多年的业绩倒数到如今的全省第一，经营业绩逆风翻盘，各个线条成为全省标杆，仅2023年就吸引23家兄弟公司前来参访学习，A公司全员在新任一把手及领导班子的带领下，励精图治，变革求新，用一年时间便扭转乾坤，迎来丰收的硕果。

这背后有一道光指引着他们前进——成为全国最优秀的地市公司，这道光震碎曾经的"恐后不争先"氛围，打破一道道"部门墙"壁垒，为全员带来前进的动力与希望，这道光不是集团或省公司给的，而是A公司全员自己探索出来的。

A公司是我国民生领域大型中央企业的下属地市公司，坐落于西南某人口大市，历史上创造过某项业务市场占有率、行业收入占比全国第一的辉煌，然而在项目开始前的多年已经陷入低谷，举步维艰。本次A公司组织发展项目为期一年，启动以希尔咨询原创"使能®组织能力7S模型"为内核的组织发展系统解决方案，以文化为关键抓手，从一把手、领导班子、文化、战略、流程、人才、激励七个方面，对A公司进行系统的赋能助力，提升组织战斗力。如今三年时间过去，项目成果卓著，A公司全员在领导班子的带领下、新文化的指引下，上下同欲，左右同步，使争先成为常态，让优秀成为习惯，共同迈向高质量发展之路。

A 公司使能管理驱动组织持续蜕变案例

厦门市希尔企业管理咨询有限公司　叶小松

一、项目背景

A 公司是我国民生领域大型中央企业的下属地市公司，坐落于西南某人口大市，该地市无论是人口、经济体量，还是发展潜力，都稳居全省前列。A 公司在该市耕耘 20 年，下属 9 个区县，全公司有上千名员工，历史上创造过某项业务市场占有率、行业收入占比全国第一的辉煌。作为省公司发展主力军，其发挥着全省经济发展压舱石的作用。

然而时过境迁，自 2019 年年底新任一把手黄总到任前的四年间，A 公司已经步履维艰，各项业绩指标常年在全省末位盘桓。究其原因，主要为以下三点。

一是市场竞争层面。竞争对手趁着 A 公司一把手换任的空档，加强部署，抢占政企市场资源，后又连续从标杆省市调任具有先进市场经验的一把手坐镇指挥，移植先进地市的优秀打法，强势渗透市场。A 公司措手不及，且没有及时跟进维护，市场占有率逐年下降，中高端客户不断流失。

二是机制激励层面。省市两套绩效管理制度，将管理层与普通员工利益对立，致使上下不同欲，团队缺乏信任。具体而言，省公司绩效考核体系以综合线条经营业绩排名为依据，公司全员责任共担。然而市公司还有一套考核体系，考核点虽还是各个线条，但权重不一，奖惩也主要在领导者身上，且绩效排位靠前的区县，奖金高于省公司。因此，区县领导者看重市公司考核体系的排名，而员工看重省公司考核体系的排名。如此就可能导致以下情况：在省公司绩效考核排名靠后的区县，却是市公司前列，区县员工拿不到奖金甚至扣除薪资，但领导者却能拿到市里的丰厚奖金。如此团队自然信任缺失，凝聚力不足。同时，地市考核体系中，排名靠前及靠后的区县会进行奖惩，以致首尾两端的区县不断内卷竞争，势同水火，而排名中间的区县却可以躺平"小富即安"。

三是组织文化层面。首先，由于连续多年的业绩垫底，低标准工作氛围蔓延，员工躺平，畏难情绪严重，遇事推诿，部门墙严重，恐后不争先的伪幸福文化盛行；其次，全员一团和气，粉饰太平，注重面子工程，如新调任的一把手黄总到区县调研时，陪同领导一问三不知，甚至调研还未结束，高大上的新闻报道就已经长篇累牍地发布出来；最后，内驱力不足，无论是外在的绩效激励手段、工作价值感，还是内在的个人成长，以及如此工作环境下的未来晋升，在当前组织现状下，员工都看不到价值与希望，个人失去活力。

2019年年底，新任一把手黄总，作为一名出过优秀业绩，具有地市公司成功领导经验，且是从A公司走出去的领导者，临危受命接任A公司。

黄总上任后，经过深入了解，凭借丰富的地市一把手领导经验，清晰地意识到A公司常年的业绩落后，积重难返，不是简单的人员能力培训就可以改变的。组织发展是一个复杂而系统的工程，若想变革求新、重振辉煌而不使系统崩坏，必须找到"冰山"之下的关键点，系统发力，争取既平衡好当下的组织经营目标，又能有利于组织未来长远的高质量发展。

因此，黄总做了一个大胆而又睿智的决定——邀请希尔咨询共同参与。希尔咨询项目组做幕后军师教练引导，黄总充分授权、全程参与、指明方向，双方以不同的身份角色，带领A公司开启变革之旅。

二、项目诊断

希尔咨询认为，组织发展的复杂性、易变性与非线性，决定了我们必须跳出局部视角，以系统的方式去思考和解决组织中出现的问题。

基于数十年中大型企业的教练服务成功经验，结合国际前沿的组织发展理念，希尔咨询创新开发了"使能®组织能力7S模型"，在组织系统中筛选出七个对组织发展极为关键的要素：一把手、领导班子、文化、战略、流程、人才、激励。七个关键要素相辅相成，可以系统提升组织战斗力。在A公司组织发展项目诊断与方案策划实施时，希尔咨询项目组即以此为底层模型，展开设计（见图1）。

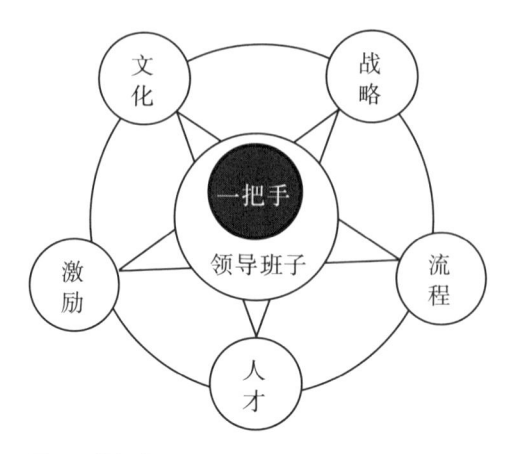

图 1　希尔咨询的"使能®组织能力 7S 模型"

2021年年初，希尔咨询项目组在叶小松先生的带领下，受邀前往 A 公司进行整体的摸排评估。叶小松先生作为希尔咨询首席高管教练，首先针对 A 公司一把手及领导班子开展了一对一高层领导教练访谈。

其次，希尔咨询项目组综合实地调研摸排情况及访谈结果，梳理出 A 公司的组织发展困境，并与黄总沟通达成一致，继而根据 A 公司变革发展需求，撰写项目解决方案，就关键信息与黄总达成共识，由此启动为期一年的组织发展项目。

依据 A 公司组织发展现状，我们从"使能®组织能力 7S 模型"，梳理出 A 公司组织发展的以下主要问题。

（1）一把手：岗位新任，内部信任度、权威度不足，领导力仍需提升。

（2）领导班子：缺乏信任，工作推诿，部门墙严重，领导力有待提升。

（3）文化：恐后不争先的伪幸福文化盛行，内部一团和气，不愿暴露问题，遇事推诿扯皮。

（4）战略：战略规划不明，路径模糊，不能很好地落地实施。

（5）流程：部门墙壁垒引发团队协作低效，员工工作低要求、低标准。

（6）人才：长期末位业绩排名，人才发展的通道及价值受限，低能量组织文化，使个体工作积极性降低，员工能力不足，岗位无法胜任。

（7）激励：省市两套绩效管理办法，致使内部信任缺失，内部竞争激烈。

最后，希尔咨询项目组通过对 A 公司的问题与需求系统分析，确立了本项目的以下三大目标。

一是激发 A 公司组织活力。领导班子层面，通过关键个体的自我认知提升及领导力成长路径梳理，激发关键个体积极改变成长破圈的意愿，树立领导变革的信心与决心。文化层面，重塑组织文化，提炼优秀文化基因，让优秀成为习惯。激励层面，优化组织绩效管理体系，提升全员工作热情与动力。

二是增强A公司组织能力。主要针对人才层面，根据不同身份岗位的人员工作成长需求，进行专业课程的赋能，例如，针对一把手及领导班子的个人领导力赋能，针对重点区县基层管理人员的管理能力赋能，针对政企营销支撑与销售的专业能力赋能，等等。

三是提升A公司组织合力。核心领导班子层面，团队辅导"以心换心"，践行"回声活动"原理，打破"部门墙"壁垒，信任关系重建。战略层面，战略系统规划，清晰目标路径及行动策略，团队共识，劲往一处使，使上下同欲。流程层面，破除"部门墙"，重塑组织横向、纵向协同流程，提升内部人员协同力，使左右同步，高效敏捷。

三、项目实施策略

希尔咨询项目组依据"使能®组织能力7S模型"开展体系化组织赋能，根据我们独创的"使能管理"理论，我们相信每个人与生俱来都具备足够的潜力和能量，都可以将工作做得更好。人们之所以表现不好，是因为他们受到各种因素的干扰和约束，如流程不畅、机制不合理，以及无效的管理等，导致潜能无法释放，团队无法协同，组织效能低下。

组织发展的一切问题，归根结底还在于"人"，任何组织想要卓越且长久的发展，必须关注"人"的需求。使能管理旨在通过驱动个体能量和团队能量在组织内的释放，辅以组织人员能力、绩效和流程的赋能优化，实现组织效能的最大化发挥。

因此，基于客户大型中央企业的经营属性，我们将项目分为两个阶段：能量激活阶段、落地建设阶段（见图2）。

项目实施 ＝ 能量激活阶段 ＋ 落地建设阶段
　　　　　　・一把手　　　　・激励
　　　　　　・领导班子　　　・流程
　　　　　　・文化　　　　　・人才
　　　　　　・战略

图2　希尔咨询的项目实施规划

（一）能量激活阶段

能量激活阶段主要针对A公司一把手及领导班子、文化和战略进行赋能升级。该阶段由希尔咨询项目组主导，A公司项目组配合，以一把手及领导班子的教练辅导为核心,通过激活关键个体的能量,进而激活整个组织的能量,以文化和战略为关键抓手,使组织上下同欲,拧成一股绳。

1. 走向变革的一把手及领导班子

项目期间,希尔咨询首席教练叶小松先生针对 A 公司一把手及领导班子开展数次的一对一高管领导力教练及领导班子团队教练,旨在帮助领导者升级自我认知,激发个人成长改变意愿,找到适合的领导力发展路径,促进班子团结信任,帮助班子就公司愿景目标、企业文化、班子建设等方面达成高度共识。

(1)一对一高管领导力教练。

根据盖子法则,领导力就像一个盖子,企业业务的成长水平永远不会突破企业领导人的领导力水平。因此,提高领导者的领导力水平是企业发展的首要前提,而领导力提升的第一步,在于建立正确的自我认知。

因此我们引入了全球第一领导力教练马歇尔·戈德史密斯的"MGSCC® 以利益相关者为中心的领导力发展教练"(以下简称 MGSCC® 领导力发展教练)。

利益相关者,即领导者的利益共同体,如下属、同级和上级,更广泛的定义还包含客户、合作伙伴乃至家人等。他们给予领导者的建议会更有现实意义和针对性,他们构成了重要的环境场力,不仅会减少领导者改变的干扰和阻力,更重要的是提供积极的支持与鼓励。

MGSCC® 领导力发展教练包括三个阶段。第一阶段,通过量表评估和 360° 利益相关者访谈,综合形成针对领导者的评估报告。第二阶段,教练将与领导者深入探讨报告内容,共同提炼确定领导者当下最需要提升的领导力发展领域,同时制订相应的改变目标和行动计划。第三阶段,持续跟进督导领导者的成长改变,结合领导者的各项工作进展及个人成长改变之轮,梳理出领导者工作及成长的成果,并制定下一步工作重点与改变重点。

通过 MGSCC® 领导力发展教练,领导班子看到、听到大家对自己的真实反馈,找到正确的领导力发展方向,最重要的是有了具体可执行的行动计划,在教练及利益相关者的长期陪伴与监督下,A 公司领导者发生了积极、有效的改变,他们的以身作则、率先垂范,直接影响了下属及全公司,掀起一股成长改变的热潮。

(2)领导班子团队教练。

为期一年的项目中,希尔咨询项目组多次开展一把手及领导班子团队教练工作坊,以及"以心换心""圆桌教练"等活动,旨在帮助领导者在自我了解的基础上,促进彼此了解;协助团队建立对一把手的信任,帮助班子就公司文化战略、团队建设等建立共识;系统规划和顶层设计组织变革方案,结合

"变革模型",应用教练的力量来帮助自己和团队进行有效的变革。

团队教练工作坊旨在以"自我蜕变驱动组织蜕变"。叶小松教练带着领导班子学习组织发展"变革八步法",明确作为组织的最高决策团队,自我的成长与优秀是组织发展的关键;而后,叶小松教练带着大家梳理自我认知的约哈里之窗,找到自我发展的盲区与未知区,寻找自我破圈成长的方向。

在团队"以心换心"活动中,信任共建。教练通过欣赏式探寻,使领导班子敞开心扉,畅聊隐藏在工作之外的自己的故事,帮助大家卸下面具,探寻自我的同时,倾听理解他人的内心需求及行事风格,丰富对彼此的认知,以本真的自我,连接团队,激发团队共情及认同感,加强团队互信和凝聚力。

同时,运用希尔咨询原创使能管理工具"圆桌教练",借利益相关者的反馈,从"优势"到"不足、限制、期望及建议",领导者看到别人眼中的自己,找到自我认知的盲区、成长方向,并据此找到个人成长的突破口,以自我成长驱动团队及组织成长改变。

组织中个人的成长离不开团队支持,通过定期团队教练工作坊、"以心换心""圆桌教练"等活动,领导班子不仅看清了自己和伙伴,还看清了公司现状,树立了全局意识。同时,扩大自我与团队成长的未知区域,增加彼此了解,找到未来工作协同上的契合点,促进团队信任同频。

2. 走向卓越的文化和战略

文化赋予企业独特的基因,是企业价值观和行为准则的体现,它影响着员工的行为和思维方式,也影响着企业的决策和发展方向。文化做好了,可以激发组织能量,降低管理成本。

文化的另一面是战略,文化需要借助战略规划才能落地生根,因此,希尔咨询项目组为 A 公司举办了文化&战略教练营。

(1)文化&战略教练营。

综合 A 公司企业发展困境,我们不难发现 A 公司恐后不争先的伪幸福文化是其深陷沉疴的重要原因。领导者作为企业文化的塑造者和推动者,他们的行为和决策直接影响着企业文化的形成和发展。

基于此,叶小松教练为 A 公司全市二级经理、三级经理正职讲授"使能:改变的力量"课程,明确一名优秀的领导者应该具备的特质,以及冠军组织的本质"上下同欲、左右同步"。同时,教授学员们思考推演 A 公司的冠军组织文化。A 公司一把手黄总带着领导班子,作为学员也全程参与其中。

经过两天的培训和推演,通过集体的智慧,最终成功输出了 A 公司企业文化,并且通过"使能管理工具",制订了 A 公司在业绩、成长、文化落地等方面的三年战略发展规划。文化战略的成功输出,让 A 公司全员有了清晰的奋斗目标和行动准绳，为 A 公司未来的腾飞奠定了坚实的基础。

A 公司企业文化如下。

愿景：成为全国最优秀的地市公司。

使命：让客户享受最高品质的数智生活。

核心价值观：客户至上、值得信赖、永争第一。

战略层面，希尔咨询项目组组织全体二级、三级经理展开目标共识活动，对三年战略发展规划进行解码，采用平衡计分卡（BSC）工具，从财务、客户、运营、学习成长四个方面研讨梳理各部分核心指标。最终在每年的战略发展规划中又形成了一张 4×4 的目标地图，之后各部门各区县再进行各自的目标认领，如此大家既对公司整体的发展目标清晰明确，又能保证团队的目标与组织目标上下一致。

文化战略的提出是第一步，更难的是如何落地，黄总也深知其中的关键，在中高层管理者目标共识达成后，他又充分授权希尔咨询教练团队，深入每个一级部门及区县，逐个开展文化战略共识及落地团队辅导。过程中，除了"目标共识"，还深度使用了希尔咨询的"使能管理工具"："回声活动""明镜高悬"，真正将文化做透、做扎实，将战略分解到基层具体行动单元。

（2）中基层落地辅导。

各部门和区县一把手作为公司的中层领导干部，是企业发展的中坚力量，向上承接公司战略目标，向下传递指导基层员工工作，他们需要充分理解公司的文化和战略，正确解码制定思路与行动，才能高质量推动变革进程。

首先，"目标共识"促同欲。希尔咨询教练团队下到 A 公司区县，协同区县一把手组织各分管部门领导及核心骨干，结合公司文化战略发展规划，聚焦企业愿景，使用 BSC，制定本区县未来三年的各项发展指标，持续分解形成每季度、每月的目标进度表及具体可执行的行动方案。

通过高层、中层、基层三层的反复目标共识，A 公司真正将新的文化战略做到上下同频、上下同欲。同时在共识的过程中，营造开放协作的氛围，有利于加强跨部门、跨等级的沟通，消除误解，增进信任关系，促进未来的高效协同。

其次，"回声活动"强关系。路径跑法在目标共识中已然清晰，下一步需要提升部门关系能量，尽可能地减少因为团队协作不和谐造成的低效与内耗。"回声活动"原理出自美国麦可·罗奇格西的《业力管理》一书，书中写道：我们得到的，本质上都是我们给出的；我们希望别人给自己怎样的帮助支持，就先给予别人这样的帮助支持。

各部门在明确受助者"想要达成的目标"以及"需要的帮助"的前提下，

根据自己的工作目标及能力情况进行"回声助力"。"回声活动"符合 A 公司核心价值观，有效地打破"部门墙"壁垒，既促进各部门工作目标更高效地完成，又有利于增进团队信任与凝聚力，打造互助型成长型组织。

最后，"明镜高悬"助成长。组织中个体的成长离不开团队支持。"明镜高悬"以组织行为学中著名的"约哈里之窗"为理论原点，融合利益相关者、改变之轮等理念及工具，将个人的成长置于利益相关者的支持与见证下。

通过利益相关者的反馈，帮助领导者全方面认清自我，扩大开放区，缩小盲目区和隐蔽区，揭明未知区，找到未来成长的方向，并据此制定个人成长改变之轮。过程中，个体自我认知与团队认知更趋一致，有助于提升团队协作效率，释放个体潜能。

整个过程，既是探索文化战略落地方法的过程，也是践行的过程。其间，A 公司一把手及领导班子还筛选了三个试点区县做深入辅导，让全公司真切地看到公司变革的决心。A 公司全员从寻找构建属于自己的企业文化及战略，到高层—中层—基层不断共识解码，落地实践，推动企业文化的全员入脑、入心、入行，使个体与个体之间能量同频共振，个体与团队之间步调一致，共同驱动组织能量的迸发。

（二）落地建设阶段

希尔咨询始终认为，软文化需要做"硬"，硬管理则要做"软"，想要文化战略发挥应有的作用，关键在于与员工工作相结合，让员工参与其中的建设。

项目第二阶段由 A 公司自主开展，希尔咨询项目组作为智囊团，全程陪伴助力，答疑解惑，并在关键问题、关键节点上给予思路指导，教练赋能。在全员能量激活的基础上，本阶段我们着手系统升级激励、流程、人才三个方面，并将第一阶段形成的新文化战略，借此平台进行创新性地落地实施。

1. 走向开放的激励制度

组织目标的实现，需要好的管理体系做支撑。A 公司想要成为全国最优秀的地市公司，必须大刀阔斧改革严重脱节的省、市两级不同导向的绩效考核体系。

A 公司一把手及领导班子在希尔咨询教练团队的指导和建议下，经过反复对比商讨，最终选择了折中版绩效方案，做得好有奖励，做得不好会扣钱，但至少"帽子"还在，消除大家对变革的恐慌。

然后黄总花费了大量时间建章立制，并争取省公司的认可与资源支持，全面调整地市区县绩效管理办法，围绕业务制定新的制度，打破区县公司考核体系正态分布困境，改为只要区县评优进入全省前 30，经营业绩都是 A。省市区县考核体系保持一致，竞争对手从本市的兄弟区县，变成了全省的区县公司，拓展了各区县上升空间，恐后不争先的消极心态被打破，极大地激发了全员能量，全员目标一致，集体争优的氛围日益浓烈。

同时，分组精准考核，突出价值导向。根据各部门专业特点，通过精细化管理，分类考核，最终全公司上下分为四个大组：区县组、业务一组，与全省区县评优、经营业绩考核一致，聚焦战略重点，避免层层加码；业务二组、综合组，强调满意度和公司领导评议。

这样一来，绩效体系更加聚焦重点、关注一线，加强业绩考核激励约束机制的牵引作用，为全员永争第一，成为全国最优秀的地市公司，扫除了不良机制的牵绊。

2. 走向高效协同的流程制度

在企业文化战略的指引下，流程方面也进行了相应优化调整，其中最具代表性的如会议机制调整、网络网格化管理"1+3+N"模式、横纵向协同支撑体系的建立。

首先，优化会议机制。A公司形成了以党委会、总经理办公会、经分会为主，配套双周重点推进会、不间断专题会的会议体系。如此年初的目标、关键的时间节点、关键的动作、中间的纠偏等，都能做好及时、有效的沟通管控，有困难也能够及时得到协调支撑，降低了因问题搁置得不到解决产生的时间和精力成本，极大地提高了全员办事效率。

其次，构建网络网格化管理"1+3+N"模式，开展网络入格攻坚行动。"1+3+N"模式，即1（支委）+3（党员、后台支撑、代维管理）+N（N个攻坚支撑任务），将各网格里的网络难点串联起来，形成任务清单，开展攻坚和支撑行动，实现党员、后台支撑人员和代维管理人员网格化管理。

最后，打造市网横纵向协同支撑体系，切实提升客户感知。成立市网协同党员突击队，重点开展市网协同专项行动，行动对齐全市的市场网格的划分标准，融合市场网络关注价值维度，自有人员和合作伙伴"入格"挂钩，开展网格摸排收集问题，分场景制定解决方案，跟进闭环问题。

上述种种流程机制的建立，皆为客户导向、问题导向、价值导向，体现了文化战略目标的有效落地，过程中领导班子积极参与其中，希尔咨询教练团队线上、线下随时答疑解惑。

3. 走向体系化的人才培养

人才是组织最宝贵的资源，是企业发展的核心力量。文化、战略、激励、流程落地后，需要全员的承接，其中既涉及关键岗位人才的选贤任能、个人岗位专业能力的胜任，也涉及对公司目标任务的有效理解，即思维能力。

在关键岗位人才的选贤任能方面，以A公司领导班子意志为主，在人才专业能力及思维能力提升培养方面，A公司领导班子充分授权希尔咨询项目组。与传统的散点式人才培养不同，希尔咨询人才培养的思路、内容及方式都更趋体系化、系统化。

在培养思路上，希尔咨询项目组创新性地提出了管理人员"纵向一体化"的培养思路：与传统的人才培养侧重于将不同层级的人才独立零散培养不同，我们将相同的意识、思维和方法论，从二级经理到三级经理再到核心骨干，层层渗透，保障了上下同欲和上下一致。

在培养内容上，抓住主要矛盾进行重点攻克，即以"文化与领导力"为核心，撬动组织能力中的其他模块，不断梳理A公司中高层经理人员个性、共性上的待提升点，结合A公司组织发展需要及个体工作特性，展开赋能。

在培养方式上，将教练辅导、行动学习有机融合到中高层人才培养中：通过理论培训，补齐人才培养"冰山"上的知识和技能；通过教练辅导，升级人才培养"冰山"下的思维模式；通过行动学习，在文化落地的具体行动上实践出真知。最终，疏通组织能力的关键瓶颈，实现业绩增长。

这些创新实践，为A公司的人才培养规划与持续的人才梯队建设，以及A公司组织蜕变项目的有效推进与未来的组织可持续性发展，搭建了人才发展的标准培养体系，提供了宝贵的人才发展实践经验和行动指南。

四、项目成果

项目过程中，希尔咨询教练团队始终践行"助力改变，成就高绩效活力组织"的使命，长期陪伴A公司成长，在A公司核心领导班子的高度信任与积极支持下，共同谱写A公司逆风翻盘、涅槃重生的壮举。通过一年的项目赋能，A公司主要实现以下五点核心成果。

1. 业绩提升

经营业绩逆风翻盘，各个线条成为全省标杆，2021年底，A公司全省经营业绩考核第1名，较2020年提升14个名次。9个区县全部进入全省前30。更难能可贵的是，在项目结束后的两年里，A公司的业绩依然稳居全省第一。

2. 人才培养

截至2021年年底，共有8名专家人才选聘省级岗位能手，培养了一支能力专家队伍，已配备19名"云专岗"人才队伍。

3. 文化重塑

A公司全员积极践行传播企业文化，甚至连食堂阿姨、竞争伙伴都知道。2022年，省公司企业文化践行成效调研，A公司落地效果的平均分为4.93分（满分为5分），单项最高分为4.98分，企业文化真正做透、做扎实，入脑、入心、入行。

4. 经验沉淀

经过三年时间，教练传授的管理工具和方法应用率仍高达92%，成为A公司全员广泛应用的自我成长、团队管理工具。新的流程机制不断完善升级，新的文化理念、工作方式及价值标准被广泛认可。

5. 模式推广

组织蜕变成果卓著，引起省公司甚至集团公司的高度关注，在2022的省公司工作会议上，A公司有2个部门被省公司专业部门推荐分享经验，成为全省标杆。仅2023年，已有23家兄弟公司前往A公司及其优秀区县公司参访学习。

五、项目思考

通过此次项目的实施及经验复盘，希尔咨询关于组织发展变革必须关注的问题总结出以下几点。

（一）组织发展的关键在于驱动人的能量

人，是组织能量之源，而领导的本质，就是管理能量。身为领导者，我们需要时刻谨记：组织要卓越且长久的发展，必须关注"人"的需求和连接。组织需要创造条件，满足需要，让个体能量充分释放，而这也要求我们必须升维领导思维，以发展的角度看问题，积极融入，顺势而为。

（二）组织文化不是领导者的臆想

组织文化通过愿景使命为组织提供凝聚人心与能量的宗旨之魂，以核心价值观为全员提供行动决策的标准纲领。组织文化，不是领导者的臆想与狂欢，要避免活动时轰轰烈烈，上墙之后就没有之后的形式主义。组织文化是所有人共同想要实现的文化，要通过机制、流程、制度等将其具象化，如此才能切实指导员工工作，深入基层员工心里。

（三）组织发展80%的问题都因"关系失衡"

组织由人构成，人与人之间便形成关系，关系的本质是信任。在组织发展中，许多看似由外在机制、流程等引发的问题，其根源往往在于"关系失衡"。

项目中，希尔咨询围绕核心领导班子做领导力赋能、班子信任建设。由此延展开来，以文化战略为关键抓手，通过激励机制、流程、人才的赋能升级等，将上下、左右、前后、内外关系——打通，形成互相支持信任的增强回路，使组织系统关系更加稳固深厚。共信才能共识，共识才能共进，如此上下同欲，左右同步，自然无往而不胜。

（四）组织变革要"积小胜为大胜"

组织变革是一项长远而系统的工程，如果在一段时间内看不到成效，整体士气就会下滑，增加反对、质疑的声音，变革者需要明白"小胜"的重要性。

A公司项目开展后的几个月，新的企业文化、规章制度出台，班子信任建立，抓住返乡潮启动市场营销活动，打了漂亮的翻身仗，极大地振奋了人心，消除了人们的消极怀疑情绪。在这之后，A公司不断地积小胜为大胜，让全员看到成功，相信自己可以成功，增强自信心，以源源不断的能量驱动自己努力奋进，直至将愿景变为现实。

（五）领导者"躬身入局"，胜过一万句口号

作为组织的一把手，如何有效赢得团队的信任？希尔咨询认为，关键在于领导者能够"躬身入局"，真正把团队放在心上。

叶小松教练说，我们项目成功的关键，不在于我们的教练技术，而在于客户的一把手。A公司一把手黄总，全程高度参与、积极推动变革，在每一个重要环节都身先士卒，为全公司树立了优秀的表率，同时不断去沟通协调，想员工之所想，向上为大家争取资源权益，向下充分授权、充分信任，扫除了团队对变革的恐慌感与消极心理。这样的领导者，员工如何能不信任他，追随他；这样的领导者，才能将变革进行到底，带领全员赢得胜利。

山东高速 HRDL 公司 ESG 管理体系建设咨询

北京泛略思晟咨询有限公司

北京泛略思晟咨询有限公司（以下简称泛略咨询）成立于 2013 年。公司作为咨询解决方案供应商，本着"信息共享化、知识社会化，服务全球化"的理念，以管理咨询和战略咨询为主线，产业研究和投资咨询为两翼，为企业和地方政府提供专属化和专业化的咨询服务。

泛略咨询主营业务包括战略咨询、管理咨询、政府产业规划、区域经济研究、投融资咨询和市场调研等专业服务。公司拥有国家统计局颁发的涉外调查许可证（国统涉外证字 1234 号），可为外商投资企业提供全国范围的市场调查服务。

泛略咨询是中石油、中海油、海航集团、首旅集团等知名企业咨询服务入库供应商。公司推出了专注为科技型小微企业提供综合咨询服务"创孵"计划，帮助初创型企业快速成长，累计服务小微企业超过 100 家。

本案例项目组成员

张志强，北京大学硕士研究生，高级经济师，具有资产评估师、咨询工程师等职业资格，从事战略和管理咨询、产业规划、区域经济、投融资等咨询服务 13 年，是北京市评标专家、山西省重点产业链"链长制"专家咨询组专家、山西省科技评估学会智库专家，入选北京市产业经济研究青年学者。主持完成了国家统计局、通辽市发展改革委、沈阳市科学技术协会等多项课题，主持地方政府产业经济咨询，企业战略管理咨询及投融资咨询服务上百项。

其他成员：张冬瑾、程明、商秀莉、张昊天。

导读

新形势下面对新的内外部环境，作为行业内龙头企业，山东高速 HRDL 公司（以下简称 HRDL 公司）董事会和管理团队敏锐地意识到企业未来的发展不应局限在单纯的公司治理，还应承担更多的社会、环境保护等方面责任，构建新的核心竞争力，提出调整公司总体战略和管理体系。HRDL 公司在对标分析、SWOT 分析和管理路径选择基础上，确定了以 ESG（环境、社会和公司治理）管理体系作为企业实现高质量发展的重要手段，构建了适合企业现阶段发展的评价体系，明确实施进度和考核目标。经过一年多的实践，HRDL 公司实现了 ESG 管理与业务全方位的深度融合，形成了以战略目标为方向，ESG 评价为管理手段的治理路径。公司的经营状况发展达到了预期目标，取得了良好的经济社会生态价值，凸显了 ESG 管理对公司价值提升和经营状况改善的积极效应，实现了管理咨询服务的预定目标。

山东高速 HRDL 公司 ESG 管理体系建设咨询

北京泛略思晟咨询有限公司 张志强

一、案例背景

（一）基本情况介绍

山东高速 HRDL 公司是山东高速集团控股的混改企业，是一家专业从事道路石油沥青、改性沥青研发生产销售和沥青期货交割库一体化经营的国内顶尖沥青材料企业。HRDL 公司 2022 年年底资产规模为 4.42 亿元，沥青库区占地 120 亩，建有各类沥青储罐 30 余个，沥青仓储能力超过 10 万吨，年沥青周转能力可达 200 万吨以上，沥青仓储、加工能力位居全国同行业前列。HRDL 公司是国内目前唯一一家既生产化学改性沥青，又生产物理改性沥青的生产厂家，配备有国际领先水平的各类改性沥青生产线 4 条，改性沥青年加工能力达 80 万吨以上。

HRDL 公司紧紧抓住山东地理优势，与省内外重要沥青供应商保持密切战略合作，打破地域边界，实现合作共赢。自 2000 年成立以来，公司秉承"立足山东，面向全国"的发展目标，产品除在山东省内大量使用外，在江苏、浙江、河南、河北、内蒙古、山西、陕西、安徽、湖北、青海、甘肃、西藏、四川、贵州等二十余个省份也大规模推广和使用，年销量达百万吨，是全国较大的沥青经销商。"十四五"期间，HRDL 公司提出发挥混改企业优势，塑造混改企业特色，建设混改企业标杆，实现公司高质量发展。

（二）客户需求

HRDL 公司目前以"采购—生产—销售"传统模式为主，从上游炼厂采购原材料，通过自有研发和生产，销售给贸易商和终端客户。在采购和销售方面采取"预付账款锁定价格"与"现款结算"的方式，现有的采销结算方式保障了公司财务状况的稳健，近几年公司营业收入保持了稳定增长，资产负债率较低，现金流较为稳定。但从业务长远发展来看，公司存在以下三方面难点。

1. 市场拓展过度依赖贸易商，产品毛利率较低

HRDL 公司作为全国较大的沥青生产企业之一，业务遍布全国多个省市，

为实现业务的快速拓展，公司前期采取了"以贸易商为主"的销售模式，结合较低的定价策略，实现了销售规模的快速增长，2018—2021年销售额复合增长率约为16%，但贸易商渠道占据70%左右的销售份额，直接销售占比未能实现较大突破。

对标行业内一家龙头企业——江苏宝利沥青股份有限公司（以下简称宝利沥青），宝利沥青成立于2002年，位于江苏省江阴市，主营产品为通用型改性沥青、高强度结构沥青料、高铁专用乳化沥青、废橡塑改性沥青等专业沥青产品。营收结构上，专业沥青占据宝利沥青总营收的95.39%，属于核心业务。2018年营业额达到20.5亿元，2019年营业额增长至24.3亿元，2020年营业额下滑为20.2亿元，而HRDL公司在2020年实现了对宝利沥青营业额的超越，2021年差距进一步加大。但对比两家公司的毛利率，宝利沥青的沥青板块毛利率一直高于HRDL公司2%左右，两家公司差距较大，导致HRDL公司出现"增收不增利"的情况。为进一步提升市场占有率，HRDL公司不得不继续降低产品毛利率来巩固与贸易商的关系，但制约了终端市场开发的步伐。

2. 金融对市场开发的支撑力不足

目前政府财政紧张和国内金融环境的不确定性增大，尤其与高速公路、市政道路建设相关的政府投资公司信贷筹款能力下降，对交易结算方式产生较大影响。如果持续坚持"预付账款锁定价格"与"现款结算"的销售政策，HRDL公司市场竞争力将削弱，存在丧失较大数量订单的风险。

HRDL公司长期"量大利小"的经营特点也使账面流动资金规模有限。新形势下市场开发亟须金融机构较大规模的信贷支持，然而，由于公司被贴上高能耗的标签，对外融资能力受到较大限制，制约了国内外市场的开发进程。

3. "双碳"政策和"交通强国"战略背景下，面临生产减排和需求旺盛的矛盾

HRDL公司以沥青生产加工为主，属于能耗较高的行业，同时生产沥青的主要原材料来自原油加工。从供给侧来看，"双碳"政策中提出减少化石能源的使用，增加以太阳能、风能为代表的非化石能源在一次性能源中的应用。同时为实现"双碳"目标，国家对生产能源投入限制和排污标准要求越来越高，给企业经营带来重大不利影响。从需求侧来看，目前沥青是公路建设中不可替代的材料，我国交通运输部提出，到2035年，基本建成"人民满意、保障有力、世界前列"的交通强国；到2050年，全面建成交通强国，实现"人享其行、物优其流"的美好愿景，大规模交通建设对沥青的需求量是巨大的。上述矛盾使HRDL公司探索新发展理念，推动绿色制造和研发新型绿色低碳产品势在必行。

(三)管理咨询目标

HRDL公司立足新发展阶段,贯彻新发展理念,提出构建适合企业发展的新管理体系,有助于企业战略目标制定和综合发展评价,提升企业内在综合竞争力,助力企业持续高质量发展,为国家、社会和股东创造更多的财富和价值。

HRDL公司的主要细分目标如下。

第一,构建新的管理体系,进一步与国内外资本市场评价体系融合,提升企业自身管理水平的同时,向市场展示HRDL公司的企业价值,赢得资本市场的认可,改善企业融资能力,为企业未来进入证券市场奠定基础。

第二,实现对落实社会责任和环保责任的绩效评价,凸显国有企业担当,推动我国"双碳"目标的完成。

第三,管理体系与财务目标的融合,提升企业软硬件实力和行业影响力,逐步加大市场开发力度,增加公司营业收入和利润规模。

二、战略诊断

(一)SWOT分析

泛略咨询对HRDL公司发展现状进行SWOT分析[包括优势(Strengths,S)、劣势(Weaknesses,W)、机会(Opportunities,O)和威胁(Threats,T)],发现HRDL公司自身优势和外部机遇较好,应立足公司优势资源和能力,紧抓国家"交通强国"发展机遇,构建绿色和可持续发展理念,发展绿色制造,提升绿色信贷保障,进一步提升企业科技创新能力和市场竞争力。SWOT分析如图1所示。

	优势(S)	劣势(W)
内部	◇行业内龙头企业,专注沥青产品,具备研发、生产和销售全流程资源与能力 ◇市场销售渠道完善,构建了辐射全国的市场营销网络 ◇公司技术研发能力较强,位居行业前列	◇产品毛利率较低,进一步采取降价竞争的空间较小 ◇过度依赖中间贸易商,终端用户对收入贡献较少 ◇金融对市场开发的支撑力不足
	机会(O)	威胁(T)
外部	◇"十四五"期间"交通强国"带来的庞大市场需求 ◇新时期市政、桥梁、机场等大型基建项目投资加大	◇"双碳"政策下,企业节能减排压力增大 ◇金融机构对高能耗行业信贷支持力度减弱,对公司融资能力产生一定影响 ◇原材料供应存在一定的不稳定性,频繁的供需变化给市场开发和合同履约带来一定的障碍和风险

图1 SWOT分析

HRDL 公司作为行业内龙头企业和国有企业，在新发展时期发展目标不应局限于单纯的业务规模和利润贡献的增长，还应承担更多的环境保护和社会责任，这与目前国际社会认可度较高的 ESG 管理理念非常接近。

ESG 即环境（Environmental，E）、社会（Social，S）和公司治理（Governance，G），是由联合国环境规划署在 2004 年提出的一种关注企业环境、社会、治理绩效而非仅考虑财务绩效的投资理念和企业评价标准。ESG 将企业发展对环境、社会的外部影响内部化，将公共利益引入企业价值体系，更加注重企业经济活动与环境、社会建设的动态平衡和持续发展。作为综合关注企业环境、社会、治理绩效的投资理念和企业评价标准，ESG 被认为是一种衡量企业长期价值增长的重要指标，得到全球资本市场的广泛认可。ESG 理念进入我国后，与我国提出的新发展理念相符合，被认为是推动企业高质量发展的重要抓手，得到国有企业和资本市场的高度关注。

推动 ESG 管理体系，一方面有助于推动企业向社会和资本市场认可的方向发展，更容易获得行业客户和资本市场的支持，提升市场竞争力，保持业务可持续增长；另一方面，对企业承担环境保护、社会责任起到正向促进作用，提升企业社会信誉和行业影响力，可有效平衡长期发展目标和短期目标，有助于管理层更明智地制定决策。

（二）企业治理和发展分析

（1）在国有企业监管层面，2022 年 3 月，国务院国资委成立国资委社会责任局，强调抓好中央企业社会责任体系构建工作，指导推动企业积极践行 ESG 理念，主动适应、引领国际规则标准制定，更好推动可持续发展，这为地方国有企业管理提供了指引。

（2）在企业治理层面，HRDL 公司作为国有企业，经济效益和社会效益同等重要，这与 ESG 理念更为接近，在国家大力推进 ESG 评价体系背景下，ESG 评价也将作为衡量国企发展水平的重要考评指标，同时也为企业战略制定和公司治理指明了方向，使国有企业决策更加全面，经营更为稳健。

（3）在企业生产经营层面，2021 年 12 月，生态环境部发布《企业环境信息依法披露管理办法》，明确了企业环境信息依法披露的主体、内容、形式、时限和监督管理，规范了环境信息依法披露活动，未来，国家对高能耗企业限制越来越严格。此外，随着经济社会发展水平的提升，下游企业更希望与更注重环境保护、重视社会责任担当的企业合作，以有效减少外部性社会风险。

（4）在企业证券化发展层面，HRDL 公司上级公司在"十四五"规划中提出推进资产证券化工作，实现上市。2008 年，上海证券交易所要求上市的

"上证公司治理板块"样本公司、发行境外上市外资股的公司及金融类公司必须披露社会责任报告，并鼓励其他公司披露。2018年，中国证监会修订了《上市公司治理准则》，确立了ESG信息披露的基本框架。2022年4月15日，中国证监会发布了《上市公司投资者关系管理工作指引》，在投资者关系管理的沟通内容中首次增加了"公司的环境、社会和治理（ESG）信息"。ESG管理体系对企业提出了更高的要求，企业想要吸引投资，除了关注自身财务数据以外，也需要增强自身的社会责任感，并积极加强ESG实践，以促进实现社会和环境的可持续发展。企业的ESG表现会对社会各界产生显著影响，社会公众的反应也会直观地表现在公司价值上，ESG评级较高的企业在公开市场上将获得更高的投资价值，这已经在国内外公开市场中得到验证。

经与HRDL公司高管团队座谈、上下游企业及金融机构访谈，泛略咨询综合研究认为，探索ESG管理是贯彻新发展理念，推动新时期企业高质量发展的重要手段，也是HRDL公司立足新时期，培育核心竞争力和承担社会责任的最佳方式。

三、项目设计实施

（一）总体咨询思路

在参考主流ESG评价机构评价体系的基础上，结合HRDL公司实际情况，泛略咨询构建了HRDL公司的ESG管理体系，有目标、有制度、有组织，再结合执行和考核，贯彻PDCA循环管理，即计划（Plan）、执行（Do）、检查（Check）和处理（Action），保障HRDL公司ESG管理的落实和考核。ESG管理体系执行框架如图2所示。

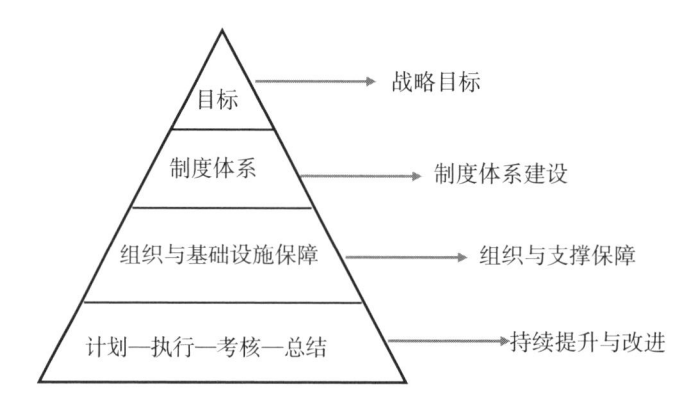

图2 ESG管理体系执行框架

（二）战略目标

本次咨询项目明确了以下三点成效目标。

第一，"建体系"：构建 ESG 管理评价体系，适合于 HRDL 公司现状和发展要求，将环境保护、社会责任及企业治理三个维度与财务目标相融合，可实现对企业高质量发展水平作出有效评价。

第二，"促落实"：围绕 ESG 管理的落实提出制度建设、组织建设及资源保障方案，协助和指导各部门制定考核执行方案及发展目标。

第三，"有成效"：跟踪和指导公司 ESG 管理推进情况，定期对推进 ESG 管理水平及企业总体发展水平作出评估，结合公司专家委员会意见，对 ESG 管理提出改进意见建议。

（三）ESG 评价体系构建

1. 构建原则

（1）科学性：评价总体框架和指标设置需获得省国资委、主流评价机构和高速集团认可，指标及其权重设置应符合 HRDL 公司自身企业类型、行业经营现状和发展要求。

（2）完整性：评价指标应融合企业总体战略目标及分解目标的实现要求，能充分反映企业现状、政策指引、与利益相关者关系、未来发展趋势等关键要素。

（3）适用性：评价指标及其权重设置和 ESG 管理的落实应与 HRDL 公司组织架构、软硬件条件、生产方式、人力资源、管理模式及企业文化相适应，通过较小调整即可具备可执行性。

（4）可量化性：评价指标所需数据和信息可获得，建立统一评分标准，分级评分的级数和级差设置应确保区分度适宜，每项评分可量化，可满足横向对比。

2. 评价体系

通过部门访谈、高管座谈会、外部专家访谈等方式，泛略咨询提出了在对标国内外市场上主流 ESG 评价体系的基础上，HRDL 公司围绕"行业属性、考核目标、组织与人力资源、生产管理模式及关键竞争要素"五个核心方面，构建的符合自身战略发展的 ESG 管理体系评价标准，包括 15 项二级指标、32 项三级指标，其中，"E"环境维度设 9 项三级指标，"S"社会维度设 9 项三级指标，"G"公司治理维度设 14 项三级指标。

权重设置采用"由大到小专家打分法"和"层次分析法"两种方法确定。首先，结合 HRDL 公司高级管理层人员和咨询专家意见，采用专家打分法确定第一层评价指标的权重。考虑到 HRDL 公司为生产型企业，能耗较高，受

"双碳"政策和绿色金融影响较大,直接影响到企业的生存与发展,因此"E"环境维度赋予的权重最高。作为山东高速集团下属国有企业,企业的规范化治理是强化企业监管的重要手段,"G"公司治理维度次之。作为新时代国有企业,承担社会责任和重视社会形象也越来越重要,"S"社会维度赋予的权重也不应太低。其次,根据 HRDL 公司高级管理层、对应各部门中层管理人员和咨询专家意见,采用专家打分法分类确定第二层评价指标的权重。最后,根据指标对应各部门人员的经验,以企业考核目标为导向,采用层次分析法确定第三层评价指标的初始权重,结合指标构建原则和实施便捷性确定第三层评价指标的权重。

第三层每项指标的满分分值为 100 分。评价基准期定为 2020 年度,基准期 ESG 综合指数设为 100 分。

四大评价指数如下。

(1)当期 ESG 综合指数 $O = \sum_{i=1}^{32}(p_i \times w_i)$

(2)当期"E"环境维度指数 $O_E = \sum_{i=1}^{9}(p_i \times w_i)$

(3)当期"S"社会维度指数 $O_S = \sum_{i=10}^{18}(p_i \times w_i)$

(4)当期"G"公司治理维度指数 $O_G = \sum_{i=19}^{32}(p_i \times w_i)$

其中:p_i 为第 i 项三级评价指标的评分,w_i 为第 i 项三级评价指标对应的权重。

HRDL 公司 ESG 管理评价体系如表 1 所示。

表 1 HRDL 公司 ESG 评价体系

一级指标	一级指标权重/%	二级指标	二级指标权重/%	三级指标	三级指标权重/%	评价方式	计算方式
"E"（环境）	40	能源使用	18	单位产品电力消耗水平	6	定量评价	100－（本年度数值－基准期数值）÷基准期数值×100
				单位产品天然气消耗水平	12	定量评价	100－（本年度数值－基准期数值）÷基准期数值×100
		资源使用	10	单位产品沥青消耗水平	8	定量评价	100－（本年度数值－基准期数值）÷基准期数值×100
				单位产品改性添加剂消耗水平	2	定量评价	100－（本年度数值－基准期数值）÷基准期数值×100
		废弃物排放	5	单位产品固废排放水平	3	定量评价	100－（本年度数值－基准期数值）÷基准期数值×100
				单位产品废气排放水平	2	定量评价	100－（本年度数值－基准期数值）÷基准期数值×100
		环境保护	7	绿电占总用电量比例	3	定量评价	（本年度数值－基准期数值）/基准期数值×100
				绿色建筑碳排放量	2	定量评价	建筑节能改造碳排放量减少规模
				节能措施	2	定性评价	节能创新应用及节能效果
"S"（社会）	25	员工健康	6	员工关爱与培养	2	定量与定性评价	员工合法权益保障、劳动关系和谐、健康权益维护、人才培养与晋升、文体活动开展、员工离职率、员工满意度等
				多元化与包容性	2	定量与定性评价	对女性、残疾人、弱势群体、信仰、种族、个人追求等的态度与措施
				新酬福利	2	定量与定性评价	新酬福利设立机制及水平、薪酬福利均衡性等
		安全生产	8	安全生产	4	定量评价	制度、组织与目标、落实效果、生产日志、改进方案等
				质量管理	4	定量评价	（本年度合格率－基准期合格率）×100
		客户管理	5	供应商和客户关系	2	定量与定性评价	部门自评价、供应商和客户满意度调查
				履约守信程度	3	定量与定性评价	包括因企业原因违约、付款不及时、产品规格不符等事项发生的频次和影响金额
		社会贡献	6	社会公益	4	定量评价	扶贫、公益慈善、关爱弱势群体等
				社会适应性	2	定量评价	与所在地政府、企业、事业、社会团体、居民的关系

续表

一级指标	一级指标权重/%	二级指标	二级指标权重/%	三级指标	三级指标权重/%	评价方式	计算方式
"G"(公司治理)	35	治理架构	4	治理架构	4	定性评价	股东与管理层利益关系、公司组织架构等
		制度体系	7	安全生产管理	2	定性评价	制度完善性、适用性、有效性等
				风险管理体系	2	定性评价	制度完善性、适用性、有效性等
				员工培养	1	定性评价	包括思想建设、职业素养、管理培训、技能培训等
				ESG管理	2	定性评价	制度完善性、适用性、有效性等
		经营活动	6	行业竞争行为	3	定性评价	面对行业竞争的态度和采取策略
				反腐败及贿赂	3	定性评价	出现腐败及贿赂事件的影响程度
		技术创新	6	科技创新成果	3	定性评价	专利和科研成果数量
				科技成果转化	3	定性评价	科技成果转化数量及产生价值
		信息披露	3	信息披露	3	定性评价	信息披露的真实性、完整性、及时性等
		负面事件治理	3	负面事件治理	3	定性评价	面对负面事件的态度和应对措施
		违法违规	6	违法犯罪	3	定量与定性评价	犯罪造成的经济损失和社会影响
				违规行为	1	定量与定性评价	违规次数和造成的经济损失
				监管处罚	2	定量与定性评价	处罚次数和经济损失,以及造成的社会影响

（四）ESG 管理实施

1. 调整组织架构

HRDL 公司治理结构设立有股东会、董事会及管理层，主要部室由沥青事业部、生产加工厂、安全环保部、财务审计部和综合部组成，组织架构简单，扁平化管理。公司为推进 ESG 管理成立由集团公司高管、公司高管、主要部门负责人及外部专家团队组成 ESG 管理工作组，负责公司总体 ESG 管理实施、考评和改进工作。

在战略制定层面，将 ESG 职能融入现有公司治理架构中。在制定公司发展战略时充分考虑 ESG 要素，凸显 ESG 对 HRDL 公司可持续发展的指导作用。

2. 完善软硬件条件

（1）新增生产过程监测工具。在原有原辅材料、能源投入及污染物排放监测的基础上，在生产程序中新增物联网采集系统，实现了对生产过程的监测。因此实现了对原辅材料投入的全周期监测，为产品质量提升和工艺改进提供了数据支撑。

（2）完善企业信息化管理系统功能。将生产过程监测数据进行接入，针对 ESG 管理提出的评价指标完善了功能模块，实现了自动化的评价记录和连续监测，同时对重大变动项进行警示，给出造成变动的原因，供管理层决策。

3. 建立健全管理制度

（1）"E"环境维度。

①完善原材料和能源统计标准：在升级和完善计量装置布局的基础上，制定了各环节原辅材料和能源统计方法，明确了依据和统计口径，实现了"两个分离"，即将生产与管理能源投入分离，将生产各环节原辅材料或在产品和能源投入分离，以填写"流程卡"的方式将材料和能源投入"生产地图化"。

②制订绿电使用计划：在计划中明确了绿色能源使用规模和重点任务，包括提升现有用电中绿电比例，新建建筑中布置太阳能光伏系统，厂区运输车辆更新新能源车辆等。

③提升节能要求：制定了能源高效利用方案三年行动，明确了每年能源降低目标和重点工作任务，通过新产品研发、优化生产安排、工艺改进、设备更新等路径降低能源的投入，加大对节能创新的支持和奖励。

（2）"S"社会维度。

①加强员工关爱：完善了公司职业卫生安全和应急管理制度，将对员工的人文关怀、信仰尊重等纳入制度和管理中。重视中青年员工的培养，制订了青年骨干培养计划，每年选拔优秀员工到名校和集团交流学习，预留一定数量

的中层岗位供优秀员工竞争上岗，为中青年员工创造更多的职称和职务晋升途径。工会出台加强员工自我权益保护文件，定期开展培训和学习活动，强化员工企业主人翁意识，让员工作为监督者参与到企业职业卫生和安全管理中。

②强化安全管理制度：重新修订《企业事故应急措施预案》，改进污染事故预警机制，配备了专岗专人，加装环保设备和安全保护设施设备，改造危废车间，设立污染物收集池，规定每月不少于一次演练，演练成效纳入生产绩效考核。

③新建供应商和贸易商监测和信用评估机制。根据供应商自身生产能力、产品质量、生产经营稳定性、仓库储量、历史交易信息等维度评估供应商接到订单后供货保障，采购人员定期对供应商进行信息更新。对贸易商建立分级管理，根据贸易商业务规模、历史交易信息、项目所在地、项目采购量、工期、项目建设单位等信息综合评估，给予贸易商一定规模和时间的应收账款。

（3）"G"公司治理维度。

①强化内控制度。建立全面的风险防控体系，坚决反对商业贿赂，健全内控及合规委员会。确保公司各项重要工作和重大业务方案应通过内控及合规委员会审查后实施。

②调整奖惩机制。一方面加大专利申请、工艺改进、申报课题等方面的奖励，让成果研发人员获得更多收益分成，同时每年投入固定预算支持青年员工开展创新活动。另一方面，将ESG考评纳入员工薪酬绩效考评机制，每年拿出一定规模的利润用于奖励ESG管理建设。

③加强信息披露和负面事件治理能力。信息披露包括内部披露和对外公开披露，内部披露包括企业年度《环境、社会及公司治理报告》和季度报告简讯，对外公开披露通过集团和公司官方网站发布。同时设定专人负责企业舆情的收集、分析和上报工作，建立舆情分级处理机制，逐步完善处置方案库，重大舆情由公司高层领导集体会议讨论，报集团通过后及时对外发布，提升负面事件处置能力。

公司各部室结合ESG管理和评价要求优化部门管理制度，全体员工用1个月学习ESG管理体系和要求，由咨询顾问和企业高管作为主讲，营造全员推进ESG管理的氛围，统一员工思想。

4.制定实施步骤和目标

制订了三年行动计划：2023年年底，HRDL公司ESG管理得到有效落实，公司和部门的评价体系在管理中得到应用；2024年年底，HRDL公司ESG管理实施初见成效，公司环保指标改善、治理水平提升、业绩增长及社会声誉显著提高；2025年年底，HRDL公司ESG管理模式成熟运营，公司综合实力得到较大提升,创造的经济、社会和生态价值得到集团、政府和外部机构的高度认可。

四、项目评估和绩效说明

（一）绩效情况

HRDL 公司在内外部环境分析和管理路径选择的基础上,确定了以 ESG 管理体系作为企业实现高质量发展的管理手段,构建了适合企业现阶段发展的评价体系,明确了实施进度和考核目标。经过一年多的实践,HRDL 公司实现了 ESG 管理与业务全方位的深度融合,形成了以战略目标为方向,ESG 评价为管理手段的治理路径。在新型技术研发、绿色生产、金融支持、企业社会形象、员工满意度、安全生产、供应商管理、企业治理、负面事件治理等涉及企业经营的重要方面都取得了较大的成效。财务指标也得到了较大改善,取得了一定的经济价值,凸显了 ESG 管理价值和战略落实的有效性。

1. 建立了 ESG 管理体系,并得到有效落实

通过一年多的评估和改进工作,构建了适合 HRDL 公司"十四五"期间发展要求的 ESG 管理体系,同时对组织结构、软硬件条件、制度建设等方面进行调整,保障了企业 ESG 管理的推广和应用。目前,ESG 管理已在公司各部室得到有效落实,ESG 管理理念得到全体员工的认可,管理效率得到较大改善。评价标准基本完善,评价结果符合评价内容的实际状况,并在管理中发挥指导作用。

2.ESG 管理服务经营的效应显著,主要财务指标得到较大改善

（1）营收规模和利润大幅增长。在外部需求回升的背景下,通过对贸易商进行分级制定销售政策,公司实现了销售规模的大幅增长,2022 年营收增长达到 33.0%。借助良好的企业声誉、产品质量、销售结算方式等,逐步扩大省外市场,省外市场销售占比和直接销售占比显著提升,综合毛利率增长,利润规模也得到较大提升,2022 年增速达 33.6%,超过同期营收增长率。

（2）应收账款周转率提升。通过构建客户信用评价体系,采取"分类定策"的定价和风险控制方式,实现了应收账款周转率的提升,在营业收入大幅提升的背景下,说明了 ESG 管理实施的有效性。

（3）融资成本显著下降。2019 年金融机构融资成本的年利率为 5.6%,2022 年下降为 3.5%,这得益于 HRDL 公司通过技术改造推动了生产环节的节能减排,得到了金融机构的认可,公司已从银行业高能耗企业分类中被剔除,成功获得银行的大规模授信,为公司带来了充足的现金流以支持扩大再生产。

3. 彰显国有企业担当，社会影响力显著提升

HRDL公司积极融入国家和区域发展大局，主动自筹经费承担"卡脖子"关键技术的攻克。例如，为助力高寒地区高速公路发展，自主研发低温冷拌沥青，已在新疆、西藏、青海等地区大规模应用；研发了新型节能沥青添加剂材料，并获得国家发明专利授权；围绕乡村振兴的需求研发新型沥青材料，节约乡村公路建设成本；等等。同时，启动MAC生产线智能化改造及SBS生产线环保设备更新计划，推进绿色低碳循环发展，通过生产工艺改进和能源精准化管理，企业单位产品能耗得到有效下降。另外，加强与地方政府、公益事业单位的合作，开展多种形式的公益志愿活动，社会影响力得到显著提升。

（二）经验总结

1. ESG管理实施需要体系化的组织保障

ESG管理的引入对公司管理产生了重大改变，初期部分员工具有一定的抵触心理，给ESG管理实施和价值发挥带来一定影响。HRDL公司在推动这一工作时，进行了充分调研与论证，征求了内部员工和外部专家的意见，以管理人员为推进工作的责任主体。通过对评价体系的统一分解，保障了评价口径的统一性和可考核性，借助信息化手段支撑和考评机制监管，保障了ESG管理在HRDL公司的落实和价值实现。

2. ESG评价机制应注重自身的适宜性

在国内，ESG评价作为主流企业长期价值评价理论得到了广泛认可，但尚未形成统一的评价体系。这主要是由于国内ESG评价体系起步较晚，国有企业与国外企业在治理、使命等方面存在差异所致。ESG管理的本质是为企业持续高质量发展服务，单纯地套搬前瞻性的评价体系，很容易导致ESG管理无法落地实施。因此，ESG管理需与公司自身条件和战略发展相一致，才能真正推动企业发展。作为国有企业，HRDL公司受到了更为严厉的监管和条件限制，公司在充分吸纳国内外主流ESG评价体系研究成果的基础上，结合自身发展环境和资源条件，构建了"通用性指标+独特性指标"评价机制，既保证了与国内外主流评价体系贯通，又符合企业现状。同时，公司通过不断调整ESG评价指标，实现了企业管理的持续优化升级。

从实施过程来看，ESG管理的推进还面临着与战略目标协同性、评价体系构建完整性和可得性、数据采集的有效性、ESG管理与短期经营矛盾等问题，这也是企业在推进ESG管理时需要关注的重点问题。

国能北电胜利能源有限公司安全文化建设项目

北京捷盟管理咨询有限公司

北京捷盟管理咨询有限公司（以下简称捷盟咨询）是中国本土领先的集团化大型管理咨询机构之一，由清华大学的 MBA 创业团队于 1999 年成立。专业从事企业文化咨询、安全文化建设、品牌建设、战略规划、人力资源管理等咨询业务，为企业管理提供一揽子系统解决方案。捷盟咨询已为 1000 多家企业提供了满意的咨询服务，客户涉及煤炭、电力、化工、交通、建筑、地产、制造、汽车、金融、传媒等众多行业，包括 20 多家世界 500 强企业如国家电投集团、国家能源集团、山东能源集团、陕煤集团、晋能集团、中国人保控股集团等。

本案例项目组成员

王京平，捷盟咨询副总裁，中央财经大学管理学硕士，高级人力资源管理师，会计师，公司知识管理中心主任，《中外企业文化》杂志编辑部副主编。作为北京市思想政治工作研究会长期合作顾问，主持并参与过西城区区政府发展报告的撰写。20 年管理咨询经验，擅长企业文化建设、安全文化建设、品牌建设、管理诊断等。组织指导、参与各类管理咨询和研究项目数百个。

其他成员：马健雅、李亚、李聪望、郭彦欣。

导读

在日益严峻的安全生产形势下，企业安全文化建设显得尤为重要。本案例以国能北电胜利能源有限公司安全文化建设项目为实例，详细介绍了企业如何依据国家法律、法规和行业标准规范，结合公司实际情况，全面、系统地推进安全文化建设。通过客观、科学、准确的安全文化现状诊断，挖掘优秀经验，透视问题，明确建设思路和关键路径，以创新的安全文化管理模式为引领，构建具有企业特色的安全文化体系。

本案例的核心内容包括四个方面：一是构建安全理念文化，提炼形成全员认同的安全价值理念体系，为安全文化建设奠定坚实基础；二是构建安全制度文化，将安全理念融入相关管理制度，确保文化与制度的有机融合；三是构建安全行为文化，将安全理念细化为员工行为要求，形成可执行的安全文化行为模式；四是构建安全物态文化，对安全作业环境进行规范化建设，彰显公司安全理念，传递安全品质形象。

国能北电胜利能源有限公司安全文化建设项目

北京捷盟管理咨询有限公司　王京平

国能北电胜利能源有限公司（以下简称胜利能源）是最早进驻锡林郭勒的大型能源企业，作为国家能源集团的二级企业，胜利能源肩负着建设现代化大型煤电基地的重任，一直以来重视安全文化建设的研究与实践。2022年，捷盟咨询携手胜利能源，结合新发展阶段安全形势和文化环境的变化，适时构建了符合新时期发展的安全文化体系，以统一的安全价值观引领各项安全管理工作，为公司的高质量发展保驾护航。

一、项目背景

在当今这个日新月异、科技迅猛发展的时代，随着工业化、信息化的不断推进，人们对"安全"二字的渴求与日俱增。安全不仅关乎每一个人的生命财产，更是社会稳定和持续发展的基石。而"安全文化"作为一种深层次、系统性的安全管理理念，正逐渐受到社会各界的广泛关注与认可。它强调以人为本，从更深的文化层面来激发员工对"关注安全、关爱生命"的深刻认识和自觉行动，通过培育安全意识、建立安全制度、提高安全技能、营造安全氛围等手段，将安全理念内化为每个人的自觉行动，从而构筑起一道坚实的安全防线。

（一）需求理解

近年来，国内安全生产形势日趋紧张，各类"黑天鹅""灰犀牛"事件时有发生，面对错综复杂的环境，安全已经成为每个企业至关重要的头等大事。正视安全问题，这就需要企业各级领导真正把安全放在心上，印在脑中，落实到行动上，坚守"发展决不能以牺牲安全为代价"这条不可逾越的红线。2021年修正的《中华人民共和国安全生产法》（以下简称《安全生产法》）明确要求企业安全管理工作中做到"全员参与"，从企业负责人到一线员工、从管理层到技术层、从各个专业到各个岗位环节都要健全落实全员安全生产责任制，而要做到这一点，唯有实施安全文化管理，强化企业安全文化建设。

一直以来，胜利能源高度重视安全文化建设的研究与实践。公司在2013

年就形成了"1165"安全文化管控模式，提出了"露天矿可以做到零伤害，'三违'即事故"的安全理念。通过"1165"安全文化模式的实施，员工安全素养得到大幅提升，安全标准化建设显著增强。进入新发展阶段，随着安全形势和文化环境的不断变化，胜利能源"1165"安全文化管控模式已经不能满足公司当前需求并指导未来安全发展，需要适时提出符合新时期发展的安全文化体系，以统一的安全价值观引领各项安全管理工作，为公司的高质量发展保驾护航。

（二）项目目标

依据《安全生产法》《企业安全文化建设导则》（AQ/T 9004—2008）、《企业安全文化建设评价准则》（AQ/T 9005—2008）等法律、法规和行业标准规范，客观、科学、准确地诊断胜利能源及各单位安全文化现状，透视当前安全管理中存在的问题，以安全价值观为导向，努力创新安全文化管理模式；通过安全理念、制度、行为、物态四个层面全面导入，使安全文化"内化于心、固化于制、外化于行、显化于物"，形成具有胜利能源特色的、具有实践性的安全文化体系。

（三）项目重点与难点

1. 把握好"过去"与"未来"的关系

一方面，胜利能源安全文化的核心价值孕育于文化生长过程之中，要让价值观"有来头"，需要以"回头看"方式，重视公司安全文化发展历程的梳理。另一方面，胜利能源的安全文化建设是面向未来的，需要融合行业安全发展趋势，结合公司"十四五"高质量发展需求，重视对企业安全发展战略的分析，让安全文化核心价值具有战略导向性。

2. 注重安全文化与安全管理的融合

安全文化的建设必须"从管理中来，到管理中去"，安全文化建设的思路就是逐步减少和弱化总部的安全生产现场直接监察职能，强化考核引导，通过综合激励手段将安全管理的任务、责任向基层一线、向作业者个人传导，变过程控制为结果导向，变被动管理为主动管理，最大限度地为基层一线提供服务、创造条件，真正实现安全生产管理工作的以人为本和自管自控。

3. 科学规划，深植路径，让文化融入实践

结合胜利能源管理实际情况，围绕安全理念文化、安全制度文化、安全行为文化、安全物态文化的落地规划可操作性强的实施路径，以切入管理、融入日常、深入基层为标准，梳理年度工作任务与工作计划，明确各部门的职责分工。按照"宣贯入心、实践入行、管理入境"的文化建设路径，帮助员工树立正确的安全价值观，增强员工对安全文化的认同感、对企业的归属感、对工

作的自豪感。

二、诊断分析

"深入的调研是项目成功的基础",为真正摸清胜利能源发展中遇到的安全管理问题,捷盟咨询项目组通过系统、扎实的调研,深入挖掘安全管理优秀经验与成功基因,深入剖析安全管理中存在的问题并寻找文化根源,准确把握企业与员工的安全文化建设诉求,完成诊断分析报告,并对未来安全文化建设提出建设方向。

(一)诊断思路

捷盟咨询项目组通过资料调阅,提取单位安全文化关键报告资料、关键安全会议等资料,同时收集外部资料:国家能源集团有关安全文化建设的政策与文件,国家有关安全管理的法律、法规和行业标准规范等,运用文献分析法等专业方法分析其中安全文化价值因子。在此基础上,科学制订调研计划,并对胜利能源开展针对性的调研诊断。

1. 实地访谈调研

按照调研计划,开展访谈调研工作,通过周密的一对一访谈、员工座谈,聚焦对企业安全管理相关问题的思考,深度了解高层领导的战略意图,员工对安全管理工作的关注度与满意度,并进一步梳理提炼,定性分析;建构安全文化理念体系;对未来安全文化建设方向提出建设性意见。

2. 线上问卷调查

线上问卷调查将100%覆盖全体员工。根据前期研究行业、企业资料和访谈,以及座谈过程中发现的问题进行系统分析,并据此设计问卷,通过问卷星系统下发到个人(电脑和手机),下发问卷填写通知,要求全体员工都参与填写,然后通过系统回收并统计问卷,建立数据模型,进行安全文化定量分析。

3. 综合诊断分析

通过前期大量丰富翔实的资料研读、访谈座谈总结、现场观察分析、调查问卷数据测评、标杆企业研究、行业分析比照等,捷盟咨询项目组对胜利能源的安全文化优秀经验进行深入细致的分析、总结、提炼、归纳,绘制形成经验树,对不足之处经过问题沉淀,形成问题池,经过联合项目组对问题分析的深度性、调研结论的准确性进行多轮研讨,确保对安全文化建设现状评估的准确。

(二)基于安全文化四层次模型的安全文化现状分析

安全文化是人类在从事生产活动中所创造的安全生产和安全生活的思想

观念、行为方式、物质形态等的总和。按照安全文化建设的内容和层次，安全文化可进一步划分为安全理念文化、安全制度文化、安全行为文化和安全物态文化。

1. 安全理念文化现状分析

安全理念是企业全体员工共同秉持的安全思想和信念，核心是安全价值观。依据《企业安全文化建设导则》，企业应建立包括安全价值观、安全愿景、安全使命和安全目标等在内的安全承诺；依据《企业安全文化建设评价准则》，安全理念表述应具备先进性、时代性且与企业实际相契合。综上所述，安全承诺是安全理念文化的核心要素，且安全承诺至少应包含安全价值观、安全愿景、安全使命和安全目标。

基于以上分析，胜利能源安全理念文化建设存在以下问题。

（1）未明确提出企业的安全价值观。

在"1165"安全文化模式中，安全理念文化部分主要提出的理念有：安全理念（露天矿可以做到零伤害，"三违"即事故）、安全使命（员工幸福安康）、安全愿景（打造安全型能源基地，铸就平安胜利能源）、安全战略目标（深化"1165"安全文化模式，建设一流现代化能源企业）、安全目标（实现安全生产零事故）。从理念条目上，并未明确安全价值观。"1165"安全文化模式中的安全理念是最为接近安全价值观的概念，但其内容并未明确体现出安全价值判断，其中"露天矿可以做到零伤害"偏向于安全目标，"'三违'即事故"偏向于行为约束，当时作为安全理念提出，具有一定的先进性，但如果作为安全价值观来看，价值判断则是不清晰的。

（2）需要融入新时代价值观和新发展理念。

党的十八大以来，党中央对安全生产提出新的更高要求，《安全生产法》颁布实施，将强化"人命关天，发展决不能以牺牲人的生命为代价"的红线意识，践行"以人为本、生命至上"的安全发展观纳入其中。新安全发展理念要求弘扬"生命至上、安全第一"的思想，促进企业落实安全生产主体责任，夯实安全生产基础，构建安全生产长效机制，推进安全生产治理体系和治理能力现代化。党的二十大进一步明确了贯彻总体国家安全观，把人民立场作为根本立场，坚持"人民至上、生命至上"，深刻回答了国家安全为了谁、依靠谁的重大问题。可以看出，"生命至上"的价值观在新发展理念中被多次提及，是安全发展、安全生产的核心价值，需要在胜利能源安全理念文化中有较为明确、直接地体现。

（3）安全目标存在表述不一致的问题。

在"1165"安全文化模式中，有多处与安全目标相关的表述。其中，在安全理念中提出"零伤害"的表述,安全目标明确为"实现安全生产零事故",安全战略目标为"建设一流现代化能源企业","五零"目标为员工工作零"三违"、设备设施零故障、作业环境零隐患、执行标准零距离、安全生产零事故。有关安全目标的表述过多,导致表述不清晰,员工容易混淆。捷盟咨询项目组认为,在新版胜利能源安全理念文化中,对安全目标的表述应进行统一。

2. 安全制度文化现状分析

安全制度文化是安全理念文化在制度层面的体现,是企业安全生产运行保障机制的重要组成部分。在《企业安全文化建设导则》和《企业安全文化建设评价准则》中并未对安全制度文化包含的内容进行界定。目前国内对安全制度文化的内容和标准并未形成统一明确的规范,但对安全制度文化初步形成几个共识:一是安全制度文化是安全理念文化在制度层面的体现;二是安全制度文化不等同于安全管理制度、管理体系,但安全管理制度、管理体系体现和影响、安全制度文化。捷盟咨询项目组认为,安全制度文化是企业在安全管理制度建设和制度执行过程中所遵从的安全价值观和规范性要求,主要包含以安全价值观为指导的制度管理思想、管理要素、管理要求、管理措施等。

基于以上分析,胜利能源安全制度文化建设存在以下问题。

(1)安全管理体系与制度文化混同。

"1165"安全文化模式将安全管理体系作为公司的安全管理文化,在安全文化体系构建之初有一定的合理性,但也导致安全文化落地传播出现偏差。实践中,安全管理与安全管理文化混淆的现象,导致安全管理文化建设缺乏清晰的指引、没有实质性开展,表现为各单位对安全文化建设工作的总结报告与安全生产工作报告如出一辙。从安全管理的内容来看,行业内部实施了煤矿安全生产标准化管理体系,明确了基本要求及标准,管理要素需要更新。

(2)安全制度文化未形成体系。

部分生产单位认为公司的安全制度体系缺乏指导性,管理要素与制度建设要求不明确。本次安全文化体系构建采用制度文化的概念,将安全制度文化建设与安全管理工作进行区分,以安全价值观为引领,规范公司安全制度建设的标准原则,明确管理要素和持续改进要求,有助于厘清安全管理思路,通过制度文化建设让员工快速了解公司安全制度内涵,理解制度执行要求。

3. 安全行为文化现状分析

安全行为文化是安全理念指导下的,企业在生产活动中约定俗成的有关安全的行为准则和习惯。《企业安全文化建设导则》与行为有关的内容主要涉及行为规范与程序、安全行为激励、安全事务参与及自主学习等内容,其中行为规范与程序属于个人行为规范,安全行为激励、安全事务参与属于企业的安全管理行为。《企业安全文化建设评价准则》对决策层、管理层和员工层的行为要求有较细致的表述，有一定的借鉴意义。基于以上分析，胜利能源安全行为文化可以从个人行为和管理行为两个层面进行构建。胜利能源安全行为文化建设现状分析如下。

（1）各层级安全行为规范缺乏明确导向。

"1165"安全文化模式明确了制度化、流程化、自律化的安全行为文化建设方向，目标明确、条理清晰，但在行为规范部分，对各层级管理人员及员工行为规范的表述与政策文件要求类同，缺乏关键词导向。例如，对管理层的行为规范表述为："管理层主动践行公司安全理念和思路模式，认真落实责任，组织实施横向到边、纵向到底网络化管理，严格执行安全决策，严格照章管理、规范管理"，此类表述多见于制度文件或工作报告，员工难以留下深刻印象，结合调研发现，基层单位未将其作为本单位员工行为规范进行传播落地。

（2）公司管理行为缺乏整体规范指引。

"1165"安全文化模式中，对领导决策、组织关怀等企业安全管理行为未制定整体规范，相关内容零星体现在部分行为文化措施及做法中，在新版安全文化体系中，需要进一步明确公司安全管理行为的规范性要求。

（3）缺乏安全事务参与行为激励等相关内容。

调研发现，胜利能源安全行为文化在实践中主要集中在"三违"治理，手段以监督、处罚为主，缺乏对主动安全行为的引导与激励。目前集团推行的安全行为积分管理在实践中存在走形式等现象，缺乏安全行为激励的相关制度工具，员工安全事务参与程度不高，安全行为文化需要进一步完善相关内容。

4. 安全物态文化现状分析

安全物态文化是指企业通过安全文化的手段和途径得到的企业安全生产的物质基础和保障。目前对安全物态文化的定义和内容未达成共识。在行业标准《企业安全文化建设导则》和《企业安全文化建设评价准则》中，属于安全物态内容的比例较少，相关内容主要涉及安全信息系统、安全目视化环境和安全氛围营造等。捷盟咨询项目组认为，作为安全生产的物质基础和保障，物态文化建设主要体现在装备、工艺技术和环境氛围等维度，基于此，对胜利能源物态文化建设现状进行如下分析。

（1）物态文化建设内容不完整。

"1165"安全文化模式对物态文化的表述为建设"以信息化和科技为支撑的安全物态文化"，该表述未体现物态文化中关于硬件（如装备、装置等）的建设思路，且在直观理解上，信息化属于技术的范畴，逻辑上不够清晰，不利于物态文化的传播和落地。

（2）缺乏方向性指导与规范性要求。

安全物态文化表述为工作报告式描述，内容多为当前已做工作的罗列和总结，例如，"建立了覆盖全公司的工业视频监控系统……GPS卡车调度系统、地质测量信息管理系统……实现了信息化、科学化的管理"。该种表述方式以体现了胜利能源各单位当前在物态文化方面已经完成的工作及成绩为主，但对物态文化建设的思路及物态文化建设的标准、规范并不明确，对各单位未来物态文化建设缺乏指导意义。物态文化建设需要在明确思路及内涵的基础上，提出物态文化建设的方向性要求。

三、方案设计

在前期调研的基础上，通过共创营、座谈会、资料研究、内部征集等多种方式，构建了胜利能源的安全文化体系，形成了具有指导性和实践性的安全文化管理模式。

（一）安全文化体系框架构建

胜利能源安全文化建设以"人民至上、生命至上"的思想为指导，以杜绝安全生产事故为目标，以保护员工生命健康安全为根本目的，把人作为安全生产的主体，增强员工的安全意识、规范员工的安全行为、改善员工的安全环境、维护员工的生命健康权益，并以此为必要条件推动人的全面发展。安全文化体系构建以安全文化四层次模型为基础，从安全理念文化、安全制度文化、安全行为文化、安全物态文化四个方面设计建设体系。胜利能源安全文化体系框架如图1所示。

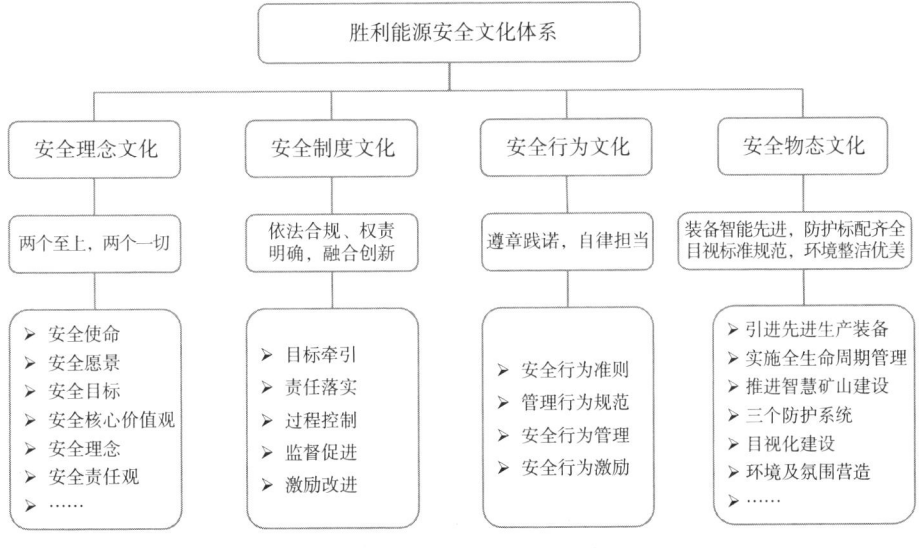

图1 胜利能源安全文化体系框架

（二）安全理念文化体系构建

安全理念文化体系建设要贯彻新发展理念和习近平总书记关于安全生产重要论述，统筹好发展和安全两件大事，坚决把确保人民生命安全放在第一位的要求落到实处。坚持"安全第一、预防为主、综合治理"的安全方针，借鉴和吸取国内外优秀企业安全管理思想及安全理念，结合胜利能源的发展目标和安全生产实际，在传承公司本部及各单位优秀的安全文化基因的基础上，对公司现有的安全文化进行总结、挖掘、提炼、创新。

胜利能源安全理念文化体系以"两个至上，两个一切"为核心，从安全愿景目标体系、安全价值观体系、安全方针与承诺三个维度进行构建。胜利能源安全理念文化体系如图 2 所示。

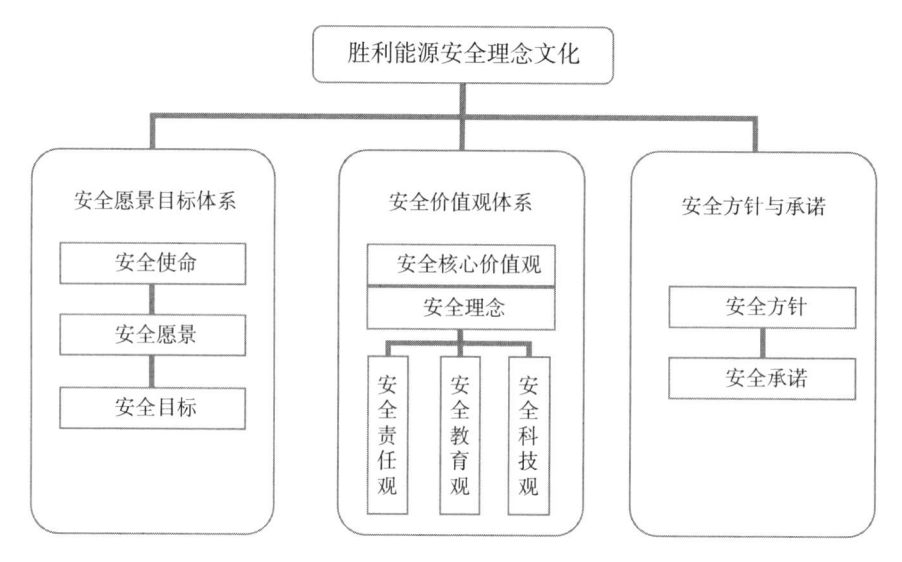

图 2　胜利能源安全理念文化体系

安全价值观体系是安全理念文化体系的核心，是企业对自身安全工作开展的评判标准和对行为价值的选择标准，包含安全核心价值观、安全理念、安全责任观、安全教育观和安全科技观。安全愿景目标体系阐明企业安全工作的意义及奋斗目标，指明了企业安全发展的方向，主要包含安全使命、安全愿景和安全目标。安全方针与承诺体现了企业和员工践行安全价值观所需遵守的政策和执行要求。

（三）安全制度文化体系构建

在安全价值观引领下，秉承上级单位国家能源集团的安全管理思想，结合公司自身特点和实际，按照"依法合规、权责明确、融合创新"的制度建设思路，建立以主动、动态管理为特点，以风险预控管理为核心的安全制度文化体系。

1. 制度文化的内涵特征

"依法合规"是一切安全制度建立的前提和基础，一切安全制度的建立首先要符合国家关于劳动、安全、卫生方面的法律、法规和标准，包括《劳动法》《安全生产法》及地方政府部门规程条例和国家或行业技术标准等。"权责明确"是安全制度得以落实和执行的关键，建立职责明确、履责程序清晰、问责严格的安全责任体系，既是对"三管三必须"的落实，也是健全安全制度必不可少的要素。"融合创新"是保持安全制度先进性和适用性的保障。企业在发展中遇到的情况是不断变化的，因此制度应根据具体情况不断修正完善。

2. 制度文化建设原则

制度文化建设以"突出核心、价值引领、易于执行、与时俱进"为基本原则。一是要按照国家双重预控与安全生产标准化建设要求，构建相关管理体系与管理标准。二是要从企业安全价值观出发，将安全价值观的要求落实到具体的制度、规范之中。三是要依照国家法律、法规和最新的要求，对相关制度进行修订。以风险预控为主线，管理要素采用PDCA（计划、执行、检查和行动）循环方式运行与改进；通过评估与对标，不断完善安全管理标准，提升安全管理绩效，实现企业安全目标。

3. 制度管理要素

制度文化建设从支持安全愿景目标、安全价值观、安全方针等理念出发，以双重预控体系为核心，研究其运行机理，明确安全管理12个要素，将安全文化价值理念融入制度文化，按照闭环管理的要求，针对安全目标体系、安全责任体系、双重预控体系、安全监督体系、考核激励体系，理顺管理要素之间的逻辑关系，明确管理要求，有助于促进制度优化与执行。制度要素管理模型如图3所示。

图3　制度要素管理模型

（四）安全行为文化体系构建

胜利能源安全行为文化围绕"遵章践诺"和"自律担当"两条主线展开。"遵章践诺"是对组织和个人安全行为的基本要求，是对"两个至上，两个一切"安全核心价值观在行为层面的践行。"自律担当"体现安全行为文化的建设目标，通过一系列行为管理方法、措施，培养塑造主动自觉安全行为，提升全体员工的安全素质，促进人的本质安全。

行为文化通过行为规范、行为管理、行为激励来实现。一是明确胜利能源安全行为规范，即从个人行为层面建立包含决策层、管理层、操作层和监督层的安全行为准则，从组织行为层面建立科学决策、团队协作、组织关怀、亲情关爱、事务参与、沟通分享、团队学习等管理行为规范；二是明确安全行为管理的制度、方法，主要包含"三违"治理、安全行为观察等；三是安全行为激励，主要内容为建立以安全行为积分管理办法为基础的行为激励体系。胜利能源安全行为文化体系如图4所示。

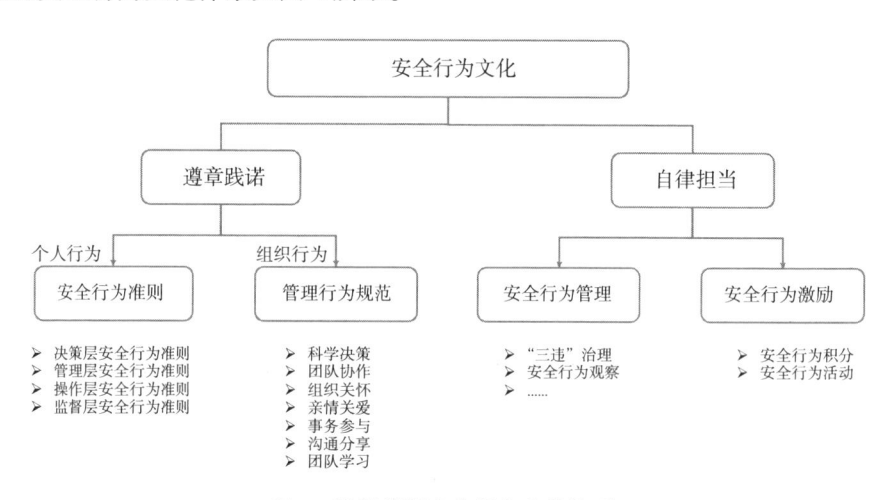

图4　胜利能源安全行为文化体系

（五）安全物态文化体系构建

胜利能源安全物态文化建设基于当前公司安全文化建设要求及行业安全生产管理的趋势，以安全价值理念为指引，构建"装备智能先进，防护标配齐全，目视标准规范，环境整洁优美"的安全物态文化，营造安全氛围浓厚、员工队伍和谐的人文环境，让员工直接感知到、真正接触到、真实体验到物态文化对安全管理效能的促进，真正发挥安全物态文化的作用。胜利能源安全物态文化体系如图5所示。

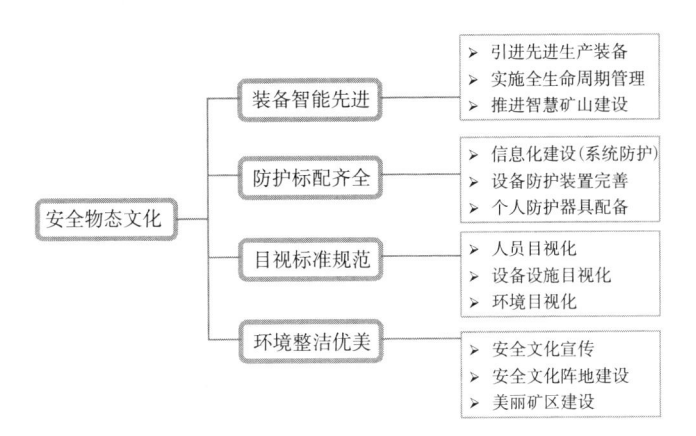

```
                    ┌─ 装备智能先进 ─── ▶ 引进先进生产装备
                    │                    ▶ 实施全生命周期管理
                    │                    ▶ 推进智慧矿山建设
                    │
                    │                    ▶ 信息化建设（系统防护）
                    ├─ 防护标配齐全 ─── ▶ 设备防护装置完善
安全物态文化 ───┤                    ▶ 个人防护器具配备
                    │
                    │                    ▶ 人员目视化
                    ├─ 目视标准规范 ─── ▶ 设备设施目视化
                    │                    ▶ 环境目视化
                    │
                    │                    ▶ 安全文化宣传
                    └─ 环境整洁优美 ─── ▶ 安全文化阵地建设
                                         ▶ 美丽矿区建设
```

图 5　胜利能源安全物态文化体系

1. 采用智能先进的装备提升本质安全水平

作为安全物态文化的重要组成部分，技术先进、稳定可靠的设备设施是公司安全生产的基础。通过引进先进生产设备，实施全生命周期管理，确保"设备零缺陷"，运用智能化技术，提升公司安全生产能力和本质安全水平。

2. 建立"系统、装置、个人"三道防护防线，保障员工生命健康

按照《安全生产法》的要求，结合个体防护装备配备国家标准，通过推进安全信息化建设，配备安全可靠的作业工（器）具，提供适用、有效的个体劳动防护装备和用品，以及急救设施、消防设施，持续改善员工劳动防护水平，确保"防护无漏洞"，坚决守住员工的安全防护底线。

3. 通过目视化管理建设本质安全环境

创建良好安全的工作、生活场所。通过安全色、标签、标识标牌等方式区分人员和设备设施，明确设备设施的使用状态及生产作业场所的危险状态，各单位作业现场做好清理整顿、规范标准，确保"物有其所、物在其位、物有其色、物有其标"。维护和保障安全、整洁、舒适、良好的厂区面貌。

4. 营造安全文化氛围，激发全员安全自觉

环境造就人，氛围影响人。为常态化安全文化宣传、学习提供硬件场地、设施，进行厂区环境美化建设，营造"人人知安全、处处有安全"的安全文化氛围，激发全员安全自觉。

四、项目评估和绩效说明

（一）项目评估

安全文化咨询项目在胜利能源的实施，已经完成了预期目标，构建了稳

固的安全文化体系。

安全理念文化构建：成功提炼出企业的核心安全价值观，这些理念不仅得到了全体员工的认同，通过培训、宣讲、座谈会等多种形式，员工对安全理念有了深刻理解，并将其内化为自己的行为准则。

安全制度文化融合：在制度层面，将安全理念的要义与企业的管理制度紧密结合。例如，在制定安全操作规程、应急预案等制度时，充分体现了安全价值观的要求。此外，通过制度执行情况的定期检查与反馈，确保了文化与制度的有机融合，避免了"两张皮"现象。

安全行为文化培育：在行为层面，注重将安全理念转化为具体的行为要求。通过制定员工安全行为准则、开展安全行为观察与纠正等措施，引导员工养成良好的安全行为习惯。

安全物态文化营造：在物态层面，着重对安全作业环境进行了规范化建设。通过改善作业条件、更新安全设施、设置安全标识等措施，营造了良好的安全作业环境。同时，利用企业内部媒体、宣传栏等载体，广泛宣传安全知识，营造了浓厚的安全文化氛围。

（二）绩效说明

胜利能源安全文化建设的成果得到了企业内、外部的广泛认可。在内部，员工对安全文化的认同感和归属感增强，更加积极地参与到安全工作中；在外部，企业的安全形象得到了提升，赢得了客户、合作伙伴和社会的信任和尊重。

1. 安全执行力增强

员工对安全制度的执行力明显增强。以往员工可能存在对安全制度执行不力、违规操作等问题，通过安全文化建设，员工能够自觉遵守安全制度，严格执行安全操作规程，大大降低了事故风险。

2. 安全行为习惯形成

员工在工作中更加注重良好的安全行为习惯养成，如在操作设备前进行安全检查、在危险区域佩戴防护用品等。这些习惯的形成，有效减少了人为因素导致的事故。

3. 安全作业环境改善

企业的安全作业环境持续改善。作业场所更加整洁、有序，安全设施齐全、有效，为员工提供了更加安全、舒适的工作环境。员工对工作环境的满意度有了明显提升，工作积极性和效率也随之提高。

北京华夏建龙矿业科技有限公司"人人都是经营者"班组建设咨询

北京八九点管理咨询有限公司

北京八九点管理咨询有限公司（以下简称八九点）是国内专业的咨询培训一体化服务提供商。八九点秉持"高效赋能的专有技术，让咨询创造最佳的核心竞争力"的理念，为中央企业、国有大型企业及大型民营企业提供班组建设、党的建设，线上、线下一体化的咨询、培训服务。

本案例项目组成员

杨金霞，拥有16年班组建设培训、咨询、辅导相关工作经验，专注于八九点基层组织建设、学习型组织建设、标准化建设、文化建设、精益改善方法等研究和实践。

其他成员：江广营、杨磊、孙语含。

导读

北京华夏建龙矿业科技有限公司（以下简称华夏建龙）从2020年启动班组建设项目以来，到目前已经实施了四年。在四年的实践经验基础上，形成了公司独有的"人人都是经营者"班组管理模式，助力企业实现了四大成果。四大成果具体如下。人才培养成果：发现、培养和提拔了一大批优秀人才队伍，包括后备班组长、优秀班组长、车间主任、企业内训师、优秀大学生、中层教练队伍六支人才队伍，成为企业人才培养的摇篮。安全和环保成果：安全和环保是矿山生存的底线，通过班组建设查六源做改善、微习惯改善、轮值安全员等管理机制和手段，极大增强了员工的安全意识，改善了现场环境，减少了"三违"和安全事故，减少了现场"跑冒滴漏"和粉尘。效益成果：效益是企业矢志不渝的追求。通过提产增效、提质增效、降本增效、提速增效、提高回收率增效、创新创效等一系列措施，创造实效，2020—2022年，通过查六源做改善、标准改善、QC课题攻关、专项治理等创新形式载体，公司各单位累计创效14631.72万元。知识成果：将个人智慧沉淀为企业资产。沉淀形成华夏建龙五大知识库——"案例库、小课库、改善库、标准库、模式库"，形成可复制、可传承、可推广的知识体系。

北京华夏建龙矿业科技有限公司
"人人都是经营者"班组建设咨询

北京八九点管理咨询有限公司　杨金霞

一、实施背景

（一）客户基本概况

北京华夏建龙矿业科技有限公司成立于2003年，作为北京建龙重工集团有限公司（世界500强第363位）的资源板块，是一家集矿山采选技术研究、矿产资源勘查、矿山设计、矿山投资开发、矿产品加工与销售于一体的集团化企业。产业布局遍布国内七个省区，拥有十余家子公司，在辽宁、内蒙古、河北、湖北、新疆等地拥有铁、铜、铅、锌、钼等资源的探矿权、采矿权。

目前华夏建龙已探明铁矿资源56.6亿吨，铜、铅、锌矿资源（金属量）26万吨，钼矿资源（金属量）90万吨。其中旗下子公司辽宁本溪龙新矿业有限公司已探明铁矿石储量24.84亿吨，平均品位为31.19%，是国内探明登记的最大单体铁矿，并荣获2010年度全国十大地质科技与找矿成果奖。

华夏建龙是北京民营百强企业，2021年中国冶金矿山企业50强中位列第5，是中国砂石协会常务理事单位，中国矿产资源与材料应用创新联盟理事长单位，中国矿业联合会主席团单位。

华夏建龙秉承"只争第一，点滴做起"的企业精神和"诚信、规则、团队、卓越、共赢"的价值观，本着对员工、股东、社会负责的态度，提出加强矿产资源综合利用和深度利用的新理念，打造形成了两大绿色建材生产基地，持续推动安全文化建设和绿色矿山建设，努力构建安全、和谐、创新、智能的全国一流矿山企业。

（二）客户需求提出背景

1.助力华夏建龙实现具有全球竞争力的一流矿业公司目标

党的十九大以来，我国经济已由高速增长阶段转向高质量发展阶段，正处在转变发展方式、优化经济结构、转换增长动力的攻关期，建设现代化经济体系是跨越关口的迫切要求和我国发展的战略目标。推进高质量发展是新时代的要求，也是企业可持续发展的必然要求。华夏建龙以习近平新时代中国特色社会主义思想为指引，围绕"两主三辅"（新能源、大农业、肥料）对资源进行深度综合利用，努力建设具有全球竞争力的一流矿业公司，打造6个"一流"，即一流的企业文化、一流的管理模式、一流的组织架构、一流的干部队伍、一流的技术支撑、一流的指标体系。

2.助力华夏建龙提升核心竞争力，以应对市场变化加剧给企业经营带来的新的危机与压力

华夏建龙自2003年成立以来，凭借独特的管理模式在铁矿石行业实现了快速发展。然而，面对全球疫情和外部环境的双重挑战，经济形势日益严峻，企业面临巨大的下行压力。为了保持稳健发展，华夏建龙积极求新求变，深挖内在潜力，通过科技创新、数字化转型和精细化管理等手段，延伸产业链，提升产品附加值，从而增强核心竞争力。这就需要全体干部员工改变思维方式，掌握科学方法，加强精细化管理意识和成本管理意识，全员参与企业生产经营。

2019年12月，华夏建龙与八九点开展深入合作，实践并创新"全面生产力革新"方法，全面推进班组、部室、车间及领导班子建设，实现层级全覆盖和全员参与管理，为企业的持续发展注入新动力。

（三）客户咨询项目需求和目标

通过与华夏建龙苑占永董事长的面对面沟通以及各单位调研了解，八九点咨询团队明确项目需求与目标为："员工幸福、企业创效"。苑董事长强调班组建设为企业关键抓手，需共同努力提高员工的幸福感，打造班组建设标杆。八九点咨询团队将华夏建龙项目的需求和目标分解为以下5项。

（1）固化一套管理模式：导入先进的管理模式、理念、方法和工具，固化形成华夏建龙特色班组建设管理模式（管理模式力求简单、实用、可持续）。

（2）实现员工六项提升：人格魅力和能力双提升，包括提高责任心、提高主动性、提高学习力、提高胜任力、提高改善力、提高归属感。

（3）促进六项指标提升：安全、产量、效率、质量、成本、环保六大指标的改善和提升。

（4）培养三支人才队伍：面对人员紧缺、人才紧缺的情况，通过班组建设为华夏建龙发现一批人才、锻炼一批人才、培养一批人才、提拔一批人才，包括中层教练队伍、示范班组长队伍和示范员工队伍。

（5）保障企业三项落地——战略落地在班组、文化生根在班组、专业管理落地在班组。

北京华夏建龙矿业科技有限公司"人人都是经营者"班组建设咨询

二、项目调研与诊断分析

（一）调研诊断实施过程

2020年1月，八九点咨询团队在咨询总监杨金霞的带队下，对华夏建龙总部及分公司进行了现场调研，全面了解企业状况。通过线上问卷、员工访谈、现场走访等方式，对华夏建龙进行了较为全面的了解。咨询团队充分挖掘并提炼了华夏建龙的管理资源，依托三大改善体系、提案管理平台、质量控制（QC）课题攻关及标准化建设，确保安全、生产、设备、成本、现场等关键管理环节在一线得到精准实施。此举不仅夯实了企业基础管理，确保了经营的有序进行，更推动了效益的稳步提升与人才培养体系的完善。最终，我们结合华夏建龙的特色实践与先进管理理论，总结出了独具一格的"人人都是经营者"基层管理模式，为企业管理的规范化、标准化、科学化及模式化奠定了坚实基础。

（二）调研诊断分析

1. 两大体系、七大要素结构化调研诊断分析总结

通过班组建设实践经验的积累，八九点咨询团队认为班组建设项目的成功主要取决于两大体系、七大要素。两大体系，即一个企业班组建设能不能做好，是由两个体系决定的，一个是公司的组织与推进体系，另一个是班组的实践与创新体系。两大体系又称为双轮驱动模型。第一个轮是组织驱动轮，主要抓好三点，即领导重视、系统规划和推进有力。第二个轮是班组实践轮，主要也抓好三点：一是保障班组建设的全员参与，二是保障班组建设的方法科学，三是激发起一线员工的创新热情。基于双轮驱动模型，八九点咨询团队认为要将班组建设做好，主要取决于以下七大要素，即认知精准性、领导重视度、组织推进力、专业支撑力、内容体系性、方法科学性和全员参与度。根据现场调研的定性分析以及问卷调研的数据分析，咨询团队针对以上七大要素给予评价。

认知精准性：逐步认识到了班组建设的价值和意义，但是认知度从高层到中层，再到基层逐层衰减。

领导重视度：领导思想意识上普遍比较重视，但是从思想上重视到行动上重视还有较大差距。

组织推进力：总部和子公司推进力度大，执行力较强，但是推进手段、方法以强推为主，方式单一，员工被动接受较多。

专业支撑力：安全专业支撑作用发挥较好，其他各专业线管理以指标分解和考核为主，赋能和教练作用发挥不充分。

内容体系性：目前实际落地内容以班组活动室建设、例会和轮值、安全管理为主，尚处于起步阶段，与系统化推进存在巨大差距。

方法科学性：班组长管理者角色认知不到位，班组管理依靠经验，缺乏系统的方法、工具做支撑。

全员参与度：班组建设必须全面激发、调动一线员工参与才能取得实效，华夏建龙班组建设在培养人、激发人、调动人、发挥全员的价值方面存在巨大空间。

综上所述，华夏建龙班组建设基础薄弱，未来大有空间、大有可为。

2. 班组管理诊断分析结论

企业基础管理现状如图1所示。

基层管理者只会干活不会管理	基层员工老人、老思想	基础管理非常薄弱	车间生产现场凌乱，有"跑冒滴漏"现象，安全隐患较多
·有的班组长进厂就没有更换过，思想保守，观念陈旧 ·现代管理理念方法工具尚未掌握	·工人平均年龄为46周岁 ·文化水平不高 ·工作标准不高 ·积极主动性不高 ·学习力不高 ·工作随意性大	·依赖班组长个人的素质和经验，不敢换班组长 ·交接班会只有简单的班前五项、班后四项流程。会议没有气氛，员工积极性不高 ·尚未实现标准化、模式化、体系化管理	
现场"跑冒滴漏"严重			

图1　企业基础管理现状

3. 班组管理整体改善建议

从以事为导向到以人为导向：人是一切的本因和源头。无论是抓安全、抓效益最终都要依赖人的素质和积极性，因此从就事论事的逻辑转变为以人为中心的逻辑，以激活人、培养人、经营人为班组的根本内驱力。

从考核结果到抓过程管理："过程是正在实现的结果"，结果的实现靠过程，而"人人都是经营者"管理模式正是过程、细节，就是要将管理前置、下沉，盯现场，盯细节，抓行为，抓过程。

从个人管理到全员管理："火车快不快，全靠车头带"的逻辑已经难以适应现代精益型班组建设的要求，优秀团队领袖的典型特征是激活全员的热情，发挥全员的智慧，人人都管事，人人都担责，人人都创新。

北京华夏建龙矿业科技有限公司"人人都是经营者"班组建设咨询

从刚性管理到人本管理：改变以罚代管的路径依赖，形成多样的激励方式，丰富的管理手段，加强组织关怀，加强团队建设，提高人员积极性，降低人员流失率。

从经验管理到模式管理：不过于依赖各级一把手个人经验，为一线团队提供一套可复制的管理模式、方法、工具，管理如同套公式，易学好用。

三、项目设计思路

（一）项目内容设计思路：两大愿景、三线内容设计

班组建设是一项长期工程，在项目初期形成了项目顶层设计。

1. 项目愿景设计：员工幸福、企业创效

根据公司需求、员工需求以及企业存在的实际问题，八九点咨询团队与企业领导共同确定了项目愿景：员工幸福、企业创效。员工幸福：人是一切的核心，也是最终的目的。项目始终以"人"为核心，通过关爱人、引领人、用好人、激活人、培养人、成就人等一系列措施，让员工切实感受到被尊重，并采取实际举措降低员工劳动强度、减少现场隐患、改善现场环境，让员工真正通过班组建设项目受益。同时，激发、调动员工的积极性，发挥员工的聪明才智，让员工在参与的过程中增强本领，实现自我价值。二是企业创效：班组建设一直坚持"融入中心、服务中心"的宗旨，紧扣企业安全生产主线，聚焦班组实际"老大难"问题，围绕保安全、稳生产、提质量、降故障率、降成本、增效益的目的开展各项工作。这两大愿景相互依存、彼此促进。

2. 内容三线设计：能力线、组织线、创效线

每年项目内容围绕三条主线设计，即在提升个人能力的同时，建设基层组织，创造赋能场域；同时着力于改善创新，创造实实在在的成果。这三条线互相支撑、缺一不可。

（1）能力线——将指令型管理者打造为赋能型管理者。班组长是班组管理第一人，班组长的角色定位、管理风格、管理方式对班组建设成效起着关键性的作用。班组建设要以培养班组长队伍为关键切入点，致力于将传统的指令型班组长打造为教练型班组长。

（2）组织线——将"他组织"打造为"自组织"。"人是环境和特定情境的产物"，改变人，要先改变组织。传统基层组织的特点为"他组织"，即被动等待指令，接受安排，被考核，被推动，缺乏内生动力；而"自组织"的最大特点是具备内生动力。其具体表现如下。

自组织——人人都是管理者、职能管理落地有抓手。

自驱动——班组活力涌现，潜能释放，自我驱动。

自赋能——班班有讲台，事事都反思，人人兑标汇。

自修复——形成问题发现、分析、改善、防止再发生的机制。

自涌现——创新改善持续涌现，精益求精，提质增效。

（3）创效线——人人都是经营者，人人都是改善者。秉持华夏建龙"只争第一，点滴做起"的企业精神，践行全员参与、持续改善的理念，着力于全员、全方位、全过程的班组改善体系建设。围绕人的改善、物的改善、环境改善、指标改善等主题，项目先后设计和导入了查六源做改善、标准改善、经典改善、QC课题攻关、创新工作室等。一系列改善活动的导入，大幅提升了员工活力，提升了绩效指标，解决了企业的实际问题（见图2）。

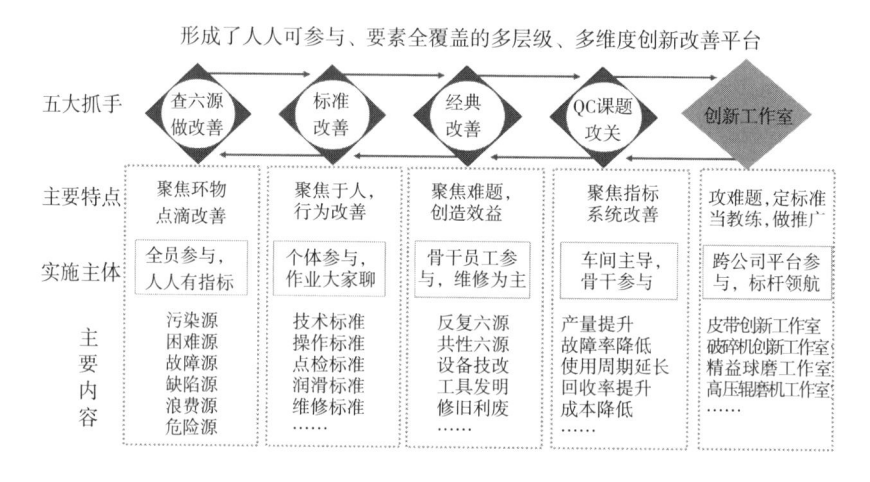

五大抓手	查六源做改善	标准改善	经典改善	QC课题攻关	创新工作室
主要特点	聚焦环物，点滴改善	聚焦于人，行为改善	聚焦难题，创造效益	聚焦指标，系统改善	攻难题，定标准，当教练，做推广
实施主体	全员参与，人人有指标	个体参与，作业大家聊	骨干员工参与，维修为主	车间主导，骨干参与	跨公司平台参与，标杆领航
主要内容	污染源 困难源 故障源 缺陷源 浪费源 危险源	技术标准 操作标准 点检标准 润滑标准 维修标准	反复六源 共性六源 设备技改 工具发明 修旧利废 ……	产量提升 故障率降低 使用周期延长 回收率提升 成本降低 ……	皮带创新工作室 破碎机创新工作室 精益球磨工作室 高压辊磨机工作室 ……

形成了人人可参与、要素全覆盖的多层级、多维度创新改善平台

图2 华夏建龙改善创效体系

四、项目内涵和主要做法

（一）"人人都是经营者"管理模式的内涵

在系统规划之下，在具体实践的基础上，总结经验，形成了"人人都是经营者"的管理模式（见图3）。

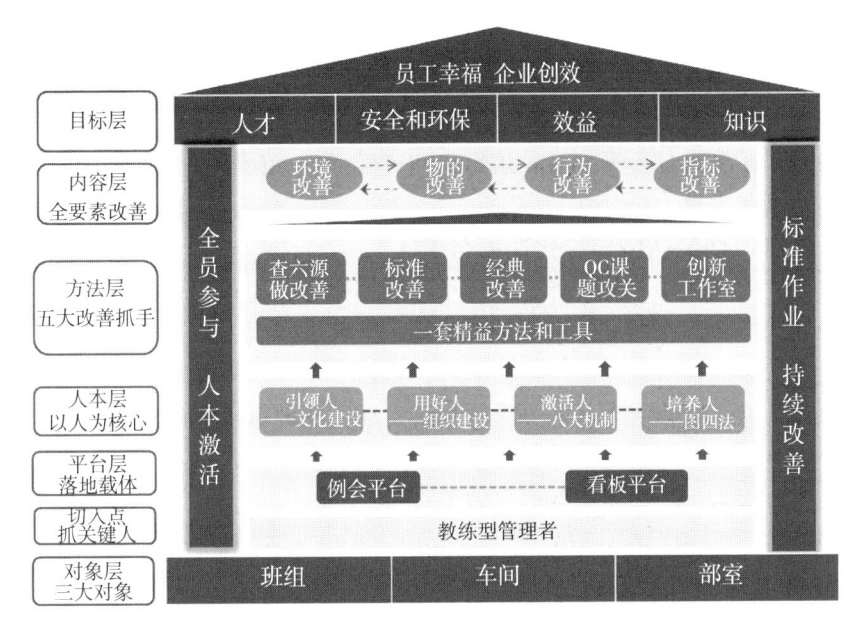

北京华夏建龙矿业科技有限公司"人人都是经营者"班组建设咨询

图3 华夏建龙"人人都是经营者"管理模式

"人人都是经营者"模式，是以"员工幸福、企业创效"为核心的管理变革，强调全员参与和持续改善。这一模式打破了传统个人管理的局限，转变为以模式管理为主导，从以考罚为中心转变为以经营人为中心，并倡导从墨守成规到持续改善的变革。它不仅激发员工创造力，释放企业活力，还在复杂多变的外部环境中为企业赢得竞争优势。

"人人都是经营者"模式全面激活员工潜能，形成人人经营、管理、创新、参与、发力、负责的动力引擎式"动车组"管理方式，是组织建设的体制、机制和实践创新。自实施以来，它在安全、设备、生产、成本、现场等多个专业领域取得显著成效，推动了绩效提升、文化落地、本质安全等多方面的利好发展。

(二)"人人都是经营者"管理模式的主要做法

1."自组织"建设（全员参与管理，树立经营意识）

"自组织"建设是通过轮值机制，在规定时间内，赋予员工一定的权力，使其参与到团队管理当中，进而通过轮流担任委员的方式，实现了全员参与管理（人人都管事＋事事有人管），在班组、车间、部室、虚拟团队中，按照"轮值岗位设立、职责清单、轮值述职（激励）、交接仪式"的方式，形成了"自组织"建设闭环管理，团队负责人由管理者向"教练式领导"转变，双向提升。华夏建龙自2021年3月开始，下至班组轮值班组长（委员）、上至集团轮值常务总部经理，形成全面"千斤重担人人挑，人人身上有指标"的工作局

175

面，进而树立经营者意识，打通微组织，促进大循环。

例如，宝通矿业选厂生产班"圆桌式结构"，完成了班组长从一人管理，到部分参与，再到全员参与的圆桌式微组织建设。打破了管理者与被管理者的对立和博弈，人人都是管理者，班组长和车间管理人员转型做教练。

2. 标准化建设

八九点咨询团队将标准化建设与团队汇智、改善创新、人才培养、提质增效进行"五位一体"的设计，以技术标准为核心，通过工作标准来实践，用管理标准促实现，按照"拆—汇—研—写—审"五步自下而上实施，专业教练指导审核，形成设备点检、巡检、润滑、检修、作业、排故 6 类制作模板。通过"写我所做，做我所写"的方式，真正实现团队的深度思考、深度工作、深度汇智。重新定义标准化，是一次重点主义的改善工程，也是一次汇智学习的育人工程，还是一次提质增效的创效工程。

2021 年度编制标准化作业宝典 170 项，其中，宽城建龙为 39 项，宝通矿业为 65 项，承德县建龙为 30 项，滦平建龙为 20 项，柏通矿业为 8 项，河北恒钊为 4 项，金地矿业为 4 项。

3. 全员、全方位、全过程改善

经过两年深入实践与系统梳理，以华夏建龙"只争第一，点滴做起"的企业精神为指导，成功营造出全员参与、持续改善的工作氛围，实现了战略、文化和专业管理在班组的落地生根。在查六源做改善的基础上，深化了改善活动，将其分为三个层级，从班组全员级到主管骨干级，再到车间公司级，改善活动的数量递减，活动的难度和投资递增。同时，我们确立了华夏建龙特色的"改善五大系统"。

查六源做改善系统：重点关注污染源、清除困难源等"六源"，坚持查六源做改善资料报送的"四性"原则，即真实性、群众性、完整性、科学性。通过运用五个为什么、鱼骨图分析等方法提升员工的问题分析与解决的能力，并每月公布改善数据，形成网状根治性措施。

经典改善案例：鼓励员工参与生产经营，活动针对安全生产瓶颈问题展开。通过选题、原因分析、改善措施、效益计算和固化推广等步骤，实现问题的有效解决和经验复制。

微习惯改善：关注日常行为习惯，通过全员商议选定改善主题，加强现场管控和反思总结，有效改变员工的不良行为习惯。

QC 课题攻关：是由一线工作人员组成的团队活动，运用各种改善手法对品质、成本等进行提升。

主题改善：由华夏建龙总部指定，针对主要设备设施提出改善主题，由各单位生产副总组织推进，取得显著成效。

综上所述，这些举措共同构成了华夏建龙全员、全方位、全过程的改善体系，为企业发展注入了持续动力。

4. 汇智学习六大工具

人是公司的第一资源，从以管控为中心到以经营人为中心，公司的发展来自员工成长的红利。面对人员紧缺、人才紧缺的情况，通过"自成长—团队学习"，导入了团队汇智学习六大工具，即案例管理法、作业大家聊、快乐问答法、小课法、提问法、对标学习，为华夏建龙发现一批人才、锻炼一批人才、培养一批人才、提拔一批人才，打造了"一教两示范"队伍，即中层教练队伍、示范班组长队伍和示范员工队伍。

5. 赋能八大机制

打破传统的以罚代管、以考代管的管理思路，根据员工的多层次需求，广泛运用人本管理制度，激发和调动全体员工的积极性。在现代管理理念下，要变控制为激发，利用人本管理—八大机制有效调动团队成员的积极性。机制建设基于人本需求的因素而设计的由内而外的驱动，让人们做愿意和喜欢做的事，起到人本激活的作用。应用八大机制深度激活全员活力，从被动到主动，提升团队凝聚力。

（1）积分机制是管理的有效手段之一，根据工作特点、人员行为能力表现设计针对性的积分机制，引导成员积极向上，促进绩效提升。

（2）活力机制就是通过各种活力形式，营造一种氛围，塑造一种环境，从而有效调动每一位员工的积极性，激发其热情和潜能，提升班组整体战斗力和凝聚力。活力机制的具体表现形式包括早晚例会活力形式、团建活动、荣誉嘉许仪式等。

（3）轮值机制是落实人人参与的手段之一，有助于实现换位思考，团队和谐，也有助于提升轮值人员的能力。开展形式包括轮值委员、轮值小组、轮值讲课等。

（4）赛场机制。搭建赛台，以赛促学、以赛促练，开展如知识竞赛、技能竞赛、指标竞赛、擂台课等形式多样的竞赛活动，营造"比学赶帮超"的氛围。

（5）荣誉机制。根据工作特点和要求，经常性开展评星工作，如安全之星、效率之星、进步之星、智多星等，选树优秀员工标杆。设计激励小仪式，全体成员对优秀员工进行仪式嘉许，强化激励。

（6）分享机制是在内部搭建分享的平台，促进互动沟通、交流，如小课分享、案例分享、经验分享、相互点评等。

（7）评议机制旨在打破一言堂模式，鼓励团队成员之间就班组的人和事进行点评和反馈，以营造民主、公平、公开的氛围。评议机制不同于考核机制，评议强调的不是"评"的结果，而是强调"议"的过程。

（8）链锁机制指通过团队荣誉、责任的关联，来促进团队之间相互协助、相互提醒，共同提升，如安全互保联保、师徒奖惩互联等。

6. 智慧班组信息化平台开发与应用

"赋能"被广泛应用于商业和管理学，其理论内涵是企业通过去中心化方式驱动企业组织扁平化，尽量由上而下地释放权力，营造一个赋能的环境，让员工最大限度地发挥个人才智和潜能。核心是"人才重于流程，创新高于效率，自由多于管控"，而其基础是创造力需要自由，但自由又不能被滥用。这样团队就需要具备"自管控"能力和平台来保障，因此华夏建龙在例会管理和看板管理平台上升级和开发了智慧班组信息化平台（见图4）。

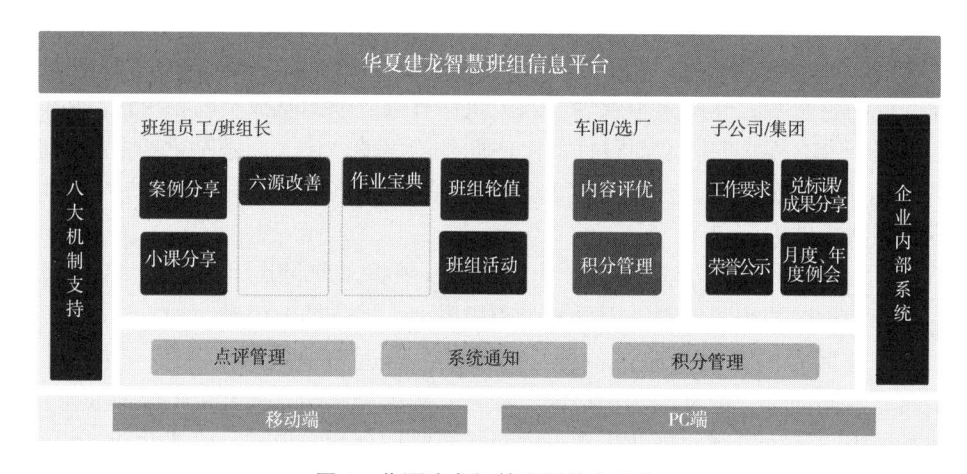

图4 华夏建龙智慧班组信息平台

五、"人人都是经营者"管理模式取得成果及实际应用

华夏建龙通过持续推进"人人都是经营者"管理模式，形成了"高层谋势、中层搭台、专业赋能、班组实践"齐抓共管的工作局面，全员参与、全方位改善、全过程控制，涵盖了公司安全、生产、设备、现场、成本、产量、质量、工艺等多个方面，主要表现在以下几方面。

（一）企业绩效不断提升，向科技创新企业转型

2021年，华夏建龙生产铁精矿376万吨（预算完成率101.97%）、钼精矿11360吨、铜金属量2610吨、磷精粉80万吨、硫精砂15万吨、砂石骨料1386万吨，公司实现主营销售收入65.52亿元，实现利润总额18.09亿元，较

好地完成了年度生产经营目标。

目前华夏建龙拥有高新技术企业 5 家（宝通矿业、柏通矿业、承德县建龙、金地矿业、矾山磷矿），1 家省级技术中心（鑫源矿业），1 家市级技术中心（宝通矿业），1 家"专精特新"中小企业（宝通矿业）。

（二）借助改善系统，将文化落地生根

华夏建龙集团的企业使命：成就建龙人事业梦想；愿景：成为引领行业进步、深受社会尊重、员工引以为豪的重工产业集团；价值观：诚信、规则、团队、卓越、共赢；企业精神：只争第一，点滴做起。企业文化是企业成员面对企业时共享的价值观与习惯。企业与文化的关系犹如骨肉与灵魂，企业的组织与人员形成企业的骨与肉，而企业文化则是企业的灵魂所在，是企业存在发展的重要元素。随着集团规模增大，已有6万多名职工，在文化落地方面显得尤为重要，也关系到企业生死存亡，如何有效将集团人本管理、合作共赢、持续改善等先进文化和理念贯彻到基层组织和每位员工，华夏建龙经过深入思考、系统规划，实践出了三大改善系统，具体做法如下。

（1）华夏建龙通过持续推进全员查六源做改善活动，2021年共改善六源45099项，改善完成率为94.53%，创造效益1112.47万元。

（2）2021年应用经典改善案例，共编写案例530余篇，其中经典案例120余篇，可计算创效价值976万元。

（3）全年开展QC课题攻关（CDA自主管理活动）117项，课题结题42项，全年课题转化可实现年化效益6378.48万元，爆磨专项创效4092.85万元。

一是推动细粒级回收，提高产品转化率。滦平建龙完成选磷实验室试验，并启动项目建设；承德县建龙在选磷、提高铜回收率及回收贵金属方面取得了阶段性成果，同时通过重选实现外购矿石回收钛粗精矿。鑫源矿业长石矿石英综合回收完成半工业试验，并在研究过程中可实现铁资源回收，预计年可回收铁精粉2万吨；金地矿业完成了铁精粉（粗粉）的回收研究工作，2022年年初完成技改。

二是持续推动资源深度利用。宝通矿业上半年完成细粒级选磷项目投产，实现选磷综合回收率提高6%左右，年多产磷精粉3万吨的同时，实现日富集粗铜粉金属量0.5吨；同时通过技术创新，跳出了政策的束缚，为承德小营区域铜资源的综合回收提供了解决方案。通过借助选磷分级回收细粒级磷工艺中的脱硫技术，实现原矿中0.02%～0.03%铜富集成2.5%的粗硫铜粉，再统一输送至联达选铜车间集中精选成合格产品。目前一期年产铜金属600吨已顺利投产，二期已同步规划，在处理周边矿山选磷反浮选硫铜粗精矿后，年扩产至1250吨~1500吨铜金属。该项目一期年创收3500万元，创效1500万元以上，二期投产后年创效 3000 万元以上。

三是推进公司干选甩废综合利用工作。实现柏通矿业干选尾矿制砂回收工艺改造，提高了铁、磷产量；滦平建龙围绕球磨满负荷运转，降低甩废率 5% 左右，提高入磨量 2000 吨 / 天，可多回收铁精粉 600 吨 / 月；宝通矿业通过调整干选甩废量，减少石子产量，提高铁精粉、磷精粉、机制砂产量；承德县建龙利用难销售的豆石制砂，每月可多产铁精粉 1500 吨以上。

（三）将安全文化进行"到底"，打造本质安全企业

华夏建龙通过挖掘、提炼集团安全文化管理资源与要素，依托安全理念文化、安全制度文化、安全行为文化、安全环境文化的四层次文化建设路径、方法与思路，成功将"杜邦安全管理模式""金川安全文化模式"与班组建设有机融合，树立"一切事故皆可预防，一切事故皆可避免"的安全理念，形成了一标双控班组安全管理模式。

"一标双控"是基于"全员、全过程、全方位"的基本要求，以"一岗一标""一事一控""一人一控"为依托，通过对"现岗、现任、现事"的管控，将安全生产管理的具体要求落地到"每岗、每事、每人"的一种终端管理模式。

一岗一标：立足岗位要求，逐项梳理职责、标准、制度、流程等应知应会内容，形成岗位应用手册，标准精准控制到岗位。

一事一控：立足每一项工作，以关键要素为控制点，编制风险控制卡，实行过程管控，风险精准控制到任务。

一人一控：为控制点编制风险控制卡，实行过程管控，风险精准控制到个人。

（四）现场环境持续改善，取得阶段治理成果

按照《质量管理体系 要求》（GB/T 19001—2016）、《环境管理体系 要求及使用指南》（GB/T 24001—2016）等，结合日本丰田 5S 管理，形成华夏建龙特有 7S 现场管理标准：整理（SEIRI）、整顿（SEITON）、清扫（SEISO）、清洁（SEIKETSU）、素养（SHITSUKE）、安全（SAFETY）、节约（SAVE）。

同时将班组建设查六源做改善活动与中港金邦"安全文化物质建设"相结合，从生产作业现场的安全防护、标志标识、色彩化、连锁闭锁保护、可视化等方面，制定物质文化建设标准，创建标准化作业区。创造安全、舒适、洁净、和谐的工作环境，促进工作标准化、流程化、可视化，增强团队意识，提升全员企业文化素质，确保产品质量，为客户提供满意的服务。2021 年办公区、办公室、库房、作业现场、变电站等场所物品摆放整齐有序，现场环境明

显改善。

(五)建立全员参与的设备管理组织

以班组为载体,以标准建设和查六源做改善、QC课题攻关等为手段,促进了人员设备管理能力的提升、设备标准化体系的建设、设备设施的改造升级,极大降低了设备故障率,延长了设备使用周期(见表1)。

表 1 设备故障率统计

公司名称	故障率/%				
	2020年实际	2021年预算	2021年实际	较2021年预算	较2020年实际
宽城建龙	0.25	0.40	0.13	−0.27	−0.12
承德县建龙	0.70	1.00	0.15	−0.85	−0.55
滦平建龙	3.05	1.00	3.58	2.58	0.53
宝通矿业	0.01	1.00	0.12	−0.88	0.11
柏通矿业	0.38	0.50	0.12	−0.38	−0.26
矾山磷矿	0.41	1.10	1.06	−0.04	0.65
朱日和铜业	0.01	0.96	0.23	−0.73	0.22
金地矿业	3.6	1.00	0.44	−0.56	−3.16
丰宁鑫源	2.14	0.00	1.92	1.92	−0.22

(六)员工活力持续激发,素质能力再度提升

运用八大机制,持续调动员工的积极性,通过"六个一"的方法,即"人人担当一责任、人人分享一案例、人人都讲一小课、人人都做一改善、人人都做一反思、人人争当一颗星"重塑员工品性,致力于将一线员工打造为"成为引领行业进步、深受社会尊重、员工引以为豪的重工产业集团"的建龙人。

(七)搭建人才成长平台

通过将"人人都是经营者"管理模式的管理方法、工具系统导入,提供理论支撑,聚焦于事,以事练人。一是中高层干部储备,即由中高层担任教练。2021年子公司任命中层领导3人,升任总经理助理2人,升任总经理2人。二是组建内部讲师队伍。通过内训师TTT培训,对内训师、教练、推进人员进行讲课技巧系统培训6期,同时搭建平台,内部进行转培训85期,聘任内部讲师100余人,极大地提升了内部培训能力。三是班组长干部储备充足。建立"升、降、转、调"单独的人才成长体系,明确了基层管理者"团队领袖、第一教练、非亲家长、日常牧师、制度规范者"的五个角色。其间提升了56名班组长、8名段长,占比28.57%(华夏建龙班组共196个)。

（八）企业形象不断提升，影响力持续扩大

华夏建龙在2021年北京民营企业百强中排名第48，在中国冶金矿山企业50强中位列第5。宝通矿业、承德县建龙、滦平建龙等子公司作为本市优秀单位，多次迎接市委、市政府领导，以及市应急管理局、市发展改革委等单位参观。

广州一博环保科技有限公司
职业生涯管理咨询项目

北京家和业咨询有限公司

北京家和业咨询有限公司是一家由程社明博士主导，带领一批专业人员，深耕职业生涯开发与管理的科学领域，长年致力于"职业生涯咨询培训"的研究、推广、实施的咨询培训机构。经过多年的研究与发展，公司形成以"咨询、内训、辅导、公开课"为一体，完善的系统教育体系，曾为400多家企业提供服务，直接参训人数超过200万人。程社明博士提出"只要开始永远不晚，只要进步总有空间"的终身学习理念。致力于培养职业人在瞬息万变的发展中，终身学习的价值观。坚持企业战略管理、绩效管理和职业生涯管理相结合，持续发展。为企业提供全员职业素质提升系统解决方案及相应服务，助力企业在新时代迎接生存发展新挑战。

本案例项目组成员

程社明，南开大学MBA中心教授，研究生导师，管理学博士，CMC国际注册管理咨询师，心理学博士，国家二级心理咨询师，美国ACHE催眠治疗师，英国CBH催眠治疗师，天津市科技咨询业协会副理事长，天津市明理企业管理咨询有限公司创始人，北京家和业咨询有限公司创始人。

其他成员：杨俊、程社力、鲁晨慧、崔冬霞、程胜华、姚明、孙露丝、张琪。

导读

广州一博环保科技有限公司（以下简称一博公司）邀请北京家和业咨询有限公司的咨询项目团队自 2020 年 4 月至 2023 年 5 月，持续三年多时间，提供从职业素质培养发展的咨询培训，到企业机制及体系建设，再到以解决实际问题为导向的全面系统的咨询服务。

2020—2021 年，组织成员职业素质提升项目主要从打牢基础、人才升级、管理增值三个阶段为广州一博环保科技有限公司管理人员成长助力；2021—2022 年，企业机制及体系建设咨询项目主要从学习型组织建设与实战型职业生涯规划、岗位任职资格构建训练、职业通道建设与目标管理、积极心理学在管理工作中的运用、知识固化和知识共享机制建设、新型企业组织发展训练六个阶段围绕组织战略实现与企业结构的动态平衡发展展开。2022—2023 年，以解决实际问题为目的的咨询项目，与企业发展共同发展。

三年咨询项目期间，广州一博环保科技有限公司安排公司管理骨干外出学习职业生涯培训师训练班、生涯发展积极心理学辅导师班、生涯发展积极心理学方法实践班等，管理人员职业素质在观念、知识、能力、心理方面有了突破性的成长，树立终身学习、终身成长的观念，旨在帮助管理人员提升管理能力，用经营者的思维带动部门内员工成长，使企业长期稳定发展。广州一博环保科技有限公司自 2020 年以来每年营业额稳定增长，未来三年将迎来跳跃式增长。

广州一博环保科技有限公司职业生涯管理咨询项目

北京家和业咨询有限公司　程社明

一、咨询项目背景

(一) 公司介绍

广州一博环保科技有限公司于2006年4月5日成立,是一家专注于提供工业废水系统解决方案的高科技环保企业,核心业务涉及EPC总承包、工艺包和工程咨询服务。作为国家高新技术企业,一博公司已获48项核心技术专利,并拥有环保工程专业承包、市政公用工程承包、建筑机电安装工程专业承包等十多项完备资质。

2006—2023年,一博公司合作工业与市政大型项目超300个,为200多万吨工业废水提供解决方案和服务,先进的工艺技术与装备已得到国际市场高度认可,为全球范围的工业园区、纺织印染、化工、造纸、食品、皮革、养殖、屠宰、石化等行业提供可靠的废水系统解决方案和服务。一博公司用持续创新能力和精神不断探索与实践,以客户需求和痛点为导向进行技术研发,致力于用系统的方法解决各种工业废水问题,为客户创造长期价值,不断提升在行业,乃至整个科学技术领域的领导力。保持生态环境、保障公众健康、保护自然资源,是激励一博公司员工不断创新的动力与态度。

一博公司的愿景是成为世界级工业废水系统解决专家,让水里的资源循环起来!公司拥有一支优秀的环保科研、设计团队,平均学历为本科及以上,其中研究生达50%。公司聚焦人才增值,提供职业发展双通道,助力实现个人价值。

(二) 项目缘起

经天津大学生态环境教育培训中心韩秀月主任推荐,2016年9月24日,程社明博士受天津大学生态环境教育培训中心之邀为环保行业企业家讲授"职业生涯开发与管理在环境产业中的作用"课程,受到参训学员的高度认可。一博公司总经理谢海松先生听完课程,茅塞顿开,当时企业正值发展关键时刻,且企业已成立十年,之前企业管理靠的是领导者个人能力,接下来一博公司发展壮大，企业管理人员成长需要系统化、标准化等更加科学、完善的体系支撑。

（三）领导人特质

一博公司总经理谢海松先生个人进行了多方面、多元化测评，了解自己优势，以及在性格方面补强。通过先天智能及学习优势测评、DISC 职业性格测评、MBTI 职业性格测评三种测评和分析，综合三种测评分析结果以及咨询团队观察了解，得出公司领导特质判断。

谢海松总经理是一位出色的创业者，具有企业家冒险精神和企业家的激情，具有强烈的创业精神，拥有核心环保技术，是行业里的专家，同时在环保行业领域对于技术研究、推广、实践在国内行业中占有相对优势。他能够很快地将获取的信息进行系统整合，把情况有利和不利的方面看得很清楚。具有独特、创造性观点，喜欢来自多方面的挑战，在自己感兴趣的环保技术研究领域里，会投入令人难以置信的精力、专注和动力。在工作中，考虑问题理智、清晰、不受他人影响，客观地批判一切，运用高度理性思维作出判断。他过于注重远见卓识，很容易忽略和错过与自己理论模式不符的细节和现象，善于在困难的状况中找出一个可行办法，但不会擅自执行该方案。同时，在企业管理方面欠缺团队管理、企业运营、文化建设、人员培养等方面的方法和能力。

二、客户需求和目标

谢海松总经理对程社明博士咨询项目团队进行了全面考察和深入了解。在咨询项目实施前，谢海松总经理做了两件事情。

第一，2019 年 8 月 23 日至 25 日，他将程社明博士讲师团队引入企业进行关于"职业生涯发展与企业共同成长"三天内训，培训老师将理论讲授与团队训练相结合、学与练相结合，得到参训学员的认可，为后续咨询项目打下了坚实基础。

第二，谢海松总经理基于对第一次企业普及性培训效果的认可，在 2019 年 11 月 12 日至 17 日，他走进第 49 届职业生涯培训师训练班课程，6 天 5 夜的课程是程社明博士总结 40 年职业生涯探索，经过 20 多年近 5000 场、逾 50 万学员检验的系统培训项目，谢海松总经理带回 9 大理论、35 个概念、95 个观念、118 个案例和 32 种培训实用方法。在学习中，谢海松总经理经受了严格训练考验，突破观念极限、知识极限、能力极限、心理极限、体力极限，成为课程中收获最大的优秀学员之一。

回到企业后，谢海松总经理焦灼思考公司未来发展面临的真正问题，发现仅靠企业管理者个人能力无法将公司做大、做强，无法将现有环保技术推广到国内外，在此背景下，谢海松总经理找到咨询团队，希望借助专业咨询机构力量，批量培养出合格的管理人才、建设一博公司可持续运行机制，并形成自身发展特色和亮点，发展成为"环保界优秀企业"。

经过与谢海松总经理及高层管理人员沟通，咨询团队拟定咨询项目方案，双方达成一致意见：通过对企业内外部环境进行分析与诊断，结合企业人员及管理现状，为其制定具有前瞻性和可实施性且符合一博公司实际发展的咨询项目，为其跃升发展提供支撑协助。

三、咨询项目问题诊断

面对企业未来发展，当前如何突破人才快速成长瓶颈，纳入一博公司近三年发展关键任务之一。咨询团队将调研结果进行汇总、整理、分类、研究、分析，发现一博公司实现跃升发展面临的问题如下。

（一）人才素质问题

一博公司在中国属于中小微企业，借助于国家宏观政策及企业在环保行业过硬技术，使企业快速发展，但目前人员职业素质已跟不上企业快速发展的步伐。

（二）管理人员培养问题

为实现企业快速发展，需要实现人员规模扩张，过去一直是企业老板冲锋在前，企业没有注重管理人才选拔和储备，不知如何培养管理人员。

（三）团队建设问题

团队成立时间长，文化学历以及职业背景相对多样化，生产的产品和提供的服务需要团队高度配合，迫切需要提升团队凝聚力，形成相对统一的团队文化氛围、职业理念、行为方式、思维方式。

（四）人才转型问题

作为技术型公司，现有员工大部分为技术人员，公司跃升发展需要更多优秀管理人员作为中坚力量，专业型人才与管理人员之间职业转型是当前亟待解决的问题。

（五）能力升级及机制系统化问题

企业管理人才能力升级及人才培养没有系统化建设机制。

（六）制度流程体系问题

没有系统管理和制度流程化管理的管理体系建设，企业里缺乏建立、制定相关制度流程化的管理体系。

（七）人力资源科学化问题

企业人力资源部没有科学的选、用、预、留人才机制建设。

（八）竞争力知识体系问题

人才是企业发展的王道，企业发展必须向高密度人才储备发展，现有企业内部缺少建立属于自己的、有竞争力的知识体系机制。

（九）员工生涯发展与心理关注

企业飞速发展，更需要关注员工生涯发展辅导及积极心理学在工作中的应用。

四、咨询项目思路

人才培养是企业跃升发展的重中之重，也是金字塔塔底。咨询项目以整合提升为主要手段，梳理分析企业现状，对比查找管理差异，健全完善相关机制，推进内部运营由条块化管理向体系化管理，由多标准、多形式管理向统一管理转变。最终咨询团队为其制定并落实项目思路，分三个年度进行，如图1所示。

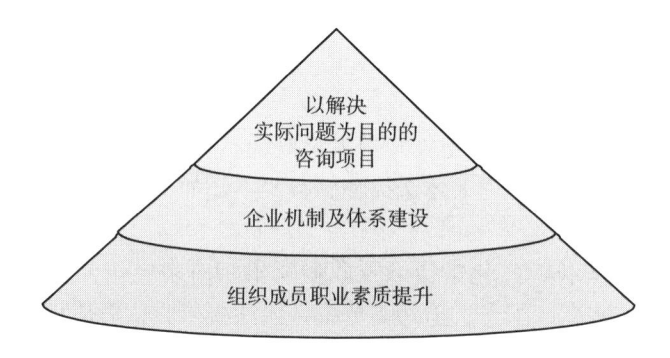

图 1　咨询项目思路

第一年度（2020—2021年）重点在于组织成员职业素质提升：打牢基础，实现人才升级，管理增值。

第二年度（2021—2022年）重点在于企业机制及体系建设：企业职业管理建设、管理体系建设及心理能量提升等。

第三年度（2022—2023年）重点在于以解决实际问题为目的的咨询项目，与企业发展共同发展。

五、咨询项目方案及实施

（一）第一年度（2020—2021年）咨询项目重点在于组织成员职业素质提升

第一年度主要针对企业现有人员职业素质提升，以及技术骨干向管理人员职业转型，为企业腾飞插上有力翅膀。本期咨询项目主要分三个阶段，如图2所示。

```
第一阶段 打牢基础              第二阶段 人才升级              第三阶段 管理增值
员工整体职业素质提升，         管理人才能力升级，技术、       形成系统管理和制度流程化
管理人才选拔和储备             业务人才培养系统化建设         管理的管理体系，
                                                              建立相对完善的选、用、预、
                                                              留人才培养机制

职业生涯发展与企业共同成长，   职业性格与团队建设，          职业生涯管理实务操作
优化管理体系提升员工敬业度，   非人力资源经理的人力资源管理，
职场高效沟通训练，             高效工作——基于A3报告
高效能人士的7个习惯
```

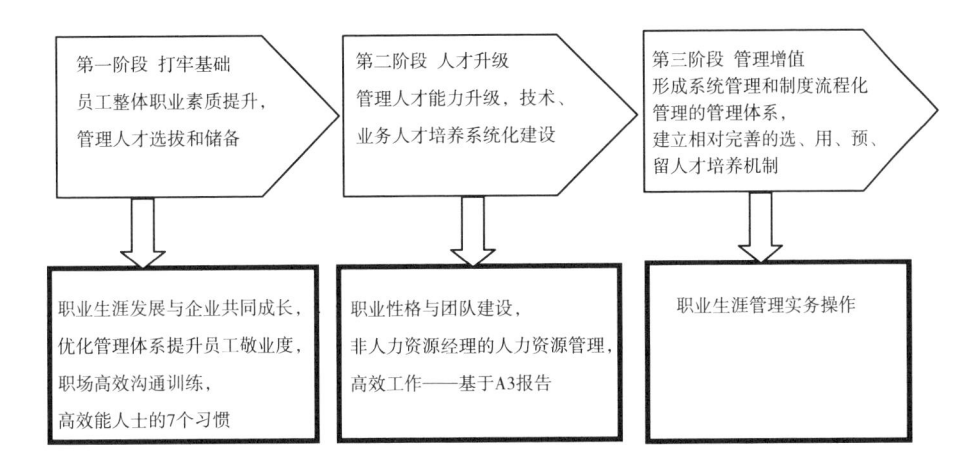

图2　组织成员的职业素质提升项目思路

1. 打牢基础

打牢基础有助于员工整体职业素质提升，管理人才选拔和储备。其主要包括职业生涯发展与企业共同成长，优化管理体系提升员工敬业度，职场高效沟通训练，高效能人士的7个习惯。

2. 人才升级

人才升级是管理人才能力升级，技术、业务人才培养系统化建设。其主要包括职业性格与团队建设，非人力资源经理的人力资源管理、高效工作——基于A3报告（一种由丰田公司开创的问题解决和改善报告方法）。

3. 管理增值

管理增值形成系统管理和制度流程化管理的管理体系，建立相对完善的选、用、预、留人才培养机制。其主要包括职业生涯管理实务操作。

咨询项目在实际实施过程中，从企业发展及项目成员实际工作能力亟待解决的困惑出发，将项目实施顺序进行调整，以帮助组织成员职业素质更好提升。组织成员职业素质项目进展如表1所示。

表 1 组织成员职业素质项目进展

工作内容	工作方法	培训现场安排	总结报告
2020年4月1日—2021年2月26日 打牢基础人才升级管理增值			
项目启动 成立项目小组 资料收集及分析（对组织成员的职业素质摸底） 通过调研、访谈进行相关培训安排，调动其技术人员活跃性及积极性 分析企业内外部沟通中障碍产生的原因，排除职场沟通障碍方法 找到工作沟通误区，有效避免沟通损失，降低沟通成本 辨识压力下耗电模式，转换为积极充电模式，使员工更好地投入工作	(1) 网上问卷调查 (2) 数据统计及汇总 (3) 公司管理层座谈 (4) 头脑风暴 (5) 现场讨论 (6) 心理能量加油站 (7) 思维导图	时间：2020年4月22日—25日 参加人员：企业全体员工 内容：职场高效沟通与职场心理资本提升 学会去除职场沟通中各种信息污染和沟通屏障，创造企业高效沟通氛围，从而让大家在最短时间内提升沟通效果，建立良好和谐的企业内外部人际关系 改变有局限性认知模式，化解员工职场情绪与压力，学到具体有效方法提升员工心理能量，建立积极主动、充满正能量高效能团队	《职场高效沟通与职场心理资本提升》报告，字数为72000多字
借助测评工具帮助员工深度了解自己的优势与不足，更好地扬长避短 帮助管理者更好地了解下属并更有效激励下属提升绩效 帮助每位员工看到自己在每个能力领域现状与发展方向 帮助一博公司树立每个能力领域内标杆和外部标杆 建立企业管理能力提升行动机制 一博公司管理能力提升团队行动计划	(1) 网上问卷调研 (2) 数据统计及汇总 (3) 自评表及排序法 (4) 公司骨干座谈 (5) MBTI职业性格测评分析表 (6) 小组讨论 (7) 案例分析 (8) 现场演练 (9) 思维导图	时间：2020年6月17日—20日 参加人员：企业骨干员工、管理人员 内容：基于性格测评的团队建设与优化管理能力体系提升员工敬业度 不同性格类型员工的特点、优势与不足 不同性格类型员工如何提升沟通品质 不同性格类型员工如何实现职业发展 不同性格类型员工如何相互配合 性格类型理论在市场拓展方面的应用 善用性格类型，建设卓越团队 一博公司管理能力体系建设	《基于性格测评的团队建设与优化管理能力体系提升员工敬业度》报告，字数为240000多字
帮助管理人员提升管理能力，发挥员工积极性、主动性、创造性；学会倾听，改善沟通，建立双向渠道，减少管理内耗 协助管理人员开拓进取，蓄能更新目标 协助管理人员学会创造学习型人际关系方法和与他人共赢做事技能 建立企业管理能力提升行动机制	(1) 案例分析 (2) 角色扮演 (3) 现场演练 (4) 互动练习 (5) 管理他人能力 (6) 他人评价 (7) 咨询辅导 (8) 思维导图	时间：2020年8月26日—29日 参加人员：人力资源部、部门负责人、中高层管理人员、骨干员工 内容：非人力资源经理的人力资源管理与高效能人士的7个习惯 提升非人力资源经理、主管们在人力资源管理方面的专业技能素养、管理能力、沟通能力提升训练 让员工对自己的行为和态度负责并承担责任，不再抱怨找借口推卸责任 在工作和生活中培养良好习惯并保持产出与产能平衡 能够协调和平衡对工作的关心及对他人的关心、帮助，为他人着想 学会有效自我管理、自我领导，在人际关系中有效地运用双赢思维	《非人力资源经理的人力资源管理与高效能人士的7个习惯》报告，字数为43000多字

续表

工作内容	工作方法	培训现场安排	总结报告
协助参加人员理解成为优秀管理者的核心：从症状解到根本解的方法 协助管理人员掌握A3报告的类型 协助管理人员学会A3报告的制作	(1) 线上调研 (2) 案例分析 (3) 思维导图 (4) A3报告 (5) 复盘总结	时间：2020年11月27日—28日 参加人员：骨干员工、中高层管理人员 内容：高效工作——基于A3报告 什么是A3报告 为什么要制作A3报告 如何制作A3报告？A3报告制作技巧 如何发表和评价A3报告 A3报告训练	《高效工作——基于A3报告》报告，字数为25000多字
统一团队目标与团队合作能力 指导并协助员工发现问题和提升其分析问题能力 协助参加人员制定解决方案和提升其实施方案能力 指导参加人员的表达沟通能力 提升参加人员时间规划能力和营造团队气氛能力 引导并指导建立健全一博公司管理制度和工作流程	(1) 公司管理层座谈 (2) 一对一访谈与辅导 (3) 看板讨论法 (4) 头脑风暴法 (5) 复盘总结法 (6) 小组讨论法 (7) 团队评比法 (8) 答疑互动法	时间：2021年2月23日—26日 参加人员：企业全体员工 内容：提升职业素质打造职业化高绩效团队——制定管理制度 理顺工作流程实务操作 管理人员必须提升十项基本功 教会一套高效操作方法，直接将解决方案落实到工作计划与目标中 公众表达能力训练，提高管理者人格魅力与风采 管理制度、流程制定方式以及注意事项	一博公司需要建立、健全管理制度51类；工作流程50类 《提升职业素质打造职业化高绩效团队——制定管理制度 理顺工作流程实务操作》报告，字数为39000多字

（二）第二年度（2021—2022年）咨询项目重点在于企业机制及体系建设

组织管理机制优化是依据企业战略目标实现动态需求，优化和完善组织管理机制。咨询团队基于第一年度咨询项目效果，与谢海松总经理及高层管理人员共同拟定并续签第二年度咨询项目。本年度咨询项目分六个子项目，其进展情况如下。

1.子项目一：学习型组织建设与实战型职业生涯规划，咨询项目实施时间为2021年4月

进入知识经济时代后，信息技术不断提升，社会信息化程度越来越高。企业运用集体智慧构建智慧型组织，提高应变能力和创新能力，为企业实现显性知识和隐性知识固化与共享提供新途径，提升企业竞争软实力。

本次子项目完成的项目成果如下。

（1）一博公司未来3至5年所需要职业或岗位29个。

（2）甄选出一博公司未来3至5年排名前十的职业或岗位。

（3）管理人员共同完成一博公司未来3至5年主要职位或岗位素质模型。建立并完成财务总监、高级工艺工程师、高级方案经理、高级研发工程师、项目经理、人事部经理、技术总工、市场部总监、总经理、采购部经理、技术部经理、工程部经理12个职业或岗位未来素质模型。

（4）授人以鱼不如授人以渔，咨询团队教会管理人员建立素质模型方法，结合一博公司未来发展战略规划，制定出更多的职业素质模型。

（5）针对一博公司骨干员工进行内职业生涯盘点，形成个人职业生涯素质雷达图、个人职业生涯成长发展路径图。

2. 子项目二：关于岗位任职资格构建训练，咨询项目实施时间为2021年8月

通过岗位任职资格建设与完善，助力企业批量培养优秀人才，提高员工整体职业化水平，形成公司内部人才持续发展的良性机制。

结合一博公司愿景及战略规划，对一博公司工程师文化价值进行分析和评分，运用SWOT［从优势（Strengths，S）、劣势（Weaknesses，W）、机会（Opportunities，O）、威胁（Threats，T）四个方面］进行一博公司未来人才发展分析，然后进行组合、分析、投票（见表2）。

表2　一博公司未来人才发展分析

项目	优势（S）		劣势（W）	
机会（O）	SO战略——增长战略	票数：19票	WO战略——转型战略	票数：10票
	(1) 未来创新技术公司 (2) 员工关系简单 (3) 打造高效能组织 (4) 晋升机会多 (5) 行业护城河比较宽 (6) 有自己的核心技术 (7) 公司技术实力：专利、技术多、专业 (8) 人才培养制度 (9) 优秀人才培养机制 (10) 领导人格魅力和领导力格局 (11) 新市场需求 (12) 薪酬水平高 (13) 公司福利较好 (14) 工作环境优 (15) 地理位置好 (16) 较长职业发展通道 (17) 案例、业绩地域广 (18) 未来大势、顺势 (19) 企业战略清晰 (20) 企业定位、价值观清晰 (21) 企业文化、公司愿景		(1) 公司规模较小 (2) 公司平台仍在壮大（资金、资质实力） (3) 公司品牌目前不大 (4) 公司背景和知名度小 (5) 公司规模中小型 (6) 企业价值传递难度大 (7) 核心技术难度较大 (8) 岗位人才培养计划不全面 (9) 技术氛围沉闷 (10) 职业发展空间较小 (11) 企业抗风险能力弱 (12) 业务领域和范围狭窄 (13) 制度流程有待完善	

续表

项目	优势（S）		劣势（W）	
威胁（T）	ST 战略——多元战略	票数：11 票	WT 战略——防御战略	票数：10 票
	(1) 国家政策支持、对环保行业支持 (2) 人才渠道多元化 (3) 国家人才资源丰富 (4) 国家的国际地位提升 (5) 传统大平台竞争力减弱 (6) 国家进一步开发全球化，人才释放 (7) 工程行业属性吸引力减弱 (8) 国家热点、专业选择率提高 (9) 激情高涨，海外人才回流 (10) 产业技术产品人才全球化 (11) 新冠疫情导致很多同行倒闭，竞争对手没落 (12) 新冠疫情使很多留学生回国发展 (13) 传统环境走向低谷，人才释放 (14) 市场容量大 (15) 环保行业前景好，行业持续性强		(1) 国内大学人才培养机制问题大 (2) 中央企业、国有企业人才大战影响就业导向 (3) 专注者、专业者少，短期主义者多 (4) 人才数量多，适者少 (5) 人才分布区域化 (6) 专业人才紧缺 (7) 行业人才流失 (8) 高校人才提前被分配 (9) 人才供应渠道少 (10) 环保专业人才转行（考公务员或进国有企业） (11) 同行知名企业平台大	

立足当下，梳理出一博公司现有岗位工作模块 109 个，从工作内容和结果进行分析，各部门负责人带领相关骨干员工建立岗位任职资格素质模型 20 个。

3. 子项目三：关于职业通道建设与目标管理，咨询项目实施时间为 2021 年 11 月

咨询团队与管理人员共创完成一博公司各部门内部客户价值链，确认出公司各部门结果呈现结构的关键控制指标，完成个人关键结果任务清单并制定出 2022 年关键结果海报，确定一博公司员工行为规条。

在咨询团队指导下，各部门管理人员共同建立一博公司多通道发展结构图。在企业组织结构优化的基础上，从专业角度梳理管理岗、技术岗、专业岗等体系化发展通道。建立主通道和细分通道，建立职业和职务管理体系，让员工在进入公司时就能快速找到发展通路。建立职业多通道，在通道建设和细分过程中，建立每条通道多职业发展方向体系，明确和标准化职业资格名称，建立三级九等职业发展通道体系，实现企业人力资本增值。

4. 子项目四：积极心理学在管理工作中的运用，咨询项目实施时间为 2022 年 2 月

研究发现，核心管理团队的积极乐观情绪、情感带动，可以有效帮助员工消除工作压力，增进员工身心健康，提高员工工作效率。运用好积极心理学可以在人才选拔中找到积极阳光人才，为员工赋能，营造积极乐观企业环境，

造就员工在逆境中的复原力。

本次咨询项目形式有一对一和一对多辅导。受导者提出的问题有的是职场上的心理问题，有的超越了职场问题，如与原生家庭的问题、与丈夫（妻子）的问题、与孩子的问题、婆媳问题等。解决目的非常明确，就是让管理人员能够轻装上阵，更好地在企业里工作，为企业创造更大价值。

5. 子项目五：知识固化和知识共享机制建设，咨询项目实施时间为2022年7月

本次咨询工作的重点是培养员工系统思考能力，培养团队学习能力。企业需要加强员工对企业文化和价值观的理解和认同，增强企业凝聚力。同时也应该关注员工的个人需求和发展，实施"以人为本"的发展战略。

本次咨询工作的成果如下。

（1）各部门进行知识管理清单梳理和现状盘点，确认需要建立和健全公司知识管理和共享机制，经过各部门讨论、投票、分析等，形成一博公司环保知识地图，其中需要建立一级知识管理10个、二级知识管理9个、三级知识管理64个，共计83个。

（2）对管理人员性格及沟通风格进行调研、分析，设置调查统计表，针对12项性格特质进行个人自评和他评调研，形成个人带平滑线和标记的散点图。

（3）更全面了解管理人员内心需求，进行马斯洛需求层次调研，然后进行数据统计，形成饼状图。

（4）各部门进行知识管理体系建设认领签字，确认86个后续体系建设清单认领，现场完成8个体系建设文件。

6. 子项目六：新型企业组织发展训练，咨询项目实施时间为2022年10月

本次咨询工作主要从以下五个方面展开。

第一，对企业的商业模式进行讨论和梳理，从独特业务模式、核心优势、关键不足、关键能力、关键资源、如何获取或具备、实现业务增长目标路径等方面逐一确认，厘清一博公司的商业模式。

第二，各部门负责人组织进行部门资金流设置，了解部门资金流向，弄清楚本部门与上下游部门的关系。

第三，面对自己的不足，每个部门分析最失败的3~5件事，全面分析部门需要提升和改进的部分，有助于部门内、部门间协作。

第四，各部门负责人组织从自我迭代中找到"我发现了什么"，进行差异分析、原因分析，并将解决方法落实到实际。

第五，现场确认各部门信息流对标落实清单共143项。

（三）第三年度（2022—2023年）咨询项目重点在于以解决实际问题为目的的咨询项目

本年度咨询项目基于前两年度咨询项目效果及反馈，以解决企业发展中的实际问题为目的和出发点。本年度咨询项目主要从以下三个子项目展开。

1. 子项目一：工作述职与职业生涯发展仪式，咨询项目实施时间为2023年1月

述职工作以前具有自发性、临时性、随意性、散漫性的特点，没有形成科学管理体系。通过学习掌握科学的职业化企业述职管理体系，全方位反思总结过去，多维度规划开启未来。

结合企业以人为本的理念，在现场咨询团队的指导下，运用看板讨论，各部门进行仪式策划案：一博学堂讲师聘任仪式策划案、新员工转正仪式策划案、职业生涯发展表彰仪式策划案、×××年度表彰仪式策划案等。述职为了更加精准地对标各部门工作结果和公司经营战略目标，及时、正确地评价各部门人员的工作效果，为公司经营管理提供决策依据，为员工提供更多的展示平台和机会。

2. 子项目二：一博五四青年职业生涯内训营，咨询项目实施时间为2023年3月

应企业未来发展对管理人员培养的需求，咨询团队为其量身定制了符合一博公司的训练营项目，即一博五四青年职业生涯内训营，并将其作为一博公司每年人才培养培优项目保留下来。

训练营旨在为公司培养一批优秀内部讲师团队和优秀管理层夯实基础。项目包含以下内容。

（1）小组比赛——团队合作能力提升。

（2）演讲训练——锻炼演讲能力和胆量。

（3）高强度训练——提高终身学习能力。

（4）系统掌握职业生涯知识体系——提高职业目标实现能力。

（5）积极心理学知识——提高心理资本，提升心理能量，识人心，懂人性。

通过五天四晚封闭式训练，参训员工在演讲、心理能量、系统职业生涯理论掌握方面都得到质的提升。

3. 子项目三：积极心理学在职场沟通中的应用，咨询项目实施时间为2023年5月

项目实施前期，针对积极心理学在职场沟通中的应用进行调研，本次项目从积极心理学与传统心理学发展历程，职场沟通带来的常见心理问题及表

现，职场人提升心理资本的方法、信息、价值观、认知等在职场沟通中的作用，现场组成小组进行改善沟通方式练习，所有参与者进行现场模拟训练，实现从知道到做到突破的改变。

六、咨询项目成效及评估

截至 2023 年 5 月，经咨询团队全体同仁共同努力，职业生涯管理咨询项目取得阶段性成果，得到一博公司领导及所有参与人员的一致认同。通过三年多咨询项目实践，基于其企业战略发展目标，立足人员持续发展，以企业文化建设为纲领、市场需求为导向、人才梯队培养为保障、标准化体系建设为手段，确保企业持续、健康发展。职业生涯管理咨询项目取得的成效及评估如下。

（一）咨询项目成效

1. 咨询项目成果

（1）2020 年 4 月—2023 年 5 月，在所有参与者共同努力下，完成 14 个专业项目报告，字数近 130 万。

（2）梳理出现有岗位工作模块 109 个，完成现有岗位任职资格素质模型 20 个。完成一博公司未来 3 至 5 年职业或岗位素质模型 12 个。

（3）完成一博公司职业多通道发展结构图。

建立主通道和细分通道，建立职业和职务管理体系。

建立每条通道多职业发展方向体系，明确和标准化职业资格名称。

建立三级九等职业发展通道体系，不仅解决管理晋升通道狭窄问题，同时帮助企业实现员工在不同序列间的转换问题，助力员工走上行业专家成长之路，最大限度提升人才主动性和积极性，实现企业人力资本增值。

（4）完成一博公司环保知识地图。梳理出一级知识管理 10 个、二级知识管理 9 个、三级知识管理 64 个，共计 83 个。

2. 营业额持续增长

组织成员职业素质提升带动公司每年营业额大幅提升，2019—2022 年营业额持续以年 50% 的增长率增长。

3. 人才密度提升

公司整体受教育程度在逐年提升。一博公司对人才依赖性比较强，随着咨询项目深入，系统技术商品比较好，需要人才复制能力比较强。2019 年年底至 2023 年 5 月，公司人才密度大幅提高，人才密度增长和销售收入增长成正比。

4. 公司领导人思维模式和认知提升

咨询项目促进公司领导人思维模式和认知提升。在项目实施前，据统计，

2019年公司营业额的60%都是公司领导人依靠个人能力和个人专业性实现成交的，而截至2022年年底，公司营业额100%都是公司市场部销售人员成交的，实现了人才梯队培养系统化。咨询项目实现了从依靠公司领导人个人能力，到依靠人才梯队培养出来的优秀职业人完成销售成交，实现了销售人才特质复制。

（二）咨询项目评估

1. 咨询项目系统性和全面性

咨询团队带领一博公司管理人员在三年咨询项目期间反复研讨、论证，在实践中调整，逐步建立了属于一博人特质的企业文化，建立和完善了企业管理机制，完成了对企业盈利模式的探究，以及对人才模式和产品模式的完善调整。

2. 可借鉴性及推广性

咨询项目具有可借鉴性，同时，该项目在模型创建、实践应用等方面也具有可推广性。该项目借助管理咨询理论，构建岗位任职资格素质模型、职业发展通道建设、一博公司环保知识地图模型、组织发展模型等，均在公司经营中取得较好效果。

3. 嵌入式项目研发与客户共成长

咨询项目在调研过程中，咨询团队与一博公司进行充分研讨，实现项目成果边研究、边应用、边实践、边调整，项目完全融入企业日常经营管理，并最终影响企业重点经营决策。嵌入式项目研发，不但随时解决一博公司关心的问题，同时增强咨询团队组与企业之间的情感连接及信任度，随着企业发展不断壮大，咨询团队与企业共创、共同成长、发展，并将管理咨询项目拓展到企业其他领域。

嘉兴市索贝进出口有限公司组织职业生涯管理提升项目

天津市明理企业管理咨询有限公司

天津市明理企业管理咨询有限公司是由程社明博士带领一批专业人员组成，专门致力于"职业生涯开发与管理"相关课题研究及推广实施的培训咨询机构。"职业生涯开发与管理"理论和方法是随着市场经济的迅速发展而产生的，是一门整合了企业战略管理、绩效管理、人力资本管理的交叉学科。从2001年起，公司就推动职业生涯开发与管理理论和方法走进中国石油、中国工商银行、中国建设银行、国家电网、中国移动、东风汽车、松下、佳能、三星等世界500强企业。公司已在美国、德国、英国、法国、意大利、奥地利、瑞士、马来西亚、新加坡、韩国、日本、柬埔寨、坦桑尼亚、泰国等国家和国内32个省份的100多个城市，咨询培训3000多场，直接参训人数超过200万人。

天津市明理企业管理咨询有限公司的使命是：把职业生涯开发与管理这门科学理论和操作方法研究出来，推广出去，帮助千千万万中国人提升职业素质，走出职业迷茫，体验职业与人生的成就感与幸福感，进而推动组织与社会的可持续发展！

本案例项目组成员

程社明，南开大学 MBA 中心教授，研究生导师，管理学博士，CMC 国际注册管理咨询师，心理学博士，国家二级心理咨询师，美国 ACHE 催眠治疗师，英国 CBH 催眠治疗师，天津市科技咨询业协会副理事长，天津市明理企业管理咨询有限公司创始人，北京家和业咨询有限公司创始人。

其他成员：杨俊、程社力、鲁津、崔冬霞、鲁晨慧、程胜华、牛凤艳、姚明、张琪、孙露丝。

嘉兴市索贝进出口有限公司组织职业生涯管理提升项目

导读

嘉兴市索贝进出口有限公司（以下简称索贝公司）成立于2013年，是一家专注于竹木小家具的产品型电商企业。2017年6月，索贝公司周剑董事长和盛亦清总经理参加了为期六天五晚的"职业生涯开发与管理"课程学习。通过学习该课程，企业绩效有了明显提升。因此，企业引入了为期三年的"建立优质的管理制度和工作流程 打造职业化高绩效团队"咨询项目。

通过综合诊断，咨询项目团队对重点和难点问题进行了深入分析，并为此作出了相应设计。前期：项目引导模块。第一模块：企业战略规划梳理。第二模块：组织管理机制优化。第三模块：职业生涯管理。第四模块：团队能力系统提升训练。第五模块：组织发展评价与职业生涯发展仪式。同时，通过运用SWOT分析方法讨论企业战略发展规划、品类与品牌定位，明确了索贝公司的优势、劣势及存在的机会和威胁。

通过项目的实施和课程的学习，索贝公司建立、健全管理制度和操作流程实务操作训练，管理者战略解码能力训练，建立岗位任职资格与素质模型，建立方阵协同式组织结构——部门与部门、岗位与岗位无缝隙结构，述职体系建设实操训练和职业生涯发展指导师（职业生涯规划师）制度运行机制职业生涯发展会谈。另外，此次咨询项目为索贝公司培养了大量的专业人才和一批优秀的企业管理人才，同时员工的团队凝聚力和整体职业素养大幅提升，员工的职业心态发生了相应的变化，员工的学习主动性明显增强等。正是这些变化，使索贝公司的业绩逐年快速增长，为其成为中国特色的世界一流企业奠定了良好的基础。

嘉兴市索贝进出口有限公司组织职业生涯管理提升项目

天津市明理企业管理咨询有限公司　程社明

一、项目背景

（一）客户企业介绍

索贝公司成立于2013年，是一家专注于竹木小家具的产品型电商企业。

索贝公司以欧洲为大本营，依托网络销售平台，是一个助力于中国家具制造业，持续向全球终端消费者推送优质产品，以提高居家环境、营造幸福生活为己任的国际化团队。

经过多年努力，索贝公司跨入全新快速发展阶段，形成以嘉兴索贝为全球战略中心，并在德国、美国、新加坡分设销售、仓储、贸易等多家分公司。目前开拓了欧洲、美洲、亚洲等全球35个国家销售市场，搭建了亚马逊（Amazon）、Wayfair等117多个销售平台。

（二）项目开展背景

2017年6月，索贝公司周剑董事长和盛亦清总经理参加了为期六天五晚的"职业生涯开发与管理"课程学习。通过学习知道，职业生涯开发与管理的理论和方法是随着市场经济的迅速发展而产生的，是一门整合了企业战略管理、绩效管理、人力资本管理、职场心理学的交叉学科。为了在企业内尽快顺利落地职业生涯管理理论和方法，索贝公司又陆续派出了38位员工学习"职业生涯开发与管理"课程。通过学习职业生涯的课程，企业绩效有了明显提升。因此企业引入了为期三年的"建立优质的管理制度和工作流程 打造职业化高绩效团队"咨询项目。

二、问题诊断

经过综合诊断，咨询项目团队对索贝公司目前存在的问题既有了整体把握，又对重点和难点问题有了深入分析。

（一）公司整体发展方面

公司业务发展、组织框架发生了变化，公司战略不明确，公司各个职能部门责任权利不清晰，现有员工跟不上公司发展步伐。对于索贝公司而言，公司属于快速发展阶段，公司整体发展方面出现问题，导致企业管理跟不上其发展步伐。

（二）制度流程方面

制度和流程缺失，导致很多事情无法执行，或者在执行过程中遇到问题，员工内部沟通不畅，出现推诿扯皮现象。

（三）人力资源建设方面

员工整体职业素质发展滞后于企业发展，需要提升员工的内职业生涯，才能使其更好地服务整个索贝公司，从而与公司战略管理相匹配。

三、咨询项目设计

"建立优质的管理制度和工作流程 打造职业化高绩效团队"咨询项目如图1所示。

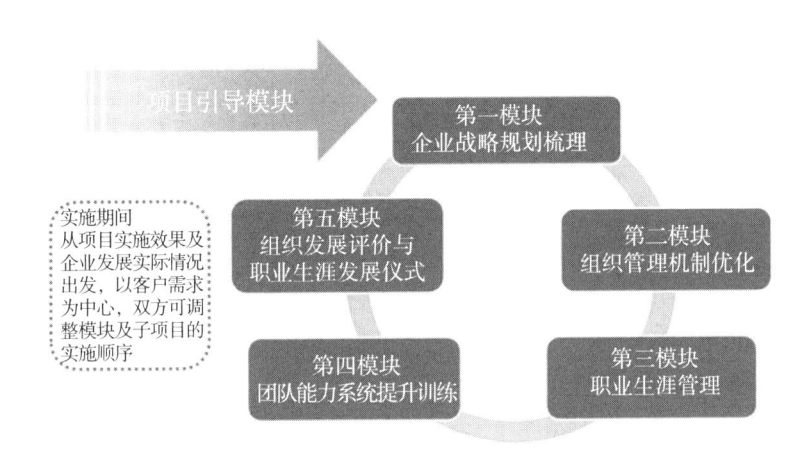

图1 "建立优质的管理制度和工作流程 打造职业化高绩效团队"咨询项目

"建立优质的管理制度和工作流程 打造职业化高绩效团队"咨询项目名称如表1所示。

表1 "建立优质的管理制度和工作流程 打造职业化高绩效团队"咨询项目名称

序号	模块	模块名称	子项目	子项目名称
1	前期	项目引导模块	普及培训	提升职业素质与企业共同发展
2	第一模块	企业战略规划梳理		企业战略发展规划
3	第二模块	组织管理机制优化	子项目一	管理制度和工作流程优化实务操作训练
4			子项目二	岗位任职资格建设与完善（岗位）岗位素质模型的构建（个人）
5			子项目三	建设方阵协同式组织结构（部门与部门、岗位与岗位无缝隙合作）
6			子项目四	企业述职管理体系建设
7			子项目五	会议管理及会议决议落实执行
8			子项目六	学习型组织建设知识共享和知识固化体系
9	第三模块	职业生涯管理	子项目一	职业管理通道建设
10			子项目二	职业生涯发展导师制度运行机制 职业生涯发展会谈指导
11			子项目三	实战型职业生涯规划
12	第四模块	团队能力系统提升训练	子项目一	管理者战略解码能力训练（战略目标分解到公司、部门、岗位、个人）
13			子项目二	A3工作法 实用工作技能
14			子项目三	职场心理资本提升 情绪与压力管理
15			子项目四	职业性格健全与团队建设
16			子项目五	管理者高效沟通训练（授权与管控）
17			子项目六	高效能人士的七个习惯
18			子项目七	积极心理学在管理工作中的运用（一对一、一对多心理辅导）
19	第五模块	组织发展评价与职业生涯发展仪式		述职大会暨职业生涯发展仪式

四、咨询项目具体实施

（一）企业战略发展规划、品类与品牌定位

用SWOT分析方法从优势（Strengths，S）劣势（Weaknesses，W）机会（Opportunities，O）和威胁（Threats，T）四个方面讨论企业战略发展规划、品类、品牌定位。

咨询项目总顾问程社明博士认为，在战略正确的基础上，细节决定成败。如果没有正确的战略，只是细节做好也没用。企业发展战略进一步细化后，尤其是让高中层管理人员明确企业战略是如何制定出来的，为什么是这样的战略？有必要让全体管理人员统一思想。到底是发展、扩张战略还是维持、收缩战略？是多元化战略还是单一产品战略？是按区域划分、按品类划分，还是按品牌划分？有一套方法可供大家学习掌握，不仅是对现在有用，对以后企业发展同样有用。

1. 索贝公司 SWOT 分析

索贝公司 SWOT 分析如表 2 所示。

表 2　索贝公司 SWOT 分析

优势（S）	机会（O）
(1) 供应商付款周期比竞争对手提前 15~30 天 (2) 快递费用单件比竞争对手便宜 10%~20% (3) 有自有摄影基地 1000 ㎡，形成流量点击率待确认 (4) 产品投诉率 2% 以下，比竞争对手低 2%~3% (5) 销售额、访问量、广告效益位居亚马逊卖家排名 A 级，领先同行一个等级 (6) 产品品类集中在 9 大产品线，致力于打造产品线纵深，且已持续开发 10 年，从单一产品到打造场所再到打造群体系列 (7) 现拥有 1.5 万㎡自有仓库，且 2023 年将升级至 2 万㎡ (8) 遵纪守法，诚信经营，公司承诺 100% 不刷单 (9) 职业生涯培训课程覆盖率 100%，其中 28% 的员工参加 6 天 5 晚职业生涯规划师培训课程 (10) 全球范围内销售市场涉及 35 个国家，平台 117 多个，且已进入三级平台	(1)Statista 机构预测电商增长率从 2022 年开始 20% 增长 (2) 销售空间大：玄关类产品在亚马逊卖家中排名前 15% (3) 跨境电商出口总额 2021 年为 1.98 万亿元，同比增长 15% (4) 国家出台政策支持中国跨境电商发展，SoBuy 作为欧洲本土电商，熟悉各国税率政策，且亚马逊鼓励扶持优质小卖家 (5)2020 年后电商平台发展助力，欧洲电商市场渗透率提升 30%，电商用户覆盖率近 60% (6) 物流体系全面发展，已覆盖海、陆、空三方，中欧班列运力增加 20%，时效与海运相比提升 16 天 (7) 各市场客户需求不同，待开发市场区域有中东、南美、亚洲等，产品可在大型家具、定制化家具等方面挖掘
劣势（W）	威胁（T）
(1) 缺少信息化、智能化平台，现只有小程序、ERP 平台（仅 1.0 版本）——市场打单、发货 100% 人工处理，无供应链管理平台 (2) 无晋升通道，缺少人才梯队，人才培养机制未健全 (3) 专利型产品仅 5 个，缺乏知识产权保护，没有法务部 (4) 北美市场占比为 16%，竞争对手占比为 50% (5) 自有仓容积最大可存 8000m³，限制扩张发展 (6) 竞争对手有船公司、国内成品仓，而我们没有 (7) 品牌只有 1 个（SoBuy），在欧洲家具用品电商市场份额仅占 0.15%（2020 年数据） (8) 我司新品上架频率为每月 13 款，首单数量为 200，竞争对手是我们的 3~5 倍；开发总周期平均为 150 天，低于行业平均水平 120 天；出货总量为 90 个柜/月，对方家具出货总量为 1000 个柜/月 (9) 销售转化率位居亚马逊卖家排名 C 级 (10) 推广手段仅限网站、社交媒体（如三大社交媒体运营从 2021 年开始，粉丝量是竞争对手的 1/10）	(1) 国内原材料上涨，涨幅达 20% 以上（2020 年铁管原材料为 4700 元/吨，2022 年为 5700 元/吨，海运费上涨 6 倍以上（2019 年为 2000 美元/柜，2022 年为 13700 美元/柜），索贝公司净利润率从 12.85% 压缩至 5.76% (2) 出现智能家居等新趋势，家具行业迎来巨大变化（数据待查） (3) 新卖家涌入增加快（数据待查） (4) 新型出口产业国家加入（数据待查） (5) 出口保仓率低（数据待查） (6) 平台政策升级，要求卖家合规化经营，且更倾向于客户，如 FBA 限仓 (7) 国际局势不稳，美国税率政策从 0 关税提升至 25% (8) 欧洲主流国家（德国、法国、英国等）本土卖家发展迅速，线下＋线上同步发展 (9)2015 年至 2022 年年底中国跨境电商综合实验区从 0 个增长至 132 个，热销产品易陷入价格战，变相缩短了产品生命周期 (10) 同款产品或同功能产品的替代品出现，向智能化、功能化发展

2. 索贝公司总体发展战略

索贝公司总体发展战略为创新进攻型战略（2022—2027 年）。

（1）索贝公司不适合扩张多元化战略的原因如下。

①天时：外部环境是不是符合多元化。跨境电商，2013—2018 年是红利期，现在如果实施多元化扩张更困难，成本更高。

②地利：产品供应链。经过多年发展，供应链领域竞争很激烈，不仅是我们所列的竞争对手，其实还有很多，他们是资本运作；另外一个因素是政策，受海运成本高及俄乌战争的影响，存在很多不确定因素。

③人和：索贝公司已具备，但是不具备天时，现在做多元化难度很大。

（2）索贝公司选择创新进攻型战略的原因如下。

①我们有十大产品系列，我们在有序地做强。在不是特别专业的情况下，先把产品做优，比较符合公司的"三五"计划，在特定领域进行特定的创新战略。

②某些特定线上产品已经呈现进攻状态，并已获得收益，前二大系列在网络平台已经占有一定的市场，有序地把做优产品做强。

（3）对跨境电商未来预判。

①满足法律、法规的要求，在当地市场成立销售团队，电商本土化是电商国际化的第二个进程。

②客户对品质追求越来越高，产品、文化、欧盟区域化等因素影响未来跨境电商的发展。

③目前，当地线下卖家和线下商超经营模式落后，国家政府希望卖家对当地做出贡献，必须有文化的推进，以保护整个产业链。

3. 索贝公司的公司定位

区域：全球范围/现阶段线上销售（不排除线下销售的可能）。

行业：小家具，跨境电商。

4. 索贝公司产品定位

产品品类：小家具。

产品形象：•living nature• 省心 • 安全 • 环保 • 智能。

5. 索贝公司职能战略

（1）财务战略：财务管理、成本管理、资金周转率、现金流、财务风险控制。

（2）人才战略：人才梯队建设、人力资本、选育用留、职业通道建设、职业生涯。

（3）产品品牌战略：形成品牌调性与价值、专利。

（4）供应链战略：备货计划、质量、交期、成本、产能9。

（5）市场营销战略：多渠道多平台、利润、市场开发。（6）公关战略：好评率维持、维护品牌形象、处理危机公关。

（7）联盟战略：采购与销售联盟、小B联盟。

（8）研发战略：产品开发、改良现有产品、完善产品布局。

（9）信息化战略：信息收集分析。

（10）物流战略：国内外物流。

6.索贝公司的使命、愿景、价值观、发展阶段

使命：提升居家环境，营造幸福生活。

愿景：做全球小家具行业的领军者。

价值观：艰苦奋斗、激情精进、诚信共赢、开放进取、坚守信任、敬业友善。

发展阶段：初创期。

目前索贝公司还处于发展初级阶段，制度体系尚待完善，产品结构仍需优化。索贝公司的发展仍应侧重于产品体系的构建与完善，并使其与公司整体长期发展的规划和人员架构的培养相符合。

（二）建立、健全管理制度和操作流程实务操作训练

制度与流程是企业文化的具体落实与体现。企业文化体现了企业的价值观，规定了人们为什么做，应该做什么，不应该做什么。制度则是规范了言行，规定了人们必须做什么，不许做什么；而流程则规范了秩序，规定了人们先做什么，后做什么，以及先说什么，后说什么。

建立和健全管理制度与工作流程，可以使员工在工作中有规则可依、有章法可循，使管理者提要求时有执行标准、奖惩时有事实依据。有助于提高工作效率，提升经营效益，规避经营风险，培养高素质员工，建设职业化团队。

制度与流程是企业管理的两个方面，它们之间的联系非常紧密：流程是制度的灵魂，制度有助于流程的执行，制度的激励作用可以促使流程改善。每一套制度从观念性文件和操作性文件两个方面进行讨论。索贝公司编制并完善的制度与流程文件具体如下。

（1）《小B端渠道客户管理制度与流程》。

（2）《售后工作管理制度与流程》。

（3）《售前工作管理制度与流程》。

（4）《新市场/平台开发的制度与流程》。

（5）《采购部新供应商管理制度与流程》。

（6）《采购部供应商淘汰制度与流程》。

（7）《采购部供应商风险管理制度与流程》。

（8）《采购部询价制度与流程》。

（9）《产品方案选款制度与流程》。

（10）《包装设计制度与流程》。

（11）《新产品开发周期管理制度与流程》。

（12）《产品布局制度与流程》。

（13）《招聘管理制度与流程》。

（14）《员工考勤管理制度与流程》。

（15）《摄影部绩效考核制度与流程》。

（16）《试用期员工管理的制度与流程》。

（三）职业发展通道梳理

1. 形式

（1）以实务操作训练形式为主，以讲解示范为辅。

（2）参训人员为30人左右，分为四组，每组配备一位教练。

2. 项目的目的

建立既能满足企业需求又能促进自身发展的多通道，从而走上行业专家成长之路，最大限度提升人才主动性和积极性，实现企业人力资本增值。在三天两晚的学习过程中完成专业技术人员、业务人员、管理人员、行政事务人员建立职业生涯发展主通道和细分通道，建立职业和职务管理体系，分出三级九等职业发展通道，让员工在进入公司时就能快速、准确地找到自己的发展通路，明确其努力方向和发展目标。

3. 成果呈现

（1）梳理了索贝公司的功能及组织结构。

（2）建立了索贝公司的职务体系。

（3）建立了索贝公司的职业体系。

（4）建立了职业职称标准与职业生涯发展路线图。

（四）管理者战略解码能力训练

管理者战略解码能力训练是在讲师团队引导下，管理者将组织的战略转化为全体员工可理解、可执行的行为能力训练项目。本次项目训练基于对战略重点的分析，拟订行动计划，并将责任落实到个人，帮助企业划分职责边界，并根据企业战略确定相关考核指标，可以促使企业管理以战略目标为导向，解决战略实施中的管理障碍，在能力训练过程中推动和营造学员集思广益、畅所欲言、头脑风暴的氛围。战略解码能有效地提升战略执行力，有利于增强合作伙伴和投资者的信心。最终完成了索贝公司总体战略解码；梳理了索贝公司客户价值链与业务流；并且对索贝公司各部门进行了战略分析及战略宣讲。具体成果如下。

1. 索贝公司战略发展及组织策略解码

（1）公司组织框架序列梳理。

（2）内外部客户价值链梳理。

（3）核心业务流程梳理。

2. 索贝公司各部门的发展策略

（1）战略目标实现的关键要素分析。

（2）公司部门发展策略及任务标准建立与修订。

（3）基于战略目标建立部门任务清单。

3. 索贝公司未来员工画像及行为规条

（1）员工行为准则与行为规条。

（2）结果确定的行为规条。

（3）客户服务的行为规条。

4. 索贝公司各部门公布未来发展策略

（1）部门负责人宣讲部门未来发展策略。

（2）部门负责人公布各部门任务清单。

5. 根据部门任务清单写个人结果清单

根据部门未来发展策略列出任务清单，并回归到个人，把企业的战略数据、目标分解成每个人的岗位任务清单。

（五）岗位任职资格与素质模型建立

企业对客户的经营是通过员工得以实现的，员工的能力会体现在企业的核心竞争力上。任职资格体系的目的是开发和经营员工的能力。岗位任职资格建设有助于企业留住对企业发展至关重要的人才。

岗位素质模型是将人力资源战略和企业整体战略紧密结合的一个重要工具，实现人力资源战略为企业的整体发展和战略目标的达成提供更好的服务。本次咨询项目旨在完成索贝公司岗位任职资格与素质模型建设，为其未来的发展做好人才库的储备，最终形成的成果如下。

1. 索贝公司企业人才发展战略与岗位现状梳理

（1）人才发展战略的原则与策略。

（2）未来5年人才发展规划。

（3）现有的岗位、职位梳理。

2. 基于索贝公司未来发展的职业能力模型的建设

（1）索贝公司未来5年的职业需求讨论、分类。

(2)职业能力的定义与排序,标准的建立与价值评定。

(3)索贝公司未来发展的岗位素质模型建立。

3.索贝公司岗位工作目标设定及方法

(1)岗位目标的组成要素分析。

(2)岗位目标表述的语言结构形式。

(3)工作结果的认定标准、确定方法。

(六)建立方阵协同式组织结构——部门与部门、岗位与岗位无缝隙结构

方阵协同式组织结构根据企业总体目标、企业文化、部门间工作体系及相应管理制度,将各部门的工作连成一体。在方阵协同式组织中,管理人员可以了解本单位(本部门)在更大组织结构中的位置,不仅能了解本单位的工作,还能了解其他相关单位的工作,以及单位间的工作流程和相互间的影响,锻炼并提升内部公关能力、沟通能力。

方阵协同式组织结构对管理人员提出更高的要求,要求管理人员把了解企业总体工作体系,特别是企业战略目标和企业文化作为最基本的和长期的工作任务,所有工作体系的建立都以此为基础。

管理人员了解总体战略目标,不仅是工作的需要,而且可以促使管理人员经常将个人职业发展目标与企业发展目标"对焦",从而调整个人职业生涯规划。

企业制定工作体系的过程是上级单位充分授权的过程,是下级单位积极参与的过程,是企业为达到总体战略目标将工作任务分解、分配的过程。方阵协同式组织结构——建立部门间、岗位间无缝隙对接合作如图2所示,索贝公司产品部运营组方阵式组织结构如图3所示。

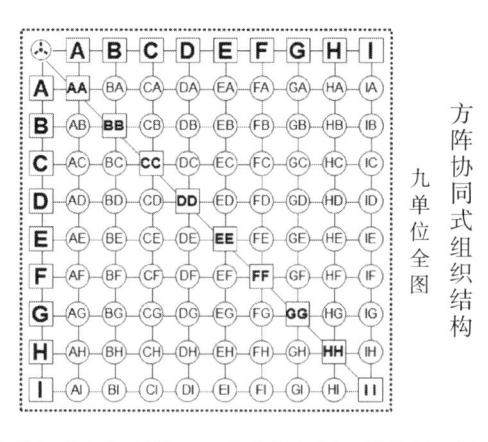

图2 方阵协同式组织结构——建立部门间、岗位间无缝隙对接合作

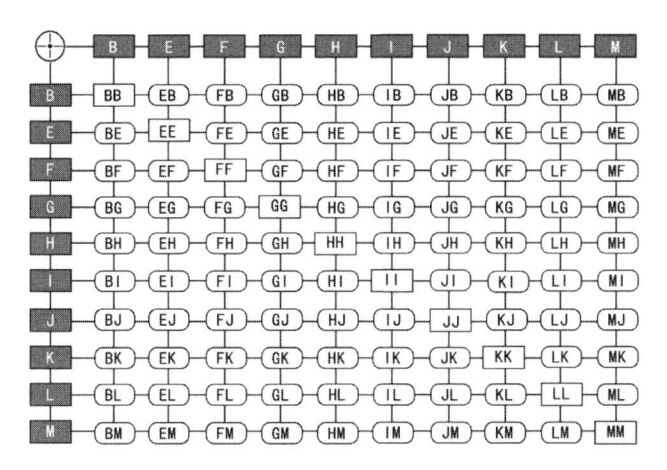

注 B:产品部运营主管　　H:卫浴产品线运营　　L:户外产品线运营
　　E:玄关产品线运营　　I:儿童产品线运营　　M:其他产品线运营
　　F:餐厨1产品线运营　　J:客厅产品线运营
　　G:餐厨2产品线运营　　K:书房产品线运营

图 3　索贝公司产品部运营组方阵式组织结构

（七）提升职业素质，打造职业化高绩效团队——述职体系建设实操训练

述职工作以前是自发性的、临时性的、随意性的、散漫性的，没有形成一个科学管理体系。索贝公司通过学习掌握职业化述职体系，全方位反思总结过去，多维度规划开启未来。

索贝公司完成的述职报告如下。

（1）《市场部 2023—2027 年全球规划述职报告》。
（2）《市场部意大利组 2023 年第一季度总结及三年规划报告》。
（3）《市场部德国组 2022—2027 年述职报告》。
（4）《市场部美澳组 2022—2027 年销售述职报告》。
（5）《市场部加澳组 2023 年第一季度销售总结及未来三年规划报告》。
（6）《市场部西班牙组 2023 年第一季度及未来规划述职报告》。
（7）《市场部英国组 2022—2027 年销售述职报告》。
（8）《市场部法国 2 组 2023 年第一季度销售工作及年度工作计划报告》。
（9）《市场部亚洲组 2023—2027 年销售述职报告》。
（10）《市场部德仓库存管理 2023 年第一季度工作报告》。
（11）《市场部北欧市场 2023 年第一季度销售工作及年度工作计划报告》。
（12）《市场部德国区销售二组 2023 年第一季度工作总结及年度工作规划报告》。

（13）《品牌部丨传媒部 2023—2027 年战略工作报告》。

（14）《品牌部 2023 年 3 月摄影部工作报告》。

（15）《品牌部摄影一组 2023 年第一季度工作总结及 2023—2025 年工作规划报告》。

（16）《品牌部摄影二组 2023 年 3 月工作总结及 4 月工作计划报告》。

（17）《信息部 SCM 供应链管理系统项目报告》。

（18）《信息部 OMS 销售订单系统项目报告》。

（19）《采购部 2023 年 3 月工作报告》。

（20）《采购部质量管理部 2023 年第一季度工作报告》。

（21）《采购部执行采购组 2023 年第一季度工作报告》。

（22）《供应链管理部物流仓储部 2023 年第一季度工作报告》。

（23）《财务部 2023 年 3 月工作述职报告》。

（24）《财务部会计岗位 2023 年第一季度工作报告》。

（25）《人事行政部 2019—2022 年工作汇报及未来三年发展规划报告》。

（26）《2023 年第一季度培训岗工作汇报及未来三年发展规划报告》。

（27）《2023 年 3 月后勤专员工作汇报及未来三年发展规划报告》。

（28）《索贝人才发展体系项目 2022 年 10 月—2025 年 3 月工作报告》。

（29）《产品部工程组绘图员 2023 年第一季度工作总结及工作计划报告》。

（30）《产品部设计组 2020—2023 年述职报告》。

（31）《产品部产品运营部 2023 年述职报告》。

（32）《产品部设计一组 2023 年 1—4 月工作总结以及下一周期年度工作计划报告》。

（33）《品牌视觉设计工作报告》。

(八)职业生涯发展指导师（职业生涯规划师）制度运行机制职业生涯发展会谈

职业生涯发展导师制度是指由经验丰富的导师为指定人员提供发展指导和成长辅导，以帮助其在职业生涯中实现自己的目标，发挥自己的潜力。

职业生涯发展导师制度目标和期望的设定：导师帮助受导者进行自我评估，使其了解自己的职业优势和劣势，导师与受导者定期开展沟通交流，共同探讨受导者职业生涯规划和发展方向，明确其个人职业价值和职业目标，提出有针对性的职业生涯规划策略，帮助受导者实现职业发展目标。

企业发展过程中，最难传授的是隐性知识，导师制可以通过导师与员工的结合，将隐性知识传递给员工，使员工发挥其最大价值，同时提升导师的业务能力，实现人才增值。索贝公司需要建立职业生涯发展辅导师制度，建立企业内外部导师聘用机制，构筑知识传授体系，从制度、流程、标准、工具方面有效落实导师制建设。现在索贝公司是上级带下级，将来是双重指导、双导师制。

职业生涯发展会谈指导是进行职业生涯规划评审的具体方法，有利于职业生涯规划与管理工作的深入，弥补直线经理在职业生涯规划与管理方面的不足，发现员工在职业生涯发展中的问题，帮助员工找到个人利益与企业利益的结合点。

1. 企业做职业生涯发展会谈的目的

（1）帮助员工梳理自己的职业发展路径和短期、长期职业目标，为员工提供职业生涯发展建议和指导，与员工共同制订其实现职业目标和发展的计划。

（2）会谈可以帮助员工更好地发掘自己的潜力和优势，也可以帮助企业更好地管理人才，提升职业核心竞争力，提高员工的满意度和忠诚度，增强员工的工作自信心和动力。

2. 形成的表格文件

（1）职业生涯发展辅导过程记录表。

（2）职业生涯发展辅导效果——规划师评价表。

（3）职业生涯发展辅导效果——委员会综合评价表。

（4）职业生涯发展辅导效果——受导者自评表。

（5）职业生涯发展辅导效果——第三方评估表。

（6）职业生涯发展辅导总结表。

（7）职业生涯规划师面试表（模板）。

（8）2022—2023年索贝公司咨询培训项目统计明细。

（9）职业生涯规划师任命仪式暨职业生涯发展辅导宣导会流程。

（10）职业生涯规划师任命书（模板）。

（11）索贝公司职业生涯规划师任命名单。

（12）索贝公司职业生涯培训师班参课人员名单。

（13）索贝公司生涯管理积极心理学理论班及实操班参课人员名单。

五、项目实施阶段性成果

索贝公司培养了一批优秀的跨境电商运营师、高级采购师、家具设计师、结构工程师、摄影师等各类专业人才，以及一批优秀的企业管理人才。在人才高质量发展的过程中，公司6年内的销售额增长了6倍多。新冠疫情期间，外部营商环境恶劣。部分原材料上涨2~3倍，出口海运费从1500美元涨到了15000美元，集装箱更是一柜难求，汇率大幅波动，国际形势紧张，能源危机和经济通货膨胀,对跨境电商行业来说是一次深度洗牌。很多同行在疫情期间裁员、倒闭。而索贝公司员工众志成城、不畏艰难,快速有效地开拓其全球销售市场,销售额竟逆势翻了一番。索贝公司的增长和稳定发展,同时保障了其供应链上的包括几十家工厂及几千位工人的制造企业稳定发展。索贝公司已累计出口近 10 亿元的小家居产品。在一定程度上,索贝公司促进了中国竹木家居制造业的稳定和发展。

索贝公司于 2022 年 3 月正式启动"建立优质的管理制度和工作流程,打造职业化高绩效团队"咨询项目,至 2023 年 6 月 30 日历时近 1 年半。在此过程中取得了以下阶段性成果。

(一)员工成长方面

1. 团队凝聚力增加,员工对公司的认可度提升

员工的离职率从 14% 下降至 7.7%,无恶性离职,核心管理人员无一人离职,参与咨询项目的员工 100% 在职。

2. 员工的整体职业素养大幅提升

员工工作状态积极,心理资本增强,敢于面对困难和勇于承担不好的工作结果。同时,员工们踊跃参加公司各类活动,2023 年 6 月主动参与年中述职的员工达 20 人,述职能力明显提升。

3. 员工心态的转变

员工心态从普通员工的"要"向优秀职业人的"给"转变,把个人利益与公司利益相结合,把个人工作转变当作自己的事业来做。

4. 积极主动参与学习的员工明显增加

学习覆盖率达 90% 以上,业务绩效得到公司认可;同时,员工也提升了处理工作与家庭关系的能力。

5. 管理层人员能力提升

管理层人员积极承担管理责任,掌握了建立制度的方法,提升了设计流程、战略制定与分解宣导、方阵协同、述职总结等能力。

(二)公司组织变化

1. 企业战略清晰

公司各业务部门完成了"三五"计划的五大战略文件的制定及宣导,明确了 2027 年翻 5 倍的销售额目标。企业的战略目标从模糊到清晰,使每个部门和每位员工坚定了信心,对未来的工作指明了方向。

2. 优化组织架构

公司优化原有的组织架构,搭建职业和职务管理体系,岗位说明书覆盖率达 100%,构建通畅的员工职业发展通道,激活了员工积极向上的心态,让员工对职业发展方向充满希望。

3. 建立方阵协同式组织结构

建立虚拟的岗位、部门之间的方阵协同式工作模式，营造积极、和谐的工作氛围，组织间无缝隙地高效合作，减少了业务合作摩擦。

4. 成立职业生涯发展指导委员会

公司在2023年上半年成立了职业生涯发展指导委员会，共计发展培养了38位职业生涯规划师。这让企业人才培养体系、人才梯队建设提升到战略新高度，跨上了一个新台阶。

（三）公司业绩变化

1. 销售额提升

在第二个五年计划期间（2017—2022年），全球销售额实现了5倍的增长，顺利达成目标。

在新冠疫情期间，全体员工逆势而上，各部门同心协力，销售额从2019年的2.5亿元增长到2022年的5.1亿元，实现了2倍多的逆势增长。

2. 平台扩张

根据稳健的全球化市场扩张战略，在市场和平台拓展方面，2017—2023年，全球国家区域市场实现了5.8倍的增长，平台扩张实现了6.4倍的增长。

回顾咨询项目进程，从2022年年初到2023年6月咨询团队为索贝公司提供了8个阶段80多万字的咨询报告，为其培养了职业生涯培训师、职业生涯辅导师38名，生涯发展心理辅导师14名。公司员工从2017年的40多人增长到2023年的100人，同时，年销售额从1亿元增长到5亿多元，销售额增长了4倍多。

索贝公司在企业内部建立了职业生涯发展与指导委员会，指导职业生涯管理体系的搭建和管理工作。建立了职业生涯发展双通道，员工可以在专业条线上发展，通过职业能力和工作结果的提升，提升职称和收入；也可以进入管理条线上发展，提升职务和收入。

索贝公司还建立了职业生涯导师制度，通过专业的培训，培养了30多名职业生涯导师。导师结合企业发展目标，通过职业生涯会谈制度，辅导员工制定1~2年职业生涯规划。员工在职业生涯发展过程中，无论遇到什么困难和问题，都可以通过职业生涯导师做咨询和辅导，让员工感受到他们的职业生涯发展是被人关心的，受公司重视的。

（四）接续工作

在阶段性成果的基础上，咨询项目团队及时听取参训人员的收获反馈和期待建议，深入研发完善后续项目的实施方案，组织参训人员撰写收获总结，在2024年出版由全体参加咨询项目人员撰写的咨询项目总结专著，既作为索贝公司发展的见证，也作为在行业树立更好企业形象的宣传资料。

企业人力资源优化咨询项目

武汉锦秀梦华科技有限公司

武汉锦秀梦华科技有限公司（以下简称锦秀梦华）于2016年成立，是国家高新技术企业、5A级咨询培训机构、管理咨询培训资质等级证书AAAAA（甲级）。公司拥有20件软件著作权及相关知识产权，秉承长期价值主义，陪伴了中国烟草、中国工商银行、华大基因等众多行业灯塔客户。

目前，锦秀梦华有员工45人，其中硕士、博士学历人员有18人，具备中高级职称者有8人，国际注册管理咨询师有6人。2022年度营业收入为2125.9万元，其中管理咨询业务收入为1900万元。

经过多年积淀，锦秀梦华相继成立了多家分（子）公司。深圳为研发中心，主导轻训学院线上学习平台研发迭代；上海为咨询产品中心，主导咨询产品设计；北京为培训产品中心，聚焦学习项目设计和版权课程开发；武汉为运营中心，聚焦烟草行业全价值链再造的咨询与培训。

本案例项目组成员

薛涛，12年培训、咨询经历，国际经济与贸易专业，担任锦秀梦华咨询部经理、咨询项目经理。专注于我国烟草行业，为我国烟草企业提供专业的咨询、培训、辅导、赋能服务。主导了多个烟草行业内重大咨询、培训项目，主要项目经验有红云红河烟草（集团）有限责任公司新疆卷烟厂创新管理咨询项目、虹之彩中层管理人员人才测评与培养项目、乐道物流人才能力提升管理咨询项目、湖北中烟技能竞赛咨询项目、湖北中烟数字化转型咨询项目等。

其他成员：解丹、罗胜飞、刘华兵。

导读

  随着某卷烟厂完成就地技术改造，加快推进数字化工厂建设，烟厂整体的生产组织模式和业务流程发生重大变化，对组织的能力提出了更新、更高的要求。该卷烟厂开展了以岗位规范化管理为基础，以"价值创造—价值评价—价值分配"为核心的人力资源优化工作。2022年，中烟公司核定该卷烟厂"十四五"末在岗人数编制为473人，其中管理技术人员占比不超过30%，科级干部职数不超过50人。截至2022年12月，某卷烟厂在岗员工为510人，超额37人，存在总人数超编、部分部门结构性超编等问题，企业承担的人力成本越来越高；部分部门人员短缺，整体年龄和知识结构不合理，与企业高质量发展的人力支撑还存在一定差距。基于此，公司人力资源部进行了一系列工作部署。该卷烟厂人力资源科也将"四定"相关工作列入了本年度部门重点工作计划，并邀请锦秀梦华为人力资源科进行辅导、咨询服务。

  本项目在某省中烟对卷烟厂现有的组织定位与管理架构的基础上，通过对烟厂组织架构、运作模式、各科室/车间职责与工作内容、排班生产方式、工作量、工作频率等进行梳理分析，对各科室/车间岗位设置及编制提出优化建议，助力该卷烟厂完善人力资源配置与规划，构建科学的岗位管理体系，有序开展"定岗、定责、定编、定薪"的系列工作，以达到"控总量、调结构、提素质"的目的，为卷烟厂各项人力资源管理活动提供基础依据。

企业人力资源优化咨询项目

武汉锦秀梦华科技有限公司　薛涛

一、项目背景

（一）客户基本情况

某卷烟厂，是某省中烟工业有限责任公司（以下简称中烟公司）旗下核心生产企业之一。这座历史悠久的工厂始建于1946年，在1983年被纳入国家生产计划，并于2004年正式并入某省中烟工业有限责任公司。截至2022年年底，该卷烟厂共有在岗职工510人，其中包括四大车间284人、各部门科室133人、市场营销93人。在70多年的发展历程中，该卷烟厂始终坚守诚信经营，积极投身社会责任与公益事业，始终以良好的企业形象引领行业风范。在未来的发展中，该卷烟厂还将坚定不移地传承创新、发展的核心理念，为促进社会经济繁荣不断贡献自己的力量。

在市场竞争和消费者需求不断升级的背景下，该卷烟厂也面临着转型发展的巨大挑战。为了应对这些前所未有的考验，2021年卷烟厂顺利完成了"十三五"期间的就地技术改造工程，全面优化和完善了技术设备设施及生产工艺流程。在取得显著进展之际，该厂也相应地对人员编制、结构及岗位职责进行了重新布局和调整。为了迎战新的机遇和挑战，卷烟厂开展了本次人力资源优化咨询项目，旨在加速提升企业的核心竞争力。通过优化人力资源配置，建立科学合理的岗位配置和人岗匹配和薪酬匹配体系等手段，来完成卷烟厂"定岗、定责、定编、定薪"的基础人力资源管理改善。

（二）烟草行业的特点

我国烟草行业历经多年的发展，已成为国家财政的重要支柱之一。其历史可以追溯到20世纪初。随着时间的推移，烟草行业逐渐发展壮大，并在国民经济中占据了举足轻重的地位。随着改革开放的深入推进和市场经济体制的建立，烟草行业得到了更加快速的发展，并成为国民经济的重要组成部分。

我国烟草行业基于其特殊性有以下特点。

1. 政策主导与专卖制度

我国烟草行业实行严格的专卖与监管制度，由国家烟草专卖局统一管理。烟草专卖制度的重要特征是行政管理和生产经营管理高度集中。国务院设立全国烟草行政主管部门（国家烟草专卖局）主管全国烟草专卖工作，各地设立省级、地（市）级、县级烟草专卖局，主管本辖区烟草专卖工作，在行政关系上体现的是统一领导、垂直管理的管理体制。

2. 社会责任与可持续发展

烟草行业作为一个特殊行业，承担着重要的社会责任。烟草企业需要关注公众健康、环境安全、促进经济发展等多个方面。在追求经济效益的同时，也更加注重社会效益和可持续发展。

为实现可持续发展，烟草企业在环境保护、社会责任履行等方面的投入也越来越大。通过采用环保技术、参与公益事业等方式积极履行社会责任，为社会的繁荣与进步做出贡献。在环境保护方面，烟草企业注重减少能源消耗、降低废弃物排放和减少对生态环境的影响。

在社会责任履行方面，烟草企业通过积极参与公益事业、提供就业机会、支持教育发展等方式履行社会责任，为社会的和谐与稳定做出贡献。

3. 技术升级与人才激励

在烟草行业"十四五"规划中，数字化转型与智能化升级是行业发展的重点。烟草企业投入大量的资金，积极引进先进的信息技术和智能化设备，推动生产、管理、销售、监管等各个环节的数字化和智能化改造。由于行业技术的升级，烟草企业对组织和人才的要求也越来越高。由于烟草行业人才市场的供需矛盾，很多烟草企业在人才引进和培养方面存在一定的困难。同时，由于烟草行业的特殊性，人才流失问题也比较突出，很多烟草企业的核心人才流失现象严重。因此，烟草行业人才引进和培养的问题已经成为行业发展的重要挑战之一。

（三）项目需求及目标

随着该卷烟厂完成就地技术改造，加快推进数字化工厂建设，卷烟厂整体的生产组织模式和业务流程发生重大变化，对组织的能力提出了更高、更新颖的要求。为了推进卷烟厂业务运营体系化、规范化，更好地适应卷烟厂的发展定位和迎接挑战，在"十四五"规划背景下，该卷烟厂以岗位规范化管理为基础，开展了以"价值创造—价值评价—价值分配"为核心的人力资源优化工作。

2022年，中烟公司核定该卷烟厂"十四五"末在岗人数编制为473人，其中管理技术人员占比不超过30%，科级干部职数不超过50人。截至2022

年 12 月，该卷烟厂在岗员工为 510 人，超额 37 人，存在总人数超编、部分部门结构性超编等问题，企业承担的人力成本越来越高；部分部门人员短缺，整体年龄和知识结构不合理，与企业高质量发展的人力支撑还存在一定差距。基于此，公司人力资源部以岗位规范管理为基础做了一系列工作部署。该卷烟厂人力资源科也将"四定"相关工作列入了本年度部门重点工作计划，并邀请锦秀梦华为人力资源科进行辅导、咨询服务，以实现以下目标。

（1）根据卷烟厂技术改造后的发展目标，梳理和界定各部门、各科室的职能管理范畴，结合实际情况确定各部门、各科室的岗位设置需求，规范编制部门职能说明、岗位规范说明书。

（2）根据公司对卷烟厂人员编制的工作部署，综合分析各岗位工作效能、工作量，拟定各部门、科室、岗位人员配置，确定卷烟厂定岗定编方案。

（3）结合卷烟厂的实际状况，运用科学合理的评估工具，对拟定的关键岗位进行价值评估，明确岗位价值分布并运用于薪酬套改，进而确定各岗位的绩效系数。

本项目在某省中烟对卷烟厂现有的组织定位与管理架构的基础上，通过对烟厂组织架构、运作模式、各科室（车间）职责与工作内容、排班生产方式、工作量、工作频率等进行梳理分析，对各科室（车间）岗位设置及编制提出优化建议，助力该卷烟厂完善人力资源配置与规划，构建科学的岗位管理体系，有序开展"定岗、定责、定编、定薪"的系列工作，以达到"控总量、调结构、提素质"的目的，为卷烟厂各项人力资源管理活动提供基础依据。

二、诊断分析

本次组织架构与岗位设定的科学规划工作秉承了战略指导、部门间协作及机构精简高效的原则宗旨，其首要目标在于精确规划岗位设置及编制调整的准则，从而推动各部门及员工工作效率的大幅提升，提高卷烟厂运营的精细化管理水平和内外部服务质量。

在深入调研分析的初始阶段，项目团队采用了多元化的研究手段，全面考察了卷烟厂人力资源领域的现有状况。在此过程中，项目团队实施了 47 人次的 BEI 深度访谈、进行了 6 次实际现场的观察、开设了 4 次针对性的专项培训、筹划组织了 5 次集体创新思维的研讨会议，历经 50 多个工作日的磨砺，投放并回收了 400 余份各种形式的调查问卷，系统地收集并深度研读了非涉密相关资料 200 余份，形成调研和访谈记录近 9 万字。

经过前期的深度访谈和详尽调研，项目团队揭示出当前卷烟厂面临的人力资源领域中的关键问题。与此同时，项目团队还从组织职能维度、岗位配置维度、人员结构维度及薪酬配套维度四个专题视域出发，得出某卷烟厂初步诊断结论（见表1）。

表1 某卷烟厂初步诊断结论

专题维度	主要问题
组织职能维度	部门职能、管理边界划分不清晰
	部门间合力不足，协调沟通不充分，影响组织效率，增加组织成本
	专项工作与一线实际需求因岗位、职能机制而相互脱节，职责角色的划分不明确
	部门职能弱化或履职不到位
岗位配置维度	部分岗位缺失或弱化，岗位配置不能满足部分业务要求，对业务的支撑不足
	岗位职责设置未能充分考虑和量化工作强度，忙闲不均。部分岗位配置不具备必要性，形成对人力的浪费
	岗位设置和岗位职责缺乏系统和规范性
人员结构维度	人员结构失衡，面临人力资源供应不足的情况
	对结构性人员的安排没有通盘考虑，设置不太合理
	对技术技能人才培养方面的关注度不够，人员专业能力和工作精力不能匹配业务条线要求
薪酬配套维度	原定薪级已不适配业务工作量扩张后的部分岗位
	岗位价值平衡性不高

为了缓解卷烟厂人力资源失衡与高质量发展需求之间的矛盾，更好地对接卷烟厂发展战略，项目团队在编制调整上也适当考虑了多方因素并形成了以下思路。

第一，卷烟厂高质量发展要求在编制上适当向战略性关键职位、价值创造的重点岗位或部门倾斜，为组织预备应对环境变化保留适度的编制储备和人才余量。

第二，既要对卷烟厂过往的业务与人效数据进行量化分析，也要依靠组织内部专家的经验和对业务趋势的把握，更高效准确地确定编制。

第三，分层、分类进行定岗定编梳理，在精细化地厘定岗位要求、工作内容及工作量的基础上，注意车间和科室在定岗和定编需求侧重点上的不同。车间侧重定编，科室侧重定岗。车间采用"弹性控编"，须结合业务数据变化进行编制核定；科室则倾向采用"刚性定编"，根据工作分析、专业分工、管理技术类编制占比关系的方式，进行编制核定。

第四，人力资源管理动态化。随着卷烟厂组织运营的职能化、网络化趋势和人才复合培养、轮岗机制等的运用，今后各科室或车间可通过动态编制的内部交易机制，实现自身内部平衡，达到最优编制。

第五，做实部门副职职责分工。在管理技术编制极其有限的情况下，由部门副职承担部门某一项或几项职责，既能有效缓解编制压力，避免副职"空心化"，又能避免出现某一岗位人员晋升，该岗位业务无人承担的情况。

三、咨询方案

基于以上对本项目需求和目标的理解，项目团队进一步规划和完善了项目咨询实施方案。

本项目从以下四个阶段进行推进。

（一）定岗阶段

1. 阶段工作思路

基于中烟公司战略规划与组织管理模式，通过对组织职能的分解，明确卷烟厂各部门、车间、科室的使命与定位，确定部门职责。通过对岗位工作结构、工作量分布均匀性、任职要求、工作饱和度、工作兼容性等主要内容的梳理，分析岗位设计依据的合理性。

2. 阶段工作方法

根据卷烟厂的组织现状，结合各部门的业务特性，选定和划分各部门关键岗位、辅助岗位。项目团队通过职能分配法、流程分析法、标杆对照法等方式，组织和召集卷烟厂各部门、科室骨干人员参与共创研讨，拟定了以下几套定岗建议。

（1）部门职能分解。

项目团队采取了从顶层到底层的组织分析法及全面细致的流程分析法，针对某卷烟厂的使命和各部门所承担的职责进行了详尽梳理，旨在解决卷烟厂在战略层面、目标设定及核心能力的承接问题，同时也确保组织结构中各项职能得以明确划分和有效联系。

（2）将部门职能拆解至承接岗位。

建立详尽的岗位职责分析矩阵，分析出承接部门职责的关键任务，确定关键任务与岗位职责的关联性，并在矩阵中建立各岗位的工作职责，审慎评估并设计确定需要设置哪些岗位用以承接相应的工作任务。

结合工作对象、工作场所、工作轮班、工作频次等要求，按照 MECE（相互独立，完全穷尽）原则，基于部门一级、二级职责，通过职能分解以满足部门职能充分覆盖、高效运行为目标，将部门职能拆解到具体岗位。通过对拟定的岗位进行岗位任务、工作关系、工作饱和度等维度的分析，最终确定各部门的基本岗位设置（见表 2）。

表2 某卷烟厂生产调度科岗位职责分析矩阵

部门名称	生产调度科					
部门使命	实现生产的统一指挥、调度和组织,做好生产统计分析,优化资源配置,建立快速响应市场的智能制造体系,实现敏捷化、柔性化、精益化生产					
部门一级职能	部门二级职能	职责分配（组织、监督、执行、协助、审核）				
		科长	副科长	生产调度员	消耗管理员	生产计划员
生产计划管理	负责生产计划的接收、分解和下达	审核	审核		协助	执行
	负责一号工程码段申领、回送和码段执行统计	监督	监督	协助		执行
	负责码段的排产,并对码段在使用过程中出现异常时及时沟通协调处理	监督	监督	执行		协助
	负责生产相关数据统计、上报	审核	审核		协助	执行
生产组织	负责生产原料、辅料的组织,以及生产设备、动力能源的调度	组织	协助	执行		
	负责做好生产组织协调,控制生产进度,处理生产异常问题	监督	监督	执行		
	负责组织协调半成品、烟叶、循环烟箱等生产物料的调拨与外发	审核	审核	协助		执行
物料消耗管理	负责工厂年度消耗目标的制定	审核	执行		协助	
	负责物料消耗管理过程考核评价细则的制定和落实	审核	执行		协助	
	负责生产物料消耗过程控制的监督、管理	审核	审核	协助	执行	
	负责生产物料消耗的统计、分析与上报	审核	审核		执行	
现场管理	负责生产现场管理的策划、推进、检查和考核	监督	组织	执行		协助
	负责现场管理标识、器具、展板的采购、验收、结算和维护	审核	组织	协助	协助	执行
	负责工厂6S责任区域的划分	审核	组织	执行		
业务外包管理	负责人工选叶、手包烟服务项目的采购、验收、结算和管理	组织	监督			执行
	负责人工选叶、手包烟生产计划的接收、分解、下达及进度控制	审核	审核	协助		执行
	负责人工选叶、手包烟生产所需材料、设备、人员的组织与协调	审核	组织	协助		执行
	负责人工选叶、手包烟生产异常问题处理	监督	监督	执行		协助
职工通勤车管理	负责通勤车服务项目的采购、结算	审核	组织			执行
	负责通勤车日常运行的组织、协调、管理	监督	组织	执行		
生产类信息系统运行管理	负责推进生产管理信息化工作实施	监督	监督	协助	执行	协助
清洁生产管理	负责月度、季度、年度现场深度清洁标准与方案的制定与推进	审核	执行	协助		
	负责现场深度清洁管理的检查与考核	审核	监督	执行		

3. 本阶段工作成果

在本阶段工作开展末期，项目团队与卷烟厂各部门、科室的骨干成员，共同深入探讨并解析出了部门的具体责任，共计输出了21份部门定位与职能分解清单，同时规划拟定出了各部门的标准岗位清单。这些重要的成果为后续的相关工作提供了基础依据。

（二）定责阶段

1. 阶段工作思路

在定岗阶段的工作分析过程中，项目团队充分沟通并深入挖掘每个岗位的价值，以期明确其设立之初的特定目的及核心职责；同时明确其在组织内部的定位以及与其他岗位之间的紧密关联性。

在此基础上，规范各岗位的正式命名和相应级别，立足于岗位的任务和权责分配，编写明晰的规范岗位说明书和指导手册，包括职责的明确界定，权利和责任的精准分配，对任职资格和能力素质的要求，明确工作环境、工作时间的具体规定，以及工作负担和工作强度的详细解释。同时，规范说明工作成果的关键衡量标准、相关岗位的详细职责、岗位间的隶属关系和组织结构图，以及职位之间的关联图。

2. 阶段工作方法

（1）通过工作分析，并结合访谈沟通，明确岗位存在的目的、岗位的主要职责、岗位在组织中的位置和其与其他岗位的相互联系，开展岗位说明书编写规范培训和辅导。

（2）召集和组织各部门、科室骨干人员，开设共创工作坊，按以上步骤逐步产生阶段成果。项目团队在过程中全程提供培训、技术指导、流程、模板开发，一对一进行辅导，并对岗位说明书初稿进行审核和修订。

3. 本阶段工作成果

在本阶段通过共创及辅导的形式，依据标准岗位清单，成功产出各岗位规范说明书汇编文件，以及岗位管理规范性配套文件。这些文件为卷烟厂岗位规范管理提供了坚实的基础，同时也为后续岗位价值评估的工作提供了基础资料。

（三）定编阶段

1. 阶段工作思路

按照"先业务再职能，先定量再定性"的思路，在中烟公司厘定的编制范围内匡算编制总量，从业务层面着手进行岗位编制的确定，同时充分考虑岗位之间的协同关系、工作饱和度，合理配置岗位人员。最后确定职能支撑岗位和管理岗位的编制。

2. 阶段工作方法

项目团队通过对部门和岗位的定性分析及部门职责的拆解、各岗位工作频次和工作量的分析，对岗位和编制设置合理性进行判断并提出相应建议。

在本阶段的工作中，项目团队结合卷烟厂的实际情况对业务部门和职能部门采取不同的方式进行编制的标准确定（见表3）。

表3 某卷烟厂岗位和编制判定标准模型

	岗位调整建议	职能匹配性	岗位设置依据	是否关键岗位
定岗判定标准	新增、保留、取消、合并或拆分	岗位目标与部门职能是否匹配（相一致）	岗位职责是否清晰，是否承担部门主要职能	承担部门核心职能
说明	是否有新增岗位的需要 有哪些部门或岗位工作职责发生了改变 原岗位是否需要合并或删减	岗位工作内容要与岗位目标相匹配，各岗位目标应与部门关键职能相匹配	依据主要来源于部门职能，不是临时突发性工作，或不是部门主要职能	根据部门核心职能先确定核心岗位的设置
定编判定标准	岗位工作结构	岗位工作量	岗位工作强度分布	特殊影响因素、岗位设置原则
	岗位工作结构是否合理（日常性、阶段性、突发性工作）	岗位工作量是否饱满	岗位工作量是否分布合理	岗位设置原则与特殊要求
说明	岗位主要职责范围和内容一般应以所在部门的主要职能展开，减少临时性、阶段性和突发性工作	岗位的工作量应该达到饱满或基本饱满	工作量分布应尽量均匀分布在正常工作日内，减少工作的波峰和波谷的发生	如岗位设置最少原则、内控要求等

针对业务部门采用"弹性控编"，结合行业人才配置标准、同业对标数据、设备定编数据、轮班班次标准人员配置数据，通过开展工时统计、工时测算、现场观察，计算周期内完成现有工作所需总工时。通过访谈沟通、跨部门服务评价、工作写实分析等，对编制调研数据进行佐证，再结合人员结构因素分析，确定定编数据。

针对职能部门则采用"刚性定编"，通过工作分析、管理人员配比关系、业务条线人力规划分析等方式，并结合访谈沟通、跨部门服务评价、工作写实分析等，对编制调研数据进行佐证，再结合人员结构因素分析，进行编制核定。

此外，基于现有编制紧张、维修岗人才培养困难的特殊情况，项目团队在473人总编制不变的基础上提出维修岗"跨部门动态编制"的管理模式。"跨部门动态"是指针对机械维修岗和电气维修岗，采用跨部门工作机制，即维修岗的工作范围不局限于某一部门，打破部门职责界限，跨部门承担维修相关职责。

"跨部门动态"机制打破了各车间机械设备维修工的编制静态管理模式和力量分布不均的格局，在确保生产不受影响的情况下，既能灵活调动人员，破解各车间为保证自身生产维修任务不受影响，只管要人而无法顾及"人效"的现状，还能促进维修类员工在专业提升上互相融合，更有利于培养复合型人才，有利于人才梯队建设。

3. 本阶段工作成果

本阶段在中烟公司厘定的编制范围内，充分考虑各部门、各岗位的影响因素，制定了卷烟厂标准定编数据。同时，针对其维修岗人才培养困难、调动困难、运作困难的情况，制定了维修岗位"跨部门动态编制"管理模式，有效解决了其编制紧张、维修效能不足的一系列问题。

（四）定薪阶段

1. 阶段工作思路

项目团队拟通过建立岗位价值评估体系，对全厂岗位、编制调整后的关键岗位进行岗位价值评估测定，确定各岗位的相对价值分布，然后根据岗位相对价值与其薪级标准进行测算套用，重新评定岗位薪级和绩效系数，形成岗位绩效系数表。

2. 阶段工作方法

（1）开发评估工具。

在岗位价值评估工具的选择上，项目团队主要参考美世和海氏评估法，结合某卷烟厂的实际情况，会同主要负责领导及人力资源科，共同开发建立一套贴合烟厂实际需求的岗位价值评估工具。主要评价岗位的工作责任、工作强度、知识技能、工作环境四个维度因素，共计25个子因素（见表4）。

表 4　某卷烟厂岗位价值评估工具

评价因素	权重	子因素	分数分配	评价因素	权重	子因素	分数分配
工作责任（400）	40	1.1 决策责任	50	知识技能（280）	28	2.1 学历、资质要求	35
		1.2 成本费用控制责任	45			2.2 工作经验	45
		1.3.1 指导监督责任（数量）	30			2.3 知识多样性	35
		1.3.2 指导监督责任（跨度）	30			2.4 专业深度	35
		1.4 内部协调责任	40			2.5 语言文字应用能力	30
		1.5 外部协调责任	40			2.6 创新与开拓	50
		1.6 组织人事责任	40			2.7 综合能力	50
		1.7 制度、法律责任	35				
		1.8 安全管理责任	45				
		1.9 质量管理责任	45				
工作强度（160）	16	3.1 工作压力	50	工作环境（160）	16	4.1 职业病或危害性	45
		3.2 脑力辛苦程度	35			4.2 工作条件舒适度	45
		3.3 工作体力强度	35			4.3 工作地点稳定性	35
		3.4 工作复杂性	40			4.4 工作时间特征	35

（2）岗位价值评估。

在确定岗位价值的评估工具后，项目团队组织评估委员会开展相关培训，讲解岗位价值评估的注意事项和操作流程，明确评估规则和计分方式。然后，项目团队组织评估委员会有序开展岗位价值评估工作。

（3）评估结果应用。

岗位价值评估工作结束后，项目团队及时收集评估数据并进行数据处理，对数据偏差进行分析、筛选，综合有效数据核算各参评岗位的最终得分。理顺各部门各岗位价值顺序，并纳入现有薪酬体系，实现基于岗位价值的薪酬分配公平性。

3. 本阶段工作成果

本阶段通过对关键岗位的价值评估工作，确定了卷烟厂现有岗位的价值矩阵，建立了岗位岗级薪级表。

四、项目成果评估及总结

经过"四定"项目的实施，某卷烟厂在人力资源体系优化工作中取得了以下显著成果。

1. 优化岗位配置

通过岗位调查、分析和梳理，实现了部门职能的全面覆盖，提高了工作效率，使各岗位设置更加合理、规范、高效。同时解决了人员超编和部分部门结构性超编的问题。基于此，某卷烟厂完成了中烟公司核准的编制要求和结构要求。截至 2023 年年底，工厂车间人均能效同比增长 27%。

2. 提升人员素质

结合工厂实际需求，通过规范岗位工作标准和岗位价值评估工作，明确了各岗位的职责、要求和价值，为员工的职业发展提供了明确的方向，有助于提升员工素质。项目成功导入后，得益于岗位规范明确的权责体系，在项目后期跟踪服务过程中经取样调查发现，因权责不清、职责不明导致的跨部门业务执行效率低下的情况大幅改进，业务流程流转效率对比 2023 年上半年整体提高 114%。同时，某卷烟厂基于标准岗位打通了技术类、管理类、操作类的职业晋升通道。

3. 完善薪酬体系

岗位价值评估结果有效应用于薪酬定级体系，使薪酬体系更加公平、合理，并能够实际反映岗位工作的贡献和价值，激发了员工的工作积极性。截至 2023 年年底，员工满意度调查结果表明，对比 2022 年员工整体满意度上升 43%，员工薪酬满意度上升 39%。在管理优势调查结果中，超过 80% 的基层员工表明新的岗位配置体系更能有效地体现其工作价值；超过 90% 的员工认为调整后的岗位绩效系数更为合理，并且能够有效激发其工作热情。

4. 支撑战略落地

在项目初期，项目团队深入了解了某卷烟厂的发展战略和目标，明确了人力资源优化咨询项目需要解决的关键问题。通过与高层管理团队的深入沟通，项目团队确保项目的方向和内容与卷烟厂的战略需求紧密对接，为后续的战略落地提供了坚实的基础。在定岗定编的过程中，项目团队充分考虑了卷烟厂的业务特点和发展需求，对岗位进行了精细化的划分和定义。通过深入分析各岗位的工作内容、职责和技能要求，项目团队为卷烟厂构建了一套科学合理的人力资源配置体系，确保了各岗位的人员配置与卷烟厂的发展战略相契合。根据卷烟厂的发展战略和岗位需求，构建了人岗匹配和薪酬匹配体系。通过这一体系，项目团队确保了员工的能力与岗位要求相匹配，同时通过合理的薪酬设计，激励员工更好地为烟厂的发展贡献力量。为了适应卷烟厂组织运营的职能化、网络化趋势和人才复合培养、轮岗机制等需求，项目团队倡导并实施了动态化的人力资源管理。通过内部交易机制等方式，各科室、车间可以根据自身需求进行人力资源的动态调整和优化，从而实现了人力资源的最优配置和内部平衡。

通过优化人力资源配置和完善科学合理的薪酬体系，项目团队确保了卷烟厂能够更加精准地匹配战略需求与人力资源供给。同时，项目团队也帮助卷烟厂构建了更加灵活和高效的组织架构，使企业能够快速响应市场变化和战略调整。这些措施的实施，为卷烟厂的长远发展奠定了坚实的基础，并为其在市场竞争中保持领先地位提供了有力保障。

5. 组织绩效提升

通过本次人力资源优化咨询项目，卷烟厂成功构建了科学合理的人力资源配置体系，优化了岗位设置和职责划分。这使每个员工能够更好地发挥自己的专业能力和特长，实现了人力资源的最大化利用。项目实施后的人力资源配置比项目实施前更为高效。卷烟厂各部门之间的协作更加紧密，沟通更加顺畅。这不仅减少了工作中的摩擦和冲突，还提高了工作效率，缩短了业务流程周期。部门间的协同作战能力得到了显著增强。

本次某省中烟工业有限责任公司旗下的某卷烟厂人力资源优化咨询项目，通过深入剖析企业现状和行业特点，成功构建了科学合理的人力资源配置体系。项目不仅优化了岗位设置和职责划分，还建立了与之相匹配的薪酬体系，有效提升了企业的核心竞争力，完美地完成了中烟公司对某卷烟厂"十四五"末期人员编制、岗位规范、薪酬套改等目标。

在应对市场竞争和消费诉求变化的挑战中，某卷烟厂展现出了坚定的转型决心和强大的发展潜力。人力资源优化咨询项目的成功实施，为该卷烟厂的持续健康发展奠定了坚实的基础。

职业经理人制度与中长期
激励方案设计咨询项目

重庆重大同浩管理咨询有限公司

重庆重大同浩管理咨询有限公司（以下简称重大同浩）是重庆国际投资咨询集团有限公司所属的子公司，2000年诞生于学术造诣深邃和文化底蕴厚重的学林沃土——重庆大学。以此为发端，齐聚四面贤达，汇集八方英才，成为中国中西部较早进入管理咨询领域的公司之一。

重大同浩专注于企业管理咨询，在20多年的管理咨询实践中，为重庆市相关政府部门、中央企业、国有企业、民营企业等数千家企业提供了管理咨询服务，内容广泛，涉及战略规划、集团管控、组织结构、人力资源管理、制度流程、企业文化、国有企业改革等模块。

重大同浩是重庆本土最具规模与实力的专业咨询机构，其首创的"咨询式培训，培训式咨询"模式在业界广受赞誉，赢得各行各业近千家企事业单位和组织的高度认同，成为推动重大同浩持续前行的不竭动力。

本案例项目组成员

蒋镇国，重庆重大同浩管理咨询有限公司总经理，国际注册管理咨询师，高级经济师。拥有12年以上企业管理咨询工作经历，先后主导参与中央企业、大型国有企业、上市公司、行政事业单位的发展战略、集团管控、组织结构及人力资源管理等咨询项目，积累了丰富的实践经验。

其他成员：罗锐、尹鹏程、蔡悠悠。

导读

重庆旅游云信息科技有限公司（以下简称旅游云公司）成立于2018年，注册资本为5000万元，是重庆旅游投资集团全资子公司，也是重庆市文化和旅游协会副会长单位、智慧旅游分会会长单位。

2020年5月，旅游云公司被国务院国资委评为全国文旅产业唯一"科改示范企业"，也是重庆市首批入选国务院国资委"科改示范企业"的两家企业之一。2021年4月，旅游云公司被重庆旅游投资集团确定为职业经理人试点单位。

2021—2022年，受重庆旅游投资集团委托，重大同浩项目组深入研究国务院国资委及重庆市国资委相关政策文件精神，以及与重庆旅游投资集团及旅游云公司各级管理人员多轮沟通、反复论证，主要遵循"市场化选聘、契约化管理、差异化薪酬、市场化退出"原则选聘和管理职业经理人，建立了一套包括7个制度及12个表格模板的职业经理人制度体系。并在此基础上，根据"科改示范企业"改革工作要求，结合《国有科技型企业股权和分红激励暂行办法》（财资〔2016〕4号）及其他有关法律、法规的相关规定，本次职业经理人中长期激励方案选用了股权期权模式。

职业经理人制度体系及中长期激励目前尚处于探索阶段。本课题积极开展职业经理人制度体系建设及中长期激励实践研究，对深入贯彻落实党中央、国务院关于健全国有企业市场化经营机制，助力国企改革全面落地具有一定的借鉴作用。

职业经理人制度与中长期激励方案设计咨询项目

重庆重大同浩管理咨询有限公司　　蒋镇国

一、项目背景

（一）职业经理人制度体系

职业经理人制度建设是深化国有企业改革的一项重要任务，其轮廓在改革进程中逐步清晰、明确。

2015年，《中共中央、国务院关于深化国有企业改革的指导意见》（中发〔2015〕22号）明确提出，"推行职业经理人制度，实行内部培养和外部引进相结合，畅通现有经营管理者与职业经理人身份转换通道，董事会按市场化方式选聘和管理职业经理人"。

2016年，国企改革"十项试点"任务中提出推行职业经理人制度试点；2018年，国务院国企改革领导小组办公室启动国企改革"双百行动"，在完善市场化经营机制率先突破的要求中再次明确探索职业经理人制度。

2020年，国务院国有企业改革领导小组办公室印发的《"双百企业"推行职业经理人制度操作指引》为国有企业积极推行职业经理人制度提供了系统且规范的操作指南。

2020年，《国企改革三年行动方案（2020—2022年）》明确指出，在改革的大方向中，要大力推进商业类子企业职业经理人制度。这一文件不仅进一步统一了国有企业推行职业经理人制度在改革方向上的认识，还为中央企业和地方国有企业进行试点探索提供了更为明确的政策指引。

国有企业推行职业经理人制度不仅是贯彻落实党中央、国务院关于建立、健全市场化经营机制，激发企业活力的决策部署，同时也是完善国有企业领导人员分类、分层管理的重要举措，更好地解决"三项制度"改革中的突出矛盾和问题，从而有效激发企业家主体活力，更好地培育和发展壮大企业家队伍，使之在"双循环"发展战略中建功立业。

（二）职业经理人中长期激励

随着国有企业职业经理人体系建设的推进，职业经理人的中长期激励成为重要的研究课题。

职业经理人中长期激励通过股票期权、股票增值权、股权奖励、股权期权、超额利润分享、岗位分红激励、项目分红激励等方式，将职业经理人的个人长期利益与企业的长期发展情况相联系，激励职业经理人对企业的生产经营进行更为有效的管理，进而提升企业价值的同时也能够实现个人利益的增长。

与任期制和契约化中传统的"基本年薪+绩效年薪+任期激励"相比，中长期激励是一种积极的管理手段，它在促使职业经理人积极工作的同时，也会激励职业经理人把企业的目标作为自己内在的追求。无论是对职业经理人，还是对企业来说，都是一种双赢策略。

随着2016年财政部、科技部、国务院国资委联合发布《国有科技型企业股权和分红激励暂行办法》，国务院国资委发布《关于做好中央科技型企业股权和分红激励工作的通知》；2017年国务院国资委发布《中央科技企业实施分红激励工作指引》，财政部、科技部、国务院国资委《关于〈国有科技型企业股权和分红激励暂行办法〉的问题解答》等办法的陆续出台实施，各省份国有企业都在不断探索，积极开展中长期激励。

2021年，中央企业中长期激励政策覆盖范围和激励人数均创新高。中央企业已开展过中长期激励的子企业占具备条件子企业的85.9%，惠及27.6万人。不少企业和地方还结合实际探索开展了骨干员工跟投等措施。

2023年的《国有企业改革深化提升行动三年方案（2023—2025年）》中"新八项"要求把中国特色现代公司治理与市场化经营机制合并在一起，实现更广更深落实三项制度改革，全面构建中国特色现代企业制度下的新型经营责任制，健全更加精准灵活、规范高效的收入分配机制，激发各级干部员工干事创业的积极性、主动性、创造性。

（三）客户基本情况及项目背景

旅游云公司成立于2018年，注册资本为5000万元，是重庆旅游投资集团全资子公司，也是重庆市文化和旅游协会副会长单位、智慧旅游分会会长单位。旅游云公司的定位是全市文化和旅游大数据运营服务商，其深耕大数据智能化在文化和旅游垂直领域的深度应用，获得专利和著作权30余件，以及"首届中国智慧城市大数据开放创新应用大赛最佳数据提供单位"等20余项荣誉称号。

2020年5月，旅游云公司被国务院国资委评为全国文旅产业唯一"科改示范企业"，也是重庆市首批入选国务院国资委"科改示范企业"的两家企业之一。2021年4月，旅游云公司被重庆旅游投资集团确定为职业经理人试点单位。作为重庆市首批入选的"科改示范企业"之一和重庆旅游投资集团职业经理人试点单位，旅游云公司的制度创新备受瞩目且充满挑战。

2021—2022年，重庆旅游投资集团基于旅游云公司现实及未来发展的需求，引进重大同浩协助旅游云公司厘清其职业经理人制度建设与落实"科改示范企业"中长期激励政策的方向及路径。

二、项目诊断分析

项目启动后，重大同浩项目组对重庆旅游投资集团及旅游云公司开展了为期1个月的调研访谈，通过资料收集、调研访谈、集体座谈等多种方式对旅游云公司的现状进行了全面了解。

（一）资料收集

重大同浩项目组通过发放资料索取清单等形式，收集了相对完整的资料，对旅游云公司内部情况有了一个较为清晰的了解。该项目的资料来源主要分为两类：外部资料与内部资料。

（二）调研访谈

按照职业经理人制度体系设计中长期激励方案的相关内容，重大同浩项目组分别针对重庆旅游投资集团高层领导、中层领导和旅游云公司中拟实施职业经理人"转身"的潜在对象设计了不同内容的访谈提纲。通过访谈超过20名不同层级的员工，项目组对旅游云公司实施职业经理人制度和推行中长期激励存在的问题与改进方向有了初步的定性认识。

（三）集体座谈

基于项目访谈所获取的信息，重大同浩项目组与重庆旅游投资集团高层领导、人力资源管理部门中层领导、党群管理部门中层领导及旅游云公司高层领导开展集体座谈。座谈会上，重大同浩项目组从"什么是职业经理人、如何理解职业经理人、实施职业经理人有哪些制度支撑、职业经理人与任期制及契约化的区别及联系、如何实施职业经理人制度"几个方面做了详细介绍。同时，根据资料收集、调研访谈过程中了解的信息，对本次试点职业经理人制度体系及推行中长期激励的难点问题、拟订的解决方案等和与会人员进行了有效沟通，达成初步共识。

（四）诊断分析

项目诊断分析中涉及试点职业经理人制度体系及推行中长期激励的难点及拟解决方案如表1所示。

表1 诊断分析难点及拟解决方案

	难点	拟解决方案
职数设置	现有职数设置与旅游云公司未来发展要求不相匹配,是先搭建好与发展所需相适应的领导班子结构,再推行职业经理人制度体系?还是先推行职业经理人制度体系,再搭建领导班子结构	基于发展要求,先搭建好与发展所需相适应的领导班子结构,再推行职业经理人制度体系
实施范围	董事长与总经理为同一人,董事长、总经理是否纳入职业经理人实施方案?财务总监为重庆旅游投资集团委派,是否纳入职业经理人范围?如纳入职业经理人实施范围,能否继续担任重庆旅游投资集团内其他子公司的财务总监	根据关于《"双百企业"推行经理层成员任期制和契约化管理操作指引》和《"双百企业"推行职业经理人制度操作指引》有关问题的回答,党组织领导班子成员是否纳入职业经理人范围,由"双百企业"的控股股东及其党组织根据相关人员管理权限和企业领导人员管理有关规定,结合"双百企业"实际情况,综合研判后自行决定。因此本次旅游云公司董事长、财务总监是否纳入职业经理人范围,由重庆旅游投资集团党委研究决议执行
人选来源	本次推行的职业经理人是仅面向旅游云公司及重庆旅游投资集团内部?还是外部符合条件的人员同样可参与竞聘	人选来源不仅包括旅游云公司及重庆旅游投资集团内部人员,还可以包括社会参与人员、人才中介机构推荐人员等,不受企业内外、级别高低、资历深浅限制
资格条件	本次职业经理人选聘条件中资格条件是否要求为中共党员,但如果最终选聘的职业经理人不是中共党员,这对其遵循上级党组织对其的管理要求是否匹配	职业经理人无论是否为中共党员,均应遵循企业董事会和本企业党组织对高管岗位的管理要求。如果职业经理人是党员,同时应该遵循本企业党组织对党员管理的管理要求,如果职业经理人进入党委交叉任职还应该遵循上级党组织对党委委员的管理要求
薪酬对标企业选择	职业经理人薪酬总水平应当按照"业绩与薪酬双对标"方式,如何确定本次职业经理人薪酬对标的企业?选择什么行业性质、什么规模水平的公司?是否选择上市公司等	采取"同行业""同性质""规模优"原则,选取软件和信息技术服务、互联网技术服务、大数据服务等为主业的上市公司作为对标样本。选取主营业务充分市场化(非垄断业务和股东单位指定业务)且在境内外上市的企业作为对标样本。根据营业收入、资产总额等规模指标,选取在行业领先的企业作为对标样本
对标业绩指标确定	在确定薪酬对标企业的基础上,对标业绩指标的确定将直接决定薪酬额度的高低。如何确定薪酬对标的业绩指标,使最终确定的薪酬水平兼具公平性与激励性	按照具有较强挑战性、力争跑赢市场、优于同行原则,结合旅游云公司历史数据,建议业绩对标指标为:主营业务收入(收入绝对值与行业比较)、主营业务收入增长率(收入的相对值与行业比较)、利润总额、利润总额增长率(利润的相对值与行业比较)、净资产收益率(反映股东权益的收益水平)五个指标,并设置不同的权重

续表

难点		拟解决方案
津补贴	假定实施职业经理人"转身"后，目前旅游云公司高层领导已有的津补贴是否能继续享受	根据关于《"双百企业"推行经理层成员任期制和契约化管理操作指引》和《"双百企业"推行职业经理人制度操作指引》有关问题的回答，经理层成员按约定的薪酬方案取酬，可以执行公司已有的津补贴、年金、补充公积金等政策
年度与任期考核指标	目前任期制与契约化已签订了年度与任期考核指标，假定实施职业经理人转身后，其考核指标是否继续沿用	根据《"双百企业"推行经理层成员任期制和契约化管理操作指引》和《"双百企业"推行职业经理人制度操作指引》，任期制和契约化管理对考核指标要求为科学合理，具有一定挑战性。对职业经理人的考核指标要求为力争跑赢市场、优于同行。因此实施职业经理人"转身"后，需结合重庆旅游投资集团和旅游云公司现状，重新设定目标值，并重新签订年度与任期经营业绩责任书
职业经理人退出	职业经理人的退出管理，是否在不违背政策约束条件下，采取更为灵活的方式	严格依据《"双百企业"推行职业经理人制度操作指引》中关于退出管理的约定执行
中长期激励	中长期激励有国有控股上市公司股权激励、国有科技型企业股权和分红激励、国有控股混合所有制企业员工持股等中长期激励政策，探索超额利润分享、虚拟股权、跟投等，本次旅游云公司中长期激励选择哪种方式？激励对象、激励额度、分配兑现方式如何设定	旅游云公司是初创企业，与成熟期企业不同，很难确定利润基准值，超额利润激励、虚拟股权、跟投目前不适合旅游云公司。旅游云公司是科技型企业，科技型企业是以人力资本、知识资本为核心资源的企业，具有高风险、高投入、高成长、经营灵活等特点，这些内在的特性决定了科技型企业与其他类型的企业相比更适合推行股权期权。激励对象、激励额度、分配兑现根据《国有科技型企业股权和分红激励暂行办法》（财资〔2016〕4号）相关规定执行

三、职业经理人制度体系方案设计

职业经理人制度体系共包括7个制度及12个表格模板，主要遵循"市场化选聘、契约化管理、差异化薪酬、市场化退出"原则选聘和管理职业经理人。其核心内容如图1所示。

职业经理人制度与中长期激励方案设计咨询项目

序号	交付品名称
1	《选聘管理办法》（含转聘申请书、应聘登记表、岗位聘任协议等表格）
2	《岗位说明书》
3	《薪酬对标细则》（含职业经理人总经理年度薪酬测算表、职业经理人副职岗位价值系数等表格）
4	《薪酬管理办法》
5	《绩效管理办法》（含试用期考核标准、年度经营业绩责任书、任期经营业绩责任书等表格）
6	《退出管理办法》（含辞职申请表、解聘通知书等表格）
7	《选聘实施方案》（含转聘申请书、应聘登记表等表格）

图1 职业经理人制度体系交付品

（一）市场化选聘

（1）全面实施市场化管理。旅游云公司管理团队配置8人，其中纳入职业经理人岗位6人（董事长、总经理、市场副总、运营副总、项目交付副总、研发副总）；前期不纳入1人，后期根据实际情况是否纳入（财务总监）；非职业经理人岗位1人（监事长或纪检委员），按任期制与契约化管理相关规定执行。

（2）实施差异化选聘方式。首次实行职业经理人，优先采取内部转聘方式，对符合转聘条件的重庆旅游投资集团及其下属单位或旅游云公司现有经理层成员，在履行提出申请、资格审查、综合测评、党组织研究后，由董事会聘任，转变身份为职业经理人。转聘后仍有空缺岗位的采取市场化选聘方式。市场化选聘包括制定市场化选聘工作方案、成立选聘工作小组、发布招聘公告、资格审查、测试面试、组织考察、总经理研究提名、党组织研究、董事会聘任

235

等程序。职业经理人选聘方式如图 2 所示。

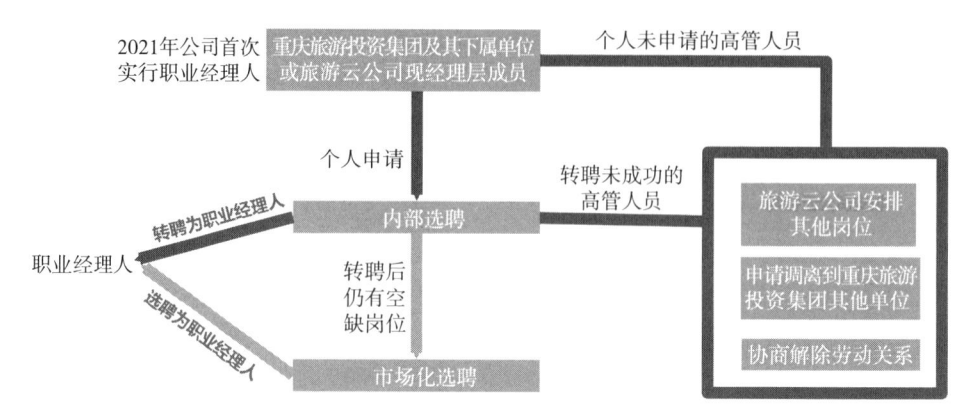

图 2　职业经理人选聘方式

（二）契约化管理

（1）签订协议。旅游云公司与职业经理人签订 1 个劳动合同、1 个聘任合同（岗位任期不超过 3 年）和 2 个经营业绩责任书（年度和任期），严格落实契约化管理。

（2）建立岗位聘任全周期的考核方式。实施职业经理人岗位聘任全周期考核，建立、健全试用期考核、年度绩效考核和任期绩效考核。试用期考核仅适用于首次市场化外部引进的职业经理人，原则上初次任职的首个半年为试用期，试用期考核主要对职业经理人试用期内的管理效能进行评价。年度（任期）绩效考核主要对职业经理人年度（任期）内经营业绩指标完成情况进行评价。

（3）实行以经营业绩为主的考核模式。年度考核突出经营业绩，同时加强党的建设考核，党建工作一票否决。职业经理人当年度党的建设考核等级为"不称职"的，不予发放绩效年薪；连续 2 年党的建设考核为"不称职"的，不予发放任期激励。

例如，职业经理人年度（任期）出现包括但不限于：因违法被追究刑事责任；发生严重违规违纪违法问题受到组织处理、党纪政务处分；年度（任期内）发生较大及以上主体责任安全事故；分管领域内出现重大责任事故或严重影响社会稳定事件、舆情事件、党风廉政建设和反腐败工作及安全生产工作等"一票否决"事项，职业经理人当年度（任期）不予发放绩效工资。

（4）构建差异化的分类考核指标体系。根据岗位分工、职责领域，构建"一岗一考核、一人一张表"的差异化考核指标。

年度经营业绩考核包括经济指标、管理指标及辅助指标。经济指标主要考核营业收入、利润总额、应收账款等；管理指标主要考核市场开发、产品研发、产品交付、产品运营、国有企业改革、科研创新；辅助指标不占考核权重，主要考核信访稳定、保密舆情和否决性指标。任期经济指标包括但不限于国有资本保值增值率、任期内营业收入完成率、任期内利润总额完成率等。年度经营业绩考核指标体系如图3所示，任期经营业绩考核指标体系如图4所示。

年度经营业绩考核包括经济指标、管理指标、辅助指标
（1）经济指标：主要考核营业收入、利润总额、应收账款等，根据旅游云公司发展目标，以有利于提升旅游云公司国有经济竞争力、创新力、控制力、影响力、抗风险能力为原则制定指标
（2）管理指标：主要围绕市场开发、产品研发、产品交付、产品运营、国有企业改革、科研创新等方面，并结合当年旅游云公司重点工作安排制定具体指标
（3）辅助指标（不占考核权重）：主要考核信访稳定、保密舆情和否决性指标。否决性指标是指职业经理人触及包括但不限于因违法被追究刑事责任的；发生严重违规违纪违法问题受到组织处理、党纪政纪处分的；年度内发生较大及以上主体责任安全事故的；分管领域内出现重大责任事故或严重影响社会稳定事件等党风廉政建设和反腐败工作及安全生产工作"一票否决"等事项
考核指标及计分方式具体详见年度经营业绩责任书

图3 年度经营业绩考核指标体系

任期经营业绩考核主要考核任期经济指标
任期经济指标：选择反映国有资本保值增值和可持续发展能力的指标，由经理层全体成员共同承担
经济指标包括但不限于国有资本保值增值率、任期内营业收入完成率、任期内利润总额完成率等
考核指标及计分方式具体详见任期经营业绩责任书

图4 任期经营业绩考核指标体系

（三）差异化薪酬

（1）市场对标确定薪酬水平标准。选取软件和信息技术服务、互联网技术服务、大数据服务等为主业的19家上市公司作为对标样本，按照"业绩与薪酬双对标"方式，以业绩分位值为薪酬分位值，计算对标薪酬值。

（2）实施岗位价值评估"一岗一薪"。职业经理人副职年度薪酬标准参照总经理年度薪酬标准乘以岗位价值系数。岗位价值系数根据职业经理人副职岗位在公司的影响范围、职责大小、工作强度、工作难度、任职条件、专业技能要求等方面由董事会与职业经理人协商确定。职业经理人薪酬结构如图5所示。

> （1）薪酬结构。职业经理人薪酬结构包括基本年薪、绩效年薪、任期激励、股权期权和履职待遇及福利
> （2）基本年薪、绩效年薪。基本年薪是职业经理人的年度基本收入；绩效年薪是与职业经理人年度经营业绩考核结果相挂钩的浮动收入，原则上占年度薪酬（基本年薪与绩效年薪之和）的比例不低于60%
> 根据职业经理人岗位职责和业绩考核重点的不同，设置不同的基本年薪占比和绩效年薪占比
> （3）任期激励。任期激励是与职业经理人任期经营业绩考核结果挂钩的收入
> 每一个任期结束后，根据旅游云公司董事会对职业经理人任期考核结果一次性兑现。其具体计算公式为：任期应发任期激励＝任期激励基数 × 任期考核得分
> 其中，任期激励基数为职业经理人任期内各年度薪酬（基本年薪与绩效年薪之和）的30%。任期考核得分为根据任期经营业绩责任书考核规则计算所得的得分
> （4）履职待遇及福利。履职待遇及福利如车贴、通信补贴、市场销售提成等，由旅游云公司董事会根据工作需要，与职业经理人协商确定

图 5　职业经理人薪酬结构

（3）短期激励与长期激励相结合。薪酬结构包括基本年薪、绩效年薪、任期激励、履职待遇及福利，以及董事会根据公司业务发展和实际管理需要增设的股权期权中长期激励项目。股权期权根据旅游云公司股东大会审批通过的《重庆旅游云公司股权期权激励计划》执行。

（4）建立、健全薪酬追索扣回机制。任期内出现财务数据故意造假、重大失职失察、重大风险延期暴露、职责内重大风险等造成公司重大损失、产生重大负面影响的事件，董事会根据职业经理人承担的责任审定需追索扣回的绩效年薪额度并予以追回。

（四）市场化退出

明确负面条件坚持市场化退出。依据职业经理人聘任合同约定和经营业绩考核结果等，出现约定的负面情形的，解除与职业经理人的聘任关系。在职业经理人解除（终止）聘任关系的同时，如有党组织职务应当一并免去，并依法解除（终止）劳动关系。职业经理人退出条件如图6所示。

> 职业经理人的解聘是指依据职业经理人聘任合同约定和经营业绩考核结果等，出现下列情形之一的，旅游云公司解除与职业经理人的聘任关系。
> （1）考核不达标的，例如，年度经营业绩考核结果未达到完成底线（如百分制低于70分）；年度经营业绩考核主要指标未达到完成底线（如完成率低于70%）
> （2）聘任期限内累计两个年度经营业绩考核结果为"不称职"的；任期经营业绩考核结果为"不称职"的
> （3）开展任期综合考核评价，评价结果为"不称职"的
> （4）因严重违纪违法、严重违反旅游云公司或重庆旅游投资集团管理制度被追究相关责任的
> （5）聘任期间对旅游云公司重大决策失误、重大资产损失、重大安全事故等负有重要领导责任的，或对违规经营投资造成国有资产损失负有责任的
> （6）因健康原因无法正常履行工作职责的
> （7）聘期未满但双方协商一致解除聘任合同或者聘期届满不再续聘的
> （8）试用期内或试用期满，经试用发现或试用考核结果不适宜聘任的情形
> （9）根据工作需要，重庆旅游投资集团另有任用的
> （10）旅游云公司董事会认定不适宜继续聘任的其他情形

图6 职业经理人退出条件

四、中长期激励方案设计

根据"科改示范企业"改革工作要求，结合《国有科技型企业股权和分红激励暂行办法》（财资〔2016〕4号）及其他有关法律、法规的相关规定，本次中长期激励方案选用股权期权模式，项目交付品为《重庆市旅游云信息科技有限公司股权期权激励计划》，核心内容如下。

（一）激励对象

本激励计划的激励对象为旅游云公司董事、高级管理人员、核心技术（业务）骨干人员。

其中，董事、高级管理人员由旅游云公司董事会聘任；核心技术（业务）骨干人员为对旅游云公司科研、经营业绩和发展有直接影响的核心业务（技术）和管理岗位的骨干员工。具体人员名单由旅游云公司董事会提名，并向全体员工公示和征求意见，然后由旅游云公司监事会发表明确意见后，经旅游云公司股东大会审议批准。

本激励计划的激励对象不包括监事、独立董事及由重庆旅游投资集团以外的人员担任的外部董事。

所有激励对象必须同意旅游云公司章程及激励计划的规定，同时与公司具有雇佣关系满3个月（引进的优秀人才可适当放宽此项限制），并且剩余劳动合同期限为1年以上。

（二）激励数量

激励计划所涉及的标的股权来源于向重庆旅游投资集团回购的股份。

激励计划拟授予的股权期权数量为旅游云公司总股本的9.9%。

标的股权根据激励对象的职位级别、岗位价值等一次性授予激励对象，股权期权激励总额不超过公司总股本的9.9%，且单个激励对象获得的激励股权不得超过公司总股本的3%。

旅游云公司因引入战略投资者、增加注册资本、派发现金红利、资本公积金转增股权或其他原因需要调整标的股权数量、价格和分配的情况，股东大会有权进行调整。

（三）股权价格

股权期权行权价格根据旅游云公司审计净资产值确定，激励对象获授股票所需资金以自筹方式解决，旅游云公司不为激励对象购买股权提供贷款及其他形式的财务资助，包括为激励对象向其他单位或者个人贷款提供担保。

（四）行权时间

激励计划有效期为36个月，有效期从首次股权期权授权之日起计算。

首次授予的股权期权自授予日起满12个月后，在满足激励计划规定的行权条件的情况下，激励对象在随后的24个月内分2期行权。

第一次自首次授予日起12个月后起至首次授予日起24个月止（首次授予日后第二年内），可行权数量占获授股权期权数量的40%。第二次自首次授予日起24个月后起至首次授予日起36个月止（首次授予日后第三年内），可行权数量占获授股权期权数量的60%。股权期权行权有效期如图7所示。

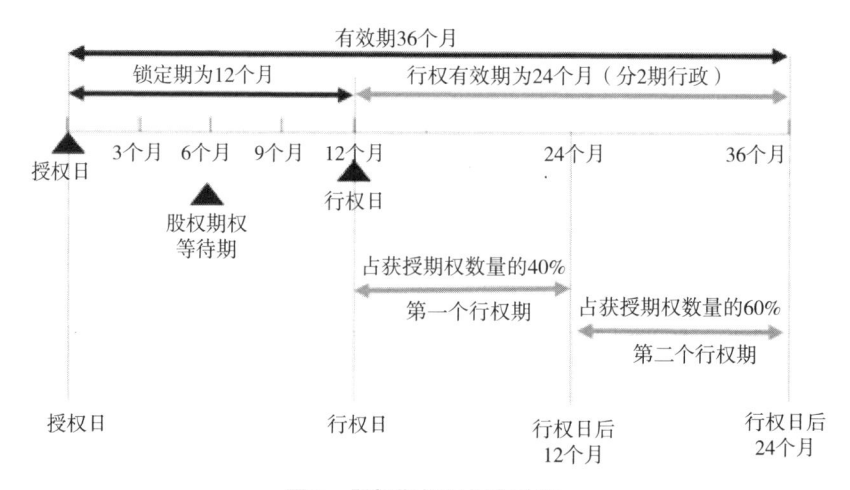

图7 股权期权行权有效期

若激励对象行权条件未能达到，则其该期对应部分股权期权作废；若满足行权条件，则激励对象可以在当期行权。

（五）行权条件

激励计划对所授股票期权实行分期行权，同时满足重庆旅游投资集团下达业绩指标后方可行权。

激励对象个人的绩效考核等级划分为"优秀""称职""基本称职""不称职"四个档次。

激励对象只有在上一年度的个人绩效考核结果为"优秀""称职"时，才能全额对当期可行权的股票期权进行行权；若激励对象上一年度绩效考核结果为"基本称职"，则可对50%的当期可行权的股票期权进行行权，若激励对象上一年度绩效考核结果为"不称职"，则当期对应的可行权的股票期权不得行权，激励对象考核当年未能行权的股票期权由旅游云公司注销。

五、项目方案实施评估

通过深入研究国务院国资委及重庆市国资委相关政策文件精神，以及与重庆旅游投资集团及旅游云公司各级管理人员多轮沟通、反复论证，重大同浩编制的职业经理人制度体系及中长期激励方案获得了重庆旅游投资集团及旅游云公司的高度认可。该方案契合企业发展现状，政策依据充分，符合国务院国资委相关文件要求，具有较强的前瞻性、科学性和可操作性。

在此，特别感谢重庆旅游投资集团及旅游云公司的各级领导对项目工作的大力支持和推动，正是因为咨询方与客户方良好的项目协作，才得以确保项目工作的顺利完成。

2023年4月，国务院国资委公布了2022年度地方"双百企业""科改示范企业"评估结果。其中，"科改示范企业"旅游云公司评估等级为"优秀"。

管理变革是永恒的主题，持续改进是企业发展的长期动力。本咨询项目的结束，也是旅游云公司试点职业经理人深入落地推进的开始。期待旅游云公司在2至3年内，紧随重庆旅游投资集团高质量发展的要求，紧跟国有企业改革提质增效行动的步伐，以推进职业经理人试点工作为契机，更深层次激发企业内生动力和活力，确保"十四五"战略目标落到实处、见到实效。

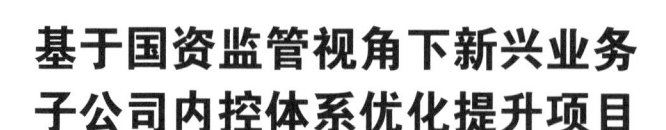

基于国资监管视角下新兴业务子公司内控体系优化提升项目

北京英大长安风险管理咨询有限公司

北京英大长安风险管理咨询有限公司（以下简称北京英大长安）于2009年成立，属于英大长安公司控股子公司，目前持股90%，国网英大集团公司持股10%。作为国家电网有限公司（以下简称国网）旗下的专业风险管理咨询机构，北京英大长安自成立以来，持续为国网公司系统各单位提供风控、内控及合规管理等技术支持服务，累计承担实施咨询项目近千个。目前，公司下设2个职能部门和6个区域业务部门，全口径从业人员为96人。公司是中国企业联合会第七届管理咨询委员会副主任委员单位，2012年以来每年均入选"中国管理咨询机构50大"，先后两次被评为"最值得依赖的中国管理咨询机构"，入选工业和信息化部"全国首批45家企业管理咨询机构推荐名录"，入围国网公司"首批服务国网风控工作的管理咨询机构"。承担的咨询案例两次获得国际管理咨询协会"君士坦丁奖"提名奖，多次获得国网公司管理创新成果奖、软科学成果奖、中国企业联合会"中国管理咨询优秀案例"等多个荣誉称号。

本案例项目组成员

张庆亮，毕业于湖南大学，拥有8年项目负责人经验，现任华东业务部主任，中国注册会计师、中级经济师，大型中央企业内部控制体系建设经验丰富，积极服务国网公司总部各部门、下属省公司和直属单位，深刻理解电网基层单位的实际情况和需求，专注于风险管理与内部控制体系研究、建设、运行、监督评价，形成了一套独特的风险管理与内部控制方法论。

其他成员：徐帅、郑祥华、曹贺、隋宁、芦翠杰、杨琴。

基于国资监管视角下新兴业务子公司内控体系优化提升项目

导读

近年来,国务院国资委在完善法人治理结构、授权经营体系、加强合规内控机制建设等方面出台了一系列制度文件,以加强对中央企业违规经营投资责任的追究,并对子公司依法合规经营提出更高要求。J电力公司积极主动适应和服务国资监管新要求,认真审视新兴业务子公司内控体系建设及运行情况,通过新兴业务子公司内控体系优化提升专项工作,一是在推进以"权责、制度、业务、风险"四类清单标准化体系建设的基础上,从制度、流程、权责、风险等全领域探索子公司内控管理优化路径,完善内控制度体系、梳理业务流程体系、明晰业务权责体系等,优化完善子公司经营管理界面,规范内部决策程序及行权方式。二是通过内控监督评价对全资及控股子公司经营风险进行排查治理,以问题整改推动内控缺陷治理,推进子公司运作规范、清晰、高效,不断增强子公司合规经营能力和防范化解风险能力,支持公司继续保持健康、稳定、可持续发展。

基于国资监管视角下新兴业务
子公司内控体系优化提升项目

北京英大长安风险管理咨询有限公司　张庆亮

一、申报案例背景描述

（一）案例企业基本情况

J电力公司是国家电网有限公司系统规模最大的省级电网公司之一，现有13个市、58个市（县）供电分公司和17个业务单位，服务全省4972万电力客户。J电力公司荣获国务院国资委国有重点企业管理标杆、"全国脱贫攻坚先进集体"企业等称号。

J电力公司拥有35千伏及以上变电站3316座、输电线路10.8万千米。公司满功率安全运行锦苏特高压直流，建成±800千伏雁淮、锡泰、建苏直流和1000千伏淮南—上海交流工程，形成"一交四直"特高压混联、"七纵七横"500千伏输电网的坚强网架。创新构建大规模"源网荷储"友好互动系统，建立起我国特有的柔性精准控制负荷的"虚拟电厂"。全面贯通1000千伏苏通GIL综合管廊工程隧道。成功投运苏州500千伏统一潮流控制器（UPFC）示范工程。客户满意率保持99%以上，供电质量全国领先，是年户均停电时间最少的省份之一。

2022年，J电力公司所在省全社会用电量为7399.5亿千瓦时，同比增长4.2%。售电量为6461.2亿千瓦时，同比增长4.3%。营业收入为4181亿元，同比增长15.3%。利润为60亿元，资产总额为3344亿元。综合线损率下降至3.07%。电费回收率为100%。全年全网最大负荷86天过亿千瓦，最高为1.31亿千瓦。业绩考核连续11年位居国网系统第一，公司和电网发展迈上新台阶。

J电力公司牢记"保持争先的锐气、干出领先的业绩、实现率先的突破"的嘱托和要求，以"三个高水平"深化落实国网"三步走"战略安排，以"八个领先"深化落实国网"八个新"主要目标任务，以"六个表率"深化落实国网"六个坚定不移"关键之要,努力以"一体四翼"高质量发展战略,全面推进具有中国特色、国际领先的能源互联网企业建设,在中国式现代化赋动能作贡献中站排头、当先锋、作表率。

(二)项目实施背景

近年来,国有企业改革纵深推进,国家在完善法人治理结构、推动混合所有制改革、加大放权授权力度、完善授权经营体系与管控体系、加强合规机制与内控机制建设等方面出台了系列政策文件,要求建立"产权清晰、权责明确、政企分开、管理科学"的现代企业制度,并明确了中央企业违规经营投资责任追究制度。党的二十大提出了加强法治化体系建设的新要求,审计署、国务院国资委等对中央企业监管的领域明显增多,深度不断拓展,监督方式更加多元。总的来看,内外部巡视巡察、行业监管与审计监督等交替实施的态势已经形成,对违规经营的处罚也愈加严厉。国网公司战略部署提出新要求。国网公司"一业为主、四翼齐飞、全要素发力"发展总体布局要求"四翼"高质量协同发展,对强化新兴业务单位风险内控、依法合规经营方面的要求持续保持高位,明确要逐步完善子企业决策层风控工作运行机制,深化战略性新兴产业风险与合规管理,提升公司治理能力。

J电力公司对风险内控工作的关注度也持续提高,将"深化全面风险管理机制,健全完善内部控制体系,开展全资及控股子公司经营风险排查治理"作为年度重点工作任务。近年来,各子公司新业态、新业务发展迅速,初步建立起了适应业务拓展所需的内控体系,但J电力公司在经济责任审计、内外部巡视等监督检查中发现,其仍存在体制机制不健全、法人治理结构不完善、产权职责界面不清晰、依法治企意识不强、风险防范能力不足等问题,亟须完善内控体系。开展子公司内控体系优化,是贯彻国有企业改革的重要举措,是落实国网公司"一体四翼"发展布局的重要抓手,更是提升子公司经营质效的重要保障。

在这一背景下,J电力公司积极主动适应和服务国资监管新要求,认真审视新兴业务子公司内控体系建设及运行情况,结合子公司经营特性,通过子公司内控体系优化提升专项工作,充分调研所属全资及控股子公司经营管理现状及内控体系建设运行情况,系统梳理子公司内控管理存在的问题。一是从制度、流程、权责、风险等全领域探索子公司内控管理优化路径,完善内控制度体系、梳理业务流程体系、明晰业务权责体系等,优化完善子公司经营管理界面,规范内部决策程序及行权方式。二是在推进标准化体系建设的基础上,通过内控监督评价对新兴业务子公司经营风险进行排查治理,以问题整改推动内控缺陷治理,强化审核约束与执行监督,推进子公司运作规范、清晰、高效,不断增强子公司合规经营能力和防范化解风险能力，支持公司继续保持健康、稳定、可持续发展。

（三）项目目标

基于"1244"项目思路及目标，贯彻落实效益与风险并重理念，将内控体系建设贯穿经营全过程、业务全流程，在法人治理结构、制度体系建设、业务流程规范、重大风险防控等方面形成以"一套理论"为建设基础、"两个导向"（目标、问题）为建设指引、"四类清单"（权责清单、制度清单、业务清单、风险清单）为建设抓手、着力构建"四个体系"（权责法定的治理结构体系、权责清晰的规章制度体系、高效运转的业务流程体系、坚强有效的风险管控体系），引导各子公司深入开展内控体系建设工作，提升公司非电网业务经营效益质量。

（四）项目范围

此次内控体系优化专项提升工作涉及 J 电力公司所属所有 17 家全资及控股子公司，重点关注综合能源、增量配电、电动汽车新兴业务单位，聚焦子公司"三重一大"、投资管理、预算管理、资金管理、资产管理、物资管理、工程项目管理、合同管理、关联交易管理、担保业务管理等重点业务领域和关键控制环节。

二、诊断分析

北京英大长安积极组建子公司内控体系优化提升项目组，选取熟悉主业与新兴产业的财务业务骨干，制定并下发专项提升工作方案，组织 17 家全资及控股子公司深入推进专项工作，提升工作质效。

一是明确监管要求。基于子公司业务类型繁多、产权结构复杂、投资领域较广等问题，项目组广泛收集内外部政策信息及行业监管要求，以国有产权管理办法、中央企业违规经营投资责任追究实施办法、国网全面风险管理和内部控制管理办法等制度文件为依据，确保内控体系优化提升专项工作依法合规。

二是实施调研访谈。项目组积极克服新冠疫情、信息不畅等因素影响，通过"线上+现场"相结合的方式，设计发放专题调研问卷 17 份，从内控环境、风险评估、控制措施、业务管理等 14 个方面摸底子公司经营情况；完成综合能源、工程咨询、电动汽车、送变电、配售电等 17 家子公司现场及线上调研访谈，全面深入了解子公司内控体系建设及运行情况。

三是开展问题诊断。项目组在充分调研摸底的基础上，以发现问题为导向，聚焦各子公司重点业务领域和关键控制环节，从内控制度体系、权责设计、风险管控等方面入手,深入评价关键业务领域的制度建设及适用情况,系统梳理、查找内部控制设计及执行漏洞 30 余个,形成调研诊断报告 17 份。

(一)诊断方法

1. 资料收集

项目组通过发放资料清单等方式,从公司整体层面、内部环境层面、风险评估层面、控制措施层面、信息系统层面、财务管理、物资采购、销售管理、合同管理、安全管理、投资管理、科技研发、人力资源、下属分(子)公司层面等方面收集了各子公司相关资料,对各子公司整体情况和内控情况有一个较为清晰的认识和了解。在此项目进行过程中,其资料来源主要分为以下两种类型:一是外部政策文件信息,二是内部制度文件资料。

2. 项目访谈

项目组积极克服新冠疫情、信息不畅等因素影响,根据各子公司实际情况设计子公司调研访谈提纲,通过"线上 + 现场"相结合的方式,分别对子公司高层领导、中层领导和基层员工等进行了具体的访谈,完成综合能源、工程咨询、电动汽车、送变电、配售电等 17 家子公司现场及线上调研访谈,访谈人数 60 余人,全面深入了解子公司内控体系建设及运行情况。此次在调研过程中,在对中层以上的公司领导进行访谈时采取的是深度访谈法。通过一对一的深度访谈了解了子公司整体经营情况及发展规划,详细了解了子公司内控现状及存在问题。通过项目访谈,项目组对各子公司经营管理情况及内控体系建设运行情况有了初步的定性了解和认识。

3. 问卷调查

基于项目访谈阶段了解到的基础信息和获取的资料信息,项目组设计发放各子公司专题调研问卷 17 份,从内控环境、风险评估、控制措施、业务管理等 14 个方面摸底子公司经营情况。此次项目问卷调研参与人数涵盖子公司各业务领域,占子公司总人数的比例高达 90%。通过问卷调查,项目组对子公司内控体系存在的问题及优化改进等方面在定性了解的基础上增加了定量数据的支持。

4. 诊断报告

项目组在充分调研摸底的基础上,以发现问题为导向,聚焦各子公司重点业务领域和关键控制环节,从内控制度体系、权责设计、风险管控等方面入手,深入评价关键业务领域的制度建设及适用情况,系统梳理、查找内部控制设计及执行漏洞 30 余个,形成调研诊断报告 17 份。

(二)诊断结论

诊断报告首先从治理层结构、组织机构、规章制度、授权体系、风险评估、信息与沟通、监督检查等方面对子公司内控体系情况进行了概述。其次，对子公司存在的主要问题风险进行了明确阐述。最后，将通过调研诊断发现的子公司内控体系存在的问题总结如下。

1. 公司治理层面

根据构建权责法定的治理结构体系要求，子公司应完善治理机制，建立健全股东会、董事会、监事会和经理层议事规则，授权机制权责清单，明确将党委会作为公司决策前置程序。全资子公司成立时间较长，治理机制较为完善。控股子公司成立时间较短，治理机制不够健全、不够完善，部分单位仍存在治理结构职责不清晰、行权不够规范、运行机制不通畅等情况，董事会授权机制尚未完全建立，未通过层层授权的方式建立市场化经营管理体系；部分配售电公司尚未制定"三重一大"相关决策实施制度，未就企业重大决策、重要人事任免、重大项目安排和大额度资金运作等事项规范决策行为。

2. 规章制度层面

根据构建权责清晰的规章制度体系要求，子公司应建立科学高效、权责清晰的规章制度体系，坚持用规章制度管人、管权、管事，实行科学管理，做到公正公开、运转高效。全资子公司成立时间较长，制度体系较为完善。控股子公司成立时间较短，制度体系不够健全。如果按照基本管理制度、重要规章制度、具体规章制度划分，制度涵盖公司治理、财务管理、合同管理、采购管理、工程项目管理、风险控制管理等方面，部分单位仍然存在部分专业和关键业务领域制度缺失的情况，在核心竞争力培育方面明显地缺少制度约束，未建立市场拓展、市场营销等有关的制度或激励机制。同时，部分制度之间内容相矛盾、制度规定职责与部门实际职责不一致，存在制度更新不及时情况。

3. 内部环境层面

内部环境，是影响、制约企业内部控制制度建立与执行的各种内部因素的总称，是实施内部控制的基础。子公司应加强企业文化、组织机构设置与权责分配、涉密管理、内部审计机制、法律纠纷、信访维稳等方面的体系建设。全资子公司成立时间较长，内控环境较好。控股子公司成立时间较短，内控环境较差，部分单位尚未建立健全审计监督机制，未配备内部审计专员对资金管理、工程管理、物资采购、工程分包等关键业务领域的业务开展情况进行监督；部分单位职能部门与业务部门权责划分不明确。

4. 风险管控层面

根据构建坚实有效的风险管控体系要求，子公司应建立健全以风险管理为导向、内控流程为载体、规章制度为保障、授权管理为约束、内控评价为手段、信息系统为支撑，全面覆盖、全员参与、全程管控、高效协同、防范有力的风险管控体系，应设立风险管理委员会并确保有效运行。部分单位尚未设立风险管理委员会，未制订年度风控工作计划，难以指导日常工作和突出的重点风控领域、薄弱环节；部分单位风险管控标准、风险评估标准、业务控制标准不完善，风控岗位设置存在缺失，风险评估不到位，风险评价与改进工作未落实，全面风险管理工作无法达到预期要求。

5. 业务管理层面

根据构建高效运转的业务流程体系要求，子公司应至少在人力资源管理、财务管理、投资管理、物资采购、合同管理、销售管理、科研管理等方面建立健全业务标准流程体系，坚持用流程约束经营管理行为，坚持向流程要效益，大力提升生产经营效率和风险防范水平，实现管理层决策精准、快速、高效落地。

人力资源管理方面，部分子公司人员均由各地市供电公司人员兼任，工作职责界面不清晰，工作量较难核定，考核机制不健全；部分单位外包员工管理体系不完善，外包人员占比较高，未针对外包员工制定对应的管理制度，存在对外包员工招聘、薪酬、奖惩、考核、保密等管理不到位问题。

财务管理方面，部分单位业务流程设计和执行不到位，存在出纳人员未使用正式签订劳动合同的员工、资金支付管理不相容、岗位混岗现象，资金安全风险较大；部分单位尚未建立健全应收账款催收机制，存在长期挂账的应收款项，不利于"两金"压降，经营风险进一步增加。

投资管理方面，部分单位未制订年度投资计划，未做到在全面平衡计划年度内的人力、物力、财力的基础上落实投资计划的分年任务，缺乏对投资的管控和调节；部分单位未建立完善的投资项目后评价机制，忽视投入产出效益，未能准确评价投资效益、效率。

物资采购方面，部分单位供应商管理不到位，未建立合格供应商名录，未对年度供应商履约情况跟踪评价，无法确保所采购的物资质量是否符合要求，也无法确保可以得到持续、稳定、低成本的物资供应，经营风险较大。

合同管理方面，部分单位虽建立了合同管理办法等有关制度，但未专门制定贸易类业务的管控规范和内控规程，未明确其分（子）公司印章制发、授权合同签订金额、合同模板、合同归口管理流程；部分单位部分合同关键性条款缺失或不明确，如约定违约事项不明确、设备合同无质保金约定等，无法有效维护公司合法权益，甚至带来资产损失风险。

三、解决方案的设计框架

项目设计框架思路如图1所示。

一套理论
- COSO 2017风险管理框架
- 企业内部控制指引
- 国网公司内部控制与全面风险管理办法

两个导向
- 目标导向
- 问题导向

四类清单
- 制度清单
- 风险清单
- 业务清单
- 权责清单

四个体系
- 治理结构
- 规章制度
- 业务流程
- 风险管控

图 1　项目设计框架思路

以 COSO 2017 风险管理框架、财政部等部委发布的企业内部控制指引和国网公司内部控制与全面风险管理办法为一套基础理论，以全资和控股为划分标准，全面构建子公司权责法定的治理结构体系、权责清晰的规章制度体系、高效运转的业务流程体系及坚实有效的风险管控体系。此次优化工作坚持依法合规管控与激发活力相统一，结合各子公司业务实际，从内外部法律法规、规章制度入手，系统梳理提炼"权责、制度、业务、风险"四类清单，纵向覆盖 10 个业务领域、1079 个关键业务环节，横向集成关键控制点、权责事项、责任主体、制度文件依据等核心要素，形成一套集业务合规、行权规范、协调运转、有效制衡于一体的内控体系联动机制。子公司内控体系四项清单如图 2 所示。

基于国资监管视角下新兴业务子公司内控体系优化提升项目

权责清单 01
根据子公司关键控制环节梳理对应授权事项等

制度清单 02
根据重要业务类型匹配对应的规章制度

内部控制标准

业务清单 03
根据子公司重点业务、重点领域划分业务类型，梳理关键控制环节、内控合规目标、内控合规要求、关键控制点、合规风险点、制度依据等成果要素

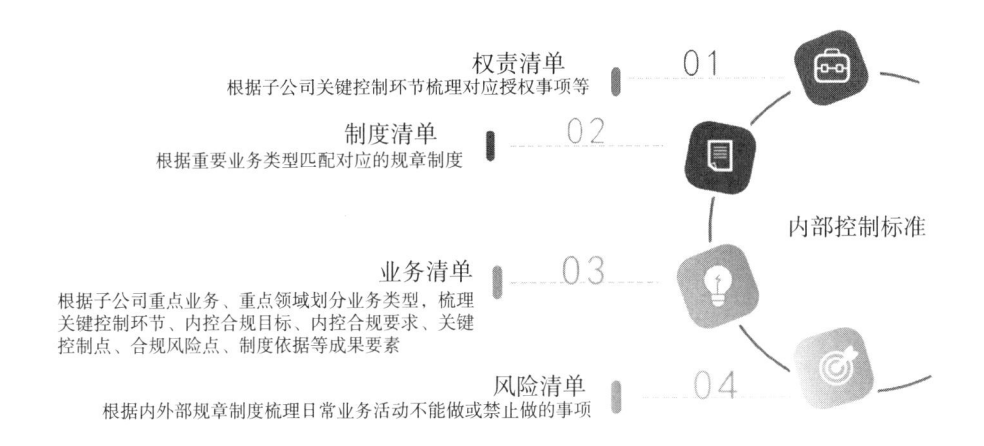

风险清单 04
根据内外部规章制度梳理日常业务活动不能做或禁止做的事项

图2　子公司内控体系四项清单

（一）构建权责法定的治理结构体系

根据组织架构的设计规范，对子公司现有治理结构设置进行全面梳理，重点关注董事、监事、经理及其他高级管理人员的任职资格和履职情况，以及董事会、监事会和经理层的运行效果，确保本企业治理结构、运行机制等符合现代企业制度要求。全面梳理子公司治理结构，完善"三会一层"运作机制，坚持依法合规管控与激发活力相统一，界定重要业务领域授权事项与职责，按层级划分，厘清子公司内部、J电力公司与子公司产权职责界限和标准，系统梳理关键权责事项705项，编制业务权责清单。

以试点单位综合能源公司关于项目投资的权责优化为例。优化前，子公司综合能源可自主决策合同能源管理项目及固定资产投资项目，其子公司可自主决策1亿元以下合同能源管理项目、2000万元以下固定资产投资项目，与国网公司要求不符。优化后，合同能源管理项目与固定资产投资项目决策权限界定如下：其中，合同能源管理项目，综合能源可自主决策投资额2亿元以下项目，投资额2亿元及以上需提交J电力公司履行决策程序后实施；投资额4亿元及以上需提交J电力公司履行决策程序并报国网审批后实施；其子公司可自主决策500万元以下项目。固定资产投资项目，综合能源可自主决策3000万元以下项目，投资额3000万元及以上的需提交J电力公司履行决策程序并报国网审批后实施；其子公司可自主决策500万元以下项目。另外，对于投资额2000万元以上合同能源管理项目、500万元以上固定资产投资项目（股东租赁项目除外），相关风险评估材料需上报J电力公司审核并备案。

业务权责体系优化结合各子公司经营实际，进一步厘清决策权限，规范子公司内部决策程序及行权方式，强化审核约束与执行监督，系统防范投资等

重大决策风险。

（二）构建权责清晰的规章制度体系

根据国家有关法律法规规定、国网公司相关要求，子公司应建立科学高效、权责清晰的规章制度体系，坚持用规章制度管人、管权、管事，实行科学管理，做到公正公开、运转高效。对照国网公司通用制度，结合各子公司实际情况，对现有规章制度分类别、分专业进行全面梳理，编制制度清单。制度清单如图3所示。

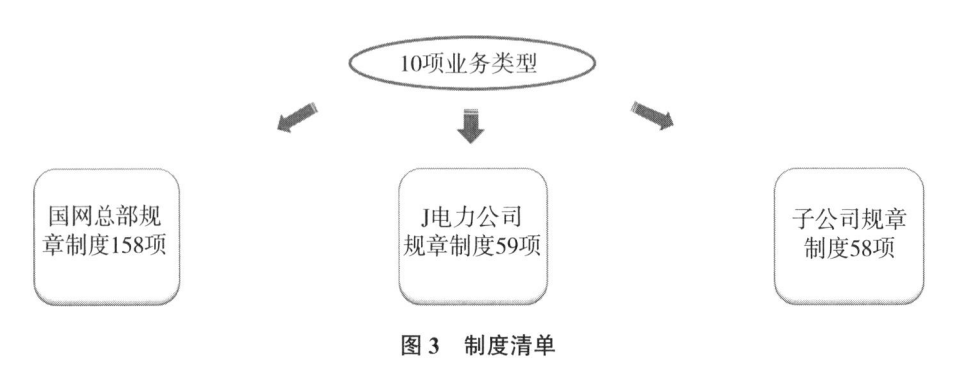

图3 制度清单

（10项业务类型：国网总部规章制度158项；J电力公司规章制度59项；子公司规章制度58项）

针对10项业务类型，对比国网公司、J电力公司制度库，梳理国网公司制度158项、J电力公司制度59项，识别制度空白及管理薄弱环节，优化完善各子公司规章制度58项，形成与业务相匹配的制度体系，强化制度约束。其中，对某子公司预算管理、投资管理、采购管理、供应商管理、合同管理5项制度进行优化，以合同管理为例，通过调研诊断发现，合同管理方面存在一人经办合同全流程、合同签订和审核不到位等问题，不符合内部控制原则。针对此项缺陷，修订《公司合同管理办法》关于"合同审核"部分内容，增加第二十二条至第三十条，明确合同承办部门、财务管理部门、招投标管理部门、合同归口管理部门及其他相关部门的审核内容及具体事项，优化调整合同管理平台系统审批流程，促进合同审核有效落实，防范经营风险。

以国网公司和J电力公司的制度为基础，结合各子公司业务实际，对规章制度进行适应性调整，形成精简实用的制度体系，支撑业务规范开展。

（三）构建高效运转的业务流程体系

坚持用流程约束经营管理行为，坚持向流程要效益，大力提升生产经营效率和风险防范水平，实现管理层决策精准、快速、高效落地。对照国网公司、J电力公司相关业务标准流程，结合本单位实际情况，对现有业务流程分类别、分专业进行全面梳理，重点关注流程缺失、重叠、无效以及效率低下等情况，优化完善各专业业务流程图，编制业务清单。系统梳理重要业务合规目标 38 项、内控合规要求 75 项、合规风险点 228 项，结合内外部监督检查发现的问题，选取重要禁止性事项，形成子公司业务底线清单 76 项，匹配制度依据 65 项。业务清单如图 4 所示。

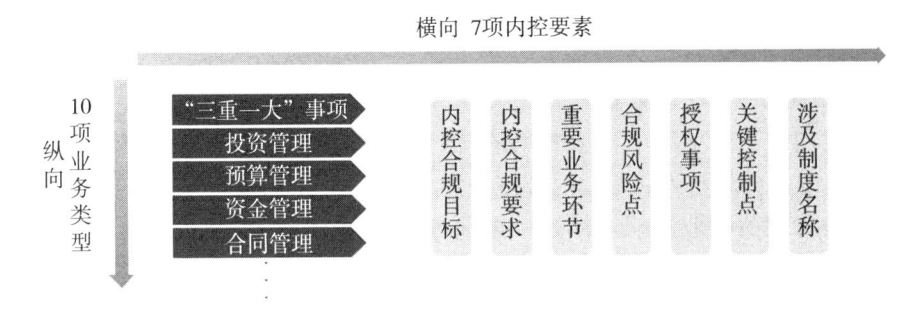

图 4　业务清单

部分子公司财务、业务、管理层均由供电公司人员兼任，授权决策来源于 J 电力公司和地市公司，配售电工程项目、运维项目委托地市（区）供电公司进行建设或运维，从法律层面公司人格独立性可能丧失。为防止此类子公司"公司法人人格否认"，结合成本效益原则，通过明确底线清单，强化内控规范管理。例如，在"三重一大"决策方面，董事长、总经理决策董事会授权事项，应当按照"三重一大"决策有关规定，以会议形式集体研究决策，不得以个人或个别征求意见等方式做出决策，以此明确配售电公司"三重一大"执行相关要求；在资金管理方面，不得违反决策和审批程序或超越权限批准资金支出，以此对配售电资金管理做出底线要求。在充分保留各子公司生产经营决策自主权的基础上，严控不规范业务行为发生，推进子公司运作规范、清晰、高效。

（四）构建坚实有效的风险管控体系

子公司应建立健全以风险管理为导向、内控流程为载体、规章制度为保障、授权管理为约束、内控评价为手段、信息系统为支撑，全面覆盖、全员参与、全程管控、高效协同、防范有力的风险管控体系。对于已经设立风险管理委员会的子公司，全面梳理风险管理委员会运行情况，并结合本单位业务开展情况，开展风险自排查及内控体系缺陷识别工作，编制风险清单。同时，基于业务流程，梳理投资管理、资产管理、物资管理、合同管理、关联交易等业务重大风险 11 项，风险防控措施 57 项，形成与业务相匹配的风险清单，强化重大风险管控。

针对国务院国资委和国网公司重点关注的虚假贸易等问题风险，此次优化从完善内控管理入手，梳理物资清查盘点、合同管理审批等业务关键环节及合规风险点，明确关键审批节点及责任人，针对性制定风险管控措施，将监督规则嵌入到业务全流程，落实管控责任，夯实合规经营基础，推进重大风险有效管控。

四、案例项目评估和绩效说明

（一）案例项目管理效益

通过内控"四项清单"标准化建设，17家全资及控股子公司结合自身业务实际基本建立起较为完善的内部控制体系。

一是优化明晰业务权责体系。全面梳理子公司治理结构，完善"三会一层"运作机制，界定重要业务领域授权事项与职责，按层级划分，厘清子公司内部、J电力公司与子公司产权职责界限和标准，系统梳理关键权责事项705项，编制业务权责清单，进一步厘清决策权限，规范内部决策程序及行权方式，强化审核约束与执行监督，系统防范投资等重大决策风险。

二是优化完善内控制度体系。对比国网、J电力公司制度库，梳理国网制度158项、J电力公司制度59项，结合各子公司业务实际，识别制度空白及管理薄弱环节，对规章制度进行适应性调整，优化完善各子公司规章制度58项，形成与业务相匹配的制度体系，支撑业务规范开展。

三是明确业务合规管控底线。系统梳理重要业务合规目标38项、内控合规要求75项、合规风险点228项，结合内外部监督检查发现的问题，选取重要禁止性事项，形成子公司业务底线清单76项，在充分保留各子公司生产经营决策自主权的基础上，严控不规范业务行为发生，推进子公司运作规范、清晰、高效。

四是强化关键业务重大风险防控。基于业务流程，梳理投资管理、资产管理、物资管理、合同管理、关联交易、虚假贸易等业务重大风险11项，针对性制定风险管控措施57项，形成与业务相匹配的风险清单，将监督规则嵌入到业务全流程，落实重大风险管控责任，夯实合规经营基础，推进重大风险有效管控。

（二）案例项目社会效益

在对新兴业务子公司内控体系优化的基础上，项目组围绕"空转""走单"、业务发展、投后管理、合同管理等新兴产业子公司关键风险点，逐项梳理子公司内控体系专项提升工作思路、流程、方法、要点、制度依据等核心要素，总结形成可复制的新兴产业子公司内控体系专项提升技术指导手册，供国网系统或同类型中央企业、国有企业、能源类企业业务单位借鉴应用，为其他单位子公司内控体系优化提升工作提供指导。

基于风险管理视角的电网发展投入项目综合评价

北京英大长安风险管理咨询有限公司

北京英大长安风险管理咨询有限公司（以下简称北京英大长安）于2009年成立，属于英大长安公司控股子公司，目前持股90%，国网英大集团公司持股10%。作为国网公司旗下的专业风险管理咨询机构，北京英大长安自成立以来，持续为国网公司系统各单位提供风控、内控及合规管理等技术支持服务，累计承担实施咨询项目近千个。目前，公司下设2个职能部门和6个区域业务部门，全口径从业人员为96人。公司是中国企业联合会第七届管理咨询委员会副主任委员单位，2012年以来每年均入选"中国管理咨询机构50大"，先后两次被评为"最值得依赖的中国管理咨询机构"，入选工业和信息化部"全国首批45家企业管理咨询机构推荐名录"，入围国网公司"首批服务国网风控工作的管理咨询机构"。承担的咨询案例两次获得国际管理咨询协会"君士坦丁奖"提名奖，多次获得国网公司管理创新成果奖、软科学成果奖、中国企业联合会"中国管理咨询优秀案例"等多个荣誉称号。

本案例项目组成员

徐嘉琛，工程管理专业硕士研究生毕业，从事管理咨询工作12年，具有管理咨询师证书、中级工程师职称。具有较为丰富的咨询项目实施与管理经验，擅长风险管理与内控、电网业务、内控评价、管理体系研究、金融风险防控等，曾先后参与并组织实施内控体系建设、风控研究、廉政风险防控、"五位一体"协同机制、"两化融合"及专业管理提升研究等项目近50个，多个项目获得中国企业联合会优秀项目案例、国家电网公司优秀管理咨询项目、省区管理创新等奖项。

其他成员：行文洁、周天、陆建国、张一帆。

导读

基于风险管理视角的电网发展投入项目综合评价研究是在国家"双碳"目标和新型电力系统建设的背景下，为了保障电网高质量发展和合规管理，应对电力体制改革新挑战，实现电网功能定位、系统形态、运行机理等方面的转型升级而开展的一项研究工作。

该研究以电网发展投入项目的 16 个专项管理内容为切入点，从理论和实践两个维度，系统地研究了电网发展投入项目风险管理的基本理论，以及电网发展投入项目的内涵、管理特点等。针对不同类型和不同阶段的电网发展投入项目，进行全面、系统、科学的风险识别和分类，形成了按重点类别划分、兼顾全流程管理的风险清单，构建了基于风险视角的多层次模糊综合评价指标体系和风险评价模型，选取历史发生的电网发展投入项目风险案例进行实证分析，提出相应的风险防控措施及建议，为电网发展投入项目的精益化管理和风险防范提供了支撑，对于保障电网发展投入项目的安全、高效、优质、可持续，促进电网企业高质量发展具有重要意义。

基于风险管理视角的电网发展投入项目综合评价

北京英大长安风险管理咨询有限公司　徐嘉琛

一、案例背景

(一) 案例企业基本情况

HZ 公司是国家电网有限公司（以下简称国家电网公司）所管辖区域的派驻机构，为国家电网公司的二级单位，按分公司模式在自身职能职责范围内独立规范运作，承担区域内骨干电网发展规划、调控运行、安全生产、分部输变电资产管理等方面的主体责任。负责协调服务省公司和地方政府，调动区域内省公司、发电企业、地方政府等各方力量团结治网，在区域电网发展建设中实现共建共享和协同发展。负责接受总部业务管理和考核的审计、纪检、交易等机构的挂靠管理。截至 2023 年 6 月，HZ 公司直属电网资产包括 1000 千伏交流输电线路 10 条，长度为 2489.584 千米；500 千伏交流输电线路 72 条，长度为 5979 千米；1000 千伏变电站 4 座，主变压器 24 台，主变容量为 24000 兆伏安；±420 千伏柔性直流换流站 2 座，换流变压器 24 台，直流输送容量 5000 兆瓦；500 千伏调相机站 1 座，调相机 2 台，容量为 600 兆瓦；500 千伏变电站（含开关站）21 座，主变压器 129 台，主变容量为 37000 兆伏安。资产原值为 446.12 亿元，净值为 315.76 亿元。HZ 公司现有的发展投入主要包含 11 个专项，分别为电网基建、生产技改、生产辅助技改、生产大修、生产辅助大修、零星购置、电网数字化、研究开发、管理咨询、教育培训、电网小型基建。其中电网基建、生产技改、生产辅助技改、电网小型基建、零星购置及电网数字化项目中的资本性部分属于资本性投入，其余各专项属于成本性投入。2020—2022 年，HZ 公司的发展投入金额不断增加，分部发展投入结构不断优化。从投资金额和发展趋势来看，电网基建和生产技改类资本性投入是 HZ 公司发展投入的重点，对分部有效资产的增加起到较大助力；另外生产大修、电网数字化、研究开发等项目的投入也在不断增加，投入结构更加优化。

（二）项目研究背景

1. 外部形势分析

一是响应国家"双碳"目标和新型电力系统建设的号召，是确保电网高质量发展和合规管理的必然要求。国家一系列碳达峰、碳中和，新型电力系统建设和合规管理文件内容对电网企业提出更高要求，即不断规范电网发展投入行为，强化合规管理意识，加强风险防控顶层设计，优化风险防控策略，提升投资效益。

二是随着电力体制改革深化推进，特别在新一轮输配电价改革全面完成后，市场化竞争、输配电价政府监审等加深了对电力行业投资发展决策的影响。同时随着市场化竞争的深入，越来越多的不确定性将给电力行业带来一定的投资风险，也势必要求电网企业加强电网建设投入效率。

三是日趋严格的政府监管、定价、核价标准等，对电力行业投资规划的关注度持续加强，未来电力行业的投资不论在规模上还是效益上都需要更加精益。需要对电网发展投入项目进行全面、系统、科学的风险管理研究，识别和评估各类风险因素，制定和实施有效的风险防控措施，积极、主动提升应对电力体制改革新挑战的能力。

2. 内部形势分析

HZ公司作为国家电网公司区域电网发展建设的重要一环，承担着保障电力供应、满足社会需求、促进经济发展等重要责任。为贯彻落实国家电网公司"一体四翼"高质量发展要求，需在电网发展投入项目中加强精益化管理，从项目策划、设计、实施、运维等各个环节入手，优化项目流程、标准和方法，减少项目成本、风险和损失，增加项目收益、竞争力和客户满意度，其中风险管理是精益化管理中不可或缺的一个重要组成部分。

国家电网公司的风险管理研究经历了从经验到理论，从理论到实践，从实践到创新的发展过程，体现出对项目风险管理的高度重视和不断探索，为电力行业提供了有价值的经验和借鉴。但在电网发展投入项目风险管理的理论研究和实践应用方面都还存在一定的局限性，不具备全面、系统、通用的风险管理框架、风险评估方法等，尤其缺少针对不同类型的电网发展投入项目的全面风险识别、风险评估及风险防控研究。例如，在电网规划、基建、物资、设备、互联网通信等领域建立了专业风控指南，但尚未针对电网发展投入项目全过程进行定义。电网发展投入项目涉及多个项目类型，风险涉及多个方面，全过程风险管理理论体系尚不完善。目前风险管理理论缺乏对各项目类型、各风险管理维度的系统性考虑，难以全面地识别和管理风险，风险管理研究都是从理论出发，往往只重视风险管理的某个方面，或某类项目的重大风险管理，缺乏对实践经验的系统性总结。

二、项目研究意义

HZ公司承担着区域电网规划、前期、安全质量监督等重要职能，以推动能源互联网建设、提升电网安全控制能力和能源资源配置能力为使命。为了加快电网建设和改造、优化电网结构和布局、提高电网可靠性和智能化水平、增强电网抗灾能力和服务保障能力，HZ公司以最新的国家、行业和电网企业政策为基础，全面开展电网发展投入风险评估与防控研究工作，旨在完善电网发展投入项目风险管理的理论体系，提供风险识别、评估和防控的方法和依据，保障电网发展投入项目的安全、高效、优质、可持续，促进电网企业高质量发展。

三、项目研究思路

以电网发展投入项目的16个专项管理内容为切入点，结合HZ公司工作业务特点及重点，从理论和实践两个维度，系统地研究和阐述电网发展投入项目风险管理的基本理论、专业分类特点，以及电网发展投入项目的内涵、管理特点等。针对不同类型和不同阶段的电网发展投入项目，进行全面、系统、科学的风险识别和分类，形成按重点类别划分、兼顾全流程管理的风险清单，构建基于风险视角的多层次模糊综合评价指标体系和风险评价模型，选取电网发展投入项目历史风险案例进行实证分析，提出相应的风险防控措施和建议，为电网发展投入项目的精益化管理和风险防范提供支撑。项目研究主要从绪论、电网发展投入项目风险管理基本理论、电网发展投入项目的风险识别及分类、基于风险视角的电网发展投入项目综合评价研究、风险防控措施及建议和总结六个部分开展。其中基于风险视角的电网发展投入项目综合评价研究和风险防控建议为本研究的重点内容。

四、项目研究内容

（一）电网发展投入项目风险识别及分类

1. 构建电网发展投入项目风险识别与评估方法框架

构建电网发展投入项目风险识别与评估方法框架是对在电网发展投入项

目的各个阶段可能影响项目目标和效益的不确定因素进行系统的识别、分析和评估的一套方法体系，对 16 类电网发展投入项目开展应用研究，判断电网发展投入项目在不同阶段所面临的各项风险，为形成 HZ 公司电网发展投入项目风险评估的理论体系奠定基础。框架主要包含确定项目的目标和范围、识别项目的内部和外部风险源、对项目风险进行定性和定量分析、制定项目风险应对策略、实施项目风险监控和沟通。

2. 开展电网发展投入项目风险识别

综合采用风险调查及信息分析、专家咨询和实验论证等方法，遵循全面性、系统性、动态性和持续性的原则，从风险来源、实施阶段和项目类型三个方面开展电网发展投入项目风险识别分析，全面介绍了项目实施过程中可能面临的直接风险和潜在风险，结合 HZ 公司业务实际，以项目类型的风险划分构建了电网发展投入项目风险清单，详细描述了各类型风险内容。

（二）风险视角下电网发展投入项目综合评价研究

1. 确定风险评估方法

结合电网发展投入 16 类项目的特点、HZ 公司发展投入重点及风险评价方法的优缺点等因素，综合选定风险清单分析法、多层次模糊综合评价法两种方法从两个角度开展综合评价。其中，采用风险清单分析法是为了充分利用国家电网公司在电网建设项目中积累的丰富经验和数据，以及各专业领域的专家知识和意见，对电网发展投入项目可能存在的各类风险进行系统的梳理和识别，可以更好地了解潜在的风险阶段和风险来源，并结合风险案例提出针对性的风险防控措施，为风险应对提供基础。多层次模糊综合评价法则结合定性化和定量化评估风险因素的相对重要性和综合评价，能够有效兼顾主观和客观因素，考虑多个因素的复杂关系，为决策和管理提供科学依据。电网发展投入项目风险评估方法体系如图 1 所示。

基于风险管理视角的电网发展投入项目综合评价

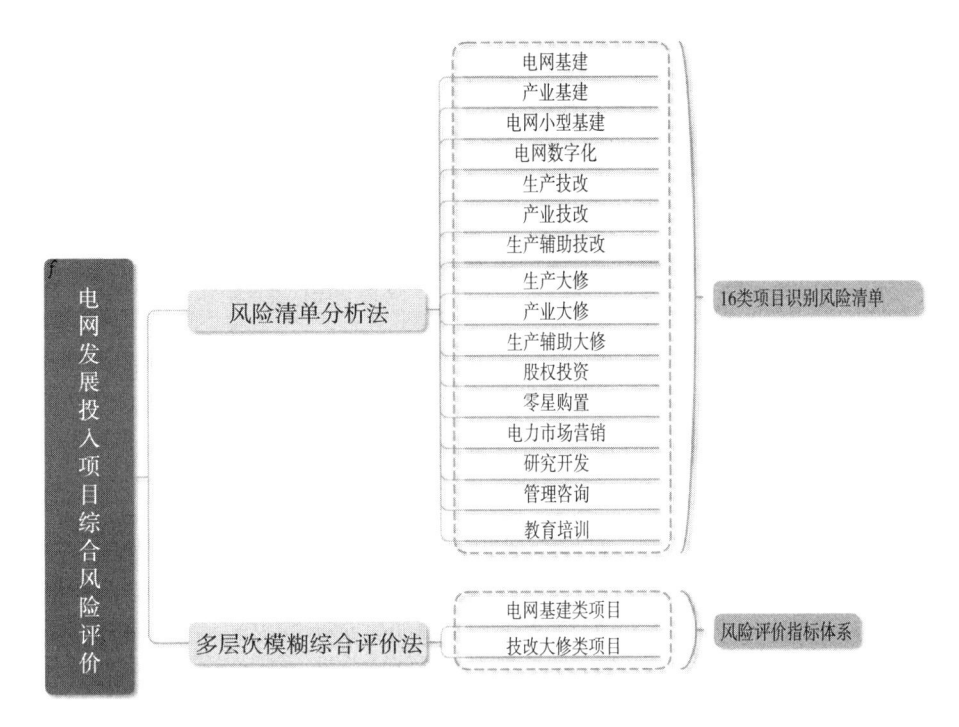

```
                                  ┌─ 电网基建
                                  ├─ 产业基建
                                  ├─ 电网小型基建
                                  ├─ 电网数字化
                                  ├─ 生产技改
                                  ├─ 产业技改
                                  ├─ 生产辅助技改
                 ┌─ 风险清单分析法 ──┤                  ── 16类项目识别风险清单
                 │                ├─ 生产大修
电网发展投入     │                ├─ 产业大修
项目综合风险 ────┤                ├─ 生产辅助大修
评价             │                ├─ 股权投资
                 │                ├─ 零星购置
                 │                ├─ 电力市场营销
                 │                ├─ 研究开发
                 │                ├─ 管理咨询
                 │                └─ 教育培训
                 │
                 └─ 多层次模糊综合评价法 ──┬─ 电网基建类项目 ── 风险评价指标体系
                                          └─ 技改大修类项目
```

图 1　电网发展投入项目风险评估方法体系

2. 综合风险评价

（1）风险清单分析法。

电网发展投入按照 16 个专项进行项目计划管理，不同类型项目所涉及的风险也有所不同，通过对 16 类项目风险按照项目类别进行识别和梳理，一是构建了《16 类电网发展投入项目风险清单》，全方位展现每一类项目在不同阶段所表现出的风险形式、重要性程度及可采取的应对措施。二是构建了全流程风险案例体系，结合 HZ 公司电网发展投入的重点，以及委托代建代维管理模式的特点，将生产技改及大修项目作为风险防控的重点领域开展风险案例的研究和分析，通过深入研究风险案例，有效增进项目管理人员对项目实施各阶段潜在风险因素的认识，及时发现和应对潜在风险，提高项目决策的科学性和准确性，确保项目的合规性和有效实施。风险清单分析法案例体系如图 2 所示。

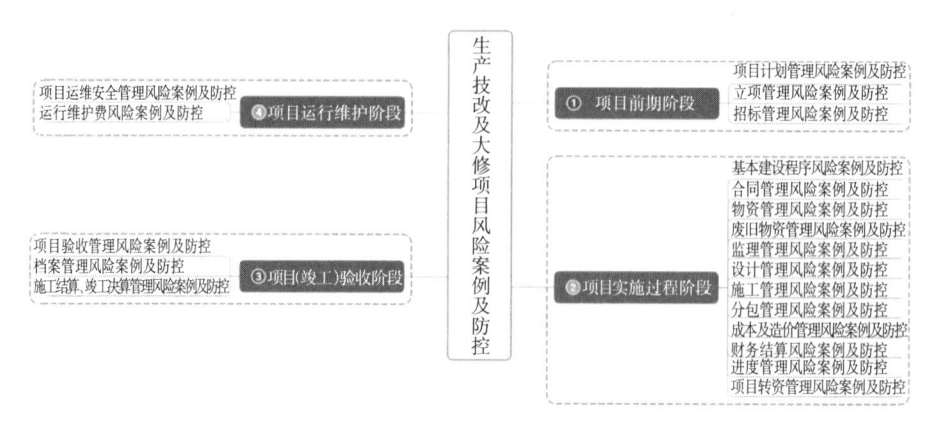

图 2 风险清单分析法案例体系

（2）多层次模糊综合评价法。

①构建电网发展投入项目综合风险评价指标体系。以科学性原则、可操作性原则、导向性原则、灵活性原则为基础，结合前文电网发展投入项目风险识别、分类和目前输配电价改革背景下电网的发展方向及已有的评价指标体系，从风险保障系数和项目管理水平，以及项目前期阶段、项目实施过程阶段、项目（竣工）验收阶段、项目运行维护阶段4个阶段构建了电网发展投入项目综合风险评价指标体系（见表1）。

表 1 电网发展投入项目综合风险评价指标体系

目标层	准则层	指标层	
^	^	风险类型	指标
电网发展投入项目综合评价指标体系	项目前期阶段 W1	政策风险	国家、电力行业政策与法规 W11
^	^	财务风险	资产负债率 W12
^	^	可研风险	项目可行性研究全面性 W13
^	^	审批风险	项目手续审批规范性 W14
^	项目实施过程阶段 W2	项目招投标管理风险	项目流标事件 W21
^	^	^	违法分包事件 W22
^	^	合同管理风险	合同签订不规范 W23
^	^	项目施工风险	项目完工及时性 W24
^	^	^	安全事故事件 W25
^	^	^	自然灾害事件 W26
^	^	^	工程项目隐患 W27
^	^	^	物资供应及时率 W28

续表

目标层	准则层	指标层	
		风险类型	指标
电网发展投入项目综合评价指标体系	项目（竣工）验收阶段 W3	项目结决算风险	项目结决算及时性 W31
		项目转资风险	项目（暂估）转资及时性 W32
		项目超概风险	项目费用超支金额比例 W33
		项目质量风险	项目质量隐患数量 W34
		档案管理风险	项目档案全面性、完整性 W35
		项目后评价风险	项目后评价结果 W36
		应急管理风险	项目应急管理体系完整性 W37
	项目运行维护阶段 W4	设备监控管理风险	电压合格率 W41
			供电可靠率 W42
			综合线损率 W43
		设备安全与质量风险	设备运行故障率 W44

②构建电网发展投入项目综合风险评价模型。多层次模糊综合评价法首先开展层次分析，确定各个指标之间的层次关系，然后应用模糊综合评价法进行评价。利用多层次模糊综合评价法进行综合评价时，集合了各阶段领域专家的意见，不仅考虑了多种因素对评价目标的影响，而且能够有效地解决由于因素的模糊性引起的问题，对因素间的关系进行定量化处理，把定量计算与定性评价结合在一起，提高了评价的科学性、准确性和有效性。

在电网发展投入项目综合风险评价指标体系中，评价指标体系分为两层，第一层包含项目前期阶段风险、项目实施过程阶段风险、项目（竣工）验收阶段风险和项目运行维护阶段风险4个主要因素，第二层为各阶段指标。首先，运用层次分析法，按照两两比较标度表标准对4个一级指标进行两两比对，确定一级指标的判断矩阵及权重。其次，分别确定二级指标重要性判断矩阵。再次，运用数据统计分析方法进行一致性检验，确定一级指标权重向量、二级指标权重向量和各层次指标总排序权重表。从权重计算结果确定在电网发展投入项目综合评价指标体系中第一层指标和第二层指标中影响程度最大的指标因素。最后，开展模糊综合评价，运用模糊数学中的隶属度概念评价指标健康状态程度。聘请对电网基建类、技改大修类项目熟悉的专业人员、管理人员和施工人员对指标进行打分，建立指标状态评语集，采用五分位分布法将项目划分为"特别关注""关注""一般""良好""优秀"五类。结合电网发展投入项目的特点，通过建立模糊矩阵的方式评估形成指标评价集合，然后根据指标权重矩阵与评价矩阵得出综合评价集合，经过隶属度归一化处理后得出项目评价等级。

③项目指标状态评价与模糊综合评价验证分析。基于风险防控与合规视角，从内部控制的角度，提出开展针对电网发展投入项目的风险防控健康指数评价，以项目实际情况为依据对综合评价结果进行验证，确保综合评价结果符合实际风险管控情况。以电网发展投入项目综合评价指标为基础，全面分析项目在前期阶段、实施阶段、（竣工）验收阶段和运行维护阶段面临的内外部环境、准备、控制活动情况，并进行逐项评分。电网发展投入项目的风险防控健康指数评价实行百分制，健康度标准为："BB"（不健康）、"BBB"（较不健康）、"A"（亚健康）、"AA"（轻微健康）、"AAA"（健康）（具体等级分类见表3：项目健康状态区间），与综合评价结果的"特别关注""关注""一般""良好""优秀"形成一致性对应，具有较高的验证参考性。电网发展投入项目风险防控健康指数评价标准如表2所示，项目健康状态区间如表3所示。

表2 电网发展投入项目风险防控健康指数评价标准

指标序号	一级	二级	权重	三级	权重	评价指标	分值	计算说明	评分标准	指标段位	指标得分
1	项目前期阶段风险	项目内外部环境	9	政策风险	3	国家、电力行业政策与法规	3	项目投入是否符合国家及电力行业政策规定	A段（得分100%）：一致 B段（得分0）：不一致		
2				财务风险	6	资产负债率	6	资产负债率＝负债总额÷资产总额×100%	以上级单位发布结果为评分标准 A段（得分100%） B段（得分75%） C段（得分50%） D段（得分25%） E段（得分0）		
3		项目准备	18	可研风险	18	项目可行性研究全面性	18	项目建设必要性分析是否全面，项目实施技术方案是否合理，项目投资估算是否准确等	A段（得分100%）：质量较高 B段（得分50%）：质量一般 C段（得分0）：质量较差		

续表

指标序号	一级	权重	三级	权重	评价指标	分值	计算说明	评分标准	指标段位	指标得分
4	项目控制活动	18	审批风险	18	项目手续审批规范性	18	是否严格按照电网项目可研编制审批程序，依法合规完成核准工作；是否依法办理各类专项评价报批手续；是否依法依规办理工程核准备案手续；是否获得环保批复；各类建设许可证办理是否齐全等	A段（得分100%）：项目手续规范齐全 B段（得分50%）：项目办理关键手续 C段（得分0）：项目未办理关键手续		
5	项目内外部环境	2	项目招投标管理风险	2	项目流标事件	1	项目是否完成一次性招标	A段（得分100%）：一次性招标 B段（得分0）：项目流标		
6					违法分包事件	1	项目是否存在违法分包情况	A段（得分100%）：项目正常实施，未发生分包情况； B段（得分0）：项目违规分包		
7	项目准备	5	合同管理风险	5	合同签订不规范	5	合同签订是否履行正常审批手续；是否在中标通知书有效期内完成合同签订；是否存在合同倒签情况	A段（得分100%）：项目合同正常签订 B段（得分0）：项目合同未履行审批手续，存在合同倒签及超期签订情况		
8	项目实施过程阶段风险		项目控制活动	21	项目完工及时性	7	是否按照合同约定时间完成项目建设	A段（得分100%）：一致 B段（得分0）：不一致		
9					安全事故事件	2	获取项目施工过程中项目安全事故事件情况	A段（得分100%）：0 B段（得分0）：1件及以上		
10			项目施工风险	21	自然灾害事件	2	获取项目施工过程中项目自然灾害事件情况	A段（得分100%）：未发生自然灾害事件 B段（得分50%）：存在自然灾害事件但不构成重大损失 C段（得分0）：存在自然灾害事件且构成重大损失		
11					工程项目隐患	4	获取项目施工过程中隐患排查结果	A段（得分100%）：3次及以内 B段（得分75%）：3~6次（含） C段（得分50%）：6~15次（含） D段（得分25%）：15~36次（含） E段（得分0）：36次以上		
12					物资供应及时率	5	（按时交付物资订单数量÷需交付物资订单数量）×100%	A段（得分100%）：1次及以上 B段（得分0）：0		

续表

指标序号	一级	权重	二级	权重	三级	权重	评价指标	分值	计算说明	评分标准	指标段位	指标得分
13	项目准备	6	项目结决算风险	3	项目结决算及时性	3	项目（竣工）验收后是否在规定期限内完成竣工结决算工作	A段（得分100%）：一致 B段（得分0）：不一致		
14			项目转资风险	3	项目（暂估）转资及时性	3	项目（竣工）验收后是否在规定期限内完成（暂估）转资工作	A段（得分100%）：一致 B段（得分0）：不一致		
15	项目（竣工）验收阶段风险	9	项目超概风险	2	项目费用超支金额比例	2	（实际支出-预算支出）÷预算支出×100%	A段（得分100%）：项目费用未超过概算 B段（得分0）：项目费用超过概算		
16			项目质量风险	5	项目质量隐患数量	5	项目验收后发现的影响项目正常投运的质量隐患数量	以上级单位发布结果为评分标准 A段（得分100%） B段（得分75%） C段（得分50%） D段（得分25%） E段（得分0）		
17			档案管理风险	1	项目档案全面性、完整性	1	项目资料是否严格按照国家电网公司档案管理要求归档	A段（得分100%）：质量较高 B段（得分50%）：质量一般 C段（得分0）：质量较差		
18			项目后评价风险	1	项目后评价结果	1	工程项目后评价结果	A段（得分100%）：质量较高 B段（得分50%）：质量一般 C段（得分0）：质量较差		
19			应急管理风险	4	项目应急管理体系完整性	4	应急预案编制是否及时、到位，应急管理机制是否规范、有效	A段（得分100%）：质量较高 B段（得分50%）：质量一般 C段（得分0）：质量较差		

续表

指标序号	一级	二级	权重	三级	权重	评价指标	分值	计算说明	评分标准	指标段位	指标得分
20	项目运行维护阶段风险	项目控制活动	8	设备监控管理风险		电压合格率	1	电网运行1个月内监测点电压在合格范围内时间总和与月电压监测总时间百分比	A段（得分100%）：99.000%及以上 B段（得分75%）：98.500%（含）~99.000% C段（得分50%）：98.000%（含）~98.500% D段（得分25%）：97.500%（含）~98.000% E段（得分0）：97.500%以下		
21					3	供电可靠率	3	（用户有效供电时间÷统计期间时间）×100%	A段（得分100%）：99.990%及以上 B段（得分75%）：99.980%（含）~99.990% C段（得分50%）：99.950%（含）~99.980% D段（得分25%）：99.900%（含）~99.950% E段（得分0）：99.900%以下		
22					1	综合线损率	1	（供电量-售电量）÷供电量×100%	以上级单位发布结果为评分标准 A段（得分100%） B段（得分75%） C段（得分50%） D段（得分25%） E段（得分0）		
23				设备安全与质量风险	3	设备运行故障率	3	设备在同一时间段故障次数与运行时间的百分比	A段（得分100%）：0~5.00% B段（得分75%）：5.01%（含）~10.00% C段（得分50%）：10.01%（含）~20.00% D段（得分25%）：20.01%（含）~40.00% E段（得分0）：40.01%以上		
综合得分											

267

表3　项目健康状态区间

等级	区间	状态说明
AAA（健康）	84.01 ≤ X ≤ 100	项目整体风控状态良好，存在少量极轻微风险
AA（轻微健康）	63.01 ≤ X ≤ 84.00	项目整体风控状态较好，存在一定轻微风险
A（亚健康）	37.01 ≤ X ≤ 63.00	项目整体风控状态一般，存在一定中等风险，应加强管控
BBB（较不健康）	16.01 ≤ X ≤ 37.00	项目整体风控状态不健康，存在一定重大风险，需进一步分析管控，项目部分阶段需进一步提高
BB（不健康）	0 ≤ X ≤ 16.00	项目整体风控状态不健康，存在一定重大风险，同时可能引发一定的系统性风险，整体亟须改进

④电网发展投入项目实例分析。以HZ公司500千伏某变电站2号主变更换工程技改大修类项目为实际案例，开展基于风险视角生产技改类项目电网发展投入项目综合评价。一是通过调研走访、书面调查等形式全面了解该项目基本信息和各阶段内控管理情况。二是在熟悉该项目基本情况的基础上，聘请国网系统内工程项目管理方面的专家确定风险评价指标权重，形成指标各层总排序表，确定第一层指标中各阶段的重要程度，以及第二层指标中各项控制工作首要考虑因素。三是确定评价指标状态等级，运用模糊综合评价法对风险指标进行状态评价，确定该项目综合评价结果为"优秀"水平。四是综合评价结果验证，利用收集整理的各阶段内控管理资料，依据电网发展投入项目风险防控健康指数评价标准开展评价，得出该项目综合评价得分为90分，位于区间"AAA（健康）"，与多层次模糊综合评价法评价结果"优秀"相符。五是开展综合评价结果分析，全面分析该项目在前期阶段、实施过程阶段、（竣工）验收阶段和运行维护阶段在内部控制方面的优秀做法和不足，以此为基础提出风险防控措施及建议。

（三）提出风险防控措施及建议

从电网发展投入项目层面、HZ公司管理层面两个维度提出系列性的风险防控措施及建议。在电网发展投入项目层面，针对项目前期、项目实施过程、项目（竣工）验收和项目运行维护四个阶段的关键风险，分别提出了相应的措施和建议，以确保项目的质量、安全、环保、经济、技术等各个方面得到有效控制。在HZ公司管理层面，强调了构建风险防控"一张网"体系和强化自身功能"免疫力"功能的重要性，同时提出了加强投资优化和监督评价、风控能力建设、风控体系建设等方面的建议，以提高HZ公司对电网发展投入项目风险的应对能力和主动性。

五、项目特色

本项目以风险管理为视角,结合电网发展投入项目的 16 个专项管理内容开展风险评估及防控研究,从理论和实践两个维度,系统介绍了电网发展投入项目风险管理的基本理论,以及电网发展投入项目的内涵、管理特点等。同时针对不同类型和不同阶段的电网发展投入项目,进行全面、系统、科学的风险识别和分类,形成按重点类别划分、兼顾全流程管理的风险清单,构建基于风险视角的多层次模糊综合评价指标体系和风险评价模型,选取历史发生的电网发展投入项目风险案例进行实证分析,提出相应的风险防控措施及建议,为 HZ 公司和其他电网企业电网发展投入项目的精益化管理和风险防范提供了技术支撑,有效保障了电网发展投入项目的安全、高效、优质、可持续。

六、项目成效

(一)构建了电网发展投入项目风险管理的体系框架

本项目全面介绍了风险的概念、特征、分类等基本理论,分析了电网发展投入项目的内涵、特点、分类等基本情况,阐述了电网发展投入项目风险管理的含义、特点、原则等基本内容,为电网发展投入项目风险管理提供了科学的指导和依据。同时结合电网发展投入项目的全流程管理特点,提出了电网发展投入项目风险管理的方法框架,包括风险识别、风险分析、风险评估、风险应对、风险监控五个步骤,以及各个步骤之间的逻辑关系和实施方法。

(二)建立了基于风险视角的电网发展投入项目综合评价方法

一方面,根据不同类型的电网投入项目,并结合 HZ 公司工作业务重点,对各类电网投入项目可能面临的各类风险进行了全面、系统、细致的识别和分类,形成了按重点类别划分、兼顾全流程管理的《16 类电网发展投入项目风险清单》。另一方面,构建了基于多层次模糊综合评价法的电网投入项目风险评价模型,通过确定风险评价等级、构建模糊评价矩阵、计算综合评价值等步骤,对电网投入项目的风险水平进行量化和评价。同时选取 HZ 公司重点投资项目进行实例分析,验证了评价方法和模型的有效性和适用性,这一指标体系和综合评价方法与传统方法相比具有更强的针对性和灵活性,能够更好地反映电网投入项目的实际情况和风险特点,为电网投入项目综合评价提供了有效支撑。

(三)构建了全流程风险案例体系

本项目将生产技改及大修项目作为风险防控的重点领域,同时充分利用电网建设项目中积累的历史风险案例数据,深入研究电网发展投入项目的全流程风险案例,能够增强电网发展投入项目各参与方对潜在风险因素的认识,及时发现和应对潜在风险，提高项目决策的科学性和准确性，确保项目的合规性和有效实施。

（四）提出了系统全面的风险防控措施及建议

综合电网发展投入项目综合评价结果，有效反映出项目在质量、安全、环保、经济、技术等各个管理方面存在的不足。提出的项目风险防控措施及建议涵盖了从项目前期到项目运行维护等各个阶段，全面、细致地介绍了各阶段可能面临的风险，并针对性地提出了应对和改进措施，为电网发展投入项目管理风险防控提供了技术指导。同时，提出公司风险防控管理建议，为HZ公司进一步提升风险管理水平、促进企业合规经营等方面打下了良好的基础。

湖南西部区域肿瘤防治中心信息化咨询项目

湖南宝泓科技有限公司

湖南宝泓科技有限公司(以下简称湖南宝泓)是一家提供医疗信息化咨询评估与规划服务的企业。自 2015 年成立以来,公司始终坚持专业化发展道路,追求技术产品专业化,不断更新专业知识,提高专业能力,先后荣获多项知识产权证书,并已通过 ISO 9001 质量管理体系认证。2016 年获得中企国质信(北京)信用评估中心颁发的"AAA 级信用企业"证书,2018 年初申请并通过了湖南省科技厅"科技型中小企业"的认证,2019 年成为湖南省咨询业协会常务理事单位。

本案例项目组成员

张全,毕业于湘潭大学,自动化专业,现任职湖南宝泓副总经理。主要工作方向:医疗影像信息化建设规划,医疗信息化整体规划及综合场景规建,医疗信息化项目管理,具备医疗信息化长达 10 年的行业经验,以及多个大型医疗信息化建设和咨询的项目管理经验。

其他成员:冯嵩、张川、金盛。

导读

　　湖南西部区域肿瘤防治中心是落实湖南省委、省政府支持湘西片区形成新开发格局、省级优质优良资源下沉怀化的标志性项目，也是怀化打造湖南西部大湘西区域医疗中心的重要标志性项目之一，新大楼的建设意味着医院需要投入匹配的人力和物力，以及信息化手段来支撑整个湖南西部区域患者的肿瘤防治全流程管理，其中使用信息化手段提升医院对整个湖南西部地区肿瘤患者的全生命周期（专业肿瘤早筛→肿瘤检查→肿瘤治疗→患者康养一体化服务→肿瘤患者数据利用）的服务与管理能力，是此次项目的重点内容。

湖南西部区域肿瘤防治中心信息化咨询项目

湖南宝泓科技有限公司　张全

一、项目背景

（一）客户基本情况

怀化市第二人民医院（怀化市肿瘤医院）（以下简称医院）始建于1944年，前身为湖南省洪江人民医院，目前已形成拥有鹤城院区、靖州院区、洪江医院、城东分院"一院三地四部分"的现代化医疗集团。医院是全国百姓放心百佳示范医院。医院编制床位为1680张，全院在职职工共有1868人，博士有2人，硕士研究生有55人，高级职称有329人。

2022年8月22日，湖南西部区域肿瘤防治中心项目在怀化市第二人民医院正式开工建设。

（二）行业特点

高可靠性：医疗信息化系统需要保证高度可靠性，因为医疗信息化系统一旦出现故障，可能会导致医疗事故和严重后果。

高安全性：医疗信息化系统需要保证数据的安全性，因为医疗信息化系统中存储的数据包括患者的个人隐私信息，如病历、诊断报告、药品处方等。

高复杂性：医疗信息化系统需要满足医疗行业的特殊需求，如医学知识库、医学术语、医学图像等，这些都需要进行专业的处理和分析。

高集成性：医疗信息化系统需要与其他医疗设备和系统进行集成，如医生的工作站、医疗设备、药品管理系统等。

高可扩展性：医疗信息化系统需要具备良好的可扩展性，以满足医疗行业不断变化的需求和新技术的出现。

高成本：医疗信息化系统的建设和维护需要大量的资金投入，因此需要合理的成本控制和投资回报分析。

高政策指导性：国家卫生健康委出台了一系列政策，鼓励医疗信息化行业的发展，推动医疗信息化技术的应用。同时，国家卫生健康委也在不断完善医疗信息化相关的法规和标准，规范行业的发展，保障数据安全和隐私保护。

高技术集成度：云计算技术和大数据技术在医疗信息化中发挥了重要作用。云计算技术为医疗信息化提供了高效、灵活和可扩展的计算和存储资源，提高了医疗信息化系统的性能和稳定性；而大数据技术则能够处理海量的医疗数据，挖掘数据中的潜在价值，为医疗决策提供科学依据。

（三）项目需求

湖南西部区域肿瘤防治中心是落实湖南省委、省政府支持湘西片区形成新开发格局、省级优质优良资源下沉怀化的标志性项目，也是怀化打造湖南西部大湘西区域医疗中心的重要标志性项目之一，新大楼的建设意味着医院需要投入匹配的人力和物力，以及信息化手段来支撑整个湖南西部区域患者的肿瘤防治全流程管理。

（四）项目目标

依据国家新医改对公立医院改革的具体要求，建设模式先进、流程优化、管理配套、支撑有力、运作高效的医院信息系统，促进医院管理和机制创新，促进经营管理和经营决策更加科学。构建充分应用信息技术改善患者就医体验，加强患者信息互联共享，提升医疗服务智慧化水平的新时代服务模式。提升以电子病历为核心的临床业务系统应用水平，实现临床医护人员业务一体化应用，提升工作效率；实现管理数据分析科学准确，提升医院运营水平，为医院更进一步地精细化管理提供准确、科学、多维度的数据分析支持，支撑集团化医疗协作和集团化医院建设。

通过2至3年时间，对医院信息系统进行整体升级改造，支撑医院业务发展，响应国家政策要求，通过此次改造，从信息化方面为湖南西部区域肿瘤防治中心提供全方位支撑，使其能够为湖南西部大湘西区域医疗中心提供更多的专业肿瘤防治服务、优质医疗资源、科研支持和人员培训，从而提高其医疗服务能力，更好地满足患者的需求。

二、诊断分析

（一）信息化现状及主要问题分析

2022年8月22日，湖南西部区域肿瘤防治中心项目在怀化市第二人民医院正式开工，准备兴建新门诊楼、新住院楼及新的康复中心。医院虽然得到了怀化市政府和卫生健康委的大力支持，但是仍然亟须解决以下主要问题。

医院原有的信息化系统经历了十几年的建设，面临全部更新换代的需求。

如何为整个湖南西部的肿瘤患者提供高质量服务，不仅需要考虑提高医疗服务质量，也需要在原本就缺失的非医疗服务数量和质量上下功夫，让患者不论在门诊、住院还是在回家康养的肿瘤诊疗过程中，感受到医院的服务水平,提高患者的就诊体验及对怀化市第二人民医院的信任度。

在患者得到的医疗服务和非医疗服务质量上升后,患者的数量也会随之增加,而随之而来的就是医生和护士的工作强度和压力。如何通过信息化手段提高医生的诊断和治疗效率,以及减轻护士的重复工作强度,也是医院面临的挑战。

1. 临床服务层面

难以支撑临床业务需求:受制于当下系统架构及部分流程缺失,无法真正建立起以电子病历为核心的临床业务支撑平台。

难以有效利用临床数据:现有系统没有为每位患者建立唯一身份识别,导致数据不一致,无法完整调阅每位患者的全部诊疗数据,实现临床数据共享;同时每位患者的数据分散在不同的业务系统中,无法实现数据大集中,数据利用困难,无法满足临床信息共享与科研教学工作对数据的需要。

临床上信息系统建设时间跨度大,各业务系统均基于相应的业务需求而建设,缺乏统一的信息化规划和基础的底层架构,业务系统涉及范围广。同时各业务系统间耦合度高,系统升级受影响,系统间数据交换缺少规划,冗余度高,消耗系统性能,新增系统承受的风险越来越大。

2. 患者服务层面

难以建立患者服务体系:现有信息系统架构设计以医院管理为中心,要转变为以患者为中心,不断提升患者就医服务体验,改善就医流程,让医院的信息化建设惠及患者每次就诊全过程,沿着功能实用、信息共享、服务智能的方向,建设完善智慧服务信息系统,使之成为改善患者就医体验、开展全生命周期健康管理的有效工具。

3. 运营管理层面

难以支撑精细化管理要求:同样局限于现有系统架构的不足,无法有效建立医院运营管理支撑平台,难以实现人、财、物的精细化管理与追溯,无法实现病种成本核算,无法实现人员绩效考核。

4. 医疗协同层面

难以支撑医院发展战略(湖南西部区域肿瘤防治中心):受制于现有系统的技术架构,无法满足集团化、医疗联合体发展要求。

医疗联合体发展要求的双向转诊、远程教育平台都未进行实际应用,也拖延了怀化市第二人民医院区域影像诊断中心的建设。

(二)主要结论和建议

从区域肿瘤患者的全生命周期(早筛—检查—治疗—康养—科研)管理需求出发,真正通过信息化建设手段建立对肿瘤早筛到肿瘤检查、肿瘤治疗、患者康养一体化服务、肿瘤患者数据利用 5 个环节的有力支撑。

三、解决方案设计框架

（一）设计原则

1. 灵活性和兼容性原则

方案设计时将充分考虑整个应用系统的灵活要求，采用面向对象的设计开发方法，组件化构建业务系统，随用户需求的改变而及时调整，通过合理的模块划分，使应用软件可以更好地适应各医疗机构业务差异和医保等政策变化。

2. 统一性和规范性原则

本项目按照国家卫生健康委及省卫生健康委的相关要求进行建设，采用"统一规划、分步实施"的策略。在遵循相关法律法规、标准，以及国家和本省有关卫生计生信息数据标准规范的前提下，结合医院信息化实际情况，紧跟技术发展趋势，进行总体规划和标准体系建设。在系统设计时，务必坚持业务与信息化技术管理的统一和规范性。在数据字典引用时，遵循按国家标准、行业标准、企业标准的原则进行定义。

3. 可扩展性和易维护性原则

设计时充分考虑了平台业务在未来若干年内的发展趋势，具有一定的前瞻性，并充分考虑了系统升级、扩容、扩充和维护的可行性；并针对信息化建设涉及用户多、业务繁杂的特点，充分考虑了如何大幅提高业务处理的响应速度以及统计汇总的速度和精度。

4. 经济性和实用性原则

系统的设计开发实施中，合理规划项目投资，设计的信息系统应性能优良，价格合理，具有较好的性能价格比，设计面向实际，注重实效，坚持实用、经济的原则，充分合理利用现有设备和信息资源，帮助用户节省投资；应用软件需要考虑用户的操作习惯，为用户提供友好的操作界面以及丰富的联机帮助，全面提升系统的实用性。

5. 先进性和成熟性原则

系统设计时，将充分应用先进和成熟的技术，把科学的管理理念和先进的技术手段紧密结合起来，梳理设计出先进合理的处理流程，真正做到紧扣国家卫生事业未来发展方向；系统将使用先进成熟的技术手段和标准化产品，使系统具有较高性能，符合当今技术发展方向，确保系统具有较强的生命力，有长期的使用价值，符合未来的发展趋势。

6. 可靠性和稳定性原则

设计时采用了可靠的技术，系统各环节具备故障分析与恢复和容错能力，并在安全体系建设、复杂环节解决方案和系统切换等各方面考虑周到、切实可行，建成的系统将安全可靠，稳定性强，把各种可能的风险降至最低。

（二）设计过程

从区域肿瘤患者的全生命周期（早筛—检查—治疗—康养—科研）管理需求出发，湖南宝泓建议医院通过以下步骤提高湖南西部大湘西区域医疗中心的医疗服务能力。

（1）使用信息化手段建立区域肿瘤早筛防治中心、区域医疗影像诊断中心、区域肿瘤诊疗中心、地区康养中心，共同组成湖南西部区域肿瘤防治中心，提供专业肿瘤早筛→肿瘤检查→肿瘤治疗→患者康养一体化服务→肿瘤患者数据利用（大数据分析）全流程闭环管理。

（2）引进优质医疗资源，包括先进的医疗设备、专业的医疗团队和先进的治疗技术。

（3）加强科研与学术交流，促进区域医疗的学术水平提升，推动医疗服务的创新和进步。

（4）加强医疗人员培训与教育，提升他们的专业水平和技术能力。这将有助于提高湖南西部大湘西区域医疗中心的医疗服务质量和效果。

其中，通过信息化手段提升医院对整个湖南西部地区肿瘤患者全生命周期的服务与管理能力，是此次项目的重点内容。

湖南西部区域肿瘤防治中心信息化建设的具体规划如下。

1. 区域肿瘤早筛防治中心

建设早筛登记平台，患者通过其完成线上登记，后台对报名患者进行问卷调查；医生对个体进行风险评估，以确定是否属于高风险人群；根据个体的风险评估结果，医生选择适当的筛查方法并发放早筛检查通知；医生对患者完成检验检查后的筛查结果进行评估，包括阳性、阴性或可疑结果；可疑结果可能需要进行进一步的检查以确定是否存在肿瘤。

如果筛查结果显示存在肿瘤，医生将进行进一步的诊断，如组织活检等，以确定肿瘤的类型和分级。根据诊断结果，医生制定相应的治疗方案，如手术、放疗、化疗等（在基层医疗机构完成减压后检查的患者，也可以前往作为上级医院的怀化市第二人民医院进行复诊，通过区域医疗影像诊断中心的同步数据支持，临床医生可以对患者的病情进行更精准的判定）。

建设互联网医院，通过线上问诊、处方流转、线下检查预约，为患者与医务人员建立更便捷、更灵活的沟通新渠道，提高诊疗效率，减少不必要的来院就诊，提升患者满意度，并进一步提升医院的整体服务水平。同时，与院内外平价药店打通数据传输链，实现药品配送到家。区域肿瘤早筛防治中心如图

1所示。

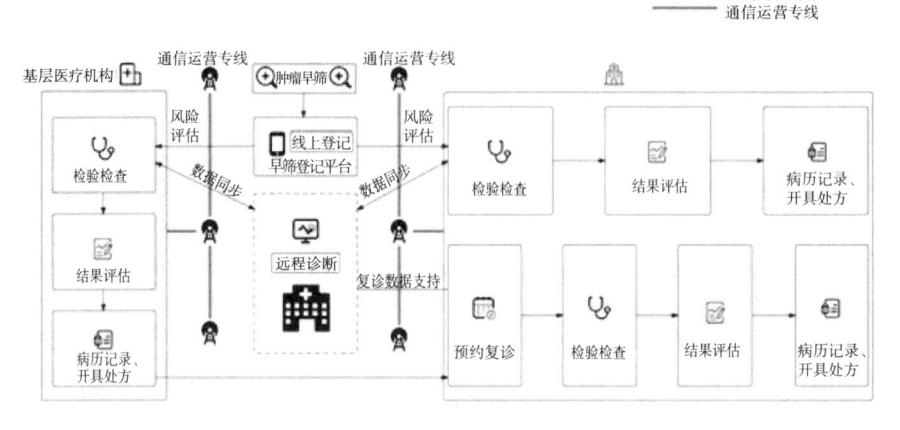

图1 区域肿瘤早筛防治中心

2. 区域医疗影像诊断中心

重建全院级系统（放射、超声、内镜、病理），介入减影血管造影（DSA）信息系统，完善现有的全院级医学影像信息系统（FULL-PACS），并通过临床统一发布平台支撑院内医疗服务（临床移动阅片和MDT多学科会诊系统的数据应用），同时通过建设相应的医疗影像AI辅助诊断系统（放射、超声、病理），提高医院的医疗影像诊断水平。

建立全医技数据一站式自助服务平台和无纸化病案系统，为患者提供自助打印和数据查询服务，提高医院的非医疗服务应用水平和患者感受度。

建设CA（证书授权）数字认证平台，为电子病历的签名及检验检查报告数据的完整性、有效性提供保障。

建设云影像诊断服务器集群和完善远程诊断功能，通过部署前置机的方式，与周边的二级医院和基层医院打通检验检查数据传输链，由怀化市第二人民医院提供医疗影像诊断支持，打造区域医疗影像诊断中心（见图2）。

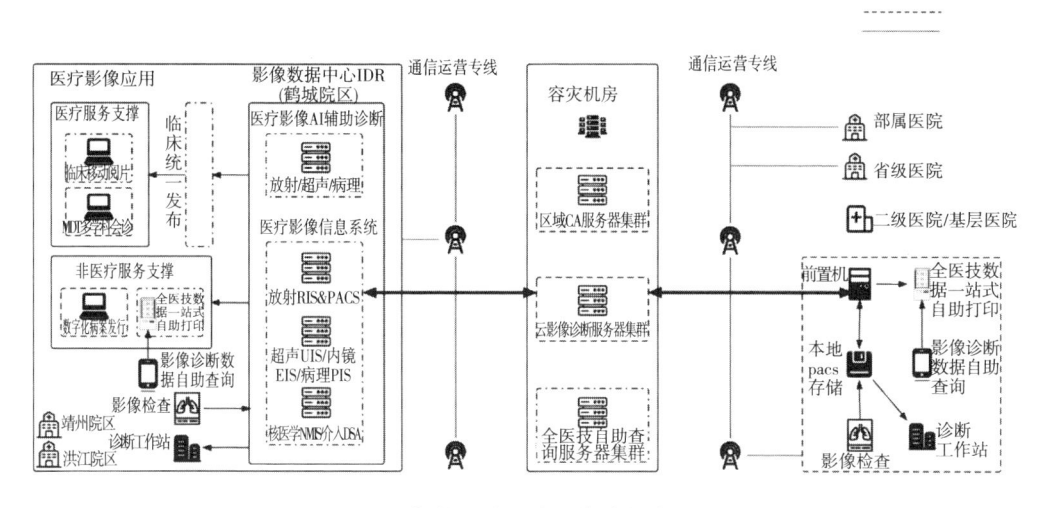

图 2 怀化区域医疗影像诊断中心

3. 区域肿瘤诊疗中心

建设肿瘤诊疗规范化及费用合理化平台，构建肿瘤诊疗规范化知识库，为诊疗规范化提供业务支撑，并通过肿瘤患者数据汇聚、治理，构建肿瘤患者就诊数据画像，实现诊疗规范提升和费用合理使用。

建设跨院区 MDT（多学科会诊）系统，将不同科室、不同院区紧密结合在一起，通过院间视频会议、远程教学查房、MDT、直播培训等医疗活动，有效提升医疗救治水平，不仅有利于医生技能水平的提升，而且有利于医院对医疗质量的管理和控制。

建设放疗信息系统（OIS），整合现有全部放疗资源（包括进口直线加速器，模拟定位机，诊断影像，物理计划，治疗过程中影像、治疗结果数据的收集、验证、存储等），实现对肿瘤患者治疗全过程信息的采集、存储和交互，以及与医院信息系统（HIS）、电子病历系统（EMR）、检验科信息系统（LIS）、PACS 等各子系统的互联互通，通过必要的集成把多个系统中存储的有价值的患者病历资料统一整合，为临床医生提供统一的访问入口。

建设智能化手术室，通过数字化手术室系统、过程管理系统、手术室行为管理系统、手术驾驶舱等系统实现对手术室人、财、物的全流程、全角色统一管理，通过集中调阅显示的医疗影像数据和术前手术规划导航模块，提高手术成功率与精准率，并通过手术实时高清直播或录播，方便远程手术教学，提高手术教学效率。

通过肿瘤诊疗规范化及费用合理化平台、MDT 系统、放疗信息系统、智能化手术室，为肿瘤诊疗环节提供完备的信息化支撑，打造区域肿瘤诊疗中心

(见图3)。

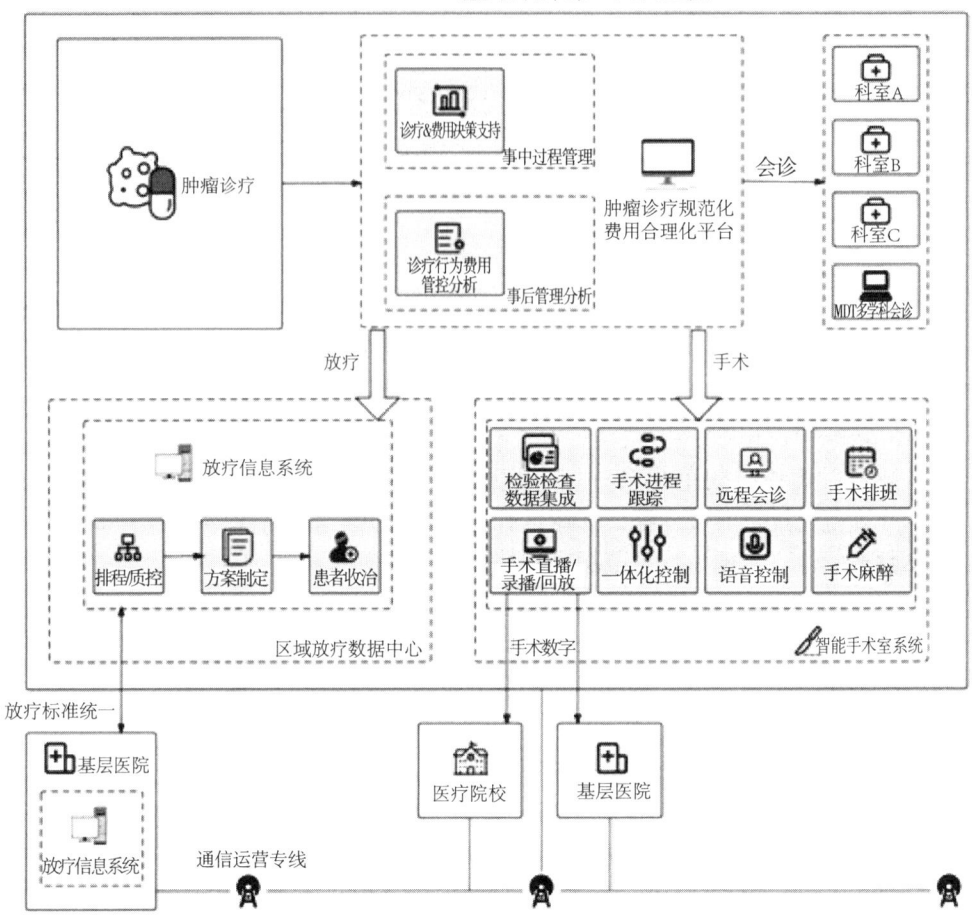

图3 区域肿瘤诊疗中心

4. 地区康养中心

建设随访管理系统，基于完善的疾病知识库体系，实现智能化、精准随访，提高随访效率、随访质量，提升患者满意度。

建设智慧病房，打通全流程医疗信息化闭环管理，规范护理行为，提高医嘱执行效率、医疗质量，实现执行环节的差错可控可追溯、考核有依据；建立智慧病房一站式床旁患者服务新模式，提供患者住院期间的医疗服务、生活服务、娱乐应用的一站式综合服务平台，提高医院非医疗服务水平和患者满意度；通过国产信创基座和 5G 通信的数据云平台搭建医院智慧病区数据互联互通平台，打造安全保障体系和标准规范体系，与社区医院、卫生院、院外康复机构合作，实现"互联网＋"对医院服务体系的全面整合，整合医护上门服务、个人健康管理服务，提供线上、线下一体化的通用基础服务和数据服务，把合规合格的医疗资源和医生智力资源配置到社区、家庭，一定程度上促进、改变医疗资源配置不均衡的情况。

通过建设互联网医院、随访管理系统、智慧病房，建设院外服务生态链，实现区域内康养人员的闭环管理，打造服务到位的地区康养中心（见图4）。

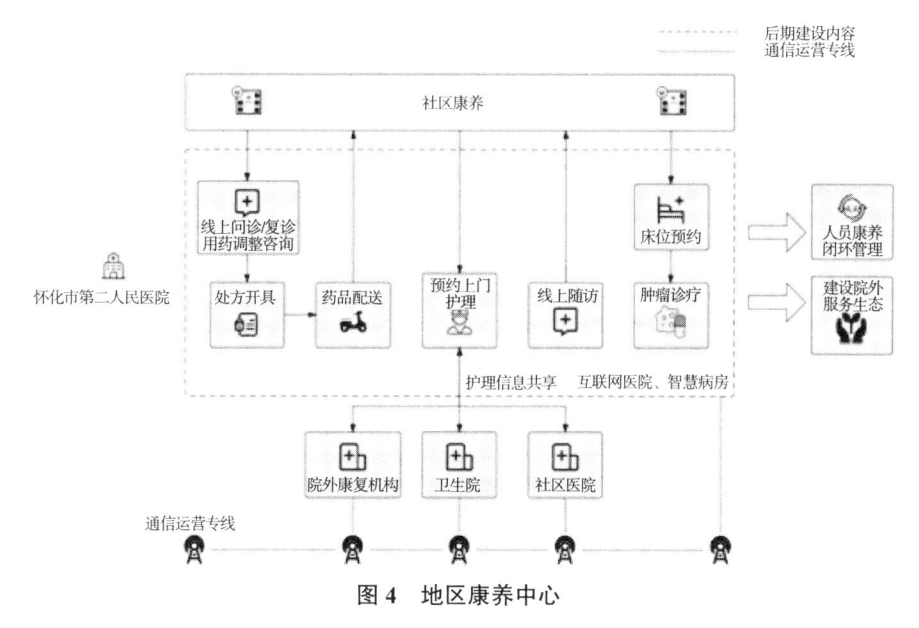

图 4　地区康养中心

5. 湖南西部区域肿瘤防治中心

在医院完成数据集成平台与临床数据中心建设后，与怀化区域医疗影像诊断中心、区域肿瘤早筛防治中心、区域肿瘤诊疗中心、地区康养中心完成数据互联互通，在集成平台的基础上建设区域病案中心与区域科研数据中心，收集来自不同医疗机构、研究机构和临床试验的大量医疗数据（包括临床数据、基因组数据、影像数据等），利用数据分析和挖掘技术，对收集到的数据进行深入的统计分析和挖掘，发现潜在的规律和关联性，这有助于科研人员更好地理解疾病的发生机制、预测疾病的风险、评估治疗效果等，为区域患者的肿瘤早筛、检查、诊疗、康养提供有力帮助，打造湖南西部区域肿瘤防治中心（见图5）。

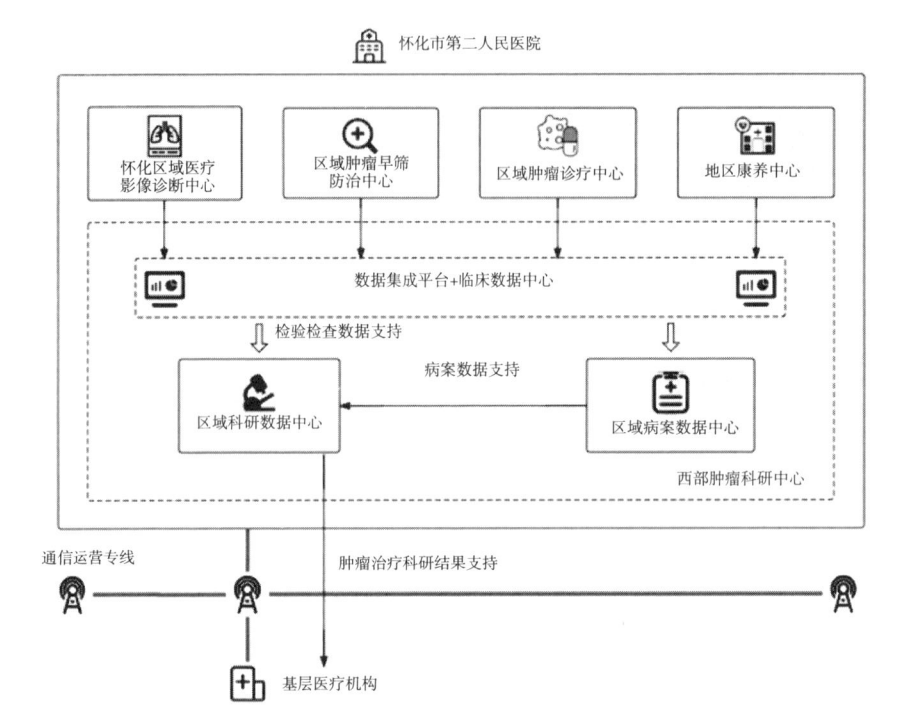

图 5　湖南西部区域肿瘤防治中心

(三)咨询建议结论

结合以上设计思路和建议,可得出医院需要建设以下信息化系统。

(1)医院信息集成平台+临床数据中心。

(2)FULL-PACS、LIS 和 OIS。

(3)智慧病房。

(4)互联网医院和随访管理系统。

(5)一站式自助服务平台。

(6)肿瘤诊疗规范化及费用合理化平台。

(7)智能手术室。

(8)MDT 多学科会诊系统。

(9)病理学医疗影像 AI 辅助诊断系统。

(10)影像科医疗影像 AI 辅助诊断系统(肺结节、骨折)。

四、案例项目评估与绩效说明

（一）经济效益分析

信息化建设在提高医院效率，提升医疗服务水平，提高医疗质量，优化工作流程，合理利用资源和降低医疗成本等方面都起着重要作用，因此，信息化建设的投资将为医院带来巨大的经济效益。主要表现在以下几方面。

（1）医院信息系统的升级完善将为病人诊疗提供更优质的服务。

医院信息系统的升级完善为病人医疗健康信息的全面准确管理、高效安全传输、充分及时共享提供有效的支撑；使医疗人员能够通过便捷的信息系统及时获取必要的诊疗信息，为患者提供更加高质量的诊疗服务；使患者能够掌握和获取自己的相关信息，参与诊疗服务，享受持续、跨地区、跨机构的诊疗服务。

（2）医院信息系统的完善能有效加强医院医疗质量管理。

通过升级完善医院信息系统，全面收集、管理医院医疗安全、病历质控、合理用药等质控信息，并进行分析，为医院加强医疗质量管理提供及时、可靠的途径与数据。例如，可监控病人合理用药、正确用药，减少药品浪费。

（3）医院信息系统的完善能极大提高工作效率。

良好的医院信息系统能优化就诊业务流程，完善医院管理制度，提高医务人员工作效率；不合适的医院信息系统反而会增加医务人员的工作量。医护人员是医院中知识水平最高、工作量最大并且与病人直接接触的一线人员，建立适合医院业务及管理流程的信息系统，能够使医护人员有更多的精力和时间为病人提供更优质的服务。例如，在目前模式下，病房护理人员用大量时间处理护理文档与表格，人工传递检验申请及结果报告，通过医院信息系统的完善，能使他们从这些时间束缚中解脱出来，用更多的时间去病房进行面对病人的护理服务。

（4）医院信息系统的完善能促进医院管理的规范化。

医院信息系统的升级完善，是在充分调研现有业务流程和管理模式，经过充分研讨和科学规划后决定的，是对先进业务流程的设计、落地并规范化的结果，能促进医院各类业务和各科室的数据统一规范存储、管理及使用。

（二）社会效益分析

随着医院信息化建设的进一步建设完善，领导从宏观到微观的细致管理、医生准确的诊断和方便快捷的信息传输方式使病人有了一个良好的就诊环境，真正做到了"以病人为中心"，产生了良好的社会效益，提升了医院的社会声誉。

区域肿瘤防治中心的建设和运营需要投入大量的资金。这些资金主要用于建设和维护医疗设施、购买医疗设备、培养专业人才等方面。这些投入不仅可以改善肿瘤患者的治疗条件，提高治疗效果，还可以刺激相关产业的发展，促进就业增长。

1. 医院

医院信息化建设将助力构建全新的具有现代化的、先进的、人性化的智慧医院，从而改善医院的诊疗服务模式，提升医院的服务水平和医疗水平，提高医疗质量，减少医疗误差和医疗事故，提高医院的管理水平，增强医院的品牌形象和社会效益，提升医院的核心竞争力。

区域肿瘤防治中心的建设和发展还可以促进医疗科研和创新。中心通常会开展临床试验、研究项目等科研活动，推动医疗技术的进步和创新。这不仅可以提高肿瘤防治的水平，还可以促进相关产业的发展，推动经济的增长。

2. 社会

医院信息化建设使市民享受到更加优质、舒适、便捷的健康服务。智慧医院的建设将使医疗卫生行业更好地为老百姓的身体健康和生命安全服务，提高市民的健康水平与生活质量，为社会稳定和经济发展服务。

区域肿瘤防治中心的建设和发展可以吸引患者和家属前来就医和就诊。这将带动相关的医疗旅游和服务业的发展，增加当地的经济收入。患者和家属在就医期间可能需要住宿、用餐、交通等服务，这些都会带动当地服务业的发展。

（三）风险识别和分析

风险识别是指对尚未发生的、潜在的及客观存在的各种风险进行系统的、连续的预测、识别、推断和归纳，并分析事故产生原因的过程。这个定义包含了以下含义：感知风险和识别风险是风险识别的基本内容；风险识别不仅要识别所面临的风险，更重要的也是最困难的是识别各种潜在的风险；风险识别是风险管理过程中最基本和最重要的程序。

技术风险识别是技术风险管理的基础，也是一项复杂的工作。其复杂性在于技术风险的隐匿性、复杂性和多变性；风险识别的质量与风险管理者的管理素质和风险意识密切相关；风险识别全面深入，不但要识别显性风险，更重要的是识别潜在风险。要分析风险是静态风险还是动态风险，是可控风险还是不可控风险。只有全面、正确地识别风险投资活动所面临的技术风险，才能奠定风险管理的良好基础。

（四）风险防范的基本方法

1. 规避

规避是一种事前的风险应对策略，通过变更项目计划消除风险或风险的触发条件，使目标免受影响，如采用更熟悉的工作方法、澄清不明确的需求、增加资源和时间、减少项目工作范围、避免不熟悉的分包商等。

2. 转移

转移是一种事前的风险应对策略，不消除风险，而是将项目风险的结果连同应对的权力转移给第三方（第三方应该知道这是风险并有承受能力）；如签订不同种类的合同、签订补偿性合同等。

3. 弱化

弱化是将风险事件的概率或结果降低到一个可以接受的程度，其中降低概率更为有效，如选择更简单的流程、进行更多的实验、建造原型系统、增加备份设计等。

4. 接受

在没有合适的策略应付风险的情况下，不改变项目计划，重点考虑风险发生后的应对措施。例如，制订应急计划或退却计划，或仅仅进行应急储备和监控，待发生时随机应变。

（五）项目成效评估

1. 扩大了医院的覆盖范围

此项目建设完成后，怀化市第二人民医院的影响力和服务范围得到显著提升和扩展。医院的服务范围已从原本的怀化市地区扩展至包括张家界市、湘西自治州及邵阳市西部诸县在内的更广泛区域，服务人口从原本的 452 万人增加到 1489 万人。这个数字仅仅考虑周边地区，若涉及邻近省份市区，覆盖范围将更加广泛。

2. 提高了肿瘤疾病的防治能力

区域肿瘤防治中心可以为当地居民提供更全面的肿瘤防治服务，包括但不限于肿瘤的预防、筛查、检查、治疗和康复等。中心通常配备先进的医疗设备和技术，能够进行更准确的肿瘤检测和治疗。此外，它还可以通过培训提高医务人员的专业技能，从而提高整个区域的肿瘤防治能力。

3. 促进了肿瘤防治知识的普及

区域肿瘤防治中心不仅提供专业的医疗服务，同时也承担着肿瘤防治知识的普及和教育工作。通过举办各种形式的宣传活动和教育活动，可以让更多的人了解肿瘤的防治知识和防治的重要性，从而提高公众的自我保健意识和能力。

4. 提升了患者的就医体验

区域肿瘤防治中心为患者提供更为便捷和人性化的医疗服务，通过提供心理支持和康复指导等服务，帮助患者更好地应对疾病带来的身心挑战。

怀化市第二人民医院 DIP 综合管理平台咨询

湖南宝泓科技有限公司

湖南宝泓科技有限公司是一家提供医疗信息化咨询评估与规划服务的企业。自 2015 年成立以来，公司始终坚持专业化发展道路，追求技术产品专业化，不断更新专业知识，提高专业能力，先后荣获多项知识产权证书，并已通过 ISO 9001 质量管理体系认证。2016 年获得中企国质信（北京）信用评估中心颁发的"AAA 级信用企业"证书，2018 年初申请并通过了湖南省科技厅"科技型中小企业"的认证，2019 年成为湖南省咨询业协会常务理事单位。

本案例项目组成员

张全，毕业于湘潭大学，自动化专业，现任职湖南宝泓科技有限公司副总经理。主要工作方向：医疗影像信息化建设规划，医疗信息化整体规划及综合场景规建，医疗信息化项目管理，具备医疗信息化长达 10 年的行业经验，以及多个大型医疗信息化建设和咨询的项目管理经验。

其他成员：黎涛、金盛、曾豪、马春霖。

导读

  一直以来，我国传统的医保支付方式是按服务项目付费。这种付费方式较为符合过去我国医药卫生体制的实际情况，但是随着人民生活水平的不断提高，看病就医的刚性需求被逐渐释放，它的缺陷也暴露得越来越明显：容易滋生"大处方""大检查"等过度医疗行为，不仅造成医疗资源的浪费，还会让参保人多花钱，医保基金多支出。因此，国家医保局主导开展的按疾病诊断相关分组（DRG）付费和按病种分值付费（DIP）两项医保支付方式改革试点，成为这场支付方式改革优秀的"排头兵"。DIP 在提高医保基金使用效率，提高医疗效率和医疗质量，优化医疗资源配置等方面发挥了重要作用。

  DIP：按病种分值付费（Diagnosis-Intervention Packet）是利用大数据优势所建立的完整管理体系，发掘"疾病诊断＋治疗方式"的共性特征对病案数据进行客观分类，在一定区域范围的全样本病例数据中形成每一个疾病与治疗方式组合的标化定位，客观反映疾病严重程度、治疗复杂状态、资源消耗水平与临床行为规范。

  推进医保按病种付费，是党中央、国务院的决策部署，是深化医药卫生体制改革和医保支付制度改革的重要内容，对控制医药费用不合理上涨，提高医保基金使用效率和保障效能具有重要作用，对减轻参保人员医药费用负担具有重要意义。

怀化市第二人民医院 DIP 综合管理平台咨询

湖南宝泓科技有限公司　张全

一、项目背景

（一）客户基本情况

怀化市第二人民医院（怀化市肿瘤医院）始建于1944年，前身为湖南省洪江人民医院，目前已形成拥有鹤城院区、靖州院区、洪江医院、城东分院"一院三地四部分"的现代化医疗集团。医院是全国百姓放心百佳示范医院。医院编制床位为1680张，全院在职职工共有1868人，博士有2人，硕士研究生有55人，高级职称有329人。

（二）行业特点

客观分类：利用"疾病诊断+治疗方式"的共性特征对病案数据进行客观分类，形成每一个疾病与治疗方式组合的标化定位，客观反映疾病严重程度、治疗复杂状态、资源消耗水平与临床行为规范。

标准化支付：在总额预算机制下，根据年度医保支付总额、医保支付比例及各医疗机构病例的总分值计算分值点值。医保部门基于病种分值和分值点值形成支付标准，对医疗机构每一病例实现标准化支付，不再以医疗服务项目费用支付。

覆盖范围广：主要适用于住院医疗费用结算（包括日间手术、医保门诊慢特病医疗费用结算），精神类、康复类及护理类等住院时间较长的病例不宜纳入覆盖范围。

质量要求：要求基础代码统一，即使用国家医保版的《医疗保障疾病诊断分类及代码（ICD-10 医保 V1.0 版）》和《医疗保障手术操作分类与编码（ICD-9-CM3 医保 V1.0 版）》标准作为疾病诊断和手术操作编码的基础。此外，医保结算清单管理及质量控制也需要符合"医保结算清单填写规范"等有关要求。

(三)项目需求

一直以来,我国传统的医保支付方式是按服务项目付费,较为符合过去我国医药卫生体制的实际情况,但是随着人民生活水平的不断提高,看病就医的刚性需求被逐渐释放,它的缺陷也暴露得越来越明显:容易滋生"大处方""大检查"等过度医疗行为,不仅造成医疗资源的浪费,还会让参保人多花钱,医保基金多支出。因此,国家医保局主导开展的按疾病诊断相关分组(DRG)付费和按病种分值付费(DIP)两项医保支付方式改革试点,成为这场支付方式改革优秀的"排头兵"。DIP 在提高医保基金使用效率,提高医疗效率和医疗质量,优化医疗资源配置等方面发挥了重要作用。

DIP:按病种分值付费(Diagnosis-Intervention Packet)是利用大数据优势所建立的完整管理体系,发掘"疾病诊断+治疗方式"的共性特征对病案数据进行客观分类,在一定区域范围的全样本病例数据中形成每一个疾病与治疗方式组合的标化定位,客观反映疾病严重程度、治疗复杂状态、资源消耗水平与临床行为规范。

(四)项目目标

根据怀化市第二人民医院的实际情况,建立医院 DIP 综合管理平台,分别制定三套分组器的配置规则,以适配不同院区的 DIP 的支付标准体系,帮助各个院区收集患者就诊信息、处方信息等基础数据;对院内病案数据进行事中监控、事后审核;对院内医保患者数据进行大数据分析。对医保相关指标进行事前预警、事中监管、事后分析处理;从而实现医保部门对医保相关医疗行为数据的分析和监控,达到控制成本、减少扣款的目的。

二、诊断分析

(一)使用科室现状

医院医保办和运营办主要采用人工方式对数据进行统计,完成医保清单数据上传、病案编码核对,以及运营数据分析,工作效率低且准确率存在问题。

(二)目前存在的主要问题和差距

1.疾病诊断、手术操作分类与代码使用版本不一致

医院当前实际在用的疾病诊断分类与代码、手术操作分类与代码为国家临床版,而医保 DIP 结算用的是医保版的疾病诊断分类与代码、手术操作分类与代码。目前医保局采用的是国家医保版 V1.0,医院需要把与医保局相关的所有接口诊断和手术编码换成国家医保版 V1.0。其他业务系统的诊断和手术编码需更新到国家临床版 2.0(国家卫生健康委要求)。如果不进行版本转换

就不能满足医保数据上传的代码要求，只有进行版本间的转换，才能为 DIP 付费提供基础数据支撑。

2.编码工作人员数量有限，编码水平参差不齐

国际疾病分类是一门科学性、技术性、规则性和操作性都很强的学科。它涉及面很广，主要有预防、临床、解剖、生理、统计、计算机应用等专业。而目前各医院从事病案工作的编码员有些无临床医学知识，没有接受过疾病分类和手术操作分类的培训，准确编码有一定的困难。有少部分编码员是护士，缺乏深入的医学知识与临床经验。只有极少部分人是病案信息专业毕业，编导致码人员的编码水平参差不齐。

目前，各地的医保监管普遍要求病案数据上传需在病人出院后七天内完成，部分地区则要求在病人出院后三天内完成。现有的医保 DIP 支付制度对病案提交的及时性、病案首页的质量及病案首页编码准确性等要求越来越高，这就对医院病案室的人员配备，以及对编码员的编码水平和工作效率提出了更高的要求，需在人员数量有限的情况下，确保高质高效地完成任务。

3.临床术语与 ICD 编码表述不一致，两者间转换有困难

临床诊断术语是疾病的特定名称，使之可以区别于其他疾病。很多临床医师会把病理结果、症状、检查结果、体征及手术情况作为疾病的诊断标准。而 ICD，即国际疾病分类（International Classification of Diseases），是世界卫生组织（WHO）制定的国际统一的疾病分类方法，它根据疾病的病因、病理、临床表现和解剖位置等特性，将疾病分门别类，使其成为一个有序的组合，并用编码的方法来表示的系统，是国际公认的卫生信息疾病统计分类标准。

ICD 编码与临床诊断的出发点不同，ICD 编码是为统计服务的，而临床诊断是为治疗服务的。如果将 ICD 诊断名词作为医生的疾病诊断术语，肯定不能满足临床实际，从而出现信息失真的情况。因此，需有效解决临床实际与编码的一致性问题。

4.病案首页数据质量普遍不高，不能准确入组

目前医院普遍存在以下现象。

（1）主要疾病与主要手术不匹配。

正常情况下患者入院所实施的手术，应是针对主要疾病的治疗，应将这个疾病作为主要诊断填写。当患者一次入院实施两个以上手术时，要把主要治疗疾病和针对这个疾病的手术作为主要的手术操作；如果两种疾病和手术不能区分主次时，任选其一，但必须保证主要诊断和主要手术的一致性。

（2）能使用联合编码时没使用联合编码。

当两种疾病相关联，存在联合编码时却分开编码，造成分割编码，导致

主要诊断错误。

（3）专科病案主要诊断选择判断信息遗漏。

临床医生有可能遗漏信息。"本次医疗活动中，对患者健康危害最大、消耗医疗资源最多、住院时间最长"这一主要诊断选择原则，是将本科室治疗的疾病作为主要诊断，其他科室治疗的疾病作为其他诊断，有可能会遗漏转入科室的疾病诊断或手术操作信息。

（4）漏写其他伴随疾病及其并发症。

外科医师往往只重视与手术操作有关的疾病诊断，而忽略其他疾病诊断的填写。DIP 是在疾病诊断的基础上，考虑患者的年龄、手术与否、并发症等情况的影响，有无并发症及合并症等均影响着疾病相关诊断的分组。临床医生常漏填医院感染（如尿道感染、肺部感染等）、陈旧性疾病或其他科室已治疗的疾病，倘若编码人员也只依赖病案首页的填写，不查看病案内容，漏编其他诊断，必将影响 DIP 的正确分组。

另外，病人通过会诊、检查、化验所发现的疾病，甚至已经治疗的疾病情况都未充分反映在病案首页中。

（5）主要诊断选择"大帽子"。

DIP 对于主要诊断的定义：对患者危害最大，消耗资源最多，住院时间最长的诊断。但是现实中医生的记录习惯（如漏填、顺序不注意，以及编码不规范）导致很多诊断的问题不能准确入组。

（三）主要结论和建议

目前，医院信息系统（Hospital Information System，HIS）所带的医保结算模块没有相关可支撑医保 DIP 改革的信息化系统。

DIP 改革是一个系统性的工程，涉及临床、病案、医保等科室，怀化市第二人民医院通过建立 DIP 小组，明确各自职能分工，已基本理顺了 DIP 改革的工作步骤。但当进入实际结算时，存在以下几个管理难题。

一是难以通过书面形式来有效建立医保结算清单的审核机制。提高医保结算清单质量的有效举措之一便是建立起逐级审核或是同级互审的机制，通过纸质传递不能跟上高速运转的工作流程，也不符合医院信息化建设路径。

二是 DIP 付费的管理边界混淆。DIP 支付方式下，不仅需要医院上传数据，医保中心还会返回相应的结算明细到医院，双方需进行申诉和沟通，这是有来有回的业务流程，将产生大量的 DIP 付费数据。若仅依靠现有信息系统，人工辅助完成 DIP 业务，很难厘清 DIP 相关的管理路径，也无法记录业务流程。

三是 DIP 相关考核指标缺乏实时管理。在 DIP 付费中，每位患者实际进入哪个 DIP 分组，就决定了最终能获得多少医保基金。根据已经开展 DIP 付费地区医院的经验，DIP 给医院带来了很大的超支风险，若依靠以往的事后分析，即患者出院后导出数据进行历史分析，"亏损"已产生，事前预防措施迟滞，也无法在事中止损，难以应对 DIP 改革对医院的挑战。

四是医院医保智能审核系统与医保经办机构智能审核系统的事后监控不同，事后监控无法解决事前、事中环节对临床医务人员发生的不合理收费行为、不合理医嘱及不合理费用进行监测和预警，使医院面临医保扣费，最终损害医院效益。

在 DIP 付费机制下，医院需承担标准超支风险，若患者医疗费用超支，则会造成医院的医疗收入减少，医疗收支结余减少，因此医院需加强医疗质量管理；为获得利润需主动降低成本；需缩短住院天数，减少诱导性医疗费用支付。DIP 付费机制可以使医院积极主动地进行薪酬制度改革，倒逼医院不再依赖开药和使用耗材等增加收入，而如何加强管控，通过成本管理与提高效率控制费用将是医院面临的新难题。另外，还有大病种、危急重症病患体现了医院的技术能力，这些疾病往往花费较多，医院如果看大病多，有可能亏损增加，那么推诿患者应如何处理。总之，DIP 付费机制对医院的精细化管理能力挑战较大。

医保 DIP 综合管理平台是推行改革的有效工具。以院内已有数据为基础，针对 DIP 改革的所有需求，通过事前预警、事中监管、事后分析处理的串联流程管理，可以及时筛查不合理费用，从而将问题在院内提前解决，能够保障医院得到合理的医保支付费用。DIP 不仅能用于支付管理，也能用于预算管理和质量管理。一方面，DIP 的相关管理指标可用于院内的运营管理、绩效评价；另一方面，通过 DIP 管理平台，可以实现对各病种的药品分值、耗材分值，并可以对其进行对比分析，助力医院精细化管理。

三、解决方案设计框架

（一）设计原则

本咨询项目建设遵循如下设计原则。

1. 前瞻性原则

一个系统的建设，不能仅仅停留在满足用户目前的需求上，在满足用户当前需求的同时，一定要充分考虑用户业务的变化和社会的发展，保证具有前瞻性，从而保证系统具有比较旺盛的生命力。

2. 规范化原则

系统设计和开发符合国家及医疗卫生行业的相关信息化和数据标准或规范，特别是遵循医改以来中国卫生信息标准最新研究成果，确保功能符合国家的医疗卫生相关管理规范要求。

3. 稳定性原则

采用成熟稳定的操作系统和数据库平台，同时在系统的结构体系和应用部分各模块的设计中都以此原则约束，从而确保系统的稳定可靠。

4. 开放性原则

注重系统的开放性，以适应系统扩充的需要。开放性包括对环境的开放，提供跨系统、跨平台的标准接口，使各分系统有较强的交互操作能力。另外，开放性还体现在系统的互联便捷性、升级扩充的灵活性及应用目标和功能变化的适用性上。

5. 先进性原则

系统的设计要采用先进技术，如构架（构件）技术、数据交换中间件技术、海量数据管理技术、多种数据引擎、数据标准及规范化技术、面向对象的数据仓库和联机分析技术、软件开发平台和构建技术，以及选择先进的开发工具和系统结构等。

6. 安全性原则

建立严格完整的数据库日志审核机制，对关键操作应在后台留有不可更改的痕迹。同时，要求对涉及服务对象隐私的核心数据进行加密。

7. 扩展性原则

应充分考虑系统的可扩展性，以满足业务的不断发展，形成一个易于管理、可持续发展的体系结构。

8. 高效性原则

系统通过确定适当的数据部署和数据访问机制，对于不断增长的数据负荷和一定用户数量，确保系统响应的高效性；系统考虑大数据量的访问和传输，确保响应时间处于可接受的水平。

9. 易用性原则

系统具有友好的用户接口，具备良好的界面设计（UI 设计），界面简洁易用。界面设置应该与业务流程相吻合，不同功能的界面风格尽可能统一，使用户易于掌握和操作。各种统计分析报表应"所见即所得"。

10. 经济性原则

系统的建设是一项复杂的、长期的系统工程，因此在规划建设过程中，必须遵循长远规划和逐步建设的指导方针，根据实际需要和经济条件，采用灵活的、能不断适应业务发展的框架，以实现阶段性投资的最大收益。

（二）设计过程

1. 设计目标

怀化市肿瘤医院（怀化市第二人民医院）始建于1944年，前身为湖南省洪江人民医院，经过79年的发展，目前已形成拥有鹤城院区、靖州院区、洪江医院、城东分院"一院三地四部分"的现代化医疗集团。根据医院的实际情况，建立医院DIP综合管理平台，分别制定三套分组器的配置规则，以适配不同院区的DIP的支付标准体系，帮助各个院区进行收集患者就诊信息、处方信息等基础数据，对院内病案数据进行事中监控、事后审核，对院内医保患者数据进行大数据分析。对医保相关指标进行事前预警、事中监管、事后分析处理，从而实现医保部门对医保相关医疗行为数据的分析和监控，达到控制成本、减少扣款的目的。

2. 设计内容

医疗数据成为新型医疗资本，成为个人健康管理、临床科研应用、精细化运营、医保支付、智能监管的核心要素。随着医改深化及政策与行业的驱动，病案数据成为现阶段的应用重点，成为多方管控中心。

作为被监管主体的医疗机构，院方将积极响应医疗保障局加强医保基金监管的工作要求，积极探索建设医保相关系统，改善医院目前以人工方式为主的监管实际，进一步适应医保日益严格的监管现状，实现全覆盖、精细化的医疗收费智能审核。

本次信息化项目将全面实施全院医保智能化管理，形成院内特有的医保资金精细化监管体系。建设工作主要从以下三个方面开展。

（1）强化医保基金智能监管前置化，将规则提醒延伸至医务人员。

（2）完善医保基金审核知识库，促进医疗服务信息及时、准确传递。

（3）进一步完善各业务系统的监管要求，扩展监管范围，实现事前提示、事中监控和事后追溯的完整管理体系。

系统将充分利用大数据技术，融合本地审核规则，对医保基金重点监管指标和风险点进行事前预警、事中及事后分析展示，确保医疗行为安全合规，为院方提供真实有力的数据决策支持。

3. 总体设计方案

（1）应用系统建设。

本次项目的重点之一是医保支付系统的开发，我们将积极进行 HIS 系统接口升级改造、业务功能测试和实地验收。整体应用系统面向服务架构模式，实现应用组件的有效整合，完成应用系统的统一化管理与维护。

（2）应用资源采集。

整体应用系统资源统一分为结构化资源和非结构化资源两类。本次项目就要实现对这两类资源的有效采集和管理。对于非结构化资源，我们将利用相应的资源采集工具完成数据的统一管理与维护。对于结构化资源，我们将通过全面的接口管理体系进行相应资源采集模板的搭建，采集后的数据经过有效的资源审核和分析处理后，进入数据交换平台进行有效管理。

（3）数据分析与展现。

采集完成的数据将通过有效的资源分析管理机制实现资源的有效管理与展现，具体包括对资源的采集、分析、统计、汇总、报表、预测、决策等功能模块的搭建。

（4）数据的应用。

最终数据将通过内外网门户对外进行发布。医院各部门人员，医保科、医务科、临床科等相关人员将可以通过不同的权限登录相应门户，使用相关模块，从而有效提升医院精细化管理的服务质量。

综上所述，我们对本次项目整体逻辑架构进行了有效的构建，下面我们将从技术角度对相关架构进行描述。

4. 应用支撑平台和应用系统建设

（1）业务流程（应用场景描述）。

①病案首页与 DIP 智能质控系统流程（见图 1）。

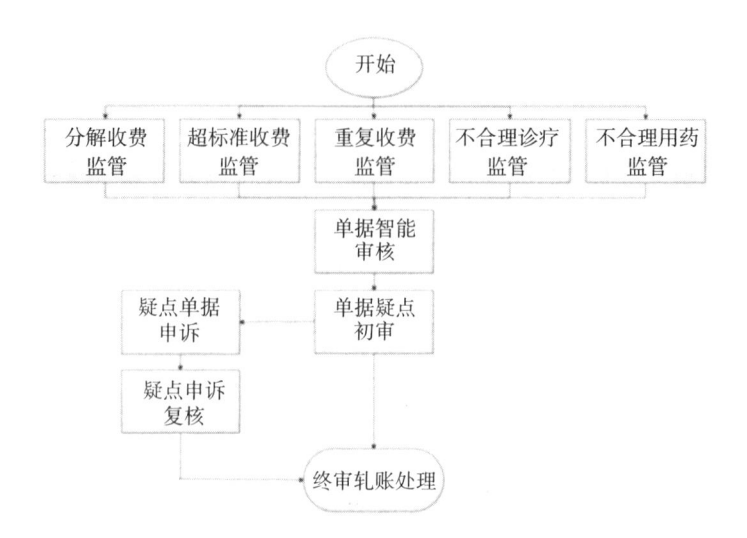

图 1　病案首页与 DIP 智能质控系统流程

通过构建"可疑违规筛查—重点审核—服务监测—运行评估"这一闭环管理机制，我们实现在总额预付制度下基于 DRGs（DIP）、病种打包付费模式的管理。这一管理循环不仅促进了医保支付管理的持续改进，还融入了 PDCA（计划—执行—检查—行动）的循环改进理念。可疑违规筛查，即通过对当期申报的结算数据进行违规分类及可疑度量化，为人工重点审核提供判断依据和决策辅助。重点审核管理，即通过对所筛查出的高违规可疑度单据的管理流程设置，支持经办机构结合病案首页、出院小结等开展进一步的重点审核。与人工重点审核协同工作，还可实现新违规行为的监测发现，为基金运行安全和制度运行可持续发展提供动力和保障。

② DIP 实时分组流程（见图 2）。DIP 分级目录如图 3 所示。

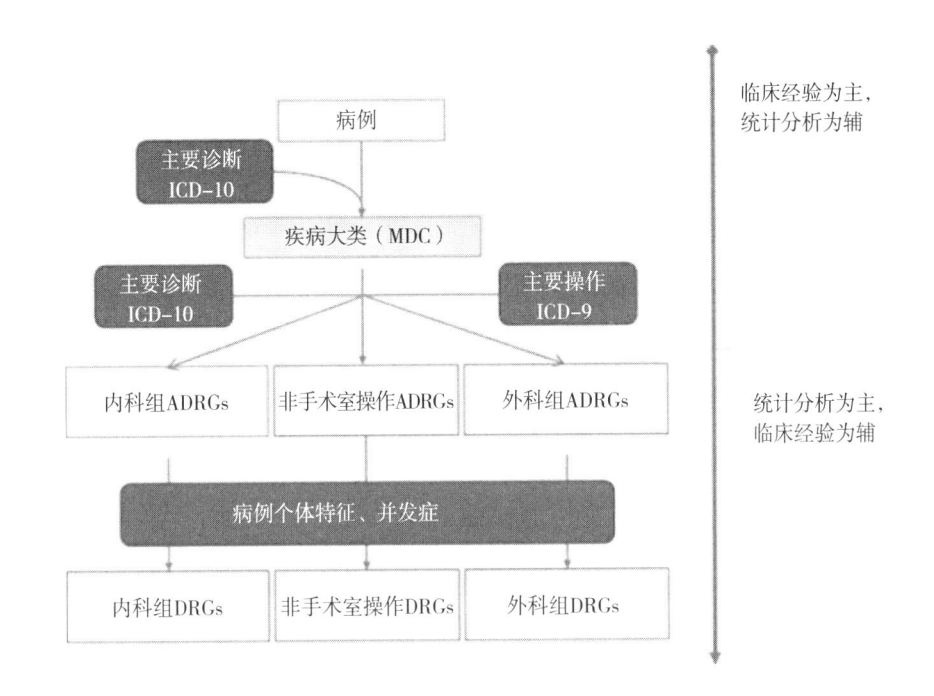

图 2　DIP 实时分组流程

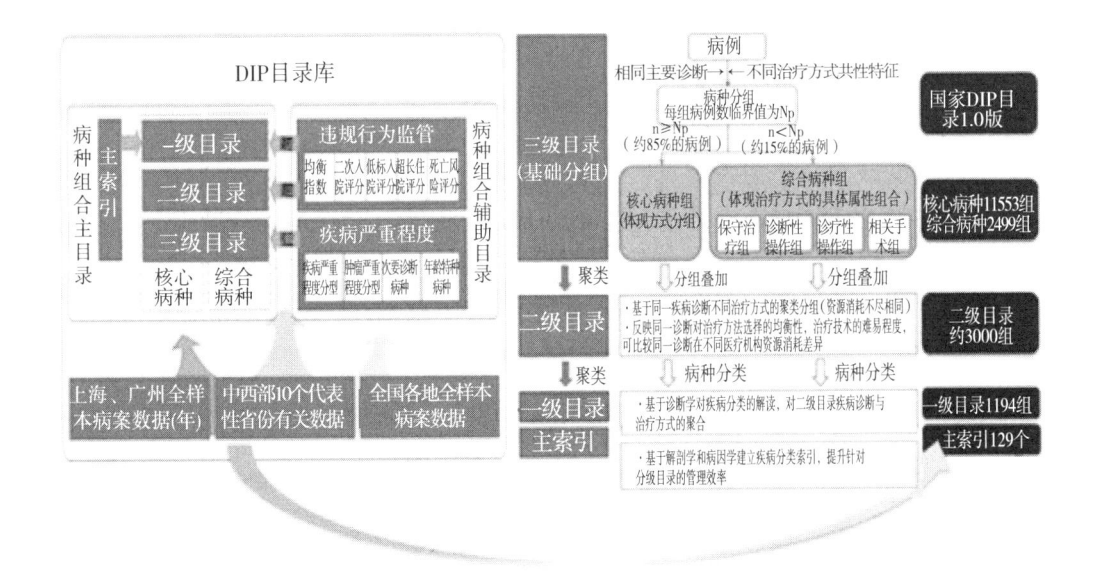

图 3　DIP 分级目录

DIP 分组以病案首页的主要诊断为依据，以解剖和生理系统为主要分类特征，参照 ICD-10 将病例分为主要疾病大类（MDC）。

在各大类下，再根据治疗方式将病例分为"手术""非手术"和"操作"三类，并在各类下将主要诊断和（或）主要操作相同的病例合并为核心疾病诊断相关组。在这部分分组过程中，主要以临床经验为主，考虑临床相似性，统计分析作为辅助。

综合考虑病例的其他个体特征和并发症，将相近的诊断相关分组细分为诊断相关组，即 DRGs（DIP）分组。这一细分过程主要运用统计分析方法寻找分类节点，考虑资源消耗的相似性。

③医保智能监管流程（见图 4）。

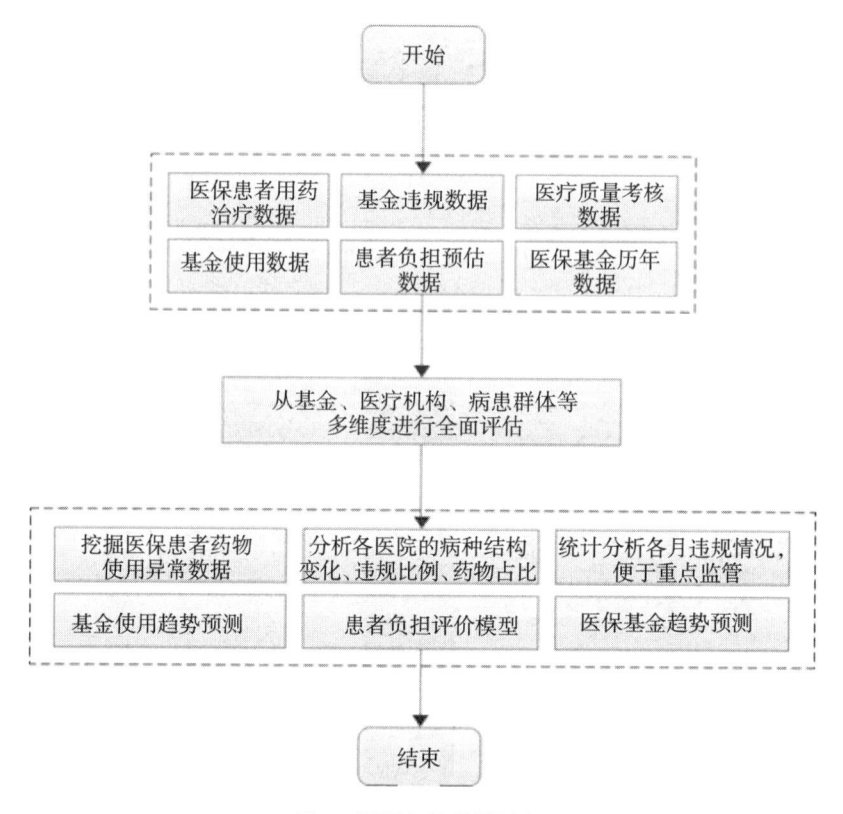

图 4 医保智能监管流程

构建针对各种医疗违规行为的可控性行业模型和监管指标阈值预警监督与诚信管理体系，实现对就医人员、机构、区域全方位科学监管；建立与全省医保一体化大数据平台数据同步机制，动态采集现有医保业务数据，为监管工作提供数据支撑；建立与省医疗保障局的联动稽核机制，对筛查出的疑点问题启动稽核流程，进行核查取证及稽核结果反馈；设立举报投诉机制，实现举报线索的受理、交办、查处、复查、反馈和举报奖励的申请、审批和发放；建立与药监局、卫生健康委等部门的信息共享与业务协同，促进部门联动，从而形成以省医保局为中心，覆盖省、市医保部门和医疗服务机构的全方位、在线化、一体化、联动式的医疗保障监管新格局，助力医保反欺诈，确保医保基金的安全性和效益性，促进全民医保的普惠、公平及可持续。

（2）建设功能模块如表1所示。

表1 建设功能模块

序号	系统名称	主要模块名称
1	医保DIP精细化运营管理系统	医生助手（事前）
		病案首页质控（事中）
		医保智能运营分析管理（事后）
2	医保结算清单质控系统	医保结算清单质控
3	医保智能审核系统	医保智能审核

四、案例项目评估与绩效说明

（一）项目的经济效益和社会效益分析

1. 经济效益

提高医保基金使用效率：DIP付费方式通过打包付费的方式，将医保从被动支付变为主动支付，能够更好地约束医疗机构的行为，减少过度医疗和医疗费用不合理上涨的情况，从而使医保基金的使用更加高效。

促进医疗机构成本控制：DIP付费建设将以前检验检查、药品、耗材等从收入变成了成本，这将会激励医疗机构和医生主动规范医疗服务，控制成本，减少资源浪费。

提升医疗机构医疗服务水平：DIP付费建设还会引导医疗机构提升医疗服务水平，用高质量的服务和技术水平，吸引患者来院就医。这不仅能提高医疗机构的竞争力，也能满足患者的需求。

减轻参保患者的负担：通过医院DIP付费建设，医疗机构的服务行为将更加规范，治疗针对性将更加强化，诊疗水平将进一步提高，看病就医花费将逐步减少，从而减轻患者的负担。

2. 社会效益

推动医改的深化：DIP付费建设是医改的重要内容之一，通过发挥大数据优势，建立以病种为单元的计量、分析、比较机制，有助于实现医保高效治理，促进医改的深入推进。

提升医疗服务公平性和透明度：通过医院DIP付费建设，医疗机构的服务行为将更加规范，治疗针对性将更加强化，诊疗水平将进一步提高，看病就医花费将逐步减少，这将有助于提升医疗服务的公平性和透明度，缓解医患矛盾。

引导医疗机构合理有序发展：DIP付费方式根据病种分值总量虚高的发现机制和量化评估，实现有针对性地审计核实与行为纠正，有利于约束过度医疗和医疗费用不合理上涨，提高医保基金的使用效率。这将会引导医疗机构基于功能定位合理有序发展。

提升社会满意度：通过医院DIP付费建设，医疗服务的效率和质量将得到提高，患者的负担将减轻，这将有助于提升社会对医疗服务的满意度。

（二）项目风险管理

1. 项目沟通管理

项目实施中的沟通是项目完成顺利与否的重要因素。因此，在整个项目实施的过程中要有一套完善的沟通机制。

承建方项目管理组将制订一套有效的沟通计划与策略，以密切与客户的沟通。这包括定期参与项目协调会，提交项目实施进展阶段报告，经常的电话沟通等。

2. 协调与合作

在项目实施中，将以项目经理为核心，实现全面、有效的沟通管理。具体如下。

（1）项目经理自始至终控制整个项目的工作进展与步骤，是信息的收集者和发送者。

（2）项目经理需紧密与相关方保持联系，及时了解并汇总信息，确保信息能够迅速传达给项目组其他成员。

（3）项目经理要每周与项目领导小组交换项目工作进展情况，确保项目按计划、有步骤地进行，并将全部项目管理报告提交给项目领导小组。

（4）项目经理要每周组织项目组成员召开会议，了解项目进展情况，分派工作，了解项目实施中的问题，并及时解决。

（5）项目主管定期联系用户负责人，倾听用户对项目的建议和意见，并采取相应的措施，最大限度地满足用户需求并提升用户满意度。

（6）销售人员和用户保持正常通畅的沟通渠道，及时接收用户反馈意见。

3. 协调手段

作为沟通的手段，采用如下方式进行项目的交流。

进程报告（工程简报）：工程实施期间，各实施人员每天向项目经理报告工作进展；项目经理按照 ISO 9000 质量管理体系的要求每周向承建方提交《项目进展报告》；同时，项目经理每周向用户单位提交项目进展文件。

周例会：必要时参加由项目管理组、用户方在每周共同召开的周例会，会议将对一周以来的工作进展进行回顾，总结问题点，分析原因，并确定解决方案。对下一阶段的工作任务进行部署。会议结果由项目管理组发布会议纪要。

工程阶段总结：在实施的每一个阶段，进行工程阶段总结，评估上一阶段的工作得失，对下一阶段的工作进行必要的预沟通，解决隐患问题。

多种形式的交流：项目经理与项目领导小组、用户、其他厂商之间，以及项目队伍成员之间保持通信联络，以传真、电话、电子邮件等方式进行沟通。

（三）项目风险管理过程

项目风险的管理不仅贯穿于整个项目过程，而且在项目启动之前，风险的分析与规划工作就已展开。风险管理过程可分为三个部分，即事前控制——风险管理规划；事中控制——风险管理方法；事后控制——风险管理报告。

风险管理规划是在项目正式启动前的纵观全局的基于风险角度的考虑、分析、规划，也是项目风险控制中最为关键的内容，包括风险形势评估、风险识别、风险分析和评价等部分。

1. 风险形势评估

风险形势评估以项目计划、项目预算、项目进度等基本信息为依据，关注项目的目标、战略、战术及实现项目目标的手段和资源。以风险的角度审查项目计划，认清项目形势，并揭示隐藏的一些项目前提和假设，使项目管理者在项目初期就能识别出潜在风险。为了找出隐藏的项目条件和威胁，需要对与项目相关的各种计划进行详细审查，包括但不限于人力资源计划、合同管理计划、项目采购计划等。

风险形势评估一般应重视以下内容：项目的起因、目的、项目的范围、组织目标与项目目标的相互关系、项目的贡献、项目条件、制约因素等。

2. 风险识别

在项目形势评估的基础之上，需要对暴露的和潜在的风险进行识别。

在识别风险时，可以通过在经历的项目中积累起来的资料、数据、经验和教训，也可以通过分解项目的范围、结构来识别风险。厘清项目的组成和各个组成部分的性质、关系、联系等内容，从而减少项目实施过程中的不确定性。

3. 风险分析和评价

在进行风险识别并整理之后，必须就各项风险对整个项目的影响程度做一些分析和评价，通常这些评价建立在以特性为依据的判断和以数据统计为依据的研究上。

所有的风险分析都只有一个目的，即尽量避免项目的失控，并为具体项目实施中的突发问题预留足够的后备措施和缓冲空间。

（四）项目成效评估

1. 提高了临床工作效率

①系统采用大数据预演模式，建立数学模型，利用当地DIP结算数据反推DIP分组规则。临床医生在实施诊疗过程中实时将反推结果呈现在系统内，方便查询及模拟验证，极大缓解了临床医师对DIP分组的困扰，使其更快地适应DIP付费模式，转变诊疗习惯，将大量时间留给患者。

②内置医保结算清单审核功能，缩短了医保办工作人员建立清单—质控—审核—上报的时间，实现了精细化闭环管理，针对DIP支付分组规则及结算政策快速定位医院超支结余，使DIP付费在医院的稳定实施。

2. 提高了医疗资源利用率

①系统可在事中、事后将医院管理者关心的数据指标实时更新并展示，让科室管理者、行政管理者、医院管理者等多角色管理者准确了解医院运营相关指标的执行情况，并对执行情况给予相关评价。这些数据也可纳入综合目标考核中。

②事中预警帮助管理者提早干预医师行为，使医院、科室的管理者提早发现诊疗中所出现的短板，如费用预警、病案质量预警及不合理行为预警等。信息的快速实时更新，使管理者能及时调整医疗资源，提高资源利用率。

3. 降低了医疗成本消耗

①管控医疗成本消耗必须建立在清晰的运营体系下，管理者需准确地了解哪些药品、耗材需要管控，哪些需要优化使用。

②系统通过大数据计算得到院内各病组费用结构标杆数据，给临床医师及管理者提供管理指南，使其更有针对性地管理患者。

③系统可在事中、事后展示诊疗行为相关的成本类消耗，结合DIP付费结算，帮助管理者搭建药品、耗材类成本管控架构，合理降低医疗成本。

4. 系统集成优化

DIP系统可与任何系统进行接口串联式闭环管理，它将医院业务从入院诊疗、出院转归、病案编码、医保结算直至数据反馈、数据分析及学科发展一整套的管理与信息系统进行同步，有助于医院管理者精准掌握全院的运营情况。

基于政策大模型数据挖掘的区域"能—碳"场景设计与应用

绎达咨询(成都)股份有限公司

绎达咨询(成都)股份有限公司(以下简称绎达股份)源自中英政府合作国企重组及企业发展项目(SOERED 项目,2000—2004 年),2017 年完成新三板挂牌。目前,公司主要从事管理咨询、数字科技及财务顾问,旗下拥有索安赛数据、绎达经研、绎图信息等附属公司。

绎达股份作为秉承国际技术的服务商,先后参与实施 SOERED、BPIP、SMESSP、CCG 及 SCORE 等多项国际合作项目,累计帮助数百个大中型企事业单位取得上千个卓有成效的解决之道,曾经连续多年跻身"中国管理咨询机构 50 大",获选"值得信赖的中国管理咨询机构""四川省管理咨询行业示范单位""四川省十佳管理咨询机构",入选工业和信息化部指导发布的"第一批全国企业管理咨询机构推荐名录"等。现任中国企业联合会管理咨询工作委员会副主任委员单位、四川省企业咨询委员会副理事长单位。

本案例项目组成员

张妍妍,绎达股份咨询总监,管理学学士,国际注册管理咨询师(CMC)、管理咨询师(MC)、人力资源管理师、人力资源测评师及数据分析师。逾十载的管理咨询服务经验,累计主持及参与的咨询案例超过 50 个,遍及组织发展、流程权责、人力资源、数据挖掘与分析、课题研究等诸多领域。

其他成员:肖宝同、刘凯、钟易东、游立、韦冬妮、车彬、陈宝生、张泽龙。

导读

在我国"双碳"目标的要求下，西北某省提出分年度能耗双控目标及节能挖潜目标，该省某电网公司深入研究该地区现阶段能源供给、消耗与管理特征，支撑多维度进行"降碳"与"控碳"，但目前面临电力数据结构相对单一导致数据价值密度较低；缺乏系统化数据分析体系导致数据价值难以深度挖掘；缺乏智能化分析手段导致分析时效性和准确性不足等问题。

基于此，该公司经研院联合绎达股份索安赛公司开展本项目，基于政策大模型深度挖掘能源发展环境政策外部数据，并运用算法模型打造智能数据分析与场景监测等功能。

本项目搭建了能源政策大模型，实现了对能源相关政策关键点的提取、整合与分析，并以电力交易、行业售电、电网运行等电力数据为基础，以区域经济产值、产业能源消耗量、企业经营风险等外部数据为辅助，设计针对区域能源结构与发展状态的评价指标体系，实现区域能源供需平衡发展、重点产业能耗水平、区域碳排放分析、电网企业发展分析等核心领域监测评价，并依托政策环境综合监测，形成高适用性、高针对性的"区域—产业—用户"三层面穿透式六大应用场景。这些应用场景将有效辅助该省电力部门进行相关决策和规划建设，提升数据应用能力和管理质效。

基于政策大模型数据挖掘的区域"能—碳"场景设计与应用

绎达咨询（成都）股份有限公司　张妍妍

一、项目背景及目标

（一）项目背景

当前我国正处于能源变革的大环境下，2021年9月，国家发展改革委在《完善能源消费强度和总量双控制度方案》提出了分阶段健全完善能耗双控制度，更加降低能耗强度、控制能耗总量、优化能源结构、提升能源利用效率，同时还需深化能源生产和消费革命，推进能源总量管理、科学配置、全面节约，推动能源清洁低碳安全高效利用，倒逼产业结构、能源结构调整。西北某省具有"地域小、风光足"的特点，具备丰富的新能源资源，在我国"双碳"目标的要求下，该省发布《某省能耗双控三年行动计划（2021—2023年）》《某省碳达峰实施方案》，将能耗双控目标责任评价考核、"双碳""双控"和遏制"两高"项目盲目发展工作纳入该省效能目标管理考核和该省党委、政府年度督查计划，明确2021—2023年分年度能耗双控目标及节能挖潜目标，确保完成能耗双控目标，助力"双碳"目标的实现。

某电网公司经营区域覆盖某省全境，覆盖土地面积6万余平方千米，供电服务人口700余万人，下辖6个地市供电公司、27个区（县）供电公司，各类用工近2万人，资产总额逾400亿元。在能源变革的大环境下，某电网公司作为国有特大型能源供应企业和电力消纳的承上启下者，积极深入研究政策发展演变和业务发展趋势，分析某省现阶段能源供给、消耗与管理特征，研判和预测未来业务发展，以适应某省能源特点与低碳转型要求，多维度进行"降碳"与"控碳"。

（二）项目目标

为了准确、深刻地把握客户需求，项目组通过资料分析、实地访谈等开展预调研工作，了解到目前某电网公司在数据基础、分析模式、分析手段等方面还需优化。基于此，某电网公司经研院联合绎达股份组建项目组开展了"基于政策大模型数据挖掘的区域'能—碳'场景设计与应用"项目，通过对政府发布的政策进行梳理与整合，应用数据算法模型，实现对政策关键点的提取、整合与分析。结合前期构建的外部数据融合平台，以提取到的关键政策点为导向，以电力交易、行业售电、电网运行等电力数据为基础，以区域经济产值、产业能源消费量、企业经营风险等外部特征数据为辅助，对西北某地区整体"能—碳"运行情况进行分析与应用，形成"区域—产业—用户"的穿透式应用场景。项目目标主要包括以下内容。

1. 深度挖掘外部政策导向与数据特征，辅助进行决策与规划建设

通过整合多来源政策内容，运用智能化数据采集与算法模型，构建政策关键点感知与提取模型，筛选与挖掘政策中关键信息与要点，对政策关键点与外部数据进行深化分析，剖析政策侧重点，评估政策点带来的影响，通过外部数据挖掘，拓宽公司数据分析广度，辅助公司后续生产决策与规划部署。

2. 构建"区域—产业—用户"穿透监测模式，实现多维度监测能力

在宏观区域、中观产业与微观用户三大维度进行穿透式监测分析，结合对应维度政策导向与关键点，形成高适用性、高针对性的穿透式监测场景，实现依托政策指导的综合监测，从而形成系统化、完整化的分析体系，充分提升了分析结论的针对性与适用性。

3. 分析区域能源结构与发展状态，促进区域能源供需平衡发展

基于该地区能源生产与消耗的外部数据，评估区域能源在"供给侧"与"需求侧"的供需发展状态，结合电力数据进行细化分类，综合评估该区域能源供给与需求发展平衡度，进一步拓宽电力数据的应用场景，促进区域能源供需平衡发展。

4. 实时监测重点产业能耗水平，辅助区域产业经济协同发展

基于行业经济生产总值、行业能源消耗、行业碳排放等外部数据，以电力数据作为验证手段，评估区域产业与经济发展一致性，提升区域行业与经济发展的协同度，提高各类数据的单一应用价值，为某省各级政府掌握区域产业发展态势提供强大数据辅助支撑。

5. 形成供电保障服务评价机制，提升区域供电服务质量

基于供电质量、业扩报装、服务规模等维度，形成在纵向时间与横向区域供电保障的评价机制，实现对某省供电保障服务质量的综合评价，挖掘区域间供电服务差异性，并通过人工智能手段自动生成经济周报、月报，实现区域常态化数据分析，提升区域供电服务质量。

二、项目诊断分析

此次项目的诊断分析主要采用资料分析法、访谈法、实地调研法等,通过业务数据诊断分析、内外部场景诊断分析及模型诊断分析三个步骤,对某省电网公司的业务、数据、场景等核心要素进行全面调研分析和诊断,综合确定了以"政策要点挖掘+应用场景设计"为主线的设计思路、"区域—产业—用户"的三维穿透式应用场景设计模式,以及六大应用场景的设计主题。

(一)业务数据诊断分析

业务数据诊断分析主要采用资料分析法和实地访谈法,通过资料分析对某电网公司经研院现有的业务流程进行全面的分析、梳理和评估,了解业务流程中存在的问题和瓶颈。同时,通过深入调研访谈,了解关键业务需求,梳理出业务所需要的核心数据。最后,通过实地考察某省电网公司经研院现有内部信息系统,了解其当前数据利用情况。

通过业务数据诊断我们了解到,目前某电网公司在数据基础、分析模式、分析手段等方面还需优化。一是数据基础方面,电力数据资产虽然整体规模巨大,但是其结构相对简单,单一应用价值密度较小。二是分析模式方面,基础分析较多,缺乏系统化、常态化和完整化的分析体系,深度、广度不够,数据价值未得以深度挖掘。三是分析手段方面,智能化手段欠缺,人工数据采集与分析时效性不足,准确性不高,亟须提升信息化水平,强化管理质效。

(二)内外部场景诊断分析

依据前期某省电网公司经研院的业务诊断和现状分析,结合某省地区经济、政策、技术、环境等多维度的场景梳理,通过外部场景调研,我们明确了外部政策数据来源、采集方式、采集频次,以及存储内容等事项,形成了公开政策数据资源目录元数据表,建立了政策数据采集与分析依据。同时,依据当前政策与社会热点,结合经研院工作重点设计外部数据展示场景,实现了对于外部经济现状、前沿发展、动态热点、数据状态的专项诊断分析。最终基于外部公开政策数据特点及经研院内部数据分析要点,分模块完善分析点编码、分析点名称、分析频次、分析方法、分析结论、数据调用结构等关键信息,形成了以电力数据为基础、政策热点为导向、外部数据为辅助的"区域—产业—用户"的三维穿透式应用场景设计模式和六大应用场景主题,从而确定了基础数据查询、展示、下载、分类基本逻辑(见图1)。

图 1　应用场景构建框架

（三）模型诊断分析

基于前期诊断分析结果，综合考虑选择复杂系统耦合优化模型中的 LEAP（Low Emissions Analysis Platform）模型作为本项目的主要分析方法。

LEAP 模型是由瑞典斯德哥尔摩环境研究所及美国波士顿 Tellus 研究所共同研究开发的一个自下向上的能源—环境模型，现已被广泛应用到气候环境趋势模拟和能源政策分析中。以某省电力数据、能源环境、"双碳"政策为基础，通过建立包含三次产业、居民生活、能源生产，涵盖多行业和多能源品种的 LEAP 模型，综合考虑各种基础条件，从而对当地能源供需、碳排放进行预测、分析（见图 2）。

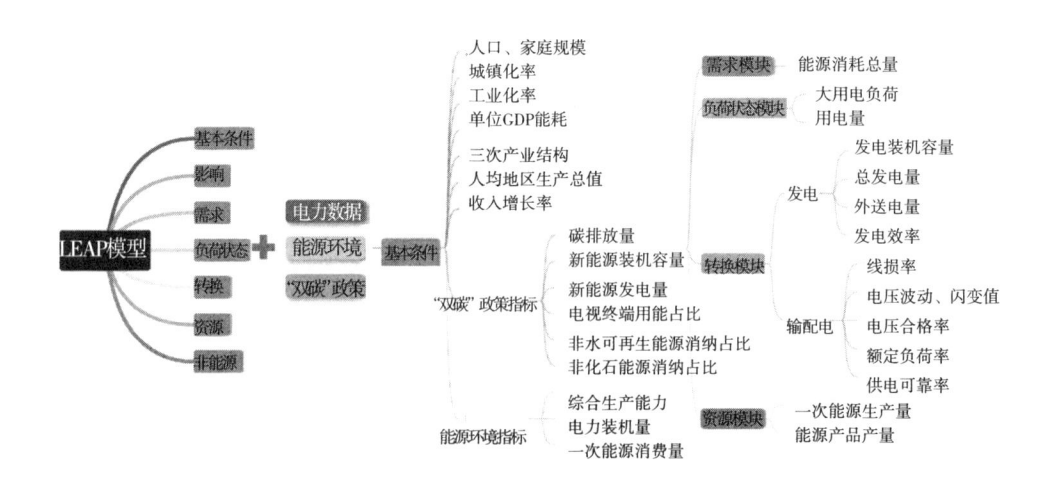

图 2　LEAP 模型分析

三、解决方案设计

本项目从外部数据与政策导向入手，形成"政策要点挖掘+应用场景设计"实施体系。在政策要点挖掘方面，应用算法模型实现对政策文件的收集、梳理和关键词挖掘，完成对关键点历史状态、走势预测、对比评估等分析与研究，并对政策关键点进行要点溯源与解读；在场景应用方面，研究该区域能源消耗特征、行业发展速度与企业经营状态，结合政策要点内容，形成针对性强、适用性高的"区域—产业—用户"的三维穿透场景，更深层次地体现出电力数据的价值，协助电网公司进行规划与建设，辅助政府机构对相关政策的研判（见图3）。

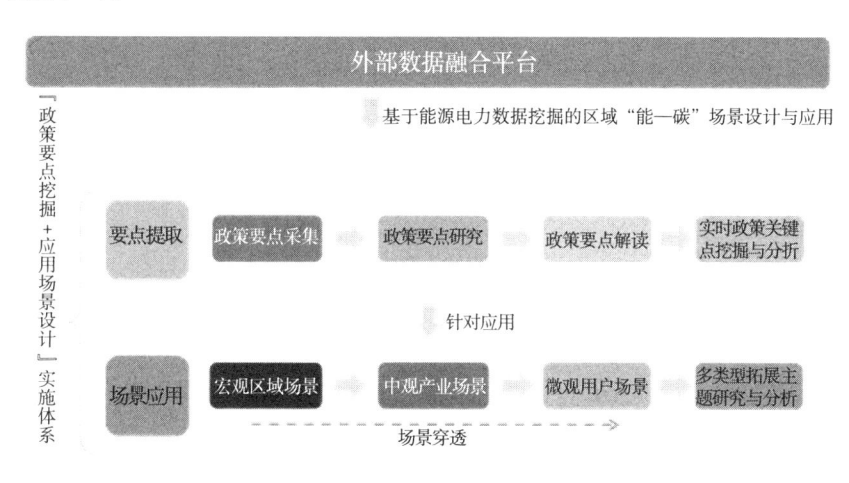

图3 "政策要点挖掘+应用场景设计"实施体系

（一）政策要点挖掘

1. 政策要点采集

政策要点采集主要包含要点采集、要点筛选与要点排序三部分内容。在要点采集部分，根据已分类的政策集合，构建政策要点感知与采集模型，实现对于政策要点的自动判断与采集；在要点筛选部分，根据关键词提取结果，形成完整性高、可用性强的政策关键词集合；在要点排序部分，基于政策关键词集合，实现对关键词的热度排序。

2. 政策要点研究

针对政策要点进行横向与纵向分析与研究。在横向维度，判断政策要点主要面向对象与范围，实现在覆盖程度方面的研究与评价。在纵向维度，挖掘要点首次提出的时间节点与后续提出的热度变化特征与趋势，实现在时效特征方面的评价与研究。

3. 政策要点解读

政策要点解读包含关键词深度内涵解读与宽度关联解读两个方面。在深度内涵解读方面，针对关键词代表含义进行纵向深度注释解读，展示官方解读内容与来源政策内容，实现对政策要点源头的溯源与追踪，保障关键词的具象性与可读性；在宽度关联解读方面，针对关键词含义进行横向宽度关联解读，实现对相关政策文件的关联与推送，提升关键词的应用拓展范围。

（二）应用场景设计

围绕绿色低碳发展、能耗实时监控与能源应用管理三大维度，秉承"降碳"与"控碳"两大主题，基于外部政策数据融合平台，进行基于电力数据的区域碳排放特征分析场景、基于区域碳交易特征的企业选址优化分析场景、能源供需平衡特征分析场景、"双高"与"东数西算"企业能耗状态监测场景、基于低碳电网策略的区域电网发展分析场景与企业能源管理模式应用场景六大场景构建，打通内外部数据壁垒，保障外部经济、产业、企业等多维度数据与内部电力特征数据的高效、安全、稳定的融合应用（见图4）。

图 4 六大应用场景关系

1. 基于电力数据的区域碳排放特征分析场景

（1）基于电力数据的区域碳排放模型构建。

因碳排放没有直接的数据统计，需依靠其他数据指标进行计算。本项目通过计算关系式得出不同区域、企业的碳排放量与人均碳排放量在时间维度的变化情况。从宏观判断该地区整体碳排放量变化趋势，评估区域碳排放差异特征。从微观上判断企业碳排放变化趋势，评估碳排放重点区域，辅助政府进行决策。

（2）区域重点行业碳排放监测分析模块。

本项目形成"区域—行业"的穿透展示模块。在区域层面，实现了"省—市—区县"穿透式的"双高"碳排放实时监测，以观察各区域碳排放的实时状态与趋势。在行业层面，针对化工行业、钢铁行业、有色金属行业、水泥行业等"双高"重点行业进行行业微观监测，综合评价该地区"双高"行业的碳排放状态。同时，在纵向与横向对比分析，纵向维度实现在时间趋势上的变化状态分析，横向维度实现行业、区县的横向对比。

2. 基于区域碳交易特征的企业选址优化分析场景

（1）碳交易现状评估分析模块。

基于区域碳交易状态与趋势，结合原油、有色金属、钢铁、农产品、铁矿石、煤炭等大宗商品生产交易状态，评估该地区的碳交易现状，分析该地区碳交易的实际效益，挖掘某省碳交易潜力。

（2）区域行业碳交易特征分析模块。

基于区域碳交易价格、碳排放交易数量、大宗商品交易等外部数据，对该地区各区域碳排放权交易市场覆盖行业进行归类与标签构建，评估电力、石化、化工、建材、钢铁、有色、造纸、航空八大碳排放权交易市场覆盖行业在用电量、用电负荷、用户数等维度的电力特征，分析区域行业碳交易变化趋势。

（3）区域企业建设选址推荐分析模块。

结合区域行业碳交易特征与用电特征，构建区域行业选址评价体系，形成区域行业选址推荐指数，对区域碳交易发展状态进行分类，对企业落户选址区域进行推荐，提升区域碳排放合理性，降低区域行业不平衡发展所造成的不良影响。

3. 能源供需平衡特征分析场景

（1）"供给侧"能源供给结构特征分析模块。

基于整体能源"供给侧"产业类型，评估能源供给产业结构主要组成与变化趋势，分析能源结构稳定性与合理性，实现对地区新能源产业状态的全面剖析。

一是分析主流能源供给现状，通过分析某省原煤、原油、天然气、核电、水电、非水可再生能源的能源供给状态，评估某省整体能源供给结构状态。

二是分析某省的绿色能源供给现状，包括能源生产总量与能源供给结构两部分。能源生产总量方面，分析某省光伏、风能等绿色能源的生产总量和变化趋势；能源供给结构方面，分析绿色能源和其他能源的供给占比变化，分析某省绿色能源的应用状态。

（2）"需求侧"用电特征监测分析模块。

基于某省能源"需求侧"全类型用电类型，主要从产业用电需求特征和居民用电需求特征两大维度进行分析。

一是产业"需求侧"维度，主要基于全行业用电量、各产业用电量占比等电力数据，结合产业经济数据与区域产业类型，评估区域产业能源消费结构，分析各区域产业能源消费特征，评估区域"需求侧"产业能源特征。

二是居民用电"需求侧"维度，主要基于城镇居民用电量、农村居民用电量等电力数据，结合区域人均生产总值等外部数据，评估区域"需求侧"居民用电特征。

（3）能源供需平衡特征分析。

基于目前该地区"供给侧"供电特征与外部能源结构数据，构建能源"供给侧"评价指标体系，形成能源供给指数；基于该地区"需求侧"用电特征与外部经济数据，构建能源"需求侧"评价指标体系，形成能源需求指数。最终，结合能源供给指数与能源需求指数，共同评价该地区能源供需平衡特征状态。

4. "双高"与"东数西算"企业能耗状态监测场景

（1）"双高"与"东数西算"企业用电特征监测功能。

本功能主要围绕某省"双高"与"东数西算"两大类型企业进行评估，分析企业在日、月的用电状态与变化趋势，按年度、月度展示产业用电总量、用电增长率、用电结构占比等数据，评估重点企业日生产（月生产）的状态。并且，根据企业用电负荷、用电量、用电量趋势等指标，构建重点企业分类评价体系，对不同类型重点企业设定对应企业用能特征标签，实现对企业的特征分类。

（2）企业与产业用电特征一致性评价功能。

本功能建立企业正常用电特征曲线、耗能企业管控指令用电模拟分析模型、企业公信和区域行业发展曲线，分析企业正常用电能耗状态、企业管控用电能耗状态、企业公信标签与区域产业发展趋势，构建重点企业与产业用电一致性评价模型，分析企业用电状态与用电一致性特征，评估企业发展与区域产业发展契合度。

5. 基于低碳电网策略的区域电网发展分析场景

（1）电网运行状态评价分析模块。

基于区域电网建设现状，在网荷、网经、网效三大维度，围绕负荷运行状态、经济运行效率、电网运行效益三大分析点，构建了某省各区域电网运行特征分类体系，以综合评价各区域电网运行现状。

（2）电网低碳运行评价特征分析模块。

基于电网建设现状的评价体系，本模块筛选了线损率、能源利用率、电网负荷特征等电力数据组成电网低碳运行评价指标体系。在电网的规划建设、生产技术、调度运行和管理机制等方面考虑低碳目标，用于评价电网低碳运行特征，研究电网环节的低碳潜力，降低输电损耗，提高用能效率，节约资源使用，辅助区域电网经济高效运行，实现电网自身减排最大化，同时推动电源侧和用电侧的低碳化发展。

（3）电网低碳发展技术措施模块。

结合现阶段某省各区域电网运行状态与低碳运行特征，本模块挖掘电网运行过程中存在的问题与缺陷，提出相关低碳发展方向与技术，开展低碳发展模式研究，挖掘电网低碳潜力，广泛应用低碳电力技术，辅助电网低碳高效发展。

6.企业能源管理模式应用场景

（1）企业用电与生产稳定性评价分析模块。

基于外部数据融合平台中各企业外部生产经营特征数据，本模块结合企业用电特征数据进行描述性分析，判断各类数据的属性特征，再通过对比数据特征选择构建适合的关联分析模型，分析行业用电与行业内企业生产经营相关性，确定关联程度，形成企业用电与生产稳定性评价体系，研判企业生产稳定性，包括：基础档案评分、用电行为评分、业务变更评分、缴费行为评分。基于企业用电与生产稳定性评价体系，构建企业用电与生产稳定性评价模型，在用电效率、能耗状态、企业信用等多方面综合评价企业生产经营状态。

（2）重点行业企业用电异常预警分析模块。

异常生产企业识别：根据产业用电波动数据、产业外部经济景气指数等，结合企业内部用电特征监测数据，结合企业生产稳定性评价结果，分析异常生产企业数、企业名称、企业信息。区域工业用户配额余量实时预警：基于工业行业用户自身经济产值指数、污染排放指数、行业类别指数等相关指标，形成工业用户配额余量实时预警综合指标体系，结合区域社会经济发展需求，构建用户配额余量阈值预警模型，通过模型所输出的阈值范围，设置红、黄、绿三级预警等级，对"双高"相关用户生产状态进行实时预警。某省电力可基于预警评价结果对地区"双高"用户进行科学、有序的用电生产指导。

基于政策大模型数据挖掘的"能—碳"场景应用整体设计流程如图5所示。

313

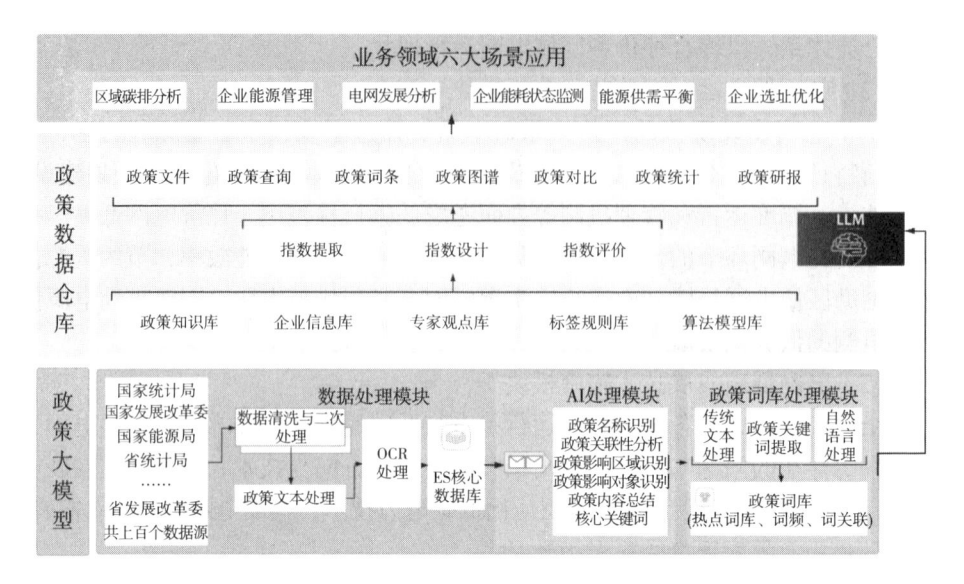

图 5　基于政策大模型数据挖掘的"能－碳"场景应用整体设计流程

四、项目实施效果

（一）实施效果

本项目基于政策挖掘需求，创新构建了政策关键点感知与提取模型。一方面，该模型可全面梳理信息类型及各类信息的来源渠道，构建形成动态的政策信息源，精准、快速地追踪各级政府最新的政策信息，全面掌握能源和电网发展的要求与趋势，打破了定期获取政策信息的时间限制，也规避了由于信息渠道复杂广泛所可能导致的信息缺漏和失真等问题；另一方面，该模型具备高针对性和高适用性，可确保关键词的实时性与具象性，能够有效支撑能源行业、电网发展、地方建设等多类型政策关键词的判断、筛选、提取与解读。

本项目基于政策深度分析的需求，设计了全新的政策数据查询系统。该系统完全贴合政策深度挖掘和分析的需求，设置了政策信息检索的支持丰富的组合条件，并增加信息的个性化订阅功能；支持政策、经济周报、月报的自动生成和下载；数据指标库中引入绎达股份独立研制的数据仓库的部分子系统，从而实现数据表的关键字检索定位，以及数据的自定义组合条件和自定义统计功能，并支持自定义的图表展示；开发了基于政策信息库与政策要点词库的构建，对突发性热点具备预警能力，全面实现政策跟踪与分析，做到对政策实时态势的精准感知和深度挖掘。

本项目依托外部数据融合平台，通过数据挖掘与分析和政策提取，实现了"政策要点挖掘＋应用场景设计"功能的设计与应用，通过智能算法分析，自动生成周报、月报分析结果，对某省电力绿色低碳发展、能耗实时监测、能源应用管理和能源智慧管理应用四个方面产生了积极的推动作用。

一是绿色低碳发展方面，通过对能源供需平衡度的分析，可实现对"供给侧"与"需求侧"的二维监测，并可在特定产业范围进行拓展深化应用。

二是能耗实时监测方面，对于区域"双高"行业能源消耗分析，可实现对企业用电特征与碳排放的实时监测与分析，保障区域产业在供需平衡的前提下进行生产经营，基于"双高"产业的监控模式，可实现对"六新六特六优"产业的推广，辅助各类型企业低碳健康发展。

三是能源应用管理方面，实时结合国家、地方限电红线标准与外部数据融合平台中相关能源政策要点，实现对高耗能重点企业有序用电精准监控与管理，指导高耗能用户科学、有序用电生产，并为重点用户提供精准日用电配额预警，为电网公司提供企业用电异常预警，保证地区工业生产用电高效且安全，有效避免发生系统性、区域性长时间集中停电事件，为区域用电质量与安全提供支撑。

四是能源智慧管理应用场景方面，可结合外部数据的多样性与电力数据的准确性，从绿色低碳发展、能耗实时监测与能源应用管理三大维度形成针对区域、产业的多维度场景的设计与构建，为区域绿色建设与产业兴旺发展提供有力支撑，辅助政府相关政策的制定与应用。

（二）实施效益

本项目对于某省电力产生的效益大致可以从"社会、管理、经济、生态"四个方面得到良好体现。

从社会效益方面来看，本项目可有效支撑政府对该地区的能源发展变革和"双碳"目标落地的相关规划，同时有助于外界社会了解某省的新能源消纳和管控状态，为其他地区制定"降碳"与"控碳"措施提供参考。

从管理效益方面来看，本项目可实现对高耗能企业生产经营的实时把控，提升各特征企业的管理能力与实时监控能力，有针对性地提出应对不同特征的风险管控方案，增加不同行业内企业的风险管控能力，帮助企业在低碳发展的同时实现提质增效。

从经济效益方面来看，基于能源管理模式，本项目提升了能源利用率，减少了能源供需不平衡现象的发生，降低了区域电力设备高负荷运转造成的故障率，避免了区域停电带来的直接经济损失。

从生态效益方面来看，通过对区域绿色产业发展状态的评估，本项目提升了某省整体绿色产业发展效率与质量，为政府合理制定"双碳"目标实现的阶段监测与支撑提供了有力依据，进一步促进区域新能源的消纳和低碳转型发展。

企业数字化推动生产全要素管理咨询案例

北京国研趋势管理咨询中心

北京国研趋势管理咨询中心（以下简称国研趋势）始创于2002年，中国综合性企业管理咨询公司，也是中国企业联合会管理咨询工作委员会副主任委员单位、中国认证认可协会理事单位，连续多年获得"中国管理咨询机构50大"称号，曾获得"值得信赖的中国管理咨询机构"等荣誉称号。

国研趋势是国内领先的管理咨询与数字化转型服务提供商，核心业务涵盖战略运营管控、数字化流程、供应链管理、业务与财务融合、品牌文化、组织绩效、智能工厂建设、数字化转型规划、精益运营与变革转型咨询、产业研究、产业规划等，超过20年的专业服务积累了一批长期合作的优质客户，主要包括国内外500强企业、中央直属企业、政府与公用事业单位等。

本案例项目组成员

金荣先生目前就职于北京国研趋势管理咨询中心，担任副总经理，拥有国际注册管理咨询师（CMC）、项目管理师（PMP）、精益六西格玛黑带大师（MBB）等多个职业技能证书。自2004年开始从事企业管理咨询工作以来，已为上百家企业提供战略规划、企业标准化、管理诊断、对标管理、流程管理、科技创新管理、智能制造诊断、数字化转型咨询服务。

其他成员：魏倩、朱黎明。

导读

  生产全要素管理是指为实现对人员、设备、物料、方法、环境、信息、测量七大生产要素的优化配置、动态控制和降低成本而进行的计划、供应、使用、检查、分析和改进的过程。智能制造是基于先进制造技术与新一代信息技术深度融合，具有自感知、自决策、自执行、自适应、自学习等特征，旨在提高制造业质量、效率效益和柔性的先进生产方式。

  本项目以生产全要素管理为基础，以智能制造技术为手段，通过建立"生产全要素＋要素问题＋问题解决路径"的三维模型，设计生产要素编码体系，生成生产要素管理基础数据。通过规范生产要素管理数据的采集、存储、处理、传输和维护全过程，实现对现场管理状态的及时、持续管控。

企业数字化推动生产全要素管理咨询案例

北京国研趋势管理咨询中心　金荣

一、案例背景

根据国家《中国制造2025》计划及《国家智能制造标准体系建设指南（2021版）》要求，智能制造是先进制造技术与新一代信息技术深度融合的产物，贯穿于设计、生产、管理、服务等产品全生命周期，具有自感知、自决策、自执行、自适应、自学习等特征，旨在提升制造业质量、效率效益和柔性。未来智能工厂发展方向应是生产过程高度自动化、透明化、可视化、精益化，并辅以精准的在线产品检测，能够通过质量检验和分析实时调节生产过程控制参数，使生产物流与生产过程融为一体，根据库存情况智能调节生产进度，组成一个自适应、反馈灵敏、可靠性强、可信赖的智能制造生态系统。

国家烟草专卖局运行司曾就烟草行业的智能制造明确提出，解决好产品研发到产品实现的问题、完成好计划订单到生产安排再到发货全过程的信息管理任务、完成好从原材料到制成最终产品的物质转化任务，以模拟仿真生产、信息流管理、生产过程管控等信息技术作为有效支撑，消除和避免这些活动中的浪费，从顾客和市场需求出发，拉动供给侧价值流动，是精益管理的主要内容，也是智能制造的探索方向。目前，提升卷烟工业企业智能制造能力已写入行业"1+6+2"高质量发展政策体系，已成为增强行业核心竞争力的有力抓手。2019年，根据国家烟草专卖局的总体部署，为推进精益管理、智能制造工作，设立卷烟工厂供应链管理（智慧物流）、生产管理（智慧生产）、工艺质量管理、设备管理、能源管理、风险管理、管理模式7个方案的相关研究课题，并由长沙卷烟厂、龙岩烟草工业、合肥卷烟厂、上海卷烟厂、青岛卷烟厂、玉溪卷烟厂、宁波卷烟厂、武汉卷烟厂和昆明卷烟厂分别牵头开展课题研究。各个试点卷烟厂，已经分别在质量管理、产品全生命周期管理、全过程批次管理与追溯、柔性化生产精准运行、智慧排产、在线质检、设备智能管理等方面取得了相应成绩。

工厂根据公司提出的数字化转型要求，结合实际情况，确定了以智慧场景建设为突破点的数字化转型目标，加速数字技术落地；以智慧场景为基础，实现四大集成系统自动采集、集成联动、辅助决策，致力打造智慧产线；进一步完善四大集成系统与生产管控一体化系统（MES）功能，以数字孪生与动态仿真为手段，逐步实现车间生产仿真；以突出高质量发展标杆卷烟工厂为主线，在智慧工厂应用上实现标杆引领，力争"十四五"末进入生态级发展阶段。

二、咨询内容

（一）智慧生产架构

新工厂以数字化、智能化、精益化为基本内核，以品牌工厂、智慧工厂、生态工厂为主体特征，完成"四集成一MES"系统建设，搭建"制丝集控、卷包集控、动能集控、生产指挥、安防监控"五大中心，形成稳定的智慧生产架构（见图1）。

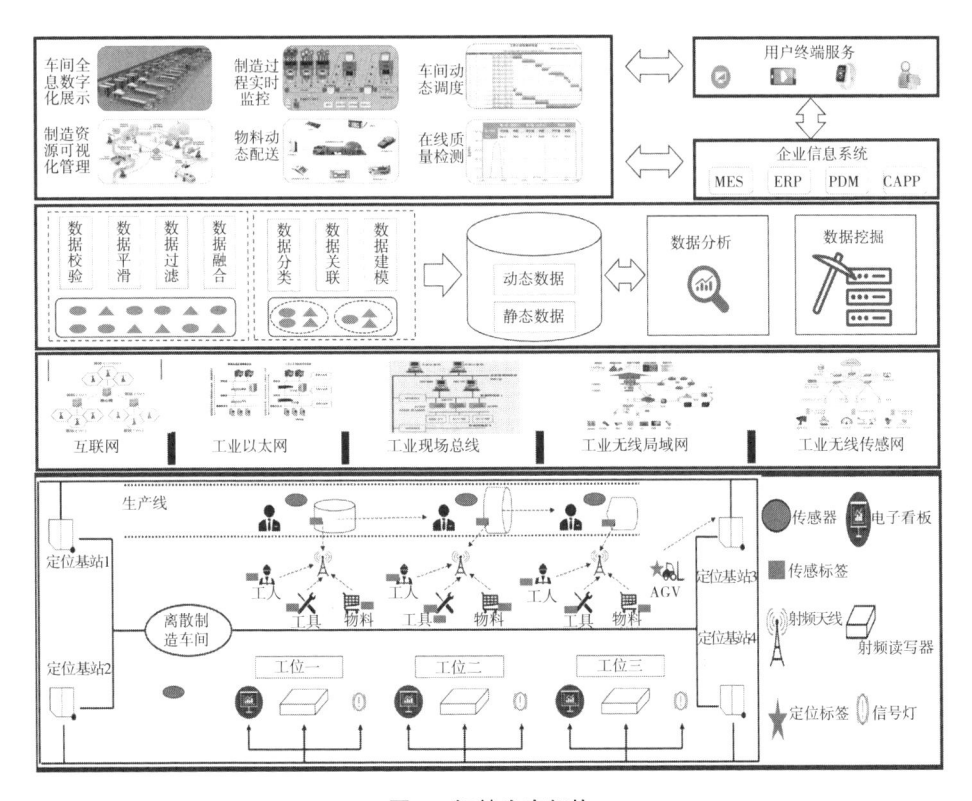

图1 智慧生产架构

智慧生产建设四层架构当中，设备层与系统层分别建立独立的网络结构，具备基础 IT 架构，建设工厂级大数据平台，将数据进行归集，具有一定扩展和集成能力。通过专业组织和流程对数据进行规范和管理，能够进行简单建模分析，并输出相关应用内容，可实现端到端的可视化。在应用服务方面，建设生产管控一体化平台、ERP、MES 及各类集控系统，在数据融合、数据分类、数据管理及数据建模方面等功能的使用还较为基础，尚未通过数据分析和数据挖掘为生产过程管控提供更多的数据支持。工厂级智能系统已搭建起完整的企业级工业互联网架构，实现各类数据的分类集成和互联互通，具备智慧化建设的基础条件。

前期开展智能制造评估中，智能生产模块核心能力评估值为 2.53 分，满分为 5 分，处于 L3 规范级，距离标杆工厂差 2 个等级。在基于防错的生产过程管控、协同制造方面得分较低，均为 1.50 分（来自《CD 卷烟工厂智能制造能力评估与专项诊断报告》），因此智慧生产场景建设重点应放在生产过程管控和协同制造上。根据工厂现状，智慧场景建设虽在环境、设施等方面具有基础优势，但未来建设规划需要重点关注数据分析和应用服务方面的升级优化，进一步巩固智能制造建设成效，为高质量标杆卷烟工厂赋能。

（二）生产系统集控

智慧生产场景建设的核心是"生产系统集控"建设。目前，工厂主要以 MES 系统为主线，集成制丝、卷包、动能、物流四个智能系统，其中 MES 系统按照管理需要分别开发计划管理、生产管理、统计分析、绩效管理四个功能模块，能以各类生产信息及数据为基础衔接生产计划、过程管控及生产绩效评价三项职能领域。

1. 生产计划

当前，生产计划主要以卷包计划拉动全流程排产的方式，经与公司生产管理部确认，并结合在制品、成品库容、实际生产能力等进行调整。根据月打码计划及市场需求变化，制订工厂生产作业计划，作业计划排产细分到品牌、班组、机台。每月接到公司月度生产计划（内销）、出口烟月度生产计划后，进行工厂月开台计划排产，编制 N+2 月生产计划，完成后上报公司生产管理部审核。

生产计划业务要求做到精准、精细，能直接指导车间生产任务的分解执行。但目前排产系统处理流程相对较为复杂，主要存在以下几方面问题。

（1）稳定性、准确性不足，无法满足精细排产要求。目前以人工线下操作为主，缺乏自动排产功能。人工排产全过程需 2 至 3 天，影响因素多，流程操作耗时长，且 MES 部分环节的数据采集不完整，更新不及时，影响数据计算分析功能的正常运行。

（2）可扩展性较差，无法及时响应计划调整需要。生产条件发生变化时，无法根据各类数据进行即时计划重排，需人工重新计算。当生产模式变化时，也无法根据当前的备料、机台条件进行即时调整，需要从头开始编制，调整操作复杂、耗时长。

（3）数据运用不通畅，无法实现预排产。过程数据与实际数据存在较大偏差，对计划排产未起到应有的数据支撑作用。数据量大且数据建模分析能力不足，需线下对生产情况进行预测分析，无法实现精细化排产。

2. 过程管控

MES系统过程管控数据均来自数采和集控系统，通过集成显示为各级管理人员全面掌握生产信息、快速处置生产异常情况提供技术支撑。在实际应用过程中出现的问题集中体现在以下几方面。

（1）过程信息获取不足：过程物料信息（如在制品、半成品、原辅材料）无法在应用系统中实时查询，如成品烟丝的物料存量，数据的采集、传输存在阻碍，无法满足在临时调整生产计划的需求。同时，部分数据缺失，信息滞后，权限不清晰，影响了各线管理协同的工作效率。

（2）异常预警不及时：当班生产效率、成本消耗、设备运行、质量指标等异常情况不能及时推送预警，导致各专业管理人员无法第一时间发现问题并实施改进，影响重点目标指标的提升效率。

（3）数据联动不畅：分段式生产线的生产起止时间未能与动能供应形成有效的信息联动，相关数据需要通过人工沟通进行传递确认，降低了沟通效率，制约了精准功能。

3. 生产绩效评价

管理评价分为现场管理评价和生产管理评价两个模块，现场检查由各级管理人员按照流程要求进行日常检查结果录入，效率则由系统自动采集、自动生成报表，并能进行基础的统计分析，输出评价表单。数据应用主要存在下列问题。

（1）没有实现精细化的建模分析：在生产管理评价中，针对生产效率、产量统计、排产计划完成率、换品牌后生产效率等评价内的统计规则较为单一，对连续生产数据没有按实际情况进行统计分析，无法根据多品牌分别进行效率分析评价。

（2）采集内容不足：没有梳理出各层级的及时整改项、问题考核项实施情况，导出报表的逻辑内容相对较少，无法支撑现场检查执行情况的应用分析，也不能识别各级组织对生产现场的管理执行力和问题改进能力，对线下现场管理工作支持度不足。

（3）数据应用问题：未对数据进行有效分类，对影响生产效率、物料消耗等的信息数据未能进行可靠验证与统计分析。数据结构也较为混乱，展示不清晰，对细节数据无法进行有效提供，并不能直观反映标杆机台、设备等现场精确情况，不能对整体的绩效评价、设备评价、班组评价提供数据支撑与参考。

（三）生产视频监控

1. 现场视频监控

生产调度指挥中心集中全场所有区域摄像装置及系统控制能力，视频巡查覆盖面涵盖所有生产区域，能够与车间、物流、动力、安防集控监控画面互联共享，实时监控生产现场的人员行为、设备运行、物料状态、工艺环境等要素情况。目前视频监控的使用还存在不足，主要体现在以下两点。

（1）现场视频监控仅起监控作用，未能对违规、危险等行为进行视频分析，不能及时向相关人员发出违规行为的提示。

（2）大现场生产要素编码信息暂未与视频监控进行关联，检查过程中发现的问题无法进行系统性分析与应用，制约了管理改进的根源追溯与改进。

2. 可视化集成显示

目前可视化集成显示通过将数采平台、设备运行状态、工艺环境、能源供应等信息集中展示在生产管控监控大屏上，实现对当班生产组织基础信息的监控功能，但存在以下问题。

（1）信息展示不能充分满足生产管控过程的实际业务需求，对某些关键数据未能进行从宏观进度到微观数据的详细集成和展示，如区域、工序、机台的生产效率、消耗、设备等信息。分类展示不清晰，表单过于冗长，查询查看不便捷。

（2）设备故障情况仅以颜色区分展示，并未能准确反映设备的实际状态，无法显示停机时间、计划维修完成时间等信息，对生产现场的临时性调整不能提供数据支持。

（3）没有实时预警功能推送，当发生异常情况时，无法实时将处置状态信息发送至责任班组及业务相关部门，导致预警处置工作滞后，影响现场处置的响应速度。

（四）生产现场管控

大现场管控分为现场执行管理和视频监控检查两部分。各级管理组织要求结合交班记录，对遗留问题及过程问题进行现场巡查，深入了解异常情况的原因和影响，且班中需要组织进行全流程视频巡查，监督记录现场问题。对照大现场管理规划相关要求，以下几方面仍需改进。

（1）现场管控精细度、过程信息不能满足生产管控需求，无法明确具体检查工作的责任方，达不到提升管理的目的，无法促进及时改进，缺少事后改进情况的反馈验证机制。

（2）现场问题分类不清晰，没有对各类要素、现场问题等采取分类分级的规则进行归集；没有建模分析问题原因、问题发生频次等信息，对生产过程管控的数据指导意义并不凸显。

（3）视频监控没有规范范围、路径、方式、方法、频次与要求，没有规范重点区域如何加强监管方式，没有规范视频监控与现场巡查联动应用的方式、方法，视频抓拍及记录功能尚未实现，未形成相应记录。

（4）大现场及标杆机台数据无法输出统一报表，使日常检查缺乏针对性，导致日常巡检工作缺乏科学规划。

综上所述，要解决以上问题，需要以技术结合运用驱动"生产系统集控、生产视频监控、生产现场管控"三位一体的深化应用，按照行业"三大平台"要求，利用数据治理、数据分析与挖掘、人工智能等技术建设智慧生产场景。

三、方案与模型设计

为更好地记录并反映生产现场检查中发现的各类问题，我们将现场检查、视频检查中发现的，如人员岗位纪律、安全操作、物料放置等不符合现场规定要求的情况，通过随手拍功能及时上传，根据要素编码系统设计规则通过系统赋予编码，生成生产管理需要的基础数据，实现对现场管理状态的统计分析，帮助生产管理人员在过程管控中总结归纳出常见问题，及时制定整改措施，落实整改工作到位，推动整个生产现场管控水平升级。

以生产现场管理要素为主，包括卷烟生产现场过程管理中涉及的人员、物料、设备、作业环境、检测内容、生产信息等要素，依据现场生产管理要素目录，我们聚焦于生产现场管控中产生影响并需要记录反馈的管理内容进行编码。生产管控过程外的要素不在此编码范围内。对MES、数采等系统中已有的可用编码直接读取，并不再进行二次编码，因此编码范围只针对生产管控过程中的现场管理需求要素实现编码。

（一）设计原则

从生产管控实际需求出发，围绕业务需求、管理需求，编码系统应具备实用、简便、可扩展、易维护的特点，因此，编码体系应遵循如下原则。

（1）结构清晰。编码体系生成的代码应该有清晰的代码结构。目前，主要的两种编码结构是整体式结构和分体式结构。整体式结构是将整段代码视为一个整体，中间不分段，在码位较少时可采用此结构形式，但此结构功能比较单一。分体式结构是通过对各个码段赋予不同代码，能清晰表达各字段含义，在使用上具有较强的灵活性，并适应不同的应用需求。结合实际的业务需求，建议采取分体式结构，以清晰地结合生产要素表达生产过程中的管理需求。

（2）表达准确。编码系统要能准确地表达所要传递的具体信息的各个要点。要容纳所有需要传递的信息总量，其取决于系统码位数量、项数和结构。在本编码体系中，需要表达传递的信息为设备信息和管理项目信息两类。因此，编码体系需要围绕这两个主要因素产生。

（3）简单易懂。设计此编码体系的目的是即时间反映生产现场管理状态，因此代码不宜过长，要在发现问题的同时能通过数据库结合编码规则产生代码，并传递给相关人员，从而使处置负责人能利用这些数据进一步做好现场管理。太过复杂冗长的编码，会造成理解困难或理解错误，也不利于编码体系的推广应用，这在编码体系设计中尤为重要。

(二) 设计思路

编码结构通常分为三种形式：树式结构（分级结构）、链式结构以及混合式结构。根据生产管控实际情况，结合编码原则及编码规则，链式结构较为适合本编码体系建设的需要。编码拟通过字母和数字结合的方式，以充分反映生产要素状态为核心，结合现场管理要求构成编码段。为了便于现场管理理解，以拼音代表相应的要素类别，以数字代表相应的现场检查发现的要素问题组成要素编码体系。而针对生产管控方面，为了便于统计分析，找出问题关键点，将检查项目所属的问题类别设为隐藏类，仅在统计分析时显示使用。这样可以避免代码过长，不利于操作录入。按照二维结构构成，将生产过程中的"人机料法环信测"作为要素维，结合生产现场中容易发生的各类问题，如岗位纪律、环境安全要求、测量设备等不规范事件代码，构成最终的要素编码。

(三) 设计内容

第一码段为已有的具体信息码段，包括现场管理区域和生产单元，明确指向区域、条线、机台等生产要素（见表1）。

表 1　生产要素编码第一码段

管理责任区	工艺段/工作区	编码	生产单元/区域	编码
制丝 ZS	预处理	01	开箱解包	01
			分片松散	02
			一次加料	03
			光选除杂	04
			计量装箱	05
			EMS 小车	06
	制叶制丝	02	烘丝	01
			热风润叶	02
			二次加料	03
			切丝	04
			加香	05
			除尘除异味	06
			翻箱	07
			浸渍	08
卷包 JB	卷包作业 1 区	01	机台号	
	卷包作业 2 区	02	机台号	
	卷包作业 3 区	03	机台号	
	卷包作业 4 区	04	机台号	
	卷包作业 5 区	05	机台号	
	手工卷包作业区	06		00
	废烟处理区	07		00
	各区辅房	08	辅房号	00
动力 DL	制丝动力作业区	01	预处理空调机房	01
			加料切烘空调机房	02
			预处理动力入口间	03
	卷包动力作业区	02	卷包空调机房	01
			卷包动力入口间	02
	动力中心作业区	03	真空泵房	01
			制冷空压站	02
			动力车间地下室	03
			锅炉房	04
			水处理间	05
			除氧间	06
	公共区域	04	动力车间管沟	01
			油库	02
			110kV 变电站	03
			变电所	04
	办公楼	05	动力车间办公楼	01

续表

管理责任区	工艺段/工作区	编码	生产单元/区域	编码
物配部 WP	仓库区	01	205 辅料仓库	01
			206 辅料仓库	02
			原料高架库	03
			辅料高架库	04
			成品高架库	05
			石板滩库区	06
			新一库库区	07
	公共区域	02	工业废品处理站	01
	办公区	03	物资配送部办公区	01
设备工程部 SB	辅料仓库备件区	01		00
安全管理部 AQ	门卫值班室	01	门卫值班室	00
	停车场	02	停车场	00
	自动喷水灭火系统报警阀间	03	制丝车间预处理区	01
			卷包车间高架库	02
			205 辅料综合库	03
			206 辅料综合库	04
			卷包车间辅料平衡库	05
			香精香料库	06
			食堂报警阀门	07
	消防分控设备间	04	制丝车间预处理区	01
			卷包车间三层	02
			动力车间	03
			香精香料库	04
			205 辅料综合库	05
			206 辅料综合库	06
			食堂消防分控间	07
			制丝加料切烘区弱电房	08
	办公区	05	办公区	01
			安防监控指挥中心 A 区 126	02
			治安执勤室（卷包车间 107）	03
后勤服务部 HQ	垃圾站	01		00
	工间餐食堂	02	一食堂	01
			二食堂	02
	其他	03	含电梯、卫生间、公用会议室、楼梯、走廊	00
生产区办公区 OP	卷包	01		
	制丝	02		
	安防	03		
	物配	04		
	工艺	05		
	动力	06		
	生产	07		
办公楼办公区 OA				

第二码段为生产现场管控需求码段。此段需结合生产现场管控需求，包

括要素分类和要素问题。要素分类是"人机料法环信测",以各要素首字母表示,即人——R、机——J、料——L、法——F、环——H、信——X、测——C,并根据管理项目的不同分类,如6S、TPM、SOP等总结出的管理要素,设置编码规则,对要素问题进行赋码。为了减少现场检查人员的输入,对于管理方式类,以隐藏形式处理,仅作为查询统计时使用。因此,在编码中不予展示。

以上两个码段组合为生产管控要素整体编码。例如:JB0102-R01 。卷包车间的编码段为:管理区域+生产单元+要素分类+要素问题。因此,具体各段释义为:JB——卷包车间;01——1号生产区;02——2号生产单元(即卷包机台);R——属于"人"类生产要素。

四、可行性研究

(一)技术可行性

部分场景实现了基于传感器的数据自动采集和上传,使用的信息化系统、控制系统存在基础控制模型,能够支持自动化运行,且具备基础的安全手段,能够基本实现数据共享与协同。基于高效的网络架构,各业务内部系统已实现集成与互联互通,设备层与系统层分别建立独立网络结构。已建立的IT基础架构具备一定扩展和集成能力,能够进行有效数据收集;数据管理情况较好,可进行统一协调与管理;建立数据模型,能够支持日常工作,进行简单分析;采用信息系统ERP+MES方式进行排产,生产线生产相对稳定。工厂在网络设施与布局、控制技术与应用等方面具有较好的基础,这些都从技术上为实现智能场景建设提供了良好的支撑。

(二)组织可行性

2022年4月,工厂成立数字化转型领导小组,规划、组织、领导全厂数字化转型工作。业务部门也组建推进小组、执行小组,全面梳理工厂现状,积极探索智慧场景,编制工厂发展规划纲要。同时,工厂也积极引进智能制造及智慧物流人才,未来也规划引进诸如大数据、AI等相关人才,且注重本土专家培育,尤其是IT技术与PLC技术的跨界人才等,这些都为未来工厂的数字化转型累积了技术人才。

(三)制度可行性

工厂根据公司目标制定工厂级的"十四"五规划,对数字化转型方向明确,针对智慧生产,提出"要以智慧场景为基础,实现四大集成系统自动采集、集成联动、辅助决策,致力打造智慧产线。进一步完善四大集成系统与MES系统功能,以数字孪生与动态仿真为手段,逐步实现车间生产仿真"。技术部门通过建立工厂智慧场景清单，明确了转型的落地实施路径，并逐步完善数字化转型工作机制。

根据技术、组织、制度维度的可行性分析，可以确定工厂具备建设智慧生产场景的技术、人才、制度基础，同时从当前的新技术层面来看，数字孪生、大数据分析、智能算法等已经日益成熟，并已有很多方面的应用和案例，也能满足工厂智慧生产场景建设的需求。

五、应用效果分析

（一）应用架构

工厂现场要素编码应用整体框架包含四大部分。①数据层，要素编码源自"三位一体"智慧生产场景建设，数据层旨在解决生产全要素管理所需的数据问题，为要素编码及应用提供数据支撑。②逻辑层，基于生产全要素管理方法论，解决状态数据到问题解决模型的路径问题，建立"生产全要素＋要素问题＋解决路径"三维模型，并使之转化为要素编码。③应用层，依托于"三位一体"智慧生产场景建设，广泛应用于"人机料法环信测"生产全要素管理。④标准规范层，包含应用于要素编码实施的《要素编码规则技术方案》和要素编码应用的《生产要素编码应用规范》（见图2）。

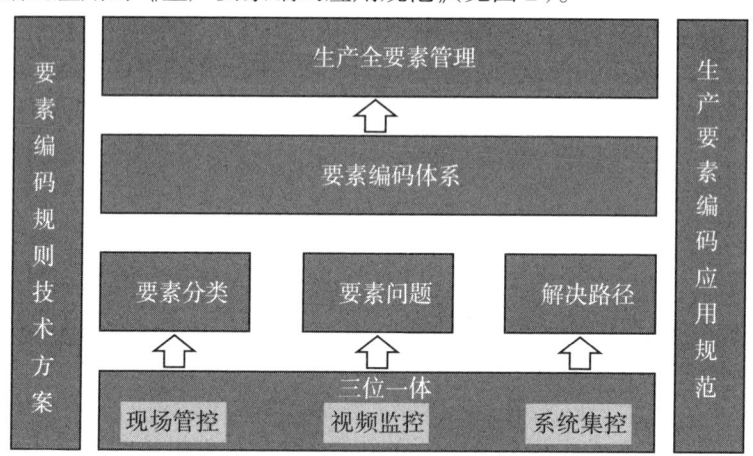

图2 工厂现场要素编码应用整体框架

（二）面向数据层的评价分析

项目组以《企业现场管理准则》（GB/T 29590—2013）国家标准为指南，结合工厂管理现状，识别出针对人员、设备、物料、方法、环境、信息、测量七大生产要素的36项管理要素，建立满足生产管理需求的《生产全要素管理目录》。

生产管理部调度指挥中心各线及车间、班组按照规定要求执行现场检查，将视频巡查、日常检查、联合检查所发现的问题，均在MES完成记录、传递、收集、应用等操作，以实现跨部门、跨班组的信息共享。

（三）面向逻辑层的评价分析

作为建设"三位一体"管理体系的重要工具之一，设计要素编码的主要目的在于更好地记录并反映生产现场检查中发现的各类问题。将现场检查、视频检查中发现如人员岗位纪律、安全操作、物料放置等不符合现场规定要求的情况，通过随手拍功能及时上传，根据要素编码系统设计规则通过系统赋予编码，生成生产管理需要的基础数据，实现对现场管理状态的统计分析，能让生产管理人员在过程管控中总结归纳出常见问题，及时制定整改措施，落实整改工作到位，推动整个生产现场管控水平升级。

（四）面向应用层的评价分析

通过系统对人工录入的生产现场管控中的不规范行为、操作等信息进行编码，便于生产管理人员根据需要进行相关的检索、输出与整理。结合现场管理需求，统计分析各类情况，找到需持续改进的要素，并制定相关改进措施。能够根据查询条件对各类管理项目状态进行查询、统计、归档等。能根据需要进行统计分析，为其他生产环节提供数据支持。根据信息形成编码之后，应用于MES系统之中，并在可视化平台上实现展示。展示内容为状态编码串，可关联分析结果、整改情况等内容，形成管理闭环。

（五）面向标准规范层的评价分析

项目组结合生产全要素管理理论和编码技术，设计了《要素编码规则技术方案》，同时，结合智慧生产场景的建设工作，制定了工厂的《生产要素编码应用规范》。

六、总结与展望

（一）要素编码模型设计拓展

以《生产全要素管理目录》为基础，融入网格化管理、6S、SOP、TPM等现场管理工具方法，以问题解决为导向，在"区域+要素问题"二维模型的基础上建立"生产全要素+要素问题+问题解决路径"三维模型（见图3）。

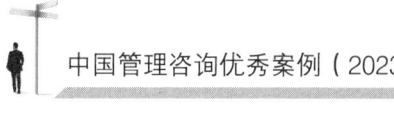

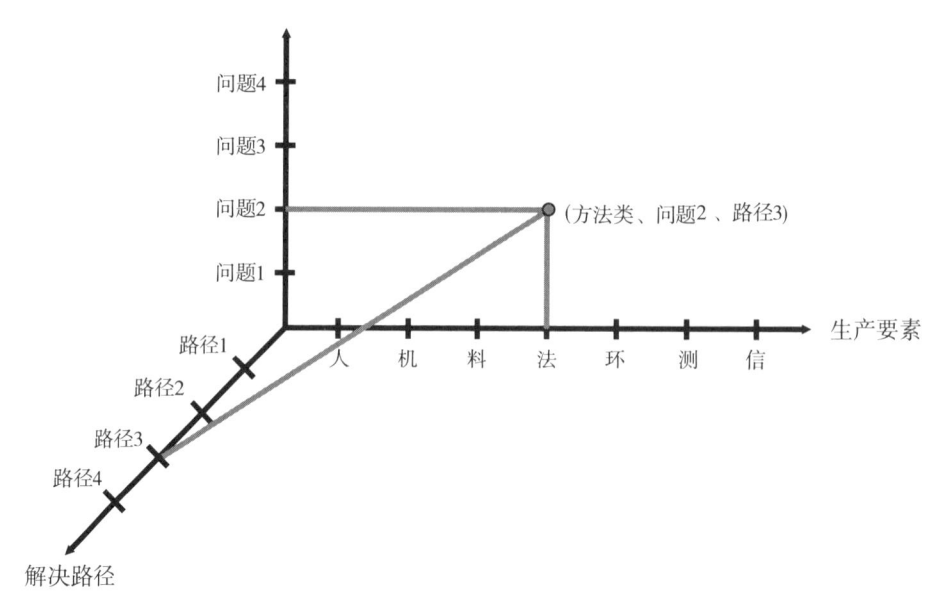

图3 "生产全要素+要素问题+问题解决路径"三维模型

（二）要素编码结构设计拓展

要素编码体系需要传递的信息为要素信息、问题信息和路径信息。项目组采用分体式链状编码结构，通过对各个码段赋予不同代码能清晰表达各字段含义，在使用上具有较强的灵活性，并能适应不同的应用需求。

第一码段为要素码段，包括现场管理区域、生产单元和要素分类，用以明确描述具体的生产现场环境和涉及的要素类别；第二码段为问题码段，基于《生产全要素管理目录》，包括要素分类和要素问题；第三码段为路径码段（见图4）。

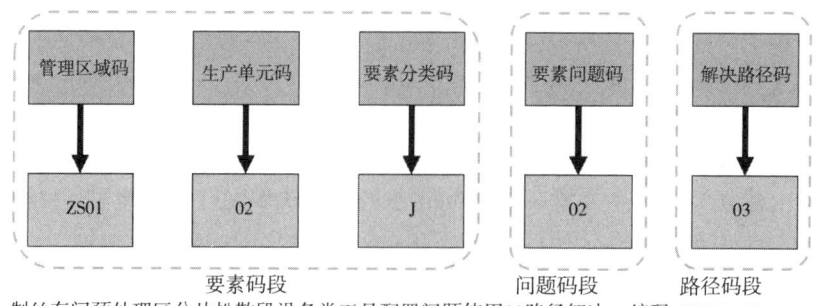

制丝车间预处理区分片松散段设备类工具配置问题使用03路径解决，编码：ZS0102J0203

图4 要素编码规则示例

（三）要素编码创新应用拓展

根据要素编码系统的应用状况，结合实际运用的不断优化升级，为了使编码体系更灵活、更准确，可对编码系统进行拓展，主要体现在以下几方面。

（1）管理颗粒度精细化：在未来应用当中，可对每个分段编码的颗粒度进一步细化，以便能反映更多的具体信息。例如，在设备信息当中，除能反映出关键点位的管理异常情况，还能对相关责任人提示对应的班组信息、操作细节等；同时在未来设备管理中，能提供具体的设备故障情况汇总等，以使编码体系得到更好的应用。另外，可通过增加编码码段的方式进行细化，也可通过附加信息推送，通过点击代码行跳转，以其他页面展开异常情况的更多信息，还可通过色块区分来进行颗粒度识别。

（2）异常信息知识化。通过分享机制的建立和对不同形式的异常信息进行分类汇总，为其他设备、人员操作提供异常学习资源，在异常案例学习中提升全员生产异常处理能力，为异常情况下的安全运行提供了有效保障。

（3）异常预（报）警智能化。当生产过程中出现异常情况时，能及时通过编码系统触发智能预警，并结合对 MES 系统、制丝系统、卷包系统的数据集成，根据编码规则，以符号、数字等对应相关特征，如机型、机台编号、点位、异常状态等信息，自动生成异常代码，并实现自动推送，以便使生产管控过程更灵活、更及时。同时通过事后的统计、分析，为未来进一步的设备管理、生产过程管控升级优化，以及异常处置流程优化等提供有效的数据支持。

（4）异常解码与信息推送平台化。实现多渠道多形式推送，如手机短信、移动端提示等，确保相关责任人员及时收到异常信息。同时，建立自动升级机制，当未响应状态或持续状态超过指定时长时，系统将自动提升异常等级，进行强提醒。实现分层级推送，根据状态等级推送给相关责任人，重大异常信息可推送至生产管控中心平台。

（5）异常处置流程敏捷化：通过优化管理情况的处置方式，结合对现场管控数据的统计整理，形成专属的异常信息知识库，并在未来的应用中，形成异常代码实现推送的同时也能为相关处置人员提供优先的处置方案，提高处置响应速度，便于处置人员根据之前的经验进行快速处理。

（6）形成管理闭环：在推送异常代码，推荐优先处置方案后，还可结合管理需求，实现处置情况反馈，以便后期优化整体的管理流程，提升管理效率。

中国移动吉林公司数智化能力评估与提升项目

中移数智科技有限公司

中移数智科技有限公司（以下简称中移咨询）由中国移动通信集团有限公司授权中国移动通信集团设计院有限公司成立，注册资本为6亿元。中移咨询作为中国移动集团数智化转型咨询的责任主体，承担全集团数智化转型咨询相关能力建设与市场拓展责任，致力于打造国际一流的数智科技咨询及服务公司。公司立足中国移动数智化转型经验与能力，对标行业一流，组建高水平咨询团队，打造高质量生态，以转型咨询业务为抓手，携手合作伙伴，为用户提供包括全领域数智化转型咨询、场景化数智化解决方案、数智化产品与服务在内的"咨询+产品+服务"转型服务，赋能千行百业数智化转型。

本案例项目组成员

李薇，多年从事战略咨询、投资管理等领域咨询工作，长期服务中国移动政企事业部、浙江公司、广东公司等客户；牵头广东公司信息服务领域开创头部对标提升、吉林公司数智化能力评估与提升策略、海南省大数据人才规划、云南省昆明医科大学第一附属医院信息化评估等项目。

其他成员：赵占雪、任立祺、元颖。

中国移动吉林公司数智化能力评估与提升项目

导读

　　本案例构建了数字化能力评估模型，剖析了企业发展的关键问题，并通过与集团内部及行业先进水平的对标，聚焦四项改革，制定落地举措，促进生产关系与转型发展适配，帮助客户持续提升数智化转型能力，激发高质量发展动能，确保在区域市场保持领先地位，力争在"十四五"期末实现扭亏为盈。

　　研究过程中，采用PEST分析、产业分析、趋势分析、指标分析等方法，围绕移动通信产业面临的宏观环境、技术发展趋势、行业发展三大专题研判外部环境趋势，根据数字化能力评估模型，全面审视客户内部存在的问题与差距，对标分析制定解决方案和发展路径。

　　研究最终坚持目标导向、问题导向、结果导向，创新性地提出了公司的数智化能力提升思路，即深入学习贯彻落实党的二十大精神和移动集团公司"创世界一流"力量大厦的发展战略，紧密承接"两个转变"部署要求，坚持"三个导向"，深化"网格运营、组织协同、激励机制、生态赋能"四项改革，以激发和释放"五个红利"为主线，系统实施"七大工程"，全面实现数智化转型。

中国移动吉林公司数智化能力评估与提升项目

中移数智科技有限公司　李薇

一、背景描述

（一）客户情况

中国移动通信集团吉林有限公司（以下简称吉林公司）隶属于中国移动通信集团有限公司，于1999年8月成立，2004年7月被中国移动（香港）有限公司收购上市。吉林公司注册资本为32亿元人民币，资产规模超过120亿元，下辖9个地市分公司，5个直属单位，40个市（县）分公司，现有员工9000余人，主要负责吉林省内移动通信网的规划、建设、运营管理和经营全省移动电话语音、数据业务。

（二）行业特点

经过多年发展，通信行业呈现三大特点。一是从提供基础的"连接"通信服务向"连接+数据信息"的信息服务转变，新型基础设施定位发生变化，算力将成为核心生产力。二是从瓦特流到比特流，能量和信息逐步深度融合发展，"东数西算"优化全国算力布局，新技术和新能源的引入不断提升算网基础设施能效水平，进而赋能传统产业的数字化转型。三是从传统CT生态向DICT融合生态转变，产业格局发生重要变革，跨界多元主体竞争加剧，运营商主动应变，做好角色转变和能力提升，以期在新竞争格局中重获主导。

（三）需求分析

近年来，吉林公司转型能力有所提升，价值经营初见成效，服务质量不断提高，重点改革有效落地，运营效能持续提高。集团公司提出"世界一流信息服务科技创新公司"发展定位。"十四五"期间，吉林公司需要全面转型，增收动能和运营效能需进一步提升，亟须找到能力短板及提升方向。

因此，吉林公司希望结合集团公司"十四五"战略规划提出的新要求和新举措及吉林公司内外部环境，就"十四五"时期如何实现数智化转型开展关键议题研究，进一步明确吉林公司"十四五"及2023—2025年的发展目标和重点任务。

（四）研究目标

（1）评估现状，发现问题。明晰公司在业务、能力、组织等层面的数智化现状，找准差距和不足。基于市场表现和环境洞察，发现业务短板和增长点；评估数智化转型能力，发现能力短板；深挖能力短板问题，定位影响能力成长的主要原因。

（2）制定策略，突破短板。未来三年是深化落实中国移动"创世界一流"力量大厦总体思路的关键三年，要明确未来三年公司加快数智化转型的方向与措施，为公司业务整合、能力提升等数智化转型工作提供路径和指引，加快数智化转型步伐。

二、诊断分析

（一）环境洞察

采用PEST分析、产业分析、趋势分析、指标分析等方法，围绕移动通信产业拆解要素，分析包括政策要求、经济发展、省内产业布局、先进技术、行业发展趋势等在内的各项指标，最后归类总结为宏观环境、技术趋势、行业发展三大专题研判。

1. 宏观环境

通过桌面资料研究，从政策、经济和产业布局三个层面研究宏观环境。从政策环境来看，我国不断深化数字经济战略，省内"数字吉林"建设及"一主六双"产业空间专项规划等政策措施，为吉林的企业信息服务市场发展提供了政策支撑。从经济环境来看，吉林数字经济规模小，发展慢，同时受新冠疫情、俄乌冲突等影响，企业在信息化需求上更加聚焦。从产业布局来看，吉林"十四五"时期拟打造的三大万亿级产业中，农业的乡村基础设施、粮食安全、精细化畜禽养殖加工等是关注重点，汽车产业的"车、路、云、用"协同及智能网联等是目前重要应用方向，"科技+旅游"也是运营商未来可重点发力的方向。

2. 技术趋势

通过访谈技术专家、分析技术前沿，探讨了云计算、5G、物联网（IoT）、大数据和AI分析技术演进对通信行业的影响。云网融合、云端融合是未来发展趋势，IaaS（基础设施即服务）仍是运营商增长主动能；5G创新领域主要集中于行业应用，但当前相应场景和核心技术均有待挖掘和提升；IoT市场潜力较大，但连接价值有限，未来场景化的平台应用和专业服务能力是行业价值的重要组成部分；随着基础设施建设的不断完善，数字化转型将推动大数据的蓬勃发展，预计大数据产业规模将保持增长趋势；AI推动垂直行业升级，运营商应积极部署，实现内部运营效率的提升和产品服务的创新。

3. 行业发展

数字化服务不断满足人民对美好生活的追求，市场已进入全领域、全场景、全渠道的深度拓展期。通过数据分析、趋势预判，分 CHBN（Customer, 个人移动业务；Home, 家庭业务；Business, 政企业务；New, 新兴业务）四个市场来看行业整体发展情况。其中，移动市场高度饱和，人口红利已尽，数字化、互联网化的消费行为加速演进，用户需求更丰富，人口"老龄化"催生的银发经济是价值经营重要方向。在家庭市场，家宽市场保持持续较快增长，数字家庭行业进入发展加速期，各运营商以用户群为基础，利用网络优势不断构建数字家庭生态圈。在政企市场，产业结构持续优化，产业服务化转型需要行业信息化提供基础支撑，云平台与数据分析、行业应用成为行业价值的重要组成部分。在新兴市场，数字内容牵引产业转型与科技变革，产业的智能化服务催生新平台兴起，目前仍处于快速创新发展期，需深化应用服务。

此外，行业内数智化能力竞争和行业外跨界竞争并存，龙头企业纷纷抢占信息服务新赛道。ToB 市场成为运营商和互联网大厂收入新增长点，行业内外竞争加剧。阿里巴巴、腾讯近三年总收入规模持续提升，其中 ToB 收入规模持续提升，腾讯处于领先地位，阿里巴巴和华为公司势头也非常强劲。运营商加速打造智慧中台，做优智慧运营，全面提速 IT 集约化，如中国联通以联通云为底座，打牢 AI+ 大数据的数据中台能力，实现对内对外的数智化赋能发展。

华为公司的军团模式引领行业趋势，运营商调整组织架构建立行业军团。华为公司效仿谷歌建立军团模式，集中优势资源，横向打破壁垒，形成纵向能力，突破重点行业，提升细分赛道客户体验。运营商以华为公司为标杆，分别建立研究型军团和实战型军团，开辟新行业战场。其中，中国联通建立实战型军团从业务实际出发，以扁平化组织模式，突破重点行业内客户问题；而中国电信则整合资源，从事相关行业应用项目的研发运营，实现成果转化。

数字政府建设成为政企市场的新风口，运营商均加快业务布局。抓住数字政府项目，就抓住了政府数字化的"牛鼻子"，是业务拓展的制高点，中国电信早在 2019 年就提出"多接入、富应用、大平台"的数字政府整体架构，对外发布"数字政府使能平台"；中国联通也推出了"中国联通智慧数享大数据平台""中国联通公共卫生大数据平台"等产品。

跨界多元主体加大对 2B 的投资，运用技术优势强化算力能力建设，结合战略定位切入行业市场。行业外的 OTT 企业、设备商多方力量聚焦主营业务，加大政企服务能力提升，竞争日益激烈。例如，阿里巴巴投资更聚焦电商物流项目、企业服务项目；腾讯通过投资加大对实体经济的支持力度，除投资企业服务外，还支持数实融合领域的科技公司，以及医疗健康、先进制造、汽车交通等传统行业；华为公司坚持对云、人工智能、智能汽车部件及软件等面向未来研究创新的投入。此外，阿里巴巴和华为云服务厂商运用技术优势强化算力能力建设，持续提升算力产品协同能力；阿里云、腾讯云等在零售、游戏、媒体、教育等服务性行业竞争优势明显。

（二）现状评估

通过经营数据提取进行定量分析，结合现场调研访谈和暗访等多种定性研究方法，对吉林移动数智化能力开展全面评估分析，综合诊断了公司重点转型业务在市场表现上与竞争对手全要素对比的差距，发现了业务对数智化能力的诉求，构建了运营商数字化能力评估模型，专题评估了企业各项数智化能力发展现状，剖析了能力短板，定位了影响成长的主要原因，对标借鉴寻求解决之道。

1. 业务困境

从通信服务收入规模、通信服务收入增幅和收入结构等维度分析发现，吉林公司整体市场收入增长趋缓，收入结构不均衡；从DOU值、ARPU值来看，大市场流量经营和存量价值经营不足；从客户份额、高价值客户流失等数据来看，客户根基不牢，高价值客户流失严重；选取关键指标评判CHBN市场表现，挖掘业务短板和问题。

2. 评估模型

自主创新研发了一套适用于中国移动的评估体系。运营商积极把握信息服务体系和社会运行体系的融合创新机遇，面向个人、家庭、企业和政府等不同客户在数字经济时代的更高需求，基于内外组织合力、支撑创新的中台能力基座和智能化的算网基础设施，提供信息技术和数据要素等新生产力驱动的高价值产品和服务，在助力经济社会发展中发挥更大作用。以上述目标为导向解构运营商数字化能力评估模型为组织保障能力、生态合作创新能力、中台支撑能力、基础设施能力，以及产品与营服能力，并将五大能力细化成十一个指标项，如图1所示。

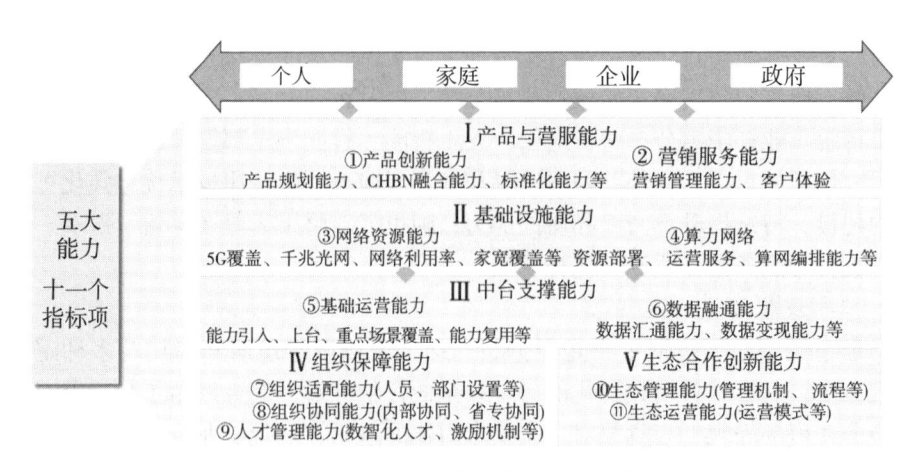

```
                    个人    家庭    企业    政府
                         Ⅰ 产品与营服能力
              ①产品创新能力              ②营销服务能力
              产品规划能力、CHBN融合能力、标准化能力等   营销管理能力、客户体验
   五大        Ⅱ 基础设施能力
   能力        ③网络资源能力              ④算力网络
   十一个       5G覆盖、千兆光网、网络利用率、家宽覆盖等  资源部署、运营服务、算网编排能力等
   指标项       Ⅲ 中台支撑能力
              ⑤基础运营能力              ⑥数据融通能力
              能力引入、上台、重点场景覆盖、能力复用等    数据汇通能力、数据变现能力等
              Ⅳ 组织保障能力              Ⅴ 生态合作创新能力
              ⑦组织适配能力(人员、部门设置等)      ⑩生态管理能力(管理机制、流程)等
              ⑧组织协同能力(内部协同、省专协同)     ⑪生态运营能力(运营模式等)
              ⑨人才管理能力(数智化人才、激励机制等)
```

图 1　运营商数字化能力评估模型

3.专题评估

数智化产品专题：通过与标杆对比、竞争对手比较分析，深入研究企业当前存在的问题，例如，缺乏以客户价值为核心的场景化产品创新，营服专业化支撑不足。缺乏系统性的产品规划，面向CHBN市场的产品体系梳理和协同规划不足，套餐产品体系化价值经营有待增强；产品全生命周期的精细化、协同运营管理能力不足，人员投入和技术支撑不足；渠道布局有待完善，网格末梢渠道运营专业化指导和系统化支撑不足，难以及时满足消费行为变化对产品和服务的需求。

数智化网络专题：与自身相比，企业在网络建设方面有很大进步，但精细化资源投放与业务发展协同待加强，算网业务布局待提升。例如，5G网络建设加快推进，整体规模占优，但业网协同仍需加强，核心城区部分大型高密居民区深度覆盖不足；千兆光网建设加快推进，但家宽商机和资源运营、管理协同能力有待提升，运维能力和响应效率均有待提升，主要原因在于网络资源投放与业务发展间的高效协同能力有待提升，网络能力建设与前端业务发展需求之间的融通仍需加强，规范性体系化的联动机制待完善。算力网络建设有序推进，但自动化水平和灵活调动能力仍需加强，同时受限于业务发展和公司成本，面向未来的业务及服务布局尚未构建完善。

数智化中台专题：定性与定量相结合，综合评估企业中台建设和使用发展现状。整体来看，其赋能业务发展的运营水平待提升，数据融通能力待加强。近几年，中台建设运营持续推进，能力上台和引入数量、复用频率不断提升，应用场景不断丰富，已广泛覆盖CHBN多业务场景，但是整体上基础运营能力不足，上台、能力引入均需加强。数据融通程度低，数据价值发挥不充分。

吉林公司数据融通能力与领先省公司相比，未来需要进一步加强跨部门数据汇通效率、高价值数据汇通和数据服务能力。

数智化组织专题：通过深入基层走访调研，了解到面向网格及行业发展的组织体系改革有待深化。在组织适配方面，对一线赋能帮扶缺乏组织性，网格承接全业务、全渠道运营较为吃力；政企三级支撑体系建设不深入，支撑大规模复制和行业深耕乏力。在组织协同方面，关键业务未有效端到端拉通，导致难点问题难以解决，执行效果出现衰减，在协同机制与协同模式方面较传统，缺少探索与创新。在人才管理方面，管理机制较全面，但干部成长体系不完善，管理执行需更严格，专家、骨干、网格长"育用留"的深度不够，活力激发手段有限。

数智化生态专题：生态体系建设应与能力构建侧重相结合，合作共赢创新运营待提升。与华为云、先进省公司相比，吉林公司生态管理方面还未形成完善的管理标准及相应的合作生态评级指标，生态能力图谱尚未构建，整体生态管理能力不足。与电信、华为云相比，生态引入起步较晚，存在引入方式不丰富、资源不足和领域不广的问题，亟须建立一套标准的合作伙伴引入体系。价值共赢体系待完善，生态运营管理的思维创新不足，合作的透明化、线上化和便利化待加强，"共创、共赢、融合"生态合作运营体系待建立完善，生态合作的赋能扶持效果提升不佳。

通过对数智化五大能力专题评估总结，进一步将吉林公司能力发展的核心问题聚焦在七大问题：低价竞争激烈，流失严重，ARPU过低的情况下，如何通过场景化价值经营实现突破；如何构建客户体验一体化经营体系推动客户满意度提升；如何通过流程优化、机制保障，推动网络投资与业务发展精细化协同管理能力提升；如何明确中台能力构建侧重及能力支撑对接；资源受限、能力不足，如何通过组织变革推动网格经营效能提升；如何锻造人才队伍，提升人员活力；如何推动生态合作赋能。

4. 标杆借鉴

将标杆研究与吉林公司核心聚焦的问题点进行对接，明确标杆研究侧重。通过与云南移动、陕西移动、甘肃移动等集团内同类省份，以及吉林电信、吉林联通等本地竞争对手对标，为吉林公司数智化能力评估提供依据，为策略提升建议提供经验借鉴，以云南移动规模化价值经营、广西移动推动网络投资与业务发展精细化协同管理能力提升对标分析为例。

云南移动通过聚焦客户群体，推动规模化价值经营体系的构建，实现ARPU（每个用户平均收入）提升。通过客户调研了解到云南60岁以上人口达507.8万，占总人口11.07%；H端电视客户中有58%家庭有老人，但老人用户整体户均 ARPU 为 34 元，ARPU 远低于全网平均水平，考虑到互联网医疗的迅速发展和集团对于老龄化问题的关注，选择将银发经济作为发展的突破口，以"数智化转型服务银发客户，实现基于规模的价值经营体系"为主线，挖掘老年客户价值。调用集团中台和专业公司能力，构建分省二级集成平台，包含产品管理、客户档案、内容管理、应用接口等多项功能，同时整合生态，进行平台化场景化解决方案制定，为公司客户提供就医问诊、日常监测、慢病管理、康养内容等一系列服务和产品，家庭客户综合 ARPU 增长超过 20%，排名全国第一。

广西移动围绕"价值提升"目标，以"抓源头、控过程、强闭环"三条主线，提出九项举措，打造"139"投资效益全流程管理体系。首先从规划设计源头加强投资领域效益管控，宏观上布局"一盘棋"，坚持从长远规划和资源配置结构安排合理；微观上站点事前评估是关键，建立模型事前管控，搭建量化评估模型，基于全成本理论建模；建立"六必问"设计体系开展精准设计。其次，投资过程流程长，制定统一标准，实现执行"一把尺"，统一过程管理要求；投资管控跨专业部门多，规范流程聚焦项目建设过程中的关键环节，以八大规范对八大流程痛点的靶向管控；过程管控 IT 化，以生产型系统为抓手，打破系统壁垒，融通汇聚多域数据。最后，投资结果必须闭环评价，构建横向到边、纵向到底、前后闭环的投资评价机制；拉通前后评估在评价模型、指标口径、评估视角等方面衔接，验证建设运营结果是否符合预期；通过刚性应用提升效果，一是形成常态化分析通报制度，二是落实奖惩机制。通过业财融合、信息融通和系统化管理，项目优化的站点直接降本增效，成果显著。

5. 诊断结论

通过评估诊断，项目组认为部分维度小幅度落后本地主要竞争对手，一定程度落后集团内先进公司。尤其在产品创新、数据融通、人才管理和生态合作创新能力项上落后较多，以对生态合作能力的评估分析为例，该公司生态引入起步较晚，存在引入方式不丰富、资源不足和领域不广的问题，生态能力图谱尚未构建，整体生态管理能力不足；生态运营管理的思维创新不足，合作的透明化、线上化和便利化待加强，"共创、共赢、融合"生态合作运营体系待建立完善，与本地竞争对手和先进企业相比能力差距较大。

三、解决方案的设计框架

（一）设计思路

本案例坚持目标导向、问题导向、结果导向，创新提出了吉林公司数智化能力提升思路，即深入学习贯彻落实党的二十大精神和移动集团公司"创世界一流"力量大厦的发展战略,紧密承接"两个转变"部署要求,坚持"三个导向",深化"网格运营、组织协同、激励机制、生态赋能"四项改革,以激发和释放"五个红利"为主线,系统实施"七大工程",持续提升数智化转型能力,激发高质量发展动能,确保区域市场领先地位,实现"十四五"期末扭亏为盈的目标。

(二)聚焦四项改革

面向吉林公司未来三年发展目标,聚焦客户最关心的、业务短板最突出的、能力诉求最强烈的四项改革,提出重点举措,提升企业数智化转型能力。具体如下。

一是深化网格运营改革。加强组织、队伍、生产、系统穿透,提升一线支撑能力。通过组织扁平化变革,形成队伍穿透;建立赋能团队,从思维到技能上帮扶网格人员转型;加强IT系统穿透能力,加强甩单、数据支撑和应用分析,让一线员工省心。针对人员少、组织穿透难以保障,网格人员能力提升较难、IT系统支撑能力较弱的难题,分别给予针对性的举措和建议。

二是深化组织协同改革。建立联动机制,打破"部门墙",提升运营效率。以业务端到端流程为基础,健全推动解决核心关键问题的联动机制等措施,探索新的生产方式与管理手段,减少内耗,提升运营效率。针对家宽、企宽上网质量提升两大痼疾,以及业务部门与后端职能管理部门之间、与业务部门之间如何联动的问题,分别给予了具体的举措和建议。

三是深化体制激励变革。建立市场化的激励分配机制。打破一线员工原有职级薪酬体系,建立市场化的激励分配机制,优化多种模式全面、立体、融合的基层激励体系;向"出成绩、出效益"的地方进行资源倾斜,保证公司在复兴发展中务实前进。针对激励成本从哪里来的重点问题,应该整合激励资源渠道,拓宽人工成本以外的激励来源,形成人工成本、非薪酬激励相互结合、补充的资源架构,并给予了针对性的举措和建议。

四是深化生态赋能改革。以生态战略和体系为基础,强化生态资源开发与运营活力。基于生态战略和发展体系,当前以拓展DICT市场并加速增长、丰富权益服务促进高价值运营为目标,基于商业设计与不同类型伙伴合作共赢,共同打造创新解决方案,为客户创造价值,推进业务和服务从"0"到"1"再到"N"。

(三)实施七大工程

1. 项目分解任务

本案例中企业的数智化转型是落实集团"十四五"战略规划的重要体现,为此在工程实施和任务举措中全面对接了"十四五"战略目标和工程。将战略目标分解和量化，制定三年发展路径任务分解表，包含关键工程、重点任务、关键举措、具体措施、牵头部门和配合部门等要素，确保企业数智化转型过程中战略目标与集团战略目标、方向和路径一致，并且作为战略控制、资源配置和考核评价的标尺和依据。

2. 明确绩效考核

依据集团对吉林公司的要求，以及吉林公司自身发展定位，建立一套企业数智化转型绩效考核指标，从市场、产品、支撑等一级维度出发，设置18个关键指标，明确2023—2025年各指标目标值，确保企业数智化转型执行的刚性约束和执行效率，推动客户上下保持战略导向高度一致，形成战略合力，保障转型举措落地实施。

3. 开展后评估

通过实施后评估（见表1），以发现问题、改进提升及指导本期转型为出发点，重点分析数智化转型工作实际与计划目标的方向是否一致，如果存在偏差，需要进行原因剖析和目标调整，从而全面客观地评估完成情况和工作执行情况，修正目标、实现路径及执行落实的偏差，科学有效地指导本期转型的研究工作。

表1 数智化转型后评估分析模板

评估内容		评估结果	评估分析		
评估模块	评估项		偏差原因	偏差举措	改进建议
产品创新工程					
服务领先工程					
云网强能工程					
智慧运营工程					
敏捷组织工程					
活力激发工程					
价值共创工程					

四、总结评估

经过近一年的数字化转型实施，本项目获得较好的成效，企业内部将研究成果注智于三年滚动规划，对多个地市和典型区县开展宣贯和培训，提升了整体资源配置效率，推动了公司价值创造和提质增效，多家兄弟公司与之交流，为省公司开展数智化转型和高质量发展提供了指导。

1. 降本增效提升新价值

吉林公司锁定 2025 年"扭亏为盈"核心目标,通过做大规模底座,做强价值运营,拓展发展新空间,保障"十四五"收入目标,持续调优收入结构。同时通过精细管理,精准补强,高效协同,低成本高效运营,实现成本管控,提升资源配置效率。例如,百元固定资产维修费达到全国最低,呆滞库存物资金额降幅超 70%。

2. 管理创新激发新动能

通过数智化转型的战略牵引,帮助客户聚焦业务发展痛点,强化创新驱动,最佳实践申报数量增长一倍,创新和 QC 成果获奖创下新高,其中包括多个全国级奖项,以及通信行业和集团级奖项。持续深化改革,横向协作、纵向贯通的省、市、县一体化运营组织逐步完善。

3. 落实国家战略,体现央企担当

研究过程中坚决贯彻中央重大决策部署,在重大工程和任务举措中充分考虑国家和区域发展战略,坚决落实乡村振兴、绿色低碳、提速降费等任务要求,构建企业数字化转型新蓝图,更有力地支撑公司业务在个人、家庭、企业、政府"四轮"市场的全面发展,把国家战略的相关要求全面落实到战略规划的部署行动中,充分彰显了中国移动的政治、经济、社会责任担当和使命。

云南方圆公司第三期精益 TQM 咨询项目

厦门南天竺管理咨询有限公司

厦门南天竺管理咨询有限公司（以下简称南天竺）由王于蓝女士创建于 2001 年，是一家以"数据化管理咨询"为特色的专业管理咨询机构。作为企业经营管理的服务商，南天竺管理咨询服务风格注重专业化、标准化、流程化和数据化，以"国际化视野，本土化操作"为服务理念，深刻了解本土企业的现状，在梳理客户需求的基础上，以服务客户的战略实现与业务发展为诉求，结合多年来丰富的案例经验，为企业提供定制化的经营管理咨询和培训服务。

本案例项目组成员

张桂熹，南天竺咨询项目经理，拥有 20 年以上从业经验，10 年以上管理咨询工作经验；国家一级人力资源管理师、国家企业培训师；曾服务过中国移动、向阳坊、科华数据、联发集团、鹏拓塑胶、奥佳华集团、四维胶粘、大顺集团、铂联科技、莆田文献、莆田红太阳食品、意尔康集团、特步集团、天津红歌、云南方圆、福建竹育、厦门派对屋电子等企业；专注于战略规划、人力资源规划、组织变革、岗位体系梳理、招聘体系、培训体系、薪酬福利体系、绩效激励体系、精益 6S、精益 TPM、精益 TQM 等专业模块的优化和设计。

其他成员：王于蓝、苏锦俊、刘伟孟。

导读

云南通海方圆工贸有限公司（以下简称方圆公司）成立于2006年，主要生产直缝钢管、螺旋钢管、镀锌钢管、涂塑钢管、电力套管等产品，是集研产销为一体的各种管材专业生产企业。该企业通过3项管理体系认证；连续11年被列入云南省"非公企业100强"；多次被评为"守合同重信用"企业；获得云南知名品牌、云南著名商标等称号；是云南省装备制造业头部企业。

南天竺咨询团队从2021年开始服务方圆公司，第一期开展了全面管理诊断、顶层设计、组织变革、人才梯队建设、精益6S、精益TPM咨询专案；第二期开展了薪酬体系、绩效体系咨询专案；第三期开展了精益TQM全面质量管理咨询专案。本案例重点介绍第三期咨询项目的实施过程及落地效果。

经过3年多的合作，方圆公司对南天竺项目组的专业服务和工作成果十分认可，在双方共同努力下，方圆公司在云南省"非公企业100强"排名中稳步提升。

云南方圆公司第三期精益 TQM 咨询项目

厦门南天竺管理咨询有限公司　张桂熹

一、案例背景

（一）企业简况

方圆公司成立于 2006 年，主要生产高频直缝钢管、螺旋埋弧钢管、热浸镀锌钢管、热浸镀锌型材、高速公路护栏管、高速公路护栏板、涂塑钢管、电力套管等产品，是集研产销为一体的各种管材专业生产企业。

经过 17 年的沉淀，该企业已经通过了 ISO 9001—2015 质量管理体系认证，ISO 14001—2015 环境管理体系认证，ISO 45001—2018 职业健康安全管理体系认证；连续 11 年被列入云南省"非公企业 100 强"；多次被评为"守合同重信用"企业；获得云南知名品牌、云南著名商标等称号；并于 2021 年 8 月 10 日被央视《品质》栏目做过专题报道；是云南省装备制造业头部企业。

（二）项目需求

南天竺项目组自 2021 年开始服务方圆公司，第一期开展了全面管理诊断、顶层设计、组织变革、人才梯队建设咨询专案，完善了组织结构，完成了组织变革，建立了标准化的管理模式。另外，还推行精益 6S、精益 TPM 咨询专案，改善了工作环境，极大提高了工作效率，OEE（整体设备综合效率）整体水平提升了 11.7%。第二期开展了薪酬体系、绩效体系咨询专案，优化了方圆公司薪酬绩效体系，极大提高了员工的积极性和主动性，特别是生产事业部员工，因收入与产能挂钩，产能的提升使员工整体收入水平有了大幅提升，部分班组甚至实现收入翻倍。

方圆公司各厂区员工都体会到了产能提升带来的益处，部分班组在追求产能的同时疏忽品质，导致 2022 年第三季度几个厂区都出现批量质量异常，给公司造成重大经济损失和客户投诉率上升。南天竺项目组了解情况后，走访各厂区，调研如何在提高产能的情况下确保质量稳定。经过调研并与方圆公司高层领导沟通后，决定在精益 6S 和精益 TPM 的基础上，第三期咨询项目开展精益 TQM 全面质量管理咨询专案，旨在提升产品品质，降低客户投诉率。

（三）项目目标

针对以上项目需求，南天竺项目组经过与方圆公司高层领导多轮沟通，决定选取品质异常易发，生产设备陈旧，生产直缝钢管的一厂作为重点推行单位；同时将设备较新，生产同类产品的三厂直缝车间作为试点推行单位，便于生产同类产品的两个单位在推行过程中互相学习、竞争。第三期咨询项目预期达成以下目标。

（1）培养全员的质量意识。

（2）提高产品的合格率。

（3）降低客户的投诉率。

二、诊断分析

南天竺项目组通过收集 2022 年前三季度的《厂区管子质量问题、损坏记录表》和《客户投诉信息登记表》，分析质量异常的原因和特点，访谈各厂厂长和质检科科长，找出提高品质、降低客户投诉率的方向。

1. 产品质量不良类别分析

通过分析《客户投诉信息登记表》，得知改善前不良类别主要有凹边、搭焊、炸缝、沙眼、管身划痕等，汇总各种类别的占比，发现"凹边"不良的占比达 50% 以上，从而得知要降低客户投诉率，关键要降低"凹边"的不良率。

2. 产品质量不良规格分析

通过分析《厂区管子质量问题、损坏记录表》，得知生产不同规格管径也是品质不良的主要原因之一，生产小管径钢管出现不良的概率较高，汇总各种规格管径的占比，占比较高的管径为造成不良的主要管径，从而得知要提高品质，关键要提高小管径钢管的产品质量。

3. 产品质量不良 5M1E 分析

项目组通过"5M1E"即人、机、料、法、测、环六个方面分析品质不良的影响因素。

（1）人（Man）：操作者对质量的认识、技术熟练程度、身体状况等。

（2）机器（Machine）：机器设备、测量仪器的精度和维护保养状况等。

（3）材料（Material）：材料的成分、物理性能和化学性能等。

（4）方法（Method）：生产工艺、设备选择、操作规程等。

（5）测量（Measurement）：测量时采取的方法是否标准、正确。

（6）环境（Environment）：工作地的温度、湿度、照明和清洁条件等。

"5M1E"六个要素对于企业的生产和管理质量具有重要的影响。通过对这些要素的控制和管理，可以有效地确保产品质量的稳定和可靠性，提高产品质量和降低客户投诉率。

三、解决方案的设计框架

南天竺项目组通过对方圆公司品质不良的归纳分析，揭示了问题的核心根源。项目组在与客户进行了深入的交流沟通后，拟订了以"方案设计—培训宣导—实施辅导"三大步骤为主线的思路。

（一）方案设计

1.TQM 的含义

全面质量管理（Total Quality Management，TQM），是指一个组织以质量为中心，以全员参与为基础，目的在于通过客户满意和本组织所有成员及社会受益而达成长期成功的管理途径。

2. 精益 TQM 的特点

（1）全面性：是指全面质量管理的对象，是企业生产经营的全过程。

（2）全员性：是指全面质量管理要依靠全体职工。

（3）预防性：是指全面质量管理应具有高度的预防性。

（4）服务性：主要表现在企业以自己的产品或劳务满足用户的需要，为用户服务。

（5）科学性：质量管理必须科学化，必须更加自觉地利用现代科学技术和先进的科学管理方法。

3. 精益 TQM 的收益

（1）质量是企业的生命线，品质的提升就等于企业竞争力的提升。

（2）品质的提升等于不良的降低，等于损耗的减少，等于成本的节约。

（3）全员参与质量管理活动，可提升团队协作能力，提升团队士气及凝聚力，从而提升现场综合管理水平。

4. 精益 TQM 的预期效果

领导的高度重视及带头作用是推行精益 TQM 成功的不可或缺的前提条件，全员的积极参与、献计献策是推行成功的必要条件。推行精益 TQM 将达成以下三个预期效果。

（1）生产过程全流程管控，将实现降低维修成本，加速生产流程，减少责任事故，减少经营亏损等，从而实现"减少浪费"。

（2）生产过程对生产质量的预防性管控，将实现提高产品质量，改良产品设计，改善产品售后服务，提高市场接受程度等，从而培养全员"注重品质"的意识。

（3）生产过程全员参与，将极大鼓舞员工士气，培养团队合作能力，增强质量意识，从而实现挖掘潜能"培养人才"的目的。

5.TQM 进度计划

经过项目组评估，方圆公司精益 TQM 项目预计需要 9 个月完成，具体进度如表 1 所示。

表 1　方圆公司精益 TQM 项目进度

序号	项目内容	2022—2023 年									执行人	备注
		10月	11月	12月	1月	2月	3月	4月	5月	6月		
1	A TQM 全面质量管理培训 B TQM 管理组织架构成立 C 各厂区质量管理主题确认	■									项目组	
2	A 各厂区质量现状调查 B 各厂区制定质量管理目标 C QCC 品管圈培训		■	■							项目组	
3	A TQM 客诉问题点收集 B 各厂区质量真因确认 C 辅导 QCC 团队活动			■	■						项目组	
4	A TQM 全面质量管理现场指导 B 各厂区质量改善对策拟定 C 辅导 QCC 团队活动				■	■					项目组	
5	A TQM 各厂区品质管理活动推行 B 各厂区质量改善对策实施 C 辅导 QCC 团队活动					■	■				项目组	
6	A 各厂区质量效果确认 B TQM 全面质量验收与水平展开 C 辅导 QCC 团队活动						■	■			项目组	
7	A 各厂区制定质量标准化 B QCC 活动总结与下一步计划 C QCC 团队活动发表								■	■	项目组	

（二）培训宣导

培训工作是咨询项目实施的重要组成部分，贯穿了项目的始终，从项目启动后，南天竺项目组就对方圆公司 TQM 小组成员通过讲授、角色扮演、互动交流、现场操作等多种方式进行培训。

1.《TQM 全面质量管理》培训

2022 年 10 月，南天竺项目组对方圆公司 TQM 小组进行《TQM 全面质量管理》培训，课程内容包含：背景介绍、概述、任务和内容、基本工作、质

349

量成本、QC 小组等。培训前，方圆公司生产事业部大部分员工对精益 TQM 完全陌生，不了解这个管理工具和方法；培训后，方圆公司 TQM 小组成员对 TQM 全面质量管理的内涵、发展历程和推动方法有了全面、系统的认识，为后续成功推行奠定了良好基础。

2.《QCC 品管圈》培训

2022 年 11 月，南天竺项目组对方圆公司 TQM 小组进行《TQM 全面质量管理之 QCC 品管圈》培训，课程内容包含：什么是 QCC、QCC 有什么用处、如何推行 QCC 等内容。其中重点介绍推行 QCC 的十大步骤，培训每个步骤的具体内容和注意事项，每个步骤还介绍相关案例，大量案例的呈现使理论知识深入浅出，便于学员更好理解和掌握，为后续成功推行做好了理论知识储备。

3. 精益管理常用工具培训

在开展全面质量管理活动中，用于收集和分析质量数据，分析和确定质量问题，控制和改进质量水平的常用方法。这些方法不仅科学，而且实用，方圆公司 TQM 小组应该首先学习和掌握它们，并带领工人应用到生产实际中。精益管理常用工具的培训和掌握，为后续成功推行做好了工具方法储备。

（1）柏拉图法。

柏拉图（Pareto Diagram）又叫帕累托图，也称排列图。它是将质量改进项目从最重要到最次要进行排列而采用的一种简单的图示技术。柏拉图由一个横坐标、两个纵坐标，几个高低顺序排列的矩形和一条累计百分比折线组成。

（2）因果分析法。

因果分析图（Cause and Effect Diagram），又称石川馨图（由日本专家石川馨首先提出）、鱼骨图等。因果分析图是以结果为特性，以原因作为因素，在它们之间用箭头联系起来，表示因果关系的图形，因果分析图能简明、准确表示事物的因果关系，进而识别和发现问题的原因和改进方法。

（3）头脑风暴法。

头脑风暴（Brain Storming）最早是精神病理学上的用语，指精神病患者的精神错乱状态，如今用来表示无限制的自由联想和讨论，其目的在于产生新观念或激发创新设想。

（4）统计分析表法和措施计划表法。

质量管理讲究科学性，一切凭数据说话，因此对生产过程中的原始质量数据的统计分析十分重要，为此必须根据本班组、本岗位的工作特点设计出相应的表格。

（5）分层法。

分层法又叫分类法，是分析影响质量(或其他问题)原因的方法。我们知道，如果把很多性质不同的原因混合在一起，那是很难理出头绪的。其办法是把收集来的数据按照不同的目的加以分类，把性质相同，在同一生产条件下收集的数据归在一起。这样，可使数据反映的事实更明显、更突出，便于找出问题，对症下药。

（6）直方图法。

直方图(Histogram)是频数直方图的简称。它是用一系列宽度相等、高度不等的长方形表示数据的图。长方形的宽度表示数据范围的间隔，长方形的高度表示在给定间隔内的数据数。

（7）控制图法。

控制图法是以控制图的形式，判断和预报生产过程中质量状况是否发生波动的一种常用的质量控制统计方法。它能直接监视生产过程中的过程质量动态，具有稳定生产、保证质量、积极预防的作用。

（8）散布图法。

散布图法，是指通过分析研究两种因素的数据之间的关系，来控制影响产品质量的相关因素的一种有效方法。

（9）炸弹实验。

随机选定测试对象，在对方不知情的情况下，将不合格产品放入生产线中，判断员工或质检员是否能将该不合格产品检出。

（三）实施辅导

项目的实施辅导阶段，是咨询阶段方案的落地推行与优化完善阶段，咨询项目的成效与问题，都将在这个阶段逐渐显现。通过前期的准备，南天竺项目组辅导一厂和三厂分别组建各自的QCC品管圈，并辅导品管圈11个步骤的工作逐步展开实施。每个步骤的内容如下。

1.圈的介绍

一厂品管圈的组成为：厂长任辅导员，车间主任任圈长，质检科长任监督员，4名班长任圈员，厂长助理负责报告撰写及汇报，一厂品管圈共有8名成员。

三厂品管圈的组成为：厂长任辅导员，车间主任任圈长，质检科长任监督员，8名班长任圈员，统计组长负责报告撰写及汇报，三厂品管圈共有12名成员。

一厂圈徽命名为"仙人掌圈"，寓意成长不会一帆风顺，困难是留给有准备之人。方圆之船已经扬起风帆，让我们跟随着方圆之船勇往直前。

三厂圈徽命名为"创效圈"，寓意质量是企业的生命，只有不断提高产品质量，才能创造更高的效益。

2. 主题选定

一厂和三厂都是生产直缝焊管，为了便于横向对比，互相竞争，两个厂区选择同一个主题：降低直缝焊管内外部客户投诉率。

（1）选题背景。

①直缝焊管的频繁投诉，会导致公司品牌价值受到影响——品牌价值受影响。

②内部品质异常，会导致生产返工，停机处理质量问题，设备生产效率低下，员工的工资收入降低——生产低迷。

③品质问题，导致客户投诉赔偿，造成公司赔付损失增多，往往是数万元，甚至数十万元的经济损失——客户赔偿增多。

④质量问题频繁出现，会导致员工士气低下，生产积极性不高，甚至无视公司规章制度——管理困难。

（2）选题理由。

①对社会而言：提高企业创造力，为社会创造财富。

②对企业而言：增加团队凝聚力，改善工作效率和品质，利于公司管理。

③对客户而言：100%满足客户需求，做到买得放心，用得安心。

④对个人而言：提高个人专业能力，提升管理水平，学习新的技术与方法，让自己享受更好的生活。

3. 现状调查

在进行现状调查时，应根据实际情况，尽量对现有的数据、资料进行整理，包括一段时间的数据资料；对现实工作、现场、产品做详细的观察与分析；掌握现状与主题目标之间的关系。南天竺项目组辅导方圆公司两个QCC小组对方圆"现状调查"如下。

（1）客户投诉次数调查分析。

①调查内容：直缝焊管内外部投诉率。

②调查对象：公司内外部客户。

③负责人：一厂和三厂QCC小组。

④收集时间：2022年1月至12月。

⑤调查地点：营销事业部、二厂区。

⑥调查方式：现场调查，确认质量管记录单、客户投诉记录表。

⑦调查原因：改善前资料收集，进行现状调查分析。

⑧改善前投诉：2022年一厂生产直缝焊管总量为802万支，投诉：316支，投诉率为0.000039%；2022年三厂生产直缝焊管总量为491万支，投诉：178支，投诉率为0.000036%。

（2）改善前不良类别调查分析。

直缝焊管改善前客户投诉的类别主要有凹边、搭焊、炸管、沙眼、管身划痕等，利用柏拉图工具分别分析一厂和三厂客户投诉类别如图1所示。

结论：柏拉图的80/20原则分布结果显示，"凹边""搭焊"这两个因素在所有的原因中占比为81.6%，因此将此两项列为本期活动的改善重点

（a）一厂改善前不良类别分析柏拉图

结论：柏拉图的80/20原则分布结果显示，"凹边""搭焊"这两个缺陷在所有的缺陷中占比为83.7%，故将此两项列为本期活动的改善重点

（b）三厂改善前不良类别分析柏拉图

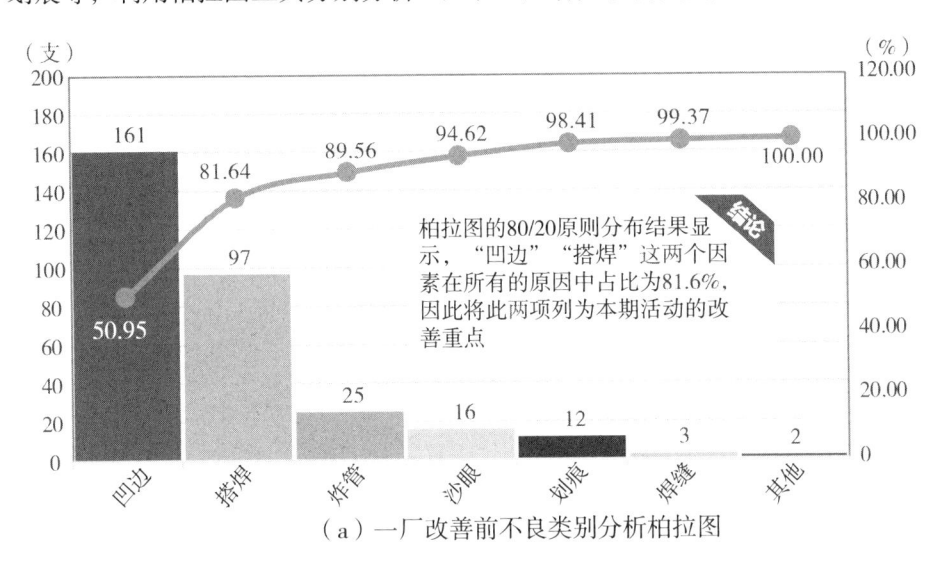

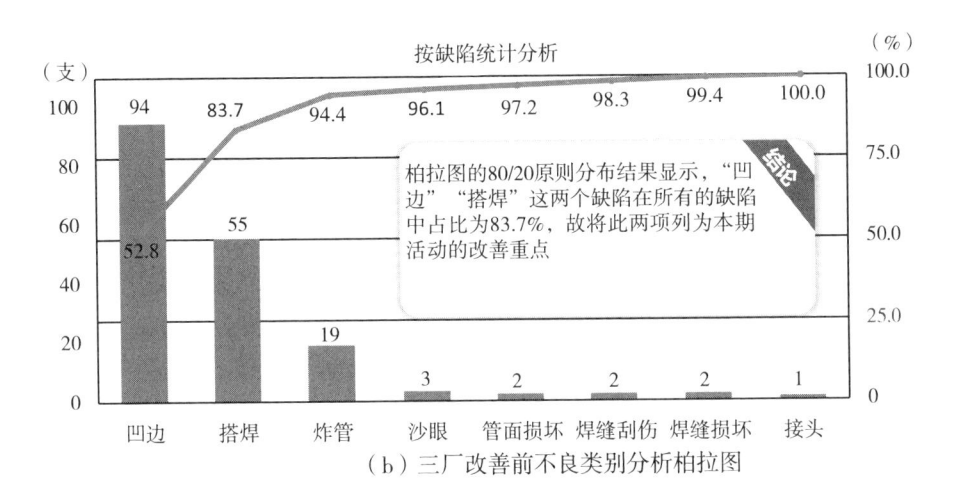

图1 改善前产品质量不良类别柏拉图分析

柏拉图的80/20原则分布结果显示，"凹边""搭焊"这两个缺陷在所有的缺陷中占比超过80%，一厂达81.6%，三厂达83.7%，因此将此两项列为本次活动的改善重点。

（3）改善前不良管径调查分析。

直缝焊管改善前各种规格管径的客户投诉数据汇总后，利用柏拉图工具分别分析一厂和三厂客户投诉管径如图2所示。

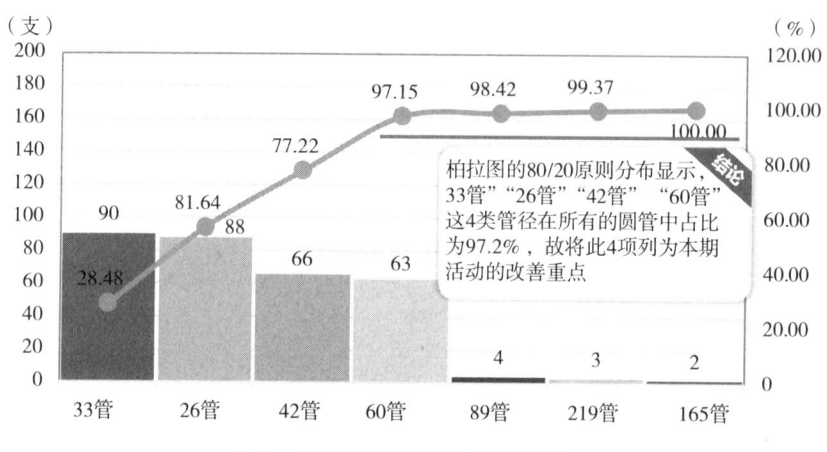

（a）一厂改善前管径类别分析柏拉图

结论：柏拉图的80/20原则分布显示，"33管""26管""42管""60管"这4类管径在所有的圆管中占比为97.2%，故将此4项列为本期活动的改善重点

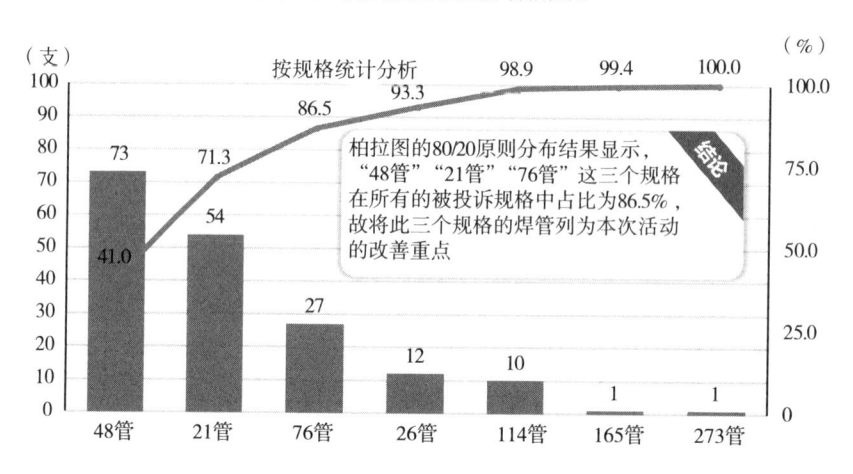

（b）三厂改善前管径类别分析柏拉图

结论：柏拉图的80/20原则分布结果显示，"48管""21管""76管"这三个规格在所有的被投诉规格中占比为86.5%，故将此三个规格的焊管列为本次活动的改善重点

图2 改善前产品质量不良管径柏拉图分析

柏拉图的80/20原则分布结果显示，小管径直缝焊管比较容易出现客诉，"33管"即外径为33mm的直缝焊管，其中一厂"33管""26管""42管""60管"这4个规格在所有的被投诉规格中占比为97.2%，三厂"48管""21管""76管"这3个规格在所有的被投诉规格中占比为86.5%，因此将以上规格管径的产品列为本次活动的改善重点。

4.目标设定

选定课题，初步了解现状后，应确定合理的目标值，目标值的确定要求如下。

（1）注重目标值的定量化，使小组成员有一个明确的努力方向，便于检查，活动成果便于评价。

（2）注重实现目标值的可能性，既要防止目标值定得太低，小组活动缺乏意义，又要防止目标值定得太高，久攻不克，使小组成员失去信心。

根据现状调查中客诉次数调查分析、改善前不良类别调查分析、改善前不良管径调查分析，南天竺项目组分别组织一厂和三厂的QCC小组，通过圈能力分析及小组讨论，分别制定了预期客诉目标、挑战客诉目标：

一厂：改善前0.000039%，改善后预期目标下降51%，即0.000019%，挑战目标下降59%，即0.000016%。

三厂：改善前0.000036%，改善后预期目标下降47%，即0.000019%，挑战目标下降58%，即0.000015%。

5.原因分析

南天竺项目组组织方圆公司TQM小组，通过头脑风暴法，讨论出产生产品缺陷或客户投诉的可能原因，并依据"人、机、料、法、环、测"的维度，分别绘制出一厂和三厂的鱼骨图。

6.真因与验证

（1）要因分析。

根据鱼骨图得出产生产品缺陷或客户投诉的可能原因，分别组织两个品管圈的成员，以评价法进行评分。

一厂共8人参与评分过程，5分为最高分，1分为最低分，总分为40分，依据二八法则，评分得32分以上为要因，"√"为选定项。

三厂共12人参与评分过程，5分为最高分，1分为最低分，总分为60分，依据二八法则，评分得48分以上为要因，"√"为选定项。

（2）真因与验证。

针对要因分析的结论，南天竺项目组辅导方圆公司QCC小组，通过主题培训、技能竞赛、炸弹实验等方法，逐一验证是否是产生产品缺陷或造成客户投诉的真因，并用图标呈现验证过程。

7.对策拟定

针对第6步骤验证后的真因，全体圈员通过小组讨论拟定改善对策，再依可行性、经济性、效益性三个维度对拟定的对策进行评分，评分方式："优"为5分，"可"为3分，"差"为1分，一厂圈员共8人，三个维度总分为120

分，依据二八法则，拟定了 96 分以上共 14 条对策；三厂圈员共 12 人，三个维度总分为 180 分，依据二八法则，拟定了 144 分以上共 21 条对策。对每条对策进行编号，并制定计划实施时间和指定负责人。

8. 对策实施

针对第 7 步拟定的对策，两个小组分别展开实施，每条对策实施时要对应对策号、真因、对策名称及改善前的状况。实施时要说明实施的方案和注意事项，明确每条对策的负责人、实施时间、实施地点。

9. 效果确认

效果确认和改善目标达成的程度及效果取得后应和原状进行比较，确认其有效性。经过确认两个小组完成情况都超过预期，不仅完成预期目标，而且高于挑战目标，如表 2 所示。

表 2 效果确认对比表

厂区	一厂	三厂
现状值	客户投诉率：0.000039%	客户投诉率：0.000036%
改善重点	来自改善前的柏拉图分析中的 80% 部分	来自改善前的柏拉图分析中的 80% 部分
预期目标	小组讨论计划下降 51%，即 0.000019%	小组讨论计划下降 47%，即 0.000019%
挑战目标	小组讨论冲刺下降 59%，即 0.000016%	小组讨论冲刺下降 58%，即 0.000015%
实际达成目标	2023 年 1 至 6 月累计下降 64%，即 0.000014%	2023 年 1 至 6 月累计下降 64%，即 0.000013%

10. 标准化

效果确认后，接下来要考虑效果维持的方法，以及确认效果是否持续维持着。而这两件事，前者正是本步骤的标准化工作，后者则为本步骤的维持管理工作。被认为有效的对策，经上级批准后，予以标准化，作为新的作业方法。标准化文件包含主题、效用目的、实现目标的方法、监督检查方法、监督检查责任人、奖惩措施和有效期限等内容。

11. 检讨改进

成果汇报后，QCC 小组成员分别发表推行过程中的收获、存在缺点及今后改进的方向。

（1）一厂区总结如下。

①对厂区而言：一厂区在基层领导管理能力方面有很大提升空间，因此制定的对策主要以强化管理为主，通过绩效考核来激发基层领导的责任心，一个人的精力是有限的，只有所有人确定目标，共同努力，才会达成更好成就。

②对圈员而言：圈员在活动中，能相互启发及意见沟通，提出创意及构想，可以促使个性张扬和潜能发挥，从而有效解决问题。

（2）三厂区总结如下。

①对厂区而言：改善管理工作，提高管理水平，为后续的制度化管理奠定了基础，提升品质、降本增效。

②对圈员而言：圈员在活动中，学习到了新的方法，提高了工作技能，提升了分析解决问题的能力。

两个小组都表达了通过推行精益 TQM 项目，达到企业、员工和客户三者共赢的局面，增加团队凝聚力和员工个体自信心。

四、案例项目评估和绩效说明

经过双方项目组 9 个月的共同努力，如期完成项目任务并进行项目复盘，超预期完成了项目目标。

(一) 培养了全员的质量意识

项目推动前，虽然班组长及车间主任会在晨会上反复宣导产品质量的重要性，质检员每天会在产线巡查产品质量，质量问题好像只是生产管理者和质检员的事情，并未能真正引起一线员工的足够重视，一线员工对产品质量的认知很被动。

项目组介入后，通过开展各类技能竞赛提升一线员工的技能水平，通过缺陷产品鉴别培训提升一线员工的质量异常识别能力，通过炸弹实验让一线员工对产品质量时刻保持高度警惕，再匹配相应的奖惩机制，让全体员工对产品质量的认知达到空前的高度，员工自动自发地关注产品在每道工序的生产情况，积极主动地把控每件产品的质量，茶余饭后都在讨论如何提高产品质量，降低客户投诉率。

(二) 提高产品合格率，降低客诉率

投诉率及产量同比对照如表 3 所示。

表 3 投诉率及产量同比对照

月份	一厂					三厂				
	2022 投诉率（十万分）	2023 投诉率（十万分）	产量同比/%	投诉率同比/%	2022 投诉率（十万分）	2023 投诉率（十万分）	产量同比/%	投诉率同比/%
1 月	3.3	5.2	−71.5	55.9	12.0	0.9	−54.2	−92.5
2 月	3.1	1.5	102.5	−50.6	3.4	2.3	76.3	−32.4
3 月	4.6	1.8	12.2	−61.8	2.3	2.6	2.8	13.0

续表

月份	一厂 2022 投诉率（十万分）	一厂 2023 投诉率（十万分）	产量同比 /%	投诉率同比 /%	三厂 2022 投诉率（十万分）	三厂 2023 投诉率（十万分）	产量同比 /%	投诉率同比 /%
4 月	2.1	1.2	66.2	−39.8	2.0	2.0	13.2	0.0
5 月	2.2	0.6	49.5	−72.1	4.3	1.0	56.7	−76.7
6 月	3.5	0.9	26.3	−77.3	3.1	0.4	54.5	−87.1
累计		1.4	25.7	−58.8		1.3	24.5	−60.3

通过对比 2022 年和 2023 年 1 至 6 月份投诉率和产量的同比数据，可以看出两个厂区除了 1 月因过春节产量同比下降，其余月份产量同比都有所上升。一厂产量同比增加 25.7%，但投诉率同比降低 58.8%；三厂产量同比增加 24.5%；但投诉率同比降低 60.3%，而且两个厂区投诉率都呈逐步下降的趋势。特别是三厂在 6 月已达到月生产 50 万支管只有 2 根管被投诉，投诉率为十万分之 0.4，当月投诉率下降了 89%。这是双方项目组付出巨大努力，共同取得的优异成绩。

（三）培养人才，挖掘潜能

通过这期项目，方圆公司不仅显著提升了产品质量、降低了客诉投诉率，而且充分挖掘了项目成员的潜能，职业素养有了显著提高。方圆公司生产事业部从一线员工到各厂厂长，普遍存在一个共性问题，沟通表达和公众演讲能力偏弱。南天竺项目组决定将提升公众表达能力纳入辅导范围，要求两个小组从 2 月开始，每位圈员轮流做阶段汇报，然后对发现的问题分别点评并提出改善建议，从中选拔最终汇报人。最终汇报人第一次汇报时高度紧张、逻辑混乱、重点不明、全程读稿；最终汇报时自信大方、逻辑清晰、声音洪亮、基本脱稿。巨大的进步让方圆公司高层眼前一亮，给予高度肯定，并决定提拔重用，让他承担更重的担子。

一厂和三厂精益 TQM 项目落地效果明显，方圆公司高层领导和方圆公司 TQM 小组对南天竺项目组的工作给予充分认可和高度评价。该项目结案后，方圆公司二厂、三厂螺旋车间、云霖厂相继开展其他主题的 QCC 品管圈项目，将精益 TQM 项目成果最大化。

南天竺将秉持"整合资源，拓宽组织成长空间"的企业使命，"距离最近，目标共远"的服务观，服务更多有经营管理提升需求的中小企业。

中小银行商户客群智能营销与服务解决方案

上海华益企业管理咨询有限公司

上海华益企业管理咨询有限公司（以下简称上海华益）为中小银行服务领域的高新技术企业，专注于中小银行数字化与零售银行转型，目前已经成为垂直行业内领先的转型发展解决方案服务商。上海华益以"赋能中小银行，引领高质量发展"为使命，聚焦中小银行的顶层设计、数字化转型、落地运营培训，在顶层战略设计、组织机制建设、零售业务提升、信贷风控优化、金融科技布局、客户生态打造、人才管理与发展等领域为中小银行提供全局化的建设思路及"咨询+科技+培训"一体化的解决方案。

上海华益获得高新技术企业、国家科技型中小企业、ISO 9000 等多项认证；取得了一种多维度人才测评系统等多项专利以及华益银行数字化效能提升平台软件等 30 多件软件著作权。上海华益位列第三批全国企业管理咨询机构推荐名录，参与管理咨询行业标准制定。

丰富的经验是上海华益为银行客户提供专业化服务的保障，目前华益团队的项目合作范围涉及了 10 余个省份，项目合作客户达 200 余家，培训客户超过 800 家，服务项目影响银行从业人员超过 8 万人。目前在全国标杆农信系统的浙江农商银行系统中已经达到 60% 的市场占有率。项目落地性好，客户认可度高，服务项目平均续单率超过 70%，部分客户连续合作 10 年以上，服务客户转型成效好，荣获多项全省考核奖项。

本案例项目组成员

陈清民，鲁东大学产业教授，武汉大学博士，高级经济师，上海华益创始合伙人，浙江苍南农商银行独立董事、浙江武义农商银行外部监事，《中国农村信用合作报》智库专家，《中华合作时报·农村金融》课题组专家，中国中小企业管理咨询服务专家信息库入库专家，专注于中小银行数字化与零售银行转型，有超过 20 年管理实践与咨询经验，超过 10 年中小银行管理咨询与实战经验，擅长银行战略规划、数字化与零售银行转型建设、银行人力资源体系建设、银行人才画像与人才管理等领域，为近 100 家金融企业提供咨询服务。

其他成员：唐道远、范俊杰、杜沁湲、钱宇祥。

导读

随着移动支付的普及，二维码收款替代现金和银行卡（POS机刷卡）支付成为主流的收单方式。农商银行等地方性中小银行机构，立足当地，面向商户收单需求推出二维码、扫码盒、智能POS机（兼具二维码收款和刷卡收款功能）、收单设备等一系列的收款产品及服务。银行经过几年的研发、迭代，产品功能已逐渐完备，但商户客群的经营意识有先有后，重视程度不一，很多银行往往只关注收单码牌的铺设，却忽视了对个体工商户后续的常态化走访和维护。经营思路相对传统，缺少对商户的特色化产品及针对性权益，造成收单商户客群一定程度转用其他金融机构收单产品，冻结销户、无效商户量多，商户交易资金留存率不高，贷款业务转化率低等现状。上海华益自与T农商银行建立合作以来，致力于为其提供"咨询+IT+培训"三位一体解决方案。本项目的主要亮点如下。

首先，建立客群分类分层模型对辖区全量个体工商户进行分析，直击问题症结并优化产品、网格、走访、权益、营销服务等政策。其次，搭建个体工商户管理系统和商户生态平台系统，对内实现商户全流程管理数字化，对外实现商户业务办理、权益赋能渠道线上化。最后，辅导营销人员高效走访、开展商户服务与营销。通过有针对性的政策优化、系统建设和运营辅导，最终提高了个体工商户客群的金融产品黏性，实现了该客群的业绩高速增长。

T农商银行通过推行商户智能营销服务后，商户客群存款FTP（内部资金转移定价，可理解为模拟利润）创收同比增长了91.5%。实现的商户EVA（经济增加值）同比增长了86.9%；在收单商户增量方面，商户客群市场份额增长了8%。商户客群收单账户日均沉淀低成本存款增长了74.6%，资金留存率较一年前的10.27%上升到14.58%；商户客群中有贷款户数增长了36.6%；贷款余额较年初增长了25.3%。新增贷款中线上贷款占比高达92%，商户贷款的不良率0.46%，明显低于普通个人贷款。商户智能营销服务的落地成效为T农商银行的"十四五"战略落地提供了有力保障。

中小银行商户客群智能营销与服务解决方案

上海华益企业管理咨询有限公司　陈清民

一、案例背景

（一）客户企业简介

T农商银行，坐落于浙江省T县级市，是一家以服务"三农"、个体工商户和小微企业为主营业务的县域独立法人机构银行。该银行注册资本为8.97亿元，设有总行部室15个，分支机构17家，营业网点59个。在岗员工有813人，员工平均年龄为36.98岁。截至2022年12月末，T农商银行各项存款余额达586.46亿元，各项贷款余额达481.25亿元，存贷款市场份额在当地银行业中分别占据四分之一与五分之一，稳居第一梯队金融机构之列。

T农商银行作为该县级市金融机构的主力军和排头兵，积极响应政府和社会需要，围绕"构建以人为核心的全方位普惠金融"发展愿景，以客群精细化运营和数字化改革为引领，切实推动全市融资成本稳步下降，金融支持共同富裕体制机制不断健全。

（二）项目需求和目标

随着移动支付的普及，二维码收款替代现金、银行卡（POS机刷卡）支付，成为主流的收单方式，以微信、支付宝为主的第三方支付平台，提供商家收款服务，经过几年的摸爬滚打，行业规范成型。银行把握机遇自主、集中研发或接入第三方，向商家提供收款服务，凭借聚合支付、卡账户管理的优势，在支付消费领域中占据一席之地。农商银行等地方性中小银行机构，立足当地，接受上级省联社（改制为省联合银行）的指导与管理，面向商户收单需求推出二维码、扫码盒、智能POS机（兼具二维码收款和刷卡收款功能）、收单设备等一系列的收款产品及服务已逐渐完善。在支付等方面，能满足商户日常收款需求，但在收单业务的经营意识与重视程度方面，仍存在差异。部分机构仅将其视为中间业务的一环，而未能充分挖掘其他作为连接小微企业、个体工商户和居民百姓的纽带，面向客群整合增值服务、权益、带动卡、账户、非现业务，反哺存款、贷款业务发展。高管一般都比较重视收单业务，但业务推动和落地执行困难。客户基本情况和行业特点如下。

（1）辖内商户资源多，商业经济发达，有羊毛衫、皮革、蚕丝被等主要产业。

（2）第三方、同业竞争激烈，以产品、价格竞争为主，未导向服务竞争。

（3）依循传统的业务、产品营销思路，未树立起对客一体化营销和综合价值挖掘的观念，客户经理在烦琐的事务性工作和存贷业务发展为主的考核导向下，无暇顾及或选择性地放弃收单业务拓展与经营，售后服务跟不上，收款功能受限、码牌不好用、到账不及时等问题，导致客户另选他行，冻结销户、无效商户量多。

T 农商银行商户客群精细化运营是贯彻 T 农商银行大零售转型、数字化转型两大发展主线，客群营销服务将由经验驱动向数据驱动转变，实现个体工商户全生命周期管理。本次项目目标如下。

首先，建立客群分类分层模型对辖区全量个体工商户进行分析，直击问题症结并优化产品策略、网格布局、走访计划、权益配置及营销服务政策。其次，搭建个体工商户管理系统和商户生态平台系统，对内实现商户全流程管理数字化，对外实现商户业务办理、问题反馈、权益赋能渠道线上化。最后，辅导营销人员高效走访、开展商户服务与营销活动。通过有针对性的政策优化、系统建设和运营辅导，增强个体工商户客群的金融产品黏性，推动该客群业绩的高速增长。

二、调研诊断分析

（一）调研诊断分析方法

本次项目调研方式包括深度访谈、问卷调查、制度研读、标杆比较等多种方法。

（1）深度访谈：根据访谈提纲，对总行领导、中层干部、员工代表进行深度访谈，人均用时约为 60 分钟，总计访谈 50 余人次，深入挖掘该行目前存在的主要问题并进行交叉访谈验证。

（2）问卷调查：上海华益通过银行项目经验及深度访谈获得的有效信息设计了调研问卷并下发至支行员工，共计收集有效问卷 500 余份，覆盖面达 93% 以上。

（3）制度研读：收集 T 农商银行 20 余份商户相关电子材料及纸质材料，并分析该行各项制度存在的缺陷和问题。

（4）标杆比较：通过对 T 市商户数据、T 农商银行商户业务经营数据、财务报表数据等的分析及同业对标行的数据对比，找出该行的问题及发现和对标行之间的差距。

（二）调研诊断分析结论

上海华益通过以上调研诊断方法，全面地了解了T农商银行的经营及管理现状，形成了商户客群诊断分析报告，并初步得出以下结论。

（1）T市的商户客群主要集中在鞋包服饰、食品餐饮、超市卖场和家装建材等行业，所有行业分布情况具体如图1所示。

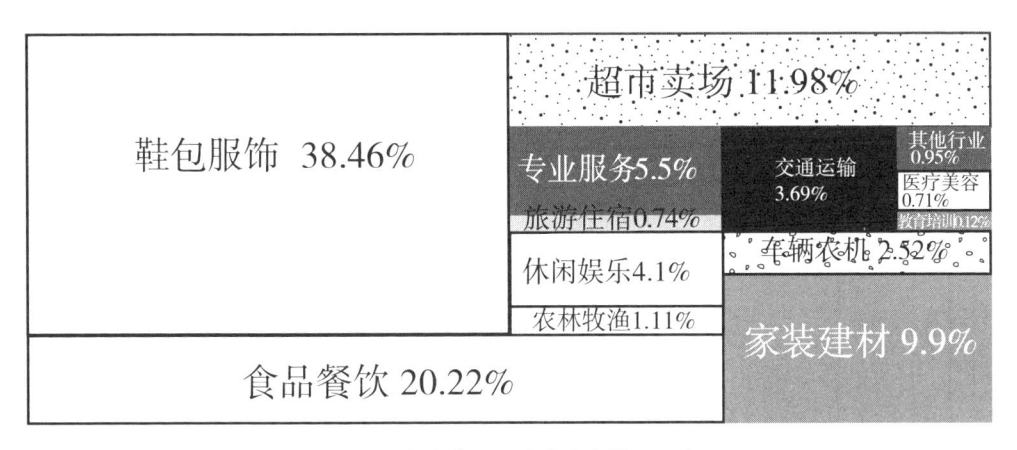

```
| 鞋包服饰 38.46% | 超市卖场 11.98%                          |
|                 | 专业服务5.5% | 交通运输 | 其他行业0.95%   |
|                 |              | 3.69%    | 医疗美容0.71%   |
|                 | 旅游住宿0.74%|          | 教育培训0.12%   |
|                 | 休闲娱乐4.1% | 车辆农机 2.52%              |
|                 | 农林牧渔1.11%|                             |
| 食品餐饮 20.22%                 | 家装建材 9.9%               |
```

图1 T市商户行业分类分布情况示意

（2）经营思路相对传统，缺少对商户的特色化产品及针对性权益，造成收单商户客群一定程度地转为其他金融机构收单产品，冻结销户、无效商户量多，商户交易资金留存率不高，贷款业务转化率低等现状。

基于上述调研结果，上海华益立足该行战略经营目标，为提升商户客群的营销服务的效率与质量，提高产品黏性及价值贡献，上海华益通过本次项目协助某银行开展了数字化驱动商户客群精细化运营项目。

三、解决方案设计思路

（一）商户客群管理机制设计

1. 商户客群分类分层

选取该银行存量商户客群的收单码牌交易流水及资金留存情况为分析对象，建立商户分析模型，分别从业务整体、行业维度、交易渠道等对交易情况、商户等级与特征进行建模分析。具体如下。

商户等级模型选取月有效交易笔数及商户绑定卡留存绝对数为主要指标；在行业内部，以月有效交易笔数与绑定卡月日均留存余额为两轴，按上述规则划分区间段后，形成16象限模型，根据商户当月交易活跃程度及当月资金留存贡献大小将商户区分为"高价值商户""中价值商户""低价值商户"与"零价值商户",以此确定商户等级。商户特征模型在上述模型基础上,将高活跃、高留存的商户定义为"优质商户";低活跃、高留存的商户定义为"储蓄商户";高活跃、低留存的商户定义为"潜力挖掘商户";低活跃、低留存的商户定义为"低贡献商户"。商户等级及特征模型示意如图2所示。

通过建立商户分析模型,选取中小银行历史交易数据进行分析,从行业维度及交易渠道维度得出相应结论,并提出差异化的商户管理策略,应用方向包括商户个性化产品、商户差异化权益、商户差异化活动、商户差异化考核等。

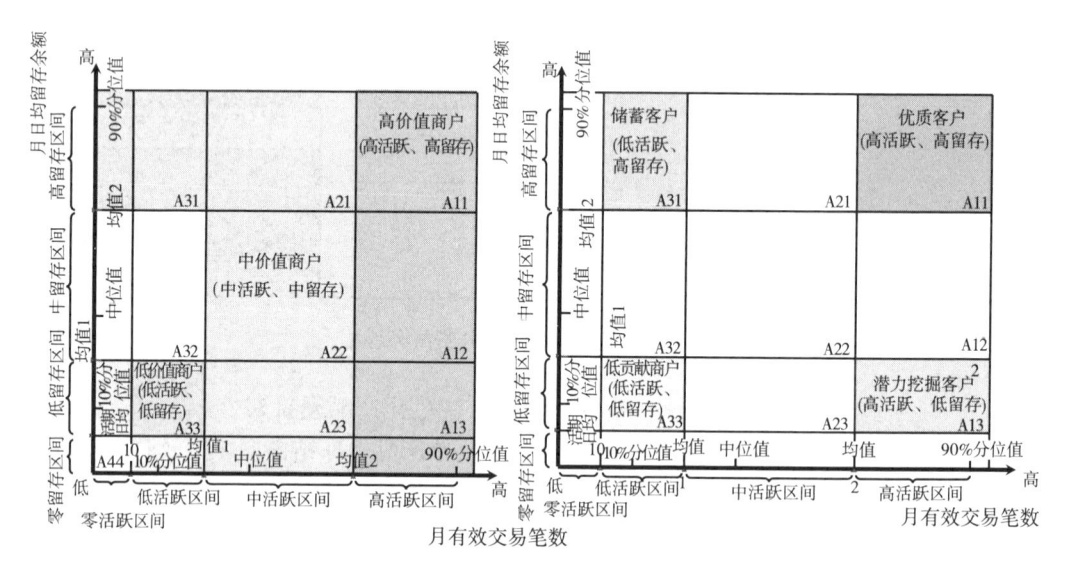

图2 商户等级及特征模型示意

2. 商户客群网格划分

支行间网格划分采用乡镇支行以其对应镇、街道为服务网格,城区支行对应网格按社区进行划分的原则。

商户收单机构变更采用根据营业执照上的地址信息,统一入乡镇(街道)、城区社区物理网格。若商户当前的收单机构与物理网格"责任包干"机构不一致(除外情况不算),则涉及商户收单机构调整。由总行按商户物理网格,一次性重划商户收单机构。特殊情况处理如下。

本行存量收单商户或法人,与本行存在有效贷款合同关系(剔除住房按揭贷款),且收单归属机构与贷款合同机构一致的。

本行存量收单归属机构与该商户绑定卡账户机构一致,且该账户被认定为"大户"的。

其他特殊情况，由支行提交，零售金融部认定确认，主要指"熟人关系""近邻关系"导致归属不一致等情况。

商户绑定卡账户开户机构变更采用商户绑定卡账户开户机构与重划收单机构不一致的（除外情况不算），则涉及绑定卡账户开户机构调整。由总行按一次性重划后的商户收单机构，调整变更商户绑定卡账户归属机构。特殊情况处理如下。

同一法人代表开办多家商户（多证照），或一家商户开多个分店（一照多址）的，根据商户实际经营地址，可能归属于不同收单机构。若收单机构不同的多家商户共用一个存款账户作为绑定卡账户的，暂时不作变更。

商户识别为"大户"的，暂时不作变更。"大户"识别规则具体包括：①商户或法人在存款大户查询表中列位的；②商户或法人名下账户存款年日均大于等于100万元的；③绑定账户为对公公司账户的。

3. 商户客群走访管理

商户客群走访分为重点走访客群和一般走访客群。其中，重点走访客群分类及界定规则具体如下。

（1）潜在收单需求商户。

以下条件满足其一即纳入潜在收单需求商户清单。

①本行单位基本存款账户开户且存有大额活期的对公商户。

②本行Ⅰ、Ⅱ类账户开户且存有大额活期的对私客户开办经营的商户。

③高黏性对私客户开办经营的商户。

④新市民开办经营的商户。

（2）贷款潜力商户。

①存量授信未用信的商户、法人。

②存量用信未续签的商户、法人。

③存量一季度有周期性贷款需求的商户、法人。

④符合码商贷、四治信用贷授信准入条件且授信金额不小于10万元的未授信商户、法人。

⑤持有信用卡、签约信用付随心花的商户法人。

（3）高价值商户。

高价值商户指存量高活跃、高资金沉淀商户。

（4）收单强化目标商户。

①交易活跃度临界提档商户。

②资金沉淀贡献临界提档商户。

（5）巡检、售后服务商户。

①主动提出售后服务需求的商户。

②到时需巡检、年检的商户。

（6）放心消费商户。

放心消费商户指市场监督管理局放心消费商户。

4.商户客群权益体系

（1）权益分类。

商户客群权益主要包括实物权益、货币权益（虚拟权益）及服务权益三种类型。其中，实物权益包括但不限于走访赠送礼品、活动赠送礼品等形式、货币权益包括但不限于手续费用减免、专属奖金、可兑换权益积分等形式。服务权益包括但不限于商户引流服务、商户购销服务等形式。

（2）权益受众。

根据权益受众不同，分为开放式权益、限定对象权益。其中，开放式权益不限制受益对象，所有商户均可享受或均有机会享受。一般情况下，面向对T农商银行有特殊贡献或具备成长潜力的商户专门设定奖项与条件，满足条件方可享受。此外，开放式活动还可采用排名、抽奖、随机抽取、先到先得、预约领取等方式限制受益商户数量，控制成本支出。限定对象权益限制受益对象，为某一特定商圈、专业市场、区域范围内的商户。

（3）权益周期。

根据权益周期不同，可分为常规权益、限时权益。其中，常规权益永久或长期（超过1年）有效。限时权益在特定时间内有效，如当年有效、活动期间有效等，一般有明确的开始日期和结束日期。根据权益频度不同，可分为一次性发放的权益、实时发放的权益、按月、按季、按年发放的权益等。

（二）商户客群管理系统建设

基于对T农商银行商户的业务数据分析及调研发现，该银行对收单商户存在管理机制不健全，走访流程不合理，主动维护意识薄弱，缺少走访监督与问责机制等，导致收单设备故障检修慢，不能及时了解商户动态，无法有效跟踪商户收单业务使用情况，收单业务用户转化率低，客户权益赋能不足等问题，因此上海华益结合该银行实际建立了与业务发展相配套的商户管理系统。

1.商户管理系统（内部员工使用）

一是实现商户数字资产的完善与丰富，建立商户信息台账，拓宽渠道加强完善商户信息（见图3），确保商户数据信息的准确性、及时性、完整性和有效性。二是完善走访巡查机制，通过对客户经理走访进行实时定位，对走访的时间、责任人、走访反馈等进行信息化管理，确保在执行中时间可把控、信息可沉淀、反馈处理可追溯，实现走访过程监督。三是构建商户流失预警与商户风险防控体系，建立商户业务分析、风险监控面板，通过系统进行商户交易渠道、交易金额、交易次数及商户习惯分析，计算商户资金留存、关联业务办理等，并通过交易数据分析建立商户风险监控模型，降低商户套现、欺诈及刷单率等，实现风险商户的自动化提醒及营销人员的实时查询。四是商户客群可视化监测看板，实现按总行、支行、客户经理三个维度查看核心收单商户数、商户资金留存率等核心指标完成情况，以便对商户进行分层分类，为搭建商户营销场景，提供差异化服务，提高营销转化率作准备。

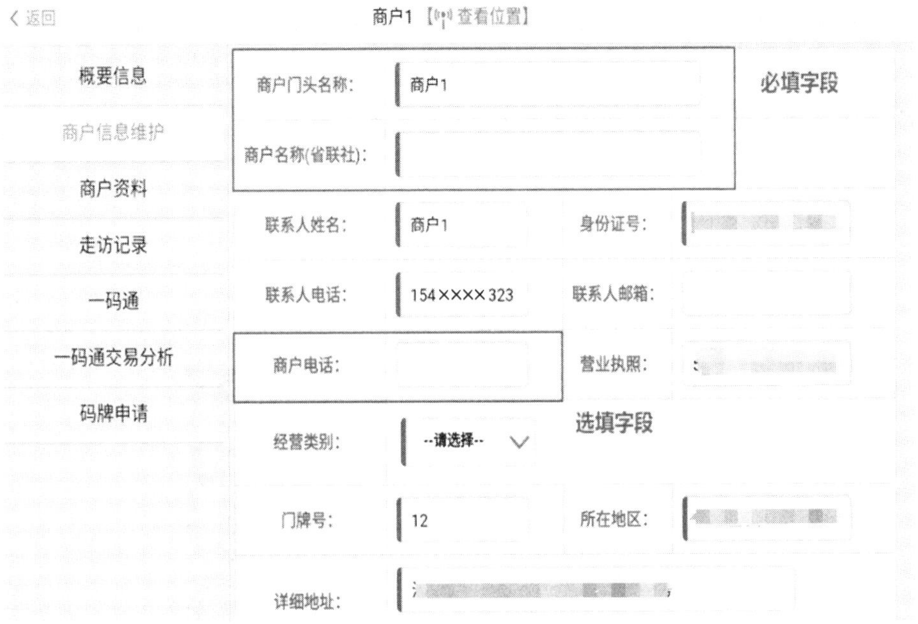

图3 商户信息维护系统界面

2. 商户生态系统（外部商户使用）

一是收单码商户线上申请，商户可通过微信公众号申请办理收单码产品，只需填写系统要求的申请字段，提交后系统即以工单形式派给客服中心，由客服中心按照既定规则派单给相应区域负责人（客户经理或网格员），负责人收到申请工单后，快速实现精准服务。二是收单码商户线上查询，已通过企业微信实名认证过的商户，可通过微信公众号查询自己当月及年度交易情况。三是收单码商户线上客服，收单码商户在使用时遇到问题（如云喇叭故障、微信实名认证、丰收互联并添加店员等）通过微信公众号售后服务接口进入发起售后"一键申请"。四是实现商户收单交易账单推送，推出月度账单、年度账单、提醒账单三类商户个性化账单，月度和年度账单可以清楚反馈商户的业务量，提醒账单提醒商户需要留存的金额，方便商户老板进行对账与复盘。

（三）商户客群落地运营辅导

1. 协助行方构建商户生态

线上通过融媒体矩阵，设计特色短视频，由员工借助微信群、朋友圈、抖音等平台帮助商户宣传引流。线下通过组建专职团队，在网格划分基础上，为商户现场应答、解决码牌、云喇叭及各类问题，形成专业化售后服务，扩大生态影响力。同时，为商户提供量身定制营销方案，包括商户IP人物打造，商户故事小视频制作、商户联盟活动等，构建网络支付、消费优惠、金融服务等全方位服务体系。在消费客户端，围绕"吃喝住行娱"等生活场景，搭建线上、线下客户权益兑换体系，通过联盟活动、红包随机领取及主题季活动为消费者提供优惠、便捷的支付体验。商户客群生态建设示例如图4所示。

图4　商户客群生态建设示例

2.辅导行方开展商户营销

此外,为了更好地推进商户客群的场景落地,上海华益还协助该银行的营销团队开展商户客群的营销服务实战,辅导包括进行管理政策培训、系统操作培训、客群走访实战教学、商户沙龙活动、考核结果统计通报等内容。其中,走访要求主要如下。

(1)走访"三到位"。

一是对市场商户走访到位。对有潜在收单业务需求的个体工商户重点走访,挖掘增量。逐户做好商户的走访工作,尽可能全方位地了解商户情况,并通过商户走访底稿采集商户信息,完善商户画像,为后续营销跟进打好基础。二是对存量商户走访到位。加强与存量商户的业务合作关系,激励商户,以提升商户使用活跃度和资金留存率。三是对其他个人经营性贷款客户、有贷款商户走访到位,利用T农商银行已有信息全方位了解客户现状,深度挖掘客户用信需求。

(2)走访"三必须"。

一是走访时必须宣传金融知识(防范电信诈骗、反洗钱、反假币等)。二是走访时必须在商户管理系统中签到、签退留痕,上传本人与商户门面、经营场所等建筑物的合影,或与商户经营者交流的场景照片,且在每个走访对象处的停留时间,存量商户原则上不得少于5分钟,非存量商户原则上不得少于10分钟。三是走访商户时,必须宣传T农商银行业务产品政策(信贷政策、存款理财利率及丰收一码通产品功能等),鼓励商户提高一码通使用频率和资金留存量。

3.走访"三要求"。

一是真实有效要求。调查岗走访时,必须按要求现场走访,切勿弄虚作假,确保在商户走访系统中录入走访信息的真实性、完整性和有效性。二是回访跟踪要求。根据走访需求的反馈,调查岗及时电话或现场回访跟踪。三是定期总结要求。各支行(营业部)要定期召开走访小结会议,每月至少1次,总结走访经验、提炼走访成效、探索走访话术等,要求做好会议纪要,零售金融部检辅核实并纳入年度条线考评。

四、实施效果评估与绩效说明

(一)经济效益

推行商户客群精细化运营后,商户客群存款FTP(内部资金转移定价,可理解为模拟利润)创收同比增长了91.5%。商户EVA同比增长了86.9%;在收单商户增量方面,商户客群市场份额增长了8%。商户客群收单账户日均沉淀低成本存款增长了 74.6%，资金留存率较一年前的 10.27% 上升到 14.58%；商户客群中有贷款户数增长了 36.6%；贷款余额较年初增长了 25.3%。新增贷款中线上贷款占比高达 92%，商户贷款的不良率 0.46%，明显低于普通个人贷款。

（二）社会效益

2022 年 10 月，国务院出台的《促进个体工商户发展条例》提及了政府要加强对个体工商户的金融服务政策支持。近半年来，各地金融监管机构和各级政府部门均陆续出台金融支持个体工商户高质量发展的指导意见。本次项目的主要成效正是通过对商户客群的精细化运营，实现银商生态圈的建设，从而更高效、更便捷、更精准地加大对商户的金融服务支持，政府、银行、企业三方及老百姓均能获得良好的社会效益。

目前，我国共有中小银行 3991 家，包括城市商业银行、农村信用社及村镇银行等，总资产达 92 万亿元，目前中小银行主要服务对象是小微企业、"三农"客户以及个人客户等。他们的业务根植于本土，资金取之于本土，用之于本土。很多小银行也有精准营销的设想，但受限于干部员工视野和县域人力资源情况，无法实现精细化运营管理。本项目针对该类型银行起到了标杆作用，能够带动县域银行通过建模分析、数字化工具和精细化运营，更加高效、便捷、精准地为细分客群（商户客群）提供服务。